KB231066

대념처경 주석서

2

BBS 불교방송 불교강좌

대념처경 주석서 ②

심념처

묘원

행복한 숲

차례 ‖ 대념처경 주석서 ②

마음을 알아차림[心念處]

마음이란 무엇인가········ 9
제49회 법문·10
제50회 법문·16
제51회 법문·22
제52회 법문·28
제53회 법문·34
제54회 법문·40
제55회 법문·46
제56회 법문·52
제57회 법문·58
제58회 법문·64
제59회 법문·70
제60회 법문·76
제61회 법문·82
제62회 법문·88

마음의 작용········ 95
제63회 법문·96
제64회 법문·102
제65회 법문·108
제66회 법문·114
제67회 법문·120

제68회 법문 · 126

제69회 법문 · 132

제70회 법문 · 138

제71회 법문 · 144

제72회 법문 · 150

제73회 법문 · 156

제74회 법문 · 162

제75회 법문 · 168

제76회 법문 · 174

제77회 법문 · 180

제78회 법문 · 186

제79회 법문 · 192

인식할 수 있는 마음과 인식할 수 없는 마음········ 199

제80회 법문 · 200

제81회 법문 · 206

제82회 법문 · 212

제83회 법문 · 218

제84회 법문 · 224

제85회 법문 · 230

제86회 법문 · 236

심념처 수행

붓다의 심념처········ 243

제87회 법문 · 244

제88회 법문 · 251

모곡 사야도의 심념처········ 257

제89회 법문 · 258

제90회 법문 · 264

제91회 법문 · 270

제92회 법문·276

제93회 법문·282

제94회 법문·288

제95회 법문·294

제96회 법문·300

제97회 법문·307

한국 명상원의 심념처········ 313

제98회 법문·314

제99회 법문·321

제100회 법문·327

제101회 법문·333

제102회 법문·339

제103회 법문·346

제104회 법문·353

제105회 법문·359

제106회 법문·365

제107회 법문·371

제108회 법문·378

제109회 법문·385

제110회 법문·391

제111회 법문·397

제112회 법문·404

부록| 도표(마음, 마음의 작용)·410

‖ 대념처경 주석서 ❶

책을 펴내며
대념처경 원문
대념처경 개요(제1회~제2회)
서언(제3회~제9회)
몸을 알아차림[身念處]
　　　들숨과 날숨을 알아차림[出入息念](제10회~제15회)
　　　네 가지 자세[行住坐臥]를 알아차림(제16회~제20회)
　　　분명한 앎[正知](제21회~제27회)
　　　몸을 싫어하는 마음을 일으킴[厭逆作意](제28회~제34회)
　　　네 가지 요소[四大]를 알아차림(제35회~제39회)
　　　묘지에서의 아홉 가지 알아차림(제40회~제41회)
느낌을 알아차림[受念處](제42회~제48회)

‖ 대념처경 주석서 ❸

마음을 알아차림[心念處]
　　　한국 명상원의 심념처(제113회~제155회)
법을 알아차림[法念處]
　　　법념처 개요(제156회)
　　　다섯 가지 장애[五蓋]를 알아차림(제157회~제160회)
　　　다섯 가지 집착의 무더기[五取蘊]를 알아차림(제161회~제164회)
　　　여섯 가지 안팎의 감각장소[十二處]를 알아차림(제165~제166회)
　　　일곱 가지 깨달음의 요소[七覺支]를 알아차림(제167~제171회)
　　　네 가지 성스러운 진리[四聖諦]를 알아차림(제172~제177회)
깨달음의 보증(제178회)

마음을 알아차림[心念處]
—마음이란 무엇인가

바라밀이란 수행의 완성을 의미하며, 깨달음의 세계인 피안으로 건너가기 위해서 필요한 뗏목입니다. 이것은 수단이지 목표는 아닙니다. 바라밀은 열 가지의 초월적인 덕목으로 보시, 지계, 출가, 지혜, 정진, 인내, 진실, 발원, 자비, 평정을 행하는 것입니다. 그러므로 바라밀이란 바로 수행을 하는 것입니다.

바라밀은 모든 존재들에 대한 연민의 마음으로 행해져야 하며, 명확한 이성에 의해 이끌려야지 감성적인 마음에 이끌려서는 안 됩니다. 이러한 행위들이 있을 때만이 비로소 잘못된 믿음과 유신견이 소멸되어 지고의 행복을 얻을 수 있습니다.

◆◆◆◆◆

오늘은 『대념처경』의 세 번째 염처念處인 마음을 알아차리는 수행에 대해서 말씀드리겠습니다.

『대념처경』의 마음을 알아차리는 수행에 대한 법문은 경전 본문을 다루기에 앞서 먼저 마음이란 무엇인가에 대해서부터 설명하겠습니다. 실제로 마음이 무엇인지 모르면 마음을 알아차리기가 어렵습니다. 이처럼 마음에 대한 개요를 설명한 뒤에 부처님께서 설하신 사념처의 심념처 수행을 공부하겠습니다. 그런 뒤에 마음을 알아차리는 수행에 관하여 모곡 사야도의 말씀과 그리고 현재 한국 명상원에서 하고 있는 심념처 수행방법에 대해서 차례로 말씀을 드리겠습니다.

마음은 대상을 아는 것으로는 하나이지만, 여러 가지 상황에 따라 다양한 분류가 있습니다. 이것은 모두 부처님께서 분류하신 것입니다. 부처님의 이러한 마음의 분류는 오직 무아無我라는 것 하나를 설하기 위해서 말씀하신 것입니다. 누구나 처음부터 무아를 알기는 어렵습니다. 그러나 무아를 모르고서는 결코 괴로움에서 벗어날 수가 없습니다.

부처님께서는 무아라는 가장 중요한 법을 설하시기 위해서 이 세상에 오셨다고 해도 과언이 아닙니다. 이 무아로 자신의 깨달음은 물론 많은 생명들에게 해탈의 기회를 제공하신 것입니다. 이것은 부처님 자신뿐만 아니라 역대의 모든 부처가 동일하게 무아의 지혜를 통하여 해탈에 이르셨다는 사실을 알아야 하겠습니다.

그러므로 마음에 대한 것이 조금 복잡하고 이해할 수 없다고 하더라도 그냥 듣는 것이 유익합니다. 처음에는 모르더라도 자꾸 들으면 어느 순간에 자기도 모르는 사이에 지혜가 납니다. 그러므로 복잡한 것을 참는 인내도 조금 필요합니다. 부처님의 말씀이니 무조건 들으라는 것이 아니고, 이러한 분류는 일정한 목적이 있어서 말씀하신 것이니 부처님의 의도를 존중하자는 뜻입니다. 부처님께서 위없는 깨달음을 얻으셔서 모르는 것이 없고, 신통한 힘이 있으셔서 사람들을 위해 가장 쉽게 설명한다는 사실도 이해하여야 합니다. 그래서 어렵더라도 이해하려고 노력하는 것이 결국은 자신을 위해서 유익합니다.

이미 말씀드린 것처럼 위빠사나 수행은 몸, 느낌, 마음, 법이라는 네 가지 대상을 알아차리는 사념처四念處 수행입니다. 그중에 마음을 알아차리는 수행은 세 번째로 정신을 알아차리는 것입니다. 마음과 정신은 같은 말입니다만 쓰임에 따라서 다르게 표현합니다. 경전에서는 일반적으로 정신과 물질이라고 하는데, 『대념처경』의 사념처에서는 정신이라고 하지 않고 마음이라고 하며, 물질이라고 하지 않고 몸이라고 합니다.

누구나 마음에 대해서 말하지만 정작 마음이 무엇인지는 잘 모릅니다. 마치 등잔 밑이 어두운 것처럼 가장 중요한 것을 모른다는 사실부터가 우리가 자신에 대해서 무지하다는 것을 증명하는 것입니다. 그래서 수많은 세월을 무엇 때문인지도 모르고 고통 속에서 살아온 것입니다. 그리고 앞으로도 이렇게 살아야 합니다.

마음이 무엇이냐고 물으면 마음은 비물질이라고 말합니다. 마음은 몸과 함께 있지만 보이지 않기 때문에 마음이 있는지 알기가 어렵습니다. 모든 것을 마음이 하지만 보이지 않는 비물질이기 때문에 실재하는 마음을 알기가 어렵습니다. 우리는 지금까지 보이는 대상만 인정해 왔지, 보이지 않는 정신세계에 대해서는 그다지 알지 못했습니다. 그래서 마음에 대하여 막연히 추측하는 수준에서 알고 지냅니다.

마음이란 어떤 의미로는 공기와 같은 것입니다. 우리가 공기가 있어서 살지만 공기가 있는지 알기가 어려운 것처럼 역시 마음도 마찬가지입니다. 이처럼 모든 것을 이끄는 마음을 알지 못하면 잘못된 견해가 생겨서 어리석게 살아야 합니다. 모든 생명의 윤회가 바로 마음이 무엇인지를 알지 못하는 것에 기인하고 있습니다. 그리고 모든 생명의 괴로움이 바로 마음이 무엇인지 알지 못하는 데서 온 결과입니다.

몸과 마음을 앉은뱅이와 장님으로 비유하기도 합니다. 몸은 저 스스로 볼 수가 없어서 장님이라고 하며, 마음은 저 스스로가 움직일 수 없어서 앉은뱅이라고 합니다. 누구나 몸이라는 장님과 마음이라는 앉은뱅이가 서로 동거하면서 살고 있습니다. 몸이라는 감각기관이 있어서 볼 수 있지만 아는 마음이 없으면 대상을 볼 수가 없습니다. 마음은 아는 기능을 가지고 있지만 물질이 아니기 때문에 가고자 하는 의도만 있지 실제로 움직여서 갈 수가 없습니다. 그래서 흔히 몸과 마음을 하나의 동일체로 보지만, 부처님 께서는 이것들이 하나로 모여 있으면서 서로 역할을 어떻게 하는지 그리고 그것들이 무엇인지를 분명하게 밝히셨습니다.

불교는 신을 믿는 종교가 아니고 마음을 분석한 종교입니다. 이러한 분석은 우리들이 가지고 있는 잘못된 견해를 바로잡는 데 기여하는 치유에 목적을 두고 있습니다. 그래서 불교의 마음에 대한 분석은 학문적 성취를 위해서 하는 것이 아니고, 실재하는 진실을 알아 지혜를 얻고자 하는 것입니다. 마음을 있는 그대로 알아차리는 것이 지혜의 마지막 단계입니다. 왜냐하면 모든 것을 마음이 하고 있기 때문입니다. 그러나 인류 역사에 그 누구도 마음에 대해서 정확하게 밝히지 못했습니다. 오직 부처님만 마음에 대한 것을 아신 뒤에 이 지혜로 부처가 되셨습니다.

부처님께서는 보살이실 때 6년간 고행을 하시다가 마지막에 죽음에 이르셨습니다. 수행을 하다 죽으면 아무 소용이 없습니다. 수행은 더 잘살자고 하는 것인데 죽어서는 결코 안 됩니다. 당시에는 고행을 하는 것이 수행을 잘하는 것인 줄 아는 시대였습니다. 그래서 보살께서는 죽어가는 단계에서 극단적인 고행을 그만두셨습니다. 그리고 발견한 것이 중도입니다. 이 중도를 팔정도라고도 하고, 계정혜 삼학이라고도 하고 또는 위빠사나 수행이라고도 합니다. 이러한 위빠사나 수행을 통하여 극단적 고행과 감각적 쾌락을 추구해서는 안 된다는 지혜가 나셨습니다. 그리고 이것에 대해 말씀하신 것이 바로 『초전법륜경』입니다.

보살께서는 죽음에 대해 숙고하신 뒤에 연기緣起를 발견하십니다. 그리고 이 연기 속에 있는 인간의 정신과 물질의 실재를 발견하십니다. 이때 정신과 물질 안에 있는 느낌을 발견하시고, 위빠사나 수행으로 정신과 물질의 무상과 괴로움과 무아를 아셨습니다. 이것이 위대한 깨달음으로 가는 정해진 길입니다.

부처님께서는 이 길로 가시어 깨달음을 얻으시고, 이 길이 유일한 길이라고 선언하셨습니다. 그리고 역대의 모든 부처님들도 이 길로 오신 것을 비로소 알았습니다. 지금 우리가 공부하는 방법도 바로 이 길을 그대로 가는 것입니다.

부처님께서 혜안이 생겨 마음을 보시니 지금까지 변하지 않고 항상 하는 마음인 줄 알았는데 그 마음이 매 순간 변한다는 것을 아셨습니다. 예를 들어 마음을 종이 위에 연필로 그은 선으로 비유하자면, 이 선이 끊어지지 않고 계속 그어진 선으로 알았는데, 마음이란 하나의 점과 점들이 모여서 지속된다는 것을 아셨습니다. 끊어지지 않고 연결되었다고 아는 것은 이것을 보는 지혜가 없기 때문입니다. 이처럼 끊어지는 것이 바로 마음이 찰나생, 찰나멸한다는 것입니다.

마음은 빠르게 한순간에 일어나서 빠르게 한순간에 사라집니다. 마음은 이런 현상들이 연속되는 과정만 있습니다. 개미들이 떼를 지어 가는 것을 멀리서 보면 하나의 일직선처럼 보이지만 사실은 한 마리, 한 마리의 개미가 모여서 가는 것입니다. 바로 항상 하는 마음, 변하지 않는 마음이라는 것은 이런 혜안이 없어서 그렇게 본 것인데, 부처님께서 혜안으로 보시니 모든 것은 항상 하지 않고 빠르게 변하며, 그것을 지배하는 것이 없다는 것을 아셨습니다. 그래서 먼저 있던 마음이 사라지고 현재의 마음이 일어난 뒤에 다시 다음 마음이 현재의 마음이 되는 이런 과정이 진행된다는 것을 보셨습니다.

그래서 마음은 있지만 이것이 변하지 않는 마음이 아니고 매 순간 변하는 마음이라서 마음의 실체가 없다는 것을 아셨습니다. 실체가 없다는 것은 마음은 있지만 그것을 지배하는 절대적인 마음은 없고, 매 순간 조건에 의해서 일어나고 사라지는 마음만 있다는 것을 말합니다. 앞서 선으로 비유했을 때, 끊어지지 않고 붙어 있는 선으로 보면 자아가 있다는 견해가 생깁니다. 모든 것은 변하지 않고 항상 하며 그것을 지배하는 자아가 있다고 보는 것입니다. 그래서 절대적인 힘을 가진 초월적 존재인 신이 생겨나고 영원하다는 견해가 생겨납니다. 이것은 마음이 무엇인지를 아는 지혜가 생기지 않았기 때문에 생각으로 그렇게 안 것입니다.

언제부터 누군가가 그렇게 말했으니 그 말이 옳은 말인 줄 알고 그냥 전해진 것을 믿고 있었던 것입니다. 이것이 인류의 역사입니다. 누군가가 잘못된 것을 말해도 진실을 아는 지혜가 없으면 그것을 믿고 잘못을 진실처럼 알고 삽니다. 이처럼 마음은 순간적으로 일어났다가 순간적으로 사라지는 특성이 있습니다. 어떤 하나의 마음이 길게 지속되는 것이 아니고, 순간순간 서로 다른 마음이 계속해서 일어났다가 사라지고, 일어났다가 사라지는데 항상 뒤에 일어난 마음은 새로 일어난 마음입니다.

마음은 전기불이 들어오는 원리와도 같습니다. 전기불이 켜질 때 전류가 빠르게 끊어지면서 에너지를 보내는데, 이것을 잘 모르면 끊어지지 않고 계속 흐르는 것처럼 보입니다. 전기선을 통해서 들어오는 불도 최소의 미립자들로 구성된 에너지가 전송되면서 불이 켜지는 것입니다. 빠르게 보면 작은 미립자들로 구성된 에너지가 일어나고 사라지면서 전해지는 것이지 이것들이 모두 붙어서 계속 전류를 보내는 것은 아닙니다. 마치 촛불이 다음 촛불로 불을 붙여 주듯이 말입니다. 하나의 당구공이 다른 당구공을 툭 하고 쳐서 앞으로 나아가게 하는 것과 같이 마음이 다음 마음을 생기게 하는 데 조건을 만들어 주고 사라집니다.

    그래서 현생에서의 마지막 마음인 죽을 때의 마음이 다음 생에서 최초의 마음인 재생연결식을 새로 만들어서 생명이 계속되는 것입니다. 이때 죽을 때의 마음과 새로 태어난 재생연결식은 같은 마음이 아닙니다. 순간마다 조건에 의해서 생긴 마음은 모두 다릅니다. 우리가 평생을 하고 사는 호흡이 같은 호흡이 아니듯이, 마음도 같은 마음은 결코 없습니다. 이것이 무상無常이자 무아無我입니다.

    여러분들이 태어나서 지금까지 무수한 순간에 무수한 호흡을 했지만 그 호흡들은 결코 같은 것들이 아니라는 사실을 유념해야 하겠습니다. 모두 매 순간마다 새로 일어난 호흡들입니다. 그러나 이것을 알지 못하면 같은 호흡으로 압니다. 마음도 호흡처럼 매 순간 새로 일어난 마음이 연속되는 과정만 있습니다.

　누구나 괴로울 때는 괴로운 만큼 벗어나려는 노력을 합니다. 괴로움이 절실하면 노력도 더 열심히 하기 때문에 어느 의미에서 괴로움이란 새로운 힘의 원천이 되기도 합니다. 그러나 어떤 노력을 하느냐에 따라 괴로움이 소멸될 수도 있고, 잘못하면 더 괴로울 수도 있습니다. 괴로울 때는 괴로움을 없애려고 하지 말고 있는 그대로 알아차려야 합니다. 그러면 괴로움은 단지 대상일 뿐이며, 생길 만해서 생긴 것이라는 원인과 결과를 알게 됩니다. 이렇게 될 때 괴로움은 오히려 지혜를 주는 대상입니다.

　그러므로 괴로운 것을 두려워하지 마십시오. 괴로운 것을 없애려고 다른 것에 집중하는 것은 일시적인 방편입니다. 괴로움을 없애려고 하면 영원히 괴로움에서 벗어날 수 없습니다. 괴로움을 없애려는 마음이 일어나면 그 탐욕으로 인해서 괴로움이 계속됩니다. 괴로움으로 인해 더욱 비참한 상태에 빠지는 것은 선업을 쌓지 못하고 불선업을 더 많이 행했기 때문입니다. 그러나 괴로움이 오히려 나를 더 튼튼하게 했다면 이것은 불선업을 선업으로 승화시키는 선한 재산이 많은 자입니다. 이 선한 재산을 많이 만드는 것이 수행입니다.

　마음은 일어났다가 사라지면서 쉬지 않고 흐릅니다. 한강의 한남대교 밑을 흐르는 물은 쉬지 않고 끊임없이 흐릅니다. 그러나 물이 끊이지 않고 흐르는 것이지 한남대교 밑을 지나는 물은 매 순간 전혀 새로운 물입니다. 마음이 흐르는 것도 이와 같습니다. 먼저 마음이 다음 마음을 조건지우고 사라지지만, 먼저 마음에 있는 정보는 다음 마음에 고스란히 옮겨갑니다. 그래서 먼저 마음이 다음 마음과 같지 않지만 또 전혀 다른 마음일 수도 없습니다. 여기에 과보가 전해지기 때문입니다. 이것이 생명의 연속입니다. 그래서 같은 마음이 아니라고 할 수도 없고, 같은 마음이라고 할 수도 없습니다.

여기에 가장 중요한 핵심은 같은 마음이 아니지만 과보가 전해져서 그 마음이 지속된다는 것입니다. 이때 이 과보는 내가 아닙니다. 이 과보는 원인과 결과입니다. 한순간의 마음이 일어났다가 사라지고, 다음 순간에 마음이 일어나는 현상 그대로, 죽을 때의 마음도 다음 마음인 재생연결식으로 이어지는 과정 또한 평상시처럼 순간적입니다. 마음은 잠시도 어느 곳에서 쉬고 있다가 몸을 만들지 않습니다. 그러므로 한 생명의 끝은 순식간에 다음 생명으로 이어집니다. 이것은 마치 시간이 어느 곳에서 잠시 쉬다가 갈 수 없는 것처럼 마음도 시간처럼 쉬지 않고 흐릅니다.

그래서 죽으면 손가락을 튕기는 것보다 빠르게 어느 곳에서 다음 생을 받습니다. 왜냐하면 마음이란 시간처럼 잠시도 쉴 수 없기 때문입니다. 생명과 생명이 이어지는 기간이 49일 걸린다는 것은 잘못된 견해입니다. 부처님은 그런 말씀을 결코 하지 않으셨습니다. 이것은 후대에 만들어진 이야기입니다. 만약 49일 동안 어디엔가 있다가 몸을 받는다고 한다면 불교의 모든 법이 근본적으로 바뀌어야 됩니다.

이처럼 사람들의 마음을 일어났다가 사라지는 연속선상에 있지만, 일어났다가 사라지는 것으로 그치지 않고 사라지면서 다음 마음을 조건지우고 사라집니다. 이렇게 일어나고 사라지는 현상만 있다고 알면 무상의 지혜가 나고, 그 무상은 어떤 누구의 힘으로 되는 것이 아닌, 바로 원인과 결과에 의한 것이라고 알고, 무아를 아는 과정이 다가옵니다. 바로 이때 무아는 자아가 아니라는 것입니다. 마음은 있지만 그것이 나의 마음이 아니고 단지 조건에 의한 마음입니다. 바로 이것을 아는 것이 무아를 바르게 아는 것입니다. 이렇게 알아야 영원한 것은 없다는 것을 알고, 거기에 자아가 없어서 나라는 것이 없다는 것을 알아야 집착이 끊어져서 해탈의 자유를 얻습니다.

그러나 누구도 이렇게 알기가 어렵습니다. 역시 부처님도 이것을 알기 위해서 그토록 오랜 세월을 바라밀 공덕을 쌓으셨습니다. 그리고 부처가 되시기 위해서 태어나셨지만 자신이 지은 불선업의 과보를 충분히 받으신 뒤 일정한 수행의 과정을 거쳐서 무아라는 사실을 비로소 아신 것입니다.

우리도 이제 지혜를 얻기 위해선 자신이 지은 불선과보의 터널을 뚫고 나와야 합니다. 그냥 거저 지혜를 얻을 수는 없습니다. 그래서 반드시 수행을 해야 합니다. 수행을 통하지 않고 지식으로는 지혜가 자기 것이 될 수 없습니다. 몸소 몸과 마음을 알아차리는 실천적 수행을 해야 비로소 지혜가 생깁니다.

그러므로 수행자가 처음부터 무아를 이해하기 어려운 현실을 받아들여야 합니다. 그래서 무아를 지식으로 알려고 하지 말고, 단지 실천적 수행을 통해서 알려고 해야 합니다. 무아를 알면 열반에 이른다는 사실을 우리는 알 수 있습니다. 무아의 진실을 알기가 얼마나 어렵다는 것을 실감하지 않을 수 없습니다. 왜냐하면 우리가 살아간다는 것은 온통 자아를 강화하는 것밖에 없었기 때문입니다.

정신과 물질을 빨리어로 나마nāma, 루빠rūpa라고 합니다. 여기서 정신은 나마이고, 루빠는 물질입니다. 이것을 한문으로는 명색名色이라고 합니다. 명은 정신을 말하고, 색은 물질을 말합니다. 정신은 대상을 인식하지만 물질은 아무것도 인식하지 못합니다.

우리가 내 마음, 내 몸이라고 알고 있지만, 사실은 단순한 정신적 현상과 물질적 현상일 뿐입니다. 마음과 몸이라고 할 때는 자신의 마음과 몸으로 아는 경향이 있지만, 정신과 물질이라고 할 때는 하나의 개체로서의 대상으로 이해하기 쉽다는 사실을 주목해야 합니다.

이때 정신을 상좌불교에서는 세 가지로 분류합니다. 이것은 부처님의 말씀이십니다. 이 세 가지는 모두 같은 말인데 쓰임에 따라서 서로 다릅니다. 그러므로 여러 가지의 마음이 있다고 생각해서는 안 됩니다. 우리가 알고 있는 무슨 식, 무슨 식이라고 하는 것은 모두 이 세 가지 범주의 마음 안에 있습니다. 『아비담마』에서는 마음을 이상 세 가지 외에 다른 것은 분류하고 있지 않습니다. 우리가 지금까지 알아온 무슨무슨 식識이라는 것 때문에 마음이 여러 가지가 있는 줄 알고 혼란을 느끼는 경우를 저는 많이 보았습니다. 그러므로 여기서는 부처님께서 분류하신 것에 근거하여 주기 바랍니다.

마음을 세 가지로 분류하면 첫째가 마음입니다. 이것을 빨리어로 찌따citta라 하는데, 한문으로 심心이라고 합니다. 마음 심心 자입니다. 이때의 마음은 마음의 작용을 말할 때 마음이라고 합니다. 마음에는 마음이 있고, 마음의 작용이 있습니다. 이때의 마음은 오온에서 식이고, 마음의 작용은 수, 상, 행입니다. 그래서 마음이라고 할 때는 마음의 작용을 말할 때 사용합니다. 마음은 반드시 마음의 작용을 동반합니다. 그래서 마음이 일어날 때는 마음의 작용인 수, 상, 행이 함께 일어나서 함께 사라집니다. 이것들은 하나이면서 각각의 기능이 달라 이렇게 분류합니다.

빨리어로 '찌따'라고 말할 때는 회화, 잡색, 여러 가지의 그림, 그런 뜻으로 쓰입니다. 그러므로 마음의 작용인 수상행이 여러 가지 문제를 일으키면 마음이 그것을 받아들이는 기능을 하기 때문에 그림과 같다고 말하는 것입니다.

둘째, 생각이 있습니다. 이것을 빨리어로는 마노mano라고 하며, 한문으로는 의意라고 합니다. 여섯 가지 감각기관을 '안이비설신의'라고 하는데 이때 의가 바로 마노입니다. 이것도 마음이지만 감각기관의 하나로 어떤 대상을 인식하는 기능을 합니다. 우리가 수행을 할 때 법이라는 대상을 보는데 이 알아차려야 할 대상이 바로 의의 감지대상입니다. 이때의 의는 심이 정신적인 것의 본질을 뜻하는 것일 때 그것과 다른 미세한 느낌의 사유와 관계합니다.

그리고 마지막 셋째는 아는 마음입니다. 이것은 빨리어로 윈냐냐viññāṇa라고 하는데, 한문으로는 식識이라고 합니다. 육입이 육경과 부딪혔을 때 육식이 일어나는데 이때 육식이 여섯 가지 아는 마음입니다. 이처럼 마음의 실제는 대상을 아는 것입니다. 그러므로 식에 기능이 있어 모든 것이 이루어집니다. 식이 없으면 수상행도 없고, 몸이라고 하는 물질도 없습니다.

이상 심, 의, 식 세 가지 것들이 하나이지만 단지 상황과 역할에 따라 다르게 부르고 있는 것입니다. 부처님께서는 복잡한 마음을 이해하고 설명하는 데 이러한 필요를 느끼신 것 외에 다른 의도가 있어서 세 가지로 분류하지 않았다는 것을 이해하여야 하겠습니다.

우리가 유정이라고 하고 중생이라고 하는 생명들은 모두 정신과 물질로 구성되었습니다. 생명이 있는 31개의 세계에는 모두 마음이라는 것을 가지고 있는 것은 동일합니다. 단지 몸의 형태만 다릅니다. 그러나 천상의 무색계는 몸이 없고 마음만 있습니다. 무색계를 빼고는 모두 몸과 마음을 가지고 있는데, 다른 것은 몸에 따라 마음의 수준도 다르다는 것입니다. 마음은 다 같은 마음인데 마음의 상태가 다른 것입니다.

그래서 몸에 따라 그 수준의 마음이 생기기도 합니다. 물론 마음에 따라 그 몸이 생기고, 또 그 몸의 상태에 따라 그 몸의 수준과 같은 마음을 갖는 것입니다. 지옥에 있는 생명체는 지옥의 마음이 있고, 축생은 축생의 마음이 있고, 아귀는 아귀의 마음이 있고, 아수라는 아수라의 마음이 있고, 인간은 인간의 마음이 있고, 천인은 천인의 마음이 있습니다.

부처님께서나 범부나 다 똑같은 인간의 마음인데, 부처님께서는 의식이 고양되어 범부와 구별되는 지혜가 있습니다. 이처럼 부처님은 신이 아니고 우리와 똑같은 인간이십니다. 단지 지혜가 나서 위없는 깨달음을 얻으신 것이 우리와 다른 것입니다. 여기서 이런 몸을 결정하는 것이 바로 마음입니다.

예를 들면 선한 마음이 선한 행동을 하게 하여 선한 과보가 생기면 다음에 선한 과보의 정보가 다음 마음에 전해져서 지금 이후의 몸과 마음이 만들어지고, 계속하여 다음 생과 다음에 생긴 몸이 만들어집니다. 윤회라는 것은 이러한 과정들이 연속되는 것을 말합니다. 그래서 이것을 결정하는 어떤 다른 존재는 없습니다. 모두 자신의 마음이 자신의 행위를 일으키고 이것이 업이 되어 다음에 과보를 받는 이러한 진실만 있습니다.

부처님의 지혜도 수많은 생애 동안 쌓은 바라밀 공덕으로 이루어졌습니다. 부처님은 살아 있는 생명 중에서 가장 수승한 바라밀 공덕의 과보로 부처로 태어나셨습니다. 세상은 무엇이나 저 홀로 되지 않고 선업의 마음과 악업의 마음의 결과로 생깁니다.

그러나 이렇게 선업의 과보를 받아서 태어나신 부처님께서도 일정한 수행의 과정을 거쳐서 부처가 되셨습니다.

그래서 부처로 태어났다고 해서 그냥 부처가 되는 것이 아닙니다. 반드시 수행을 해서 최고의 깨달음을 얻어야 합니다. 부처님께도 보살이셨을 때 한 행위에 대한 과보를 피할 수 없어서 6년 동안의 고행을 거치신 후에야 비로소 부처님이 되신 것입니다.

이토록 모든 것이 마음이 이끄는 것이고, 이끄는 그 마음에 따라서 행위를 하고, 그 행위는 반드시 과보를 일으키고, 그 과보가 다음 마음에 전해져서 그것을 지속시키게 합니다. 그러므로 이러한 조건들을 원인과 결과라고 합니다. 우리가 잘살고 있다면 과거에 잘살 만한 원인을 만든 것이고, 현재 우리가 못살고 있다면 과거에 못살 만한 원인을 만든 것입니다. 그러면 어떻게 해야 할까요? 지금 현재 새로운 원인을 만들어야 합니다. 그 새로운 원인이란 이 순간에 정신과 물질을 알아차리는 마음입니다. 이것이 새로운 원인이 되어서 이 과보가 다음 생에 더 좋은 결과를 만들 것입니다.

나를 지켜줄 것은 오직 자기밖에 없습니다. 자기의 일은 자기의 마음이 결정하기 때문입니다. 그러므로 항상 자기 자신을 의지처로 삼아야 합니다. 외부의 어떤 힘도 자기의 마음을 결정할 수 없습니다. 나를 지켜줄 것은 오직 진리밖에 없습니다. 모든 일은 진리에 귀의하기 때문입니다. 그러므로 항상 진리를 의지처로 삼아야 합니다.

진리는 변한다는 것과 괴로움이 있다는 것과 자아가 없다는 것입니다. 그래서 자기의 몸과 마음이 변한다는 것을 기본으로 삼아야 하며, 자기의 몸과 마음이 괴로움이라는 것을 기본으로 삼아야 하며, 자기의 몸과 마음이 내가 아니라는 것을 기본으로 삼아야 합니다. 오직 이 길에만 깨달음과 행복이 있습니다.

◆◆◆◆◆

오늘은 부처님께서 깨달음을 얻으시고 범천 '사함빠띠'가 법을 요청하는 과정까지 『율장』 '대품'에 있는 기록을 살펴보겠습니다. 여기서 부처님의 마지막 선언에 마음에 대한 분명한 해석이 있습니다. 이 경전의 내용을 말씀드리는 것은 마음이 무엇인지를 다시 한 번 명확하게 밝혀 드리고자 하는 것입니다.

어느 때 세존께서는 우루벨라 마을의 네란자라 강변에 있는 보리수 아래에 계셨습니다. 그곳에서 처음으로 바르고 원만한 깨달음을 이루신 세존께서는 다리를 맺고 앉은 채 7일 동안 오로지 한 자세로 삼매에 잠겨 해탈의 즐거움을 누리셨습니다. 그러던 중 밤이 시작될 무렵에 연기緣起를 발생하는 그대로 그리고 소멸하는 그대로 명료하게 사유하셨습니다.

"무명無明을 원인으로 행이 일어나고, 행行을 원인으로 식이 일어나고, 식識을 원인으로 정신과 물질이 일어나고, 정신과 물질을 원인으로 육입이 일어나고, 육입六入을 원인으로 접촉이 일어나고, 접촉을 원인으로 느낌이 일어나고, 느낌을 원인으로 갈애가 일어나고, 갈애를 원인으로 집착이 일어나고, 집착을 원인으로 업의 생성이 일어나고, 업의 생성을 원인으로 생生이 일어나고, 생을 원인으로 노사老死가 일어나고, 슬픔과 비탄, 고통과 절망이 일어난다. 이와 같이 모든 괴로움의 무더기들이 일어난다.
그러나 진실로 무명에서 집착을 없애면 무명은 남김없이 사라진다. 무명이 소멸하므로 행이 소멸하고, 행이 소멸하므로 식이 소멸하고, 식이 소멸하므로 정신과 물질이 소멸하고, 정신과 물질이 소멸하므로 육입이 소멸하고, 육입이 소멸하므로 접촉이 소멸하고, 접촉이 소멸하므로 느낌이 소멸하고, 느낌이 소멸하므로 갈애가 소멸하고, 갈애가 소멸하므로 집착이 소멸하고, 집착이 소멸하므로 업의 생성이 소멸하고, 업의 생성이 소멸하므로 생이 소멸하고, 생이 소멸하므로 노사가 소멸하고, 슬픔과 비탄, 고통과 절망이 소멸한다. 이와 같이 모든 괴로움의 무더기들이 소멸한다."

그때 세존께서는 감흥을 읊으셨습니다.

"고요히 명상에 잠긴 수행자에게 진실로 법칙이 드러났다. 그 순간 모든 의심이 사라졌으니 괴로움의 원인을 알아낸 까닭이다."

그리고 세존께서는 그날 밤이 깊어졌을 무렵에 다시 연기가 일어나는 대로 그리고 연기가 소멸하는 대로 명료하게 사유하셨습니다.

"그래서 똑같이 무명을 원인으로 행이 일어나고, 행을 원인으로 식이 일어나고, 식을 원인으로 정신과 물질이 일어나고, 정신과 물질을 원인으로 육입이 일어나고, 육입을 원인으로 접촉이 일어나고, 접촉을 원인으로 느낌이 일어나고, 느낌을 원인으로 갈애가 일어나고, 갈애를 원인으로 집착이 일어나고, 집착을 원인으로 업의 생성이 일어나고, 업의 생성을 원인으로 생이 일어나고, 생을 원인으로 노사가 일어나고, 슬픔과 비탄,

고통과 절망이 일어난다. 이와 같이 모든 괴로움의 무더기들이 일어난다.

그러나 진실로 무명에서 집착을 없애면 무명은 남김없이 사라진다. 무명이 소멸하므로 행이 소멸하고, 행이 소멸하므로 식이 소멸하고, 식이 소멸하므로 정신과 물질이 소멸하고, 정신과 물질이 소멸하므로 육입이 소멸하고, 육입이 소멸하므로 접촉이 소멸하고, 접촉이 소멸하므로 느낌이 소멸하고, 느낌이 소멸하므로 갈애가 소멸하고, 갈애가 소멸하므로 집착이 소멸하고, 집착이 소멸하므로 업의 생성이 소멸하고, 업의 생성이 소멸하므로 생이 소멸하고, 생이 소멸하므로 노사가 소멸하고, 슬픔과 비탄, 고통과 절망이 소멸한다. 이와 같이 모든 괴로움의 무더기들이 소멸한다.”

그때 세존께서는 감흥을 읊으셨습니다.

“고요히 명상에 잠긴 수행자에게 진실로 법칙이 드러났다. 그 순간 모든 의심이 사라졌으니 원인의 소멸을 알아낸 까닭이다.”

그리고 세존께서는 다시 그날 밤이 끝나갈 무렵에 다시 연기가 일어나는 대로 연기가 소멸하는 대로 명료하게 사유하셨습니다. 그래서 똑같이 무명을 원인으로 행이 일어나는 것에서부터 생을 원인으로 노사가 일어나고, 슬픔과 비탄, 고통과 절망이 일어나는 것을 아셨습니다. 그리고 똑같이 세존께서는 감흥을 읊으셨습니다.

“고요히 명상에 잠긴 수행자에게 진실로 법칙이 드러났다. 태양이 허공에서 작열하듯이 악마의 군대를 마침내 쳐부순 것이다.”

세존께서는 7일이 지난 뒤에 삼매에서 깨어나셨습니다. 그리고 보리수나무를 떠나 아자빨라니고로다 나무로 가셨습니다. 그곳에서 가부좌를 하시고 앉은 채 7일 동안 오로지 한 자세로 삼매에 잠겨 해탈의 즐거움을 누리셨습니다.

그때 교만한 바라문이 있었습니다. 그는 세존께 와서 안부를 여쭙고 몇 마디 나눈 뒤에 한쪽에 서서 말했습니다.
“사문 고따마시여! 그대는 어찌해야 바라문이 되는지 아시오? 어떤 수행을 해야 바라문이 되는지 아십니까?"

그때 세존께서는 바라문을 향해 감흥을 읊으셨습니다.

"바라문은 죄악을 멀리하고 마음이 교만하지 않다. 때가 없고 자제하고 매사에 정통하고 청정한 수행을 완성한다. 바라문이란 그런 사람을 두고 하는 말이니, 그에게 세상 어디에선들 교만함이 있겠는가?"

세존께서는 7일이 지난 뒤에 삼매에서 깨어나셨습니다. 그리고 아자빨라니고로다 나무를 떠나 우찰린다 나무로 가셨습니다. 그리고 그곳에서 가부좌를 한 뒤 7일 동안 오로지 한 자세로 삼매에 잠겨 해탈의 즐거움을 누리셨습니다. 그때 갑자기 큰 구름이 일어나 7일 동안 비가 내리고 차가운 바람이 불어서 날씨가 을씨년스러웠습니다. 그러자 우찰린다 용왕은 자신의 거주처에서 나와 긴 몸으로 세존을 일곱 번 둘러싸고 고개를 굽혀 세존의 머리 부분을 가리고 서 있었습니다. 그것은 추위나 더위가 세존을 침범하지 못하도록 하기 위한 것이며 파리, 모기, 바람, 열기, 뱀 등이 세존에게 다가서지 못하도록 하려는 것이었습니다. 7일이 지난 뒤 세존께서는 삼매에서 깨어나셨습니다. 용왕은 날씨가 구름 한 점 없이 청명하게 개인 것을 보고 세존에게서 자신의 몸을 풀었습니다. 그리고 동자의 모습으로 변한 뒤 세존을 향해 합장한 채 경배하였습니다. 그때 세존께서는 감흥을 읊으셨습니다.

"진리를 듣고 보아 혼자서도 만족함은 즐거움이다. 생명에 대해 조심해서 해치지 않음도 세상의 즐거움이다. 갈애를 극복하여 세상살이에 집착하지 않음도 즐거움이다. 그러나 내가 있다는 교만심을 누를 줄 아는 것, 이것이 최상의 즐거움이다."

세존께서는 7일이 지난 뒤 삼매에서 깨어나셨습니다. 그리고 우찰린다 나무를 떠나 라자야타나 나무로 가셨습니다. 그곳에서 가부좌를 하고 앉은 채 7일 동안 오로지 한 자세로 삼매에 잠겨 해탈의 즐거움을 누리셨습니다.

그때 따부싸와 말리까라는 두 상인이 욱칼라 지방에서 세존이 계신 곳으로 향하는 큰길로 가고 있었습니다. 그런데 전생에 두 상인의 친척이었던 천인이 그들 앞에 나타나 세존께 공양을 올리도록 권했습니다.

"벗들이여, 이제 막 완전한 깨달음을 이루신 세존께서 라자야타나 나무 아래에 계십니다. 그분께 보리죽과 꿀을 공양하십시오. 그러면 그대들은 긴 밤 동안 즐거움과 안락함을 얻을 것입니다."

그리하여 그들은 보리죽과 꿀을 가지고 세존에게 다가가 공손히 절한 뒤에 서서 말했습니다.

"세존이시여, 저희들의 보리죽과 꿀을 받으십시오. 그러면 저희들은 긴 밤 동안 즐거움과 안락함을 누릴 것입니다."

그때 세존께서 생각하셨습니다.

'여래가 저들의 손에서 직접 음식을 받을 수는 없다. 나는 어떤 것을 사용하여 보리죽과 꿀을 받아야 할까?'

그러자 사대천왕이 세존의 생각을 자신들의 마음으로 알아낸 뒤 사방에서 다가와 수정으로 만든 네 개의 그릇을 바치면서 아뢰었습니다.

"세존이시여, 이것으로 보리죽과 꿀을 받으십시오."

그리하여 세존께서는 수정그릇으로 음식을 받아 드셨습니다. 두 상인은 세존께서 음식을 다 드시고 그릇에서 손을 거두는 것을 보고 세존의 발에 머리를 숙이며 아뢰었습니다.

"세존이시여, 세존의 법法에 귀의합니다. 세존께서는 저희들을 신자로 받아주십시오. 오늘부터 생명이 다할 때까지 귀의하겠습니다."

그리하여 상인 따부싸와 말리까는 세존의 법이라는 두 의지처에 귀의하는 최초의 신자가 되었던 것입니다. 이 두 상인들은 당시 미얀마 사람이었습니다. 그리고 이때 세존께서는 이들을 기념하기 위해서 자기의 머리카락 여덟 발을 뽑아 이들에게 기증하였습니다. 이들이 이 여덟 발의 머리카락을 미얀마에 가지고 와서 지금 양곤에 있는 쉐다곤 황금 대탑 밑에 안장하였습니다.

세존께서는 7일이 지나 삼매에서 깨어나셨습니다. 그리고 아자야타나 나무를 떠나 아자빨라니고로다 나무로 가서 머무셨습니다. 그곳에서 홀로 명상에 잠기신 세존의 마음에는 이러한 생각이 떠올랐습니다.

"내가 도달한 이 법은 깊고, 보기가 어렵고, 깨닫기 어렵고, 고요하고 숭고하다. 단순한 사색에서 벗어나 미묘하여 슬기로운 자만이 알 수 있는 법이다. 그런데 사람들은 집착하기 좋아하여 아예 집착을 즐긴다. 그런 사람들이 이것이 있음으로 저것이 있다는 도리와 연기의 도리를 본다는 것은 참으로 어려운 일이다. 또한 모든 행이 고요해진 경지, 윤회의 모든 근원이 사라진 경지, 갈애가 다한 경지, 집착을 떠난 경지, 괴로움의 소멸에 이르는 경지, 그리고 열반의 도리를 안다는 것도 어려운 일이다. 내가 비록 법을 설한다 해도 다른 사람들이 이해하지 못하면 나만 피곤할 뿐이다."

그때 세존께서는 예전에 들어보지 못한 게송을 떠올리셨습니다.

"나는 어렵게 도달하였다. 그러나 지금 결코 드러낼 수 없다. 집착과 분노에 억눌린 자들은 이 법을 원만히 깨달을 수 없다. 흐름을 거슬러 가기도 하고, 미묘하고, 깊고, 보기 어렵고, 섬세하니, 집착에 물든 자들이 어떻게 이 법을 보겠는가? 어둠의 뿌리로 덮인 자들이."

이와 같이 깊게 사색한 세존께서는 설법을 하지 않기로 하셨습니다. 그때 사함빠띠라는 범천이 자신의 마음으로 세존의 마음속을 알고서 '아아! 세상은 멸망하는구나. 아아! 세상은 소멸하고 마는구나! 여래, 응공, 정등각자가 법을 설하지 않으신다면' 하고 생각했습니다. 사함빠띠는 마치 힘센 사람이 굽혔던 팔을 펴고, 폈던 팔을 굽히는 것처럼 재빠르게 범천의 세상에서 사라진 뒤에 세존 앞에 나타났습니다.

　마음이 있는 곳에 하나의 세계가 있습니다. 마음이 몸 밖으로 나가면 밖에 있는 세계가 있습니다. 마음이 자신의 몸과 마음으로 오면 자신의 몸과 마음에 세계가 있습니다. 마음이 밖으로 나가거나 자신의 몸과 마음으로 오거나 알아차림이 없는 세계와 알아차림이 있는 세계가 있습니다.

　알아차림이 없는 세계는 관념의 세계이며, 알아차림이 있는 세계는 실재하는 궁극의 세계입니다. 궁극적 진리는 실재하는 세계에만 있습니다. 아무리 사소한 것이라도 문제라고 보면 점차 큰 문제로 보입니다. 이는 마음이 집착을 하기 때문입니다. 우리는 안에 있는 세계나 밖에 있는 세계나 어느 세계에 있거나 알아차림이 함께해야 됩니다. 그래야만 그 세계가 청정합니다. 이 청정한 세계에서만 고요함이 생기고 해탈의 지혜를 얻을 수가 있습니다.

◆◆◆◆◆

　범천 사함빠띠가 한쪽 어깨에 상의를 걸치고 오른쪽 무릎을 땅에 꿇은 뒤에 세존을 향해서 합장을 하며 간청을 했습니다.

　"세존이시여, 법을 설해 주소서. 선서께서 법을 설하소서. 삶에 먼지가 적은 중생들도 있습니다. 그들이 법을 듣는다면 알 수 있을 것이나 법을 설하지 않으신다면 그들조차 쇠퇴할 것입니다."

　사함빠띠는 다시 게송으로 간청했습니다.

　"세존 이전의 마가다국에는 어지러운 법들이 설해져 있으니 때 묻은 자들이 사유한 것입니다. 이제 세존께서 오셨으니 불사不死의 문을 여시어, 그 법을 듣고 때 없는 자들이 깨닫게 하소서. 지극히 현명한 분이시여, 모든 것을 보는 분이시여, 슬픔이 제거된 분이시여, 산의 정상에 있는 바위에 오르면 주위에 있는 사람을 볼 수 있습니다.

그와 같이 법으로 이루어진 누각에 올라서서 태어남과 늙음에 정복당하고 슬픔에 빠져 있는 사람들을 내려다보소서. 영웅이시여, 전쟁의 승리자시여, 일어나소서. 빚 없는 대상들의 지도자처럼 세상을 다니소서. 세존이시여, 법을 설하소서. 아는 자가 있을 것입니다.”

세존께서 사함빠띠의 청을 들으신 뒤에 그에게 말씀하셨습니다.

“범천아, 나는 생각했다. 내가 도달한 이 법은 깊고, 보기가 어렵고, 고요하고, 숭고하다. 단순한 사색에서 벗어나 미묘하여 슬기로운 자만이 알 수 있는 법이다. 그런데 사람들은 집착하기 좋아하여 아예 집착을 즐긴다. 그런 사람들이 이것이 있으므로 저것이 있다는 도리, 연기의 도리를 본다는 것은 참으로 어려운 일이다. 또한 모든 행이 고요해진 경지, 윤회의 모든 근원이 사라진 경지, 갈애가 다한 경지, 집착을 떠난 경지, 괴로움의 소멸에 이른 경지, 그리고 열반의 도리를 안다는 것은 어려운 일이다. 내가 비록 법을 설한다 해도 다른 사람들이 이해하지 못한다면 나만 피곤할 뿐이다.”

그리고 세존께서 이렇게 덧붙이셨습니다.

“범천아! 이런 깊은 사색 끝에 나는 법을 설하지 않기로 하였던 것이다.”

그러자 다시 사함삐띠가 세존께 청했습니다.

“세존이시여, 법을 설하소서. 삶에 먼지가 적은 중생들도 있습니다. 그들이 법을 듣는다면 알 수 있을 것이나 법을 설하지 않으신다면 그들조차 쇠퇴할 것입니다.”

그리고 다시 게송으로 간청을 했습니다.

“세존 이전의 마가다국에는 어지러운 법이 설해져있으니 때 묻은 자들이 사유한 것이었습니다. 이제 세존께서 오셨으니 불사의 문을 여시어 그 법을 듣고 때 없는 자들이 깨닫도록 하소서. 지극히 현명한 분이시여, 모든 것을 보는 분이시여, 슬픔이 제거된 분이시여, 산의 정상에 있는 바위에 오르면 주위에 있는 모든 사람을 볼 수 있습니다. 그와 같이 법으로 이루어진 누각위에 올라서 태어남과 늙음에 정복당하고 슬픔에 빠져 있는 사람들을 내려다보소서. 영웅이시여, 전쟁의 승리자시여, 일어나소서. 빚 없는 대상들의 지도자처럼 세상을 다니소서. 세존이시여, 법을 설하소서. 아는 자가 있을 것입니다.”

이렇게 세존께 똑같이 간청했습니다. 그러자 세존께서도 다시 사함빠띠에게 말씀하셨습니다.

"범천아, 나는 생각했다. 내가 도달한 이 법은 깊고 보기가 어렵다……"라고 하신 다음 다시 똑같은 게송을 읊으셨습니다.

"나는 어렵게 도달하였다. 그러나 지금 결코 드러낼 수 없다. 집착과 분노에 억눌린 자들은 이 법을 원만하게 깨달을 수 없다. 흐름을 거슬러 가기도 하고, 미묘하고 깊고 보기 어렵고 섬세하니, 집착에 물든 자들이 어떻게 이 법을 보겠는가? 어둠의 뿌리로 뒤덮인 자들이. 범천아! 이런 깊은 사색 끝에 나는 법을 설하지 않기로 하였던 것이다."

그러자 또다시 사함삐띠는 세존께 청하였습니다.

"세존이시여, 법을 설하소서. 삶에 먼지가 적은 중생들도 있습니다. 그들이 법을 듣는 다면 알 수 있을 것이나 법을 설하지 않으신다면 그들조차도 쇠퇴할 것입니다."

그리고 똑같은 게송으로 세존께 간청했습니다.

그러자 세존께서는 범천의 청이 지극함을 아시고 중생에 대한 자비심을 일으켜 부처 님의 눈으로 세상을 내려다보셨습니다. 그리고 참으로 여러 중생이 있음을 아셨습니다. 먼지가 적은 중생, 먼지가 많은 중생, 감각기관이 날카로운 중생, 감각기관이 무딘 중생, 자질이 좋은 중생, 자질이 나쁜 중생, 가르치기 쉬운 중생, 가르치기 어려운 중생들을 보셨습니다. 아울러 저 세상에서의 두려움을 의식하며 지내는 중생이 있는가 하면, 저 세상의 두려움을 의식하지 않고 지내는 중생도 있음을 보셨습니다.

비유하면 연못에 연꽃들과 같으니 그곳에는 푸른 연꽃, 붉은 연꽃, 흰 연꽃이 있습니 다. 그들은 모두 물에서 태어나 성장하고 물의 보호를 받는데, 어떤 연꽃은 물에 잠긴 채 자라고, 어떤 연꽃은 물의 표면에 있고, 어떤 연꽃은 물위로 솟아나와 물에 젖지 않은 채 있습니다. 그와 같이 세상을 내려다보니 참으로 여러 중생이 있었습니다. 먼지 가 적은 중생, 먼지가 많은 중생…… 저 세상에서의 두려움을 의식하지 않고 지내는 중생도 있음을 보셨습니다.

그리하여 세존께서는 사함빠띠에게 게송으로 다음과 같이 말씀하셨습니다.

"귀 있는 자들에게 불사의 문을 열겠으니, 죽은 자에 대한 근거 없는 제사는 그만두어

라. 범천아, 나는 단지 피곤할 뿐이라고 생각했기에 사람들에게 덕스럽고 숭고한 법을 설하지 않았던 것이다.”

사함빠띠는 세존이 설법을 허락하셨음을 알고 공손히 절을 하고 오른쪽으로 돈 다음 그곳에서 사라졌습니다.

이상으로 부처님께서 깨달음을 얻으신 뒤에 법을 펴게 되는 과정을 『율장』에 있는 기록으로 살펴보았습니다. 여기서 주목할 만한 것은 부처님께서 범천 사함빠띠와 했던 약속입니다. 부처님께서는 법을 펴는 조건을 죽은 자에 대한 근거 없는 제사를 지내지 말라고 하신 것입니다. 이것은 부처님이 법을 펴는 조건으로 모든 생명들에게 내건 약속이자 조건입니다. 이것은 부처님이 원하신 것입니다.

이 말을 주석서에서는 이렇게 말합니다. 당시 인도 사회는 제사를 지내는 데 수백 마리의 소, 양, 돼지 따위를 제물로 바쳤다고 합니다. 부처님께서는 수행자의 참된 삶을 위해서는 제사를 지내기 위해 살아 있는 동물을 죽여서는 안 된다는 것을 강조하신 것입니다. 그렇습니다. 부처님은 이렇게 살생을 금하는 자애로운 마음을 가지고 제사를 지내지 말 것을 요청하신 것입니다.

그러나 바로 이런 이유만으로 제사를 지내지 말라고 하신 것은 아닙니다. 다른 한편으로는 죽은 자는 이미 새로운 생을 받아서 다시 태어났기 때문에 제사에 대한 의미가 없음을 강조하신 것입니다. 부처님께서 죽은 자를 위해 제사가 필요하셨다면, 부처님 재세 시에 조상에 대한 천도뿐만 아니라 죽은 가족이나 제자들을 위해서도 분명히 제사를 지냈을 것입니다. 그러나 결코 그런 제사를 지내지 않으셨으며, 오히려 이런 것들을 금하셨던 것입니다.

여기서 우리는 무아의 실상을 알 수 있어야 합니다. 자아가 있어서 다음 생에 전해진다면 반드시 제사를 지내야 할 것입니다. 그러나 죽을 때의 마음은 이미 사라지고, 그 과보가 다음 생에 전해져서 새로운 재생연결식이 일어나므로 제사를 지낼 근거가 없는 것입니다. 여기서 제사를 문제 삼기 이전에 마음의 실재를 알아야 합니다. 마음은 매 순간 같은 마음이 아니며, 죽은 뒤에 생기는 마음은 더더구나 같은 마음이 아닙니다.

전혀 새로운 조건에서 새로운 마음이 일어나므로 같은 마음이라고 할 수가 없습니다. 이것이 마음의 실재하는 현상입니다. 이것을 바로 무아라고 합니다.

부처님께서 세 번씩이나 법을 설할 것을 거절하신 것에 관해서 살펴보겠습니다. 과연 최고의 지혜를 얻으신 부처님께서 다른 사람들이 알아듣지 못하여 피곤하다고 생각해서 법을 펴는 것을 거절한 것일까요? 결코 그렇지 않습니다.

주석서에 의하면 역대의 모든 부처님들은 깨달음을 얻은 뒤에 반드시 범천이 세 번 법을 청하는 것으로 기록되어 있습니다. 이런 전통은 법의 존귀함을 드러내는 것입니다. 그리고 법은 원하는 자에게 준다는 의미도 있습니다. 원하지 않는 자에게는 아무리 좋은 법이 있어도 법이 아닙니다. 이런 전통과 원리 때문에 법을 펴는 것을 세 번 거절하신 것입니다. 우리가 지금도 세 번 청법請法을 하는 것은 사함빠띠가 한 이런 전통을 따르는 것입니다. 이것은 법에 대한 존귀함을 드러내는 예경禮敬입니다.

이처럼 마음은 매 순간 일어나고 사라지기 때문에 엄격한 의미에서는 매 순간이 생일입니다. 우리가 생일이라고 정하는 것은 단지 인간들의 관습이지 진실은 아닙니다. 마음이 무엇인지를 몰라서 생긴 전통적인 관습일 뿐입니다. 마음이 일어나서 지속하는 순간은 빛이 번쩍하는 순간의 백만 분의 일보다 빠르다고 합니다. 마음은 이렇게 빠르게 일어나서 빠르게 사라집니다. 그리고 사라지는 것이 거듭 지속됩니다. 이렇게 빠른 마음 중에 어느 것을 내 마음이라고 할 수 있겠습니까?

마음은 단지 조건에 의해서 일어나고 일어난 순간에 사라집니다. 여기에 주도적인 나의 마음은 없습니다. 오직 순간순간의 조건만 있습니다. 모든 것들은 진동합니다. 이것이 무상이고 일어나고 사라지는 현상입니다. 물질이 한순간에 한 번 일어나서 사라질 때 마음은 열일곱 번이나 일어나서 사라집니다. 이러한 마음을 우리는 알지 못합니다. 오직 부처님의 혜안으로 밝히신 것을 믿고 따르는 것일 뿐입니다. 그래서 마음을 알아차리는 것을 추론적 위빠사나라고 합니다.

마음은 그것 자체가 비물질이라서 알 수가 없기 때문에 마음과 함께 일어나는 느낌과 지각과 의도를 통해서 알 수가 있습니다. 그래서 마음의 작용인 수상행을 신하라고 하고 아는 마음인 식을 왕이라고 합니다. 우리는 신하를 통하여 왕의 근황을 파악할 수가 있습니다. 마음에 대한 이러한 이해는 오직 자신의 몸과 마음을 대상으로 알아차리는 수행을 통하여서만이 바르게 알 수 있습니다. 우리가 가지고 있는 기존의 고정관념의 틀로는 이해하기 어렵습니다.

전혀 들어보지 못한 새로운 진리는 자기 생각으로는 뛰어넘을 수 없습니다. 그래서 부처님 가르침을 실천하는 수행을 통해서만이 진리의 문이 열립니다. 고따마 부처님이나 역대의 모든 부처님이 모두 위빠사나 수행을 통해서 깨달음을 얻은 것은 위빠사나 수행을 통해서만이 무상, 고, 무아를 알 수 있기 때문입니다. 위빠사나 수행의 알아차림은 대상과 하나가 되지 않고, 대상을 분리해서 지켜보기 때문에 대상의 성품을 볼 수 있는 것입니다.

모든 행위는 반드시 의도에 의해서 일어납니다. 의도에 의해서 일어난 행위는 그에 따른 결과가 있습니다. 이것을 원인과 결과, 인과응보, 과보, 업력業力이라고 합니다. 이처럼 인간은 항상 바라는 마음이 있어 업의 힘을 형성시킨 결과로 다음 생이 연결됩니다. 이때 업의 힘은 나의 힘이 아니고 조건에 의해서 일어난 힘이며, 이 힘은 일어났다가 순간적으로 사라집니다.

여기에 '나'라고 하는 자아는 없습니다. 그러므로 인간의 태어남은 환생이 아니고 재생입니다. 위빠사나 수행을 하면 무아를 알아서 갈애를 일으키지 않기 때문에 재생의 업력을 끊는 것입니다. 태어남은 또 다른 괴로움의 시작이기 때문에 윤회에서 벗어나는 것이야말로 최상의 결과를 얻는 것입니다.

◆◆◆◆◆

위빠사나 수행을 하면 대상을 객관적으로 분리해서 보기 때문에 대상의 성품을 볼 수가 있습니다. 이때 대상에 개입하지 않고, 바라고 없애려는 것 없이 중도적 관점에서 지켜보기 때문에 최상의 지혜를 얻습니다. 우리가 수행을 하는 것은 궁극의 지혜를 얻기 위한 것인데 그 궁극의 지혜가 바로 무아입니다. 부처님께서는 『무아상경無我相經』에서 이렇게 설하셨습니다.

한때 세존께서 바라나시국에 이시빠다나 니가다의 숲에서 머무셨습니다. 이때 세존께서는 빤짜와끼 비구들에게 "비구들이여!"라고 부르셨습니다. 비구들은 "네, 세존이시여!”라고 대답했습니다. 세존께서는 이렇게 말씀하셨습니다.

“비구들이여! 물질은 내가 아니다. 비구들이여! 만일 이 물질이 나라면 이 물질은 아프지 않아야 한다. ‘나의 물질이여, 이렇게 되어라! 나의 물질이여, 이렇게 되지 마라!’라고 하여 물질에서 내가 원하는 것을 얻을 수 있어야 한다. 비구들이여! 물질이 내가 아니기 때문에 아프게 된다. ‘나의 물질이여, 이렇게 되어라! 나의 물질이여, 이렇게 되지 마라!’ 해도 물질에서 내가 원하는 것을 얻을 수 없다.

비구들이여! 느낌은 내가 아니다. 비구들이여! 만일 이 느낌이 나라면 아프지 않아야 한다. ‘나의 느낌이여, 이렇게 되어라! 나의 느낌이여, 이렇게 되지 마라!’라고 하여 느낌에서 내가 원하는 것을 얻을 수 있어야 한다. 비구들이여! 느낌이 내가 아니기 때문에 아프게 된다. ‘나의 느낌이여, 이렇게 되어라! 나의 느낌이여, 이렇게 되지 마라!’라고 해도 느낌에서 내가 원하는 것을 얻을 수 없다.

비구들이여! 지각은 내가 아니다. 비구들이여! 만일 이 지각이 나라면 이 지각은 아프지 않아야 한다. ‘나의 지각이여, 이렇게 되어라! 나의 지각이여, 이렇게 되지 마라!’라고 하여 지각에서 내가 원하는 것을 얻을 수 있어야 한다. 비구들이여! 지각이 내가 아니기 때문에 아프게 된다. ‘나의 지각이여, 이렇게 되어라! 나의 지각이여, 이렇게 되지 마라!’라고 해도 지각에서 내가 원하는 것을 얻을 수 없다.

비구들이여! 의도는 내가 아니다. 비구들이여! 만일 이 의도가 나라면 이 의도는 아프지 않아야 한다. ‘나의 의도여, 이렇게 되어라! 나의 의도여, 이렇게 되지 마라!’라고 하여 의도에서 내가 원하는 것을 얻을 수 있어야 한다. 비구들이여! 의도가 내가 아니기 때문에 아프게 된다. ‘나의 의도여, 이렇게 되어라! 나의 의도여, 이렇게 되지 마라!’라고 해도 의도에서 내가 원하는 것을 얻을 수 없다.

비구들이여! 의식은 내가 아니다. 비구들이여! 만일 이 의식이 나라면 의식이 아프지 않아야 한다. ‘나의 의식이여, 이렇게 되어라! 나의 의식이여, 이렇게 되지 마라!’라고 하여 의식에서 내가 원하는 것을 얻을 수 있어야 한다. 비구들이여! 의식이 내가 아니기 때문에 아프게 된다. ‘나의 의식이여, 이렇게 되어라! 나의 의식이여, 이렇게 되지 마라!’라고 해도 의식에서 내가 원하는 것을 얻을 수 없다.”

“비구들이여! 어떻게 생각하는가? 물질이 항상 하는가? 항상 하지 않는가?”

“항상 하지 않습니다. 세존이시여!”

“그러면 항상 하지 않는 물질이 고통스러운가? 행복한가?”

“고통스럽습니다. 세존이시여!”라고 비구들이 대답했습니다.

그러자 세존께서는 계속해서 말씀하셨습니다.

“항상 하지 않고, 고통스럽고, 변하는 특성을 가진 물질을 ‘이것이 나의 것이다. 이 물질이 나다. 이 물질이 나의 자아다’라고 보는 것이 적절한가?”

“적절하지 않습니다. 세존이시여!”

“느낌이 항상 한가? 항상 하지 않은가?”

“항상 하지 않습니다. 세존이시여!”

“항상 하지 않는 느낌이 고통스러운가? 행복한가?”

“고통스럽습니다. 세존이시여!”

“항상 하지 않고 고통스럽고 변하는 특성을 가진 느낌을 ‘이 느낌이 나의 것이다. 이 느낌이 나다. 이 느낌이 나의 자아다’라고 보는 것이 적절한가?”

“적절하지 않습니다. 세존이시여!”

“지각이 항상 한가? 항상 하지 않은가?”

“항상 하지 않습니다. 세존이시여!”

“항상 하지 않는 지각이 고통스러운가? 행복한가?”

“고통스럽습니다. 세존이시여!”

“항상 하지 않고 고통스럽고 변하는 특성을 가진 지각을 ‘이 지각이 나의 것이다. 이 지각이 나다. 이 지각이 나의 자아다’라고 보는 것이 적절한가?”

“적절하지 않습니다. 세존이시여!”

“의도는 항상 한가? 항상 하지 않은가?”

“항상 하지 않습니다. 세존이시여!”

“항상 하지 않는 의도가 고통스러운가? 행복한가?”

“고통스럽습니다. 세존이시여!”

“항상 하지 않고 고통스럽고 변하는 특성을 가진 의도를 ‘이 의도가 나의 것이다. 이 의도가 나다. 이 의도가 나의 자아다’라고 보는 것이 적절한가?”

"적절하지 않습니다. 세존이시여!"

"의식이 항상 한가? 항상 하지 않은가?"
"항상 하지 않습니다. 세존이시여!"
"항상 하지 않는 의식이 고통스러운가? 행복한가?"
"고통스럽습니다. 세존이시여!"
"항상 하지 않고, 고통스럽고, 변하는 특성을 가진 이 의식을 '나의 것이다. 이 의식이 나다. 이 의식이 나의 자아다'라고 보는 것이 적절한가?"
"적절하지 않습니다. 세존이시여!"

"비구들이여! 그러기에 과거와 현재와 미래의 내부와 외부의 거칠고 섬세한, 저급하고 고귀한, 멀고 가까운 모든 물질을 '이 물질은 나의 것이 아니다. 이 물질은 내가 아니다. 이 물질은 나의 자아가 아니다'라고 이렇게 있는 그대로 바른 지혜로써 보아야 한다.

과거와 현재와 미래의 내부와 외부의 거칠고 섬세한, 저급하고 고귀한, 멀고 가까운 모든 느낌을 '이 느낌은 나의 것이 아니다. 이 느낌은 내가 아니다. 이 느낌은 나의 자아가 아니다'라고 이렇게 있는 그대로 바른 지혜로써 보아야 한다.

과거와 현재와 미래의 내부와 외부의 거칠고 섬세한, 저급하고 고귀한, 멀고 가까운 모든 지각을 '이 지각은 나의 것이 아니다. 이 지각은 내가 아니다. 이 지각은 나의 자아가 아니다'라고 이렇게 있는 그대로 바른 지혜로써 보아야 한다.

과거와 현재와 미래의 내부와 외부의 거칠고 섬세한, 저급하고 고귀한, 멀고 가까운 모든 의도를 '이 의도는 나의 것이 아니다. 이 의도는 내가 아니다. 이 의도는 나의 자아가 아니다'라고 이렇게 있는 그대로 바른 지혜로써 보아야 한다.

과거와 현재와 미래의 내부와 외부의 거칠고 섬세한, 저급하고 고귀한, 멀고 가까운 모든 의식을 '이 의식은 내가 아니다. 이 의식은 나의 의식이 아니다. 이 의식은 나의 자아가 아니다'라고 이렇게 있는 그대로 바른 지혜로써 보아야 한다.

비구들이여! 이렇게 보는 바른 견해를 가진 성스러운 제자는 물질을 염오한다. 느낌을 염오한다. 지각을 염오한다. 의도를 염오한다. 의식을 염오한다. 염오하기에 갈애가 없다. 갈애가 없기 때문에 번뇌로부터 자유롭다. 번뇌로부터 자유롭기 때문에 번뇌에서 해방되었다고 아는 지혜가 생긴다. 다시 태어남이 다했다. 고귀한 수행을 마쳤다. 해야 할 일을 다했다. 이제는 도를 깨달아 번뇌를 제거하기 위하여 해야 할 다른 일은 더 이상 없다고 분명하게 안다.”

세존께서는 이렇게 말씀하셨습니다.

빤짜와끼 비구들은 세존께서 말씀하신 가르침에 매우 만족하여 환희에 차서 받아들였습니다. 세존께서 다른 게송과 섞이지 않은 법문을 하셨을 때 빤짜와끼 비구들의 마음은 집착을 하지 않아 모든 번뇌에서 벗어났습니다.

이상이 부처님께서 직접 설하신 『무아상경』입니다. 그냥 ‘무아경’이라고도 하지만, ‘무아상경’은 무아의 특징을 말하는 것입니다. 이처럼 우리가 무아를 알아야만 아라한의 도과道果를 성취할 수 있습니다. 이때 빤짜와끼 비구들은 이 ‘무아상경’을 듣고 모두 아라한이 되었습니다.

수행자들이 수행을 해서 무상과 고, 무아를 보는 과정에서 수다원은 무상과 고와 무아를 낮은 단계에서 보고, 사다함은 무상과 고와 무아를 수다원보다는 높은 단계에서 보고, 아나함은 역시 똑같은 무상, 고, 무아를 사다함보다 더 높은 단계에서 보고, 아라한은 역시 똑같은 무상, 고, 무아를 완전하게 알아서 아라한이 됩니다. 모든 수다원의 도과, 모든 사다함의 도과, 모든 아나함의 도과, 모든 아라한의 도과는 똑같이 무상, 고, 무아를 알아서 집착을 끊고 열반을 성취하는 것입니다.

그런데 그중에 어떤 수행자들은 선업의 공덕과 수행의 노력을 통해서 빠르게 아라한을 성취하는 경우를 봅니다. 물론 그 아라한도 빠르게 수다원, 사다함, 아나함의 도과를 거쳐서 아라한에 이릅니다. 어떤 사람은 이 단계에서 시간이 걸리지만, 선업의 공덕이 많고 수행을 열심히 한 수행자들은 빠르게 아라한의 도과를 성취합니다. 그런데 아라한과 수다원의 도과를 성취하는 과정에서 약간의 차이가 있는 것은 무아를 얼마나 아느냐 하는 것입니다. 무아를 아는 것에 따라서 집착을 끊을 수가 있습니다.

수다원은 유신견有身見이 사라집니다. 그러나 열반에 들었다 나온 뒤에는 다시 적절한 유신견이 생깁니다. 그 적절한 유신견이라는 것은 아직 아라한이 되지 않았기 때문에 아라한이 되려는 유신견을 말합니다. 이처럼 무아를 알아야 유신견이 생기지 않기 때문에 궁극의 아라한은 무아를 알았다는 사실을 뜻합니다. 그래서 우리가 무상과 고와 무아를 알기 위해서는 철저하게 자기 자신의 몸과 마음을 통찰해야 합니다.

처음부터 무아를 알기는 어렵습니다. 먼저 모든 것이 변한다는 무상을 알고, 그 뒤에 무상을 안 뒤에 오는 괴로움을 통찰하고, 그 괴로움이 자기 뜻대로 해결될 수 없다는 사실을 알아서 무아의 진리를 보아야 합니다. 앞서 말씀드린 대로 무아의 진리를 보았다고 해서 모든 것이 끝난 것이 아닙니다. 무아이기 때문에, 내가 없기 때문에 유신견이 생기지 않아서 그 결과로 집착을 하지 않는 것입니다. 집착을 하지 않기 때문에 업의 생성을 일으키지 않아서 미래의 태어남이 없고, 받을 것이 없어서 다시 태어나는 윤회를 끝내는 것입니다.

이 과정에서 중요한 사실은 '염오한다'는 것입니다. 지혜가 나면 자기 자신의 몸과 마음에 대해서 염오하는 마음이 일어납니다. 바로 이 염오가 일어나기 때문에 집착으로부터 벗어나는 것입니다. 우리는 자기 자신의 몸을 아름답게만 봅니다. 그러나 자기 자신의 몸과 마음은 온갖 오염들로 뒤덮여 있다는 사실을 알아서 우리는 자유로운 해탈의 길로 나아가야 하겠습니다.

알아차린다는 것은 자기 관리를 하는 것입니다. 알아차리면 계율을 지켜 고요해지고, 고요해진 마음의 상태에서 지혜가 납니다. 이것들이 모두 자신을 관리하는 것입니다. 자신을 관리할 때만이 스스로 보호받을 수 있으며, 남도 보호하게 됩니다. 수행자가 엄격한 것은 개인의 의사라기보다 법을 지키려는 자신의 관리입니다. 감각기관의 문을 지키는 문지기가 엄격하지 않을 때는 몸과 마음이 보호받을 수 없기 때문입니다. 그러므로 어떤 경우에도 바른 수행자의 행위는 존중되어야 합니다.

자신의 마음이 자신의 마음을 결정합니다. 자신의 마음이 자신의 품위를 결정합니다. 자신의 마음이 현재를 결정합니다. 자신의 마음이 앞으로 남은 생을 결정합니다. 자신의 마음이 다음 생을 결정합니다. 자신의 견해가 바르면 바른 결과가 있고, 바르지 못하면 바르지 못한 나쁜 결과가 있습니다. 자신의 견해가 바르면 현재도 좋고 미래에도 좋습니다. 그러나 바르지 못하면 현재도 괴롭고 미래도 괴롭습니다. 모든 선택은 자신의 마음이 합니다.

남을 탓하지 마십시오. 모든 것은 자신이 스스로 이끌어서 해야 합니다. 그래야만이 가장 확실한 결과가 보장됩니다.

◆◆◆◆◆

살아 있는 모든 생명은 마음이 있어서 그것을 이끕니다. 몸이 만들어지는 것도 먼저 마음이 있어야 하고, 마음에 의해 생긴 업이 있어야 하고, 그리고 온도가 있어야 하고,

그리고 자양분이 있어야 합니다. 이처럼 마음이 앞에서 이끌어야 몸이 생깁니다. 그러므로 마음이 없으면 아무것도 만들어지지 않습니다. 우리가 몸을 만드는 것이 바로 지금 말씀드린 것처럼 마음과 업과 자양분과 온도가 있어서 되는 것입니다. 이것을 이끄는 것이 바로 마음입니다.

앞서서 이끄는 마음이 선한 마음일 때는 선행을 하여 선과보를 받습니다. 그러나 선하지 못한 마음일 때는 불선행을 하여 불선과보를 받습니다. 이것을 업자성정견이라고 합니다. 무엇이나 지은 대로 받습니다. 이때 누가 있어서 이것을 결정하는 것이 아니고, 단지 원인이 결과를 만듭니다. 우리가 인간으로 태어난 것도 과거에 지혜로운 마음이 있어서 오계를 지키는 행위를 하여 그 과보로 인간으로 태어났습니다. 그러나 지금 인간으로 태어났다고 해서 다음 생에 또 인간으로 태어나리라는 보장은 받지 못합니다. 지금 어떻게 하느냐에 따라서 다음 생이 결정되기 때문입니다.

이처럼 인간으로 태어나서 잘못된 마음으로 잘못된 행위를 하면 지금 당장 짐승처럼 살며, 다음 생에도 짐승처럼 살아야 합니다. 이것이 바로 과보가 상속되는 것입니다. 이처럼 어떤 마음에 의해 순간의 윤회와 다음 생의 윤회라는 두 가지 윤회가 있습니다.

윤회라는 것은 흐름, 지속, 상속인데 계속 흘러가는 것을 말합니다. 이것은 과보가 전해지는 것입니다. 그래서 과보가 전해지는 것은 지금 이후 한순간, 한순간들의 윤회가 있고, 죽은 뒤에 다음 생이 새로 시작되는 윤회가 있습니다. 이때 내가 과거에 무엇으로 살다가 여기에 인간으로 온 것이 아닙니다. 과거에나 현재에나 그런 나는 결코 없습니다.

그렇다면 과거의 내가 현재로 온 것이 아니고 무엇이 왔을까요? 정답은 과거의 원인이 현재의 결과를 만들었다는 것입니다. 왜냐하면 무아이기 때문에 내가 온 것이 아니고 행위를 일으킨 원인이 현재의 결과를 만드는 것입니다. 우리는 모든 것을 유신견을 가지고 보기 때문에 너, 나 그리고 당신이라고 생각하지만 사실은 그런 것들은 부르기 위한 명칭이고 관념에 불과한 것들입니다.

실재하는 것은 원인이 결과가 되었다는 것입니다. 그러므로 과거의 어디에서 내가 온 것이 아니고 과거의 원인이 현재의 결과로 왔다는 것입니다. 여기에 나는 없습니다. 왜냐하면 무아이기 때문에 내가 온 것이 아니고, 행위를 일으킨 원인이 현재의 결과를 만든 것입니다.

그렇다면 미래의 내가 어디로 가는 것일까요? 정답은 똑같습니다. 현재의 결과가 다시 원인이 되어 미래의 결과를 향해서 가는 것입니다. 물론 미래에도 내가 가는 것이 아니고 자신이 일으킨 과보가 전해져서 그 결과를 받는 것입니다. 이것을 윤회라고 합니다. 이 윤회의 무엇이 지속되는가요? 내가 지속되는가요? 아닙니다. 지금 일으킨 원인이 지속됩니다. 이때 이 원인이 행위를 한 과보가 다음 생에 전해져서 지속하는 것입니다.

선심과 불선심은 섞이지 않습니다. 이처럼 선심은 선행을 하여 선과보를 받고 불선심은 불선행을 하여 불선과보를 받습니다. 우리가 괴로운 것은 불선심으로 인해 불선행을 한 과보를 받는 것입니다. 그러나 괴로움으로 인해 수행을 한다면 선심이 일어나 선행을 하여 선과보를 받는 것입니다.

괴로울 때 선과보가 없으면 계속해서 더 괴로운 일을 하여 고통에서 벗어날 길이 없습니다. 그러나 괴로울 때 수행을 하면 그간 쌓아놓은 선과보가 작용을 하여 괴로움으로부터 탈출할 수 있는 절호의 기회를 얻습니다. 그래서 괴로운 일이 일어났을 때 괴로움을 없애려고 할 것이 아니고 괴로움을 받아들이는 수행을 해야 합니다. 이렇게 선심을 내는 것이 불선심으로부터 자유로워지는 가장 좋은 방법입니다.

미얀마의 저희 스승께서는 이렇게 말씀하셨습니다. 여러분이 미얀마까지 와서 수행을 하는 것은 선한 과보로 인한 것이라고 하셨습니다. 일반적으로 괴로움이 없으면 수행을 하지 않습니다. 수행을 시작했다고 해도 괴로움이 없으면 얼마 가지 않습니다. 그래서 어떤 의미에서는 얼마간의 괴로움은 지혜를 촉발시키는 약과도 같습니다.

스승님의 말씀을 들은 저는 약간 의문이 있었습니다. 한국에서 괴로움을 해결하지 못하여 미얀마까지 왔는데 선과보 때문에 수행을 한다는 것이 처음에는 이해가 안

갔습니다. 왜냐하면 수행을 하려면 반드시 괴로움이 있어야 한다는 전제가 수용이 안되었던 것입니다. 그러다 어느 날 스승께서 하신 말씀이 생각났습니다. 스승님께서는 선과보와 불선과보가 서로 섞이지 않는다고 말씀하셨습니다. 그래서 생각난 것이 제가 괴로움을 겪은 것은 불선과보로 인한 것이고, 수행을 한다는 사실은 선과보로 인한 것이라는 것을 알았습니다.

누구나 괴롭습니다. 그러나 괴로울 때 선과보가 있는 사람은 괴로움을 극복할 지혜를 냅니다. 이때 선과보가 작용한 것입니다. 수행을 하려고 마음을 낸 것은 과거에 만들어진 선과보가 와서 수행을 할 새로운 마음을 내게 한 것입니다. 그러나 괴로움을 겪으면서 계속 괴로울 일을 하는 것은 계속 불선과보가 작용하는 것입니다. 이 사람은 과거의 선과보가 적은 사람입니다. 이렇듯 무엇이나 마음으로 시작하여 결과를 만들고, 그 결과가 다시 새로운 원인을 만듭니다.

그러므로 우리가 겪는 괴로움은 바로 올 것이 온 것입니다. 올 것이 온 것 때문에 괴로울 것 없습니다. 오히려 올 것이 와서 정신을 차려야 합니다. 그간 선한 일을 잊고 있었던 것에 대하여 알아차리고 새로 선한 일을 하면 됩니다. 그 선한 일 중에 지혜가 나는 수행이 가장 수승한 선행입니다. 왜냐하면 지혜만이 모든 것을 관통하기 때문입니다. 지혜는 번뇌를 관통해서 부수지만 그렇지 않은 다른 행위는 일시적으로 모면하는 수준에 그쳐 괴로움이 다시 계속됩니다.

다음은 마음이 모든 것을 이끈다는 『법구경』 게송을 들어보겠습니다. 짝꾸빨라 장로의 이야기입니다. 부처님께서 제따와나 수도원에 계시던 어느 때 앞을 못 보던 짝꾸빨라 장로가 벌레들을 밟은 일과 관련하여 게송을 설하셨습니다.

어느 때 짝꾸빨라 장로는 석 달 동안의 안거를 무사히 마치고 부처님을 뵙기 위하여 제따와나 수도원에 도착했습니다. 장로는 이날 밤 자신이 걷는 동작 하나하나에 마음을 집중시키는 경행을 했습니다. 장로의 정진은 새벽까지 계속되었는데 주위가 어두웠던 탓으로 그만 벌레 몇 마리를 밟고 말았습니다. 이튿날 아침, 비구 몇 사람이 짝꾸빨라 장로가 머무는 곳에 왔다가 벌레들이 밟혀 죽어 있는 것을 보았습니다. 비구들은 짝꾸빨라 장로의 계행을 의심하게 되어 이 사실을 부처님께 보고를 드렸습니다. 보고를 받으신 부처님께서는 비구들에게 짝꾸빨라 장로가 벌레를 의도적으로 죽이는 것을 보았는지 그 여부를 물으셨습니다. 비구들이 그렇지 않다고 아뢰자 부처님께서는 그들에게 이렇게 말씀하셨습니다.

"짝꾸빨라가 의도적으로 벌레를 죽이는 것을 보지 못했듯이 앞을 보지 못하는 그 또한 벌레들이 거기에 있는 것을 보지 못한 것이니라. 그는 이미 아라한과를 성취한 성자이니라. 그런 그가 무엇 때문에 고의로 생명을 해치겠느냐. 또 설사 그가 벌레를 죽였다 하더라도 그것은 고의적인 행위가 아니므로 그의 계행에는 아무런 손상이 없느니라."

그러자 비구들이 부처님께 여쭈었습니다.

"짝꾸빨라 장로는 아라한과를 성취할 만한 복력이 있는 분인데 어째서 금생에 눈을 못 보는 과보를 받았습니까?"

그러자 부처님께서는 짝꾸빨라 장로의 전생을 말씀하셨습니다. 짝꾸빨라 장로의 전생은 의사였습니다. 그때 그는 고의적으로 한 여인의 눈을 멀게 만든 일이 있었습니다. 그 경과는 다음과 같습니다.

어느 때 한 여인이 있었는데 웬일인지 점점 눈이 아프고 어두워져 오므로 눈병을 고쳐 보려고 백방으로 노력했습니다. 그때 당시 지방에서 가장 유명한 의사인 금생의 짝꾸빨라 장로를 찾아갔습니다. 이때 여인의 마음은 오직 눈이 나아서 고통과 어둠이 걷히기를 바라는 그 마음 한 가지뿐이었습니다. 그래서 그녀는 의사가 청하지도 않은 약속까지 해가며 의사에게 자기 눈을 고쳐 달라고 애원하였습니다. 만일 의사가 자기 눈을 고쳐 주기만 한다면 평생 동안 자기는 물론 자기의 자녀들까지 의사의 노예가 되겠다고 제의했던 것입니다. 여인의 약속에 매우 만족한 의사는 자기의 능력을 다하여 약을 지어주고 그 약을 바르자 여인의 눈은 완전히 치유되었습니다.

그런데 병이 낫자 여인의 생각이 달라졌습니다. 그녀는 한때의 성급한 약속 때문에 자기는 물론 자녀들까지 의사의 노예가 되어야 한다는 사실이 두려웠습니다. 그래서 그녀는 의사를 속이기로 마음먹고 눈이 낫지 않았다고 말했습니다. 그러자 의사는 그 여인에게 괘씸한 생각이 들어 다시 눈이 머는 약을 발라 주었습니다. 그러자 여인의 눈은 또다시 나빠지더니 결국은 영영 아무것도 보지 못하게 되고 말았습니다. 의사는 이 같은 행위를 한 과보로 그 뒤에 태어날 적마다 맹인이 되었습니다. 그렇지만 이제 그것도 마지막이었습니다. 그 의사, 즉 지금의 짝꾸빨라 장로는 이제 아라한 도과를 성취하여 다시는 생을 받지 않게 되었기 때문입니다. 부처님께서는 이 이야기 끝에 다음과 같은 게송을 읊으셨습니다.

"마음이 그들에 앞서가고, 마음이 그들의 주인이며, 마음에 의해서 모든 행위는 지어진다. 만일 어떤 사람이 나쁜 마음으로 말하고 행동하면 그에게는 반드시 괴로움이 뒤따른다. 마치 수레가 황소를 뒤따르듯이."

여기서 마음이 그들을 앞서간다고 할 때 '그들'은 색, 수, 상, 행을 말합니다. 그리고 식이 마음을 이끕니다. 그리고 괴로움이란 살면서 겪게 되는 모든 고통, 그것을 말합니다. 여기서 마음이 그들의 주인이라고 할 때 '주인'은 자아를 말하는 것이 아닙니다. 그러므로 주인공이나 진아, 자아를 말하지 않고 앞선 원인을 주인공이라고 하는 것입니다. 마치 수레가 황소에 의해 끌려갈 때 황소를 말하듯이 앞에서 이끄는 것을 주인이라고 하는 것입니다. 수행자 여러분! 이렇듯 모든 것들은 앞에서 이끄는 마음에 의해서 결정됩니다. 우리가 이 순간 알아차려서 선한 마음을 가져야 하겠습니다.

수행자가 머물러야 할 장소는 오직 자신의 몸과 마음입니다. 밖에 있는 감각대상과 부딪힐 때, 알아차리는 마음이 항상 감각기관에 있어야 합니다. 마음이 밖으로 나가면 좋거나 싫다는 반응을 하게 되어 번뇌를 일으킵니다. 사람을 볼 때도 사람에게 마음이 가면 좋거나 싫다는 마음을 일으킵니다.

그러나 사람을 보고 있는 마음을 보면, 사람이 단지 알아차릴 대상일 뿐이라서 좋거나 싫다는 차별이 일어나지 않습니다. 이처럼 소리, 냄새, 맛, 접촉, 생각과 부딪힐 때마다 마음을 감각기관에 두고 알아차려야 마음이 흔들리지 않고 고요해집니다. 수행자가 인식하는 장소가 감각기관이므로 오직 감각기관이 실재하는 장소입니다.

지금 제가 여러분들에게 법을 드리는 것이 아닙니다. 저는 단지 '이것이 법'이라고 말할 뿐입니다. 법은 여러분 스스로가 선택해서 가져가는 것입니다. 아무리 소중한 법이라도 자신이 모르면 가져갈 수가 없습니다. 그러므로 누가 법을 주는 것이 아닙니다. 있는 법을 자신이 찾아서 아는 것입니다. 그러므로 저는 여러분의 스승이 아닙니다. 스승은 법을 말씀하신 부처님이십니다. 그리고 한편으로는 법이 바로 스승입니다.

저와 여러분 사이에는 엄격한 역할이 있습니다. 저는 저의 의무를 다하고, 여러분은 자신의 의무를 다하면 됩니다. 각자가 역할을 다할 때 아무런 걸림이 없습니다. 그러면 저에 대한 모양이나 관념에 걸리지 않습니다. 이렇게 법은 전해져야 합니다.

◆◆◆◆◆

마음이 무엇이냐고 했을 때 마음은 비물질이라고 한 것은 마음이 물질과 함께 있지만 보이는 물질이 아니고 보이지 않는 정신이라는 의미입니다. 마음은 보이지 않지만 실재하는 가장 중요한 요소이며, 이것이 모든 것을 이끕니다.

그러나 마음의 실제의 기능은 대상을 아는 것입니다. 눈이라는 감각기관이 물질이라는 대상을 빛에 의해서 보고 아는 마음이 일어나야 비로소 아는 것입니다. 귀라는 감각기관이 소리라는 대상을 장애가 없는 공간에 의해 듣고 아는 마음이 일어나야 비로소 아는 것입니다. 코라는 감각기관이 냄새라는 대상을 공기라는 바람의 방향에 의해서 맡고 아는 마음이 일어나야 비로소 아는 것입니다. 혀라는 감각기관이 맛이라는 대상을 침에 의해서 맛보고 아는 마음이 일어나야 비로소 아는 것입니다. 몸이라는 감각기관이 감촉대상을 접촉해서 아는 마음이 일어나야 비로소 아는 것입니다. 마음이라는 감각기관이 생각이라는 감각대상을 접촉해서 아는 마음이 일어나야 비로소 아는 것입니다.

여기에는 일체 외부의 개입이 없이 오직 저 스스로의 조건에 의해서 아는 마음이 일어나고, 일어난 순간에 사라지는 현상만 있습니다. 우리가 안다는 것은 이렇게 원인과 결과에 의해서 아는 것입니다. 이것을 조건이라고 합니다. 그러므로 눈이라는 감각기관과 형상이라는 감각대상에 빛이라는 조건이 있어서 보고 알듯이, 네 가지 조건이 성숙되어야 아는 것이 성립됩니다. 여기서 마음 하나만 있어도 안 되고, 눈 하나만 있어서도 안 됩니다.

그래서 내가 아는 것이 아니고 감각기관이 아는 것이며, 누구의 힘으로 아는 것이 아니고 조건의 성숙으로 아는 것입니다. 눈과 귀, 코나 혀, 몸이나 마음이 모두 이러한 동일한 조건하에서 대상을 압니다. 그래서 마음은 대상이 없으면 일어나지 않습니다. 이때의 대상은 아는 것을 위한 조건입니다.

이처럼 마음 하나 가지고는 아무것도 할 수 없습니다. 그래서 조건이라고 하는 것입니다. 그러므로 마음은 대상을 아는 것으로써 오직 하나입니다. 마음이 일어나는 순간에 하나의 대상을 알고 그 마음은 즉시 사라집니다. 그런 뒤에 다음 마음이 일어납니다. 그러므로 마음은 한순간에 하나밖에 알지 못합니다. 바로 이것을 알아야 마음을 좀 더 자세하게 이해할 수 있습니다. 이것을 자세하게 알아야 마음의 무상과 무아를 더 정확히 알 수 있습니다.

우리가 영화를 볼 때 화면의 연속되는 장면들이 있습니다. 그래서 쉬지 않고 계속됩니다. 이때 모든 것이 하나로 붙어서 진행되는 것 같지만 사실은 하나하나의 장면들이 연속되는 현상이라고 알아야 합니다. 영화를 볼 때 한 컷, 한 컷에 수많은 필름들이 모여서 돌아가야 영화가 계속됩니다. 이때 필름의 한 컷은 바로 한순간의 하나의 마음과 같습니다.

한순간의 마음이 하나라고 알 때 비로소 무상과 무아를 아는 지혜를 얻습니다. 우리는 이런 지혜가 없기 때문에 항상 같은 마음이 일어나는 것 같지만, 사실은 이처럼 최소의 단위들이 모여서 일어나고 사라지면서 진행됩니다. 그러므로 영화의 같은 장면이 없듯이 같은 마음이 없습니다. 한순간에는 한 필름의 한 장면만 있듯이 마음도 똑같이 하나의 마음만 있는 것입니다.

수행자가 좌선을 시작하면 여러 가지 현상들이 나타납니다. 망상이 일어나고 졸리고 여기저기서 통증이 생깁니다. 그리고 그 와중에도 호흡도 알아차려야 합니다. 이때 여러 가지 현상을 동시에 볼 수 있습니다. 그러나 사실은 마음이 빠르게 이곳저곳을 왔다 갔다 하면서 알아차리고 있는 것입니다.

마음이 한순간에 하나밖에 알지 못하기 때문에 여기저기로 이곳저곳으로 분주하게 다니면서 알아차리면 집중력이 생기지 않아 고요함을 얻을 수가 없습니다. 그래서 하나의 대상에 마음을 기울이는 것입니다. 이것이 모두 마음의 실상입니다.

몸을 움직이려고 할 때 움직이려는 의도가 있어서 움직입니다. 그런데 이때 움직이려는 의도는 일어나서 즉시 사라집니다. 그리고 계속해서 다음 마음을 일으킵니다. 이때 의도도 일어나서 사라지고 몸을 움직이는 동작도 같은 동작이 아닙니다. 이처럼 지혜의 눈으로 보면 모든 것이 순간순간이 모여서 연속되는 것이지, 하나로 같은 것이 지속하는 것이 아니라는 것을 알 수 있습니다.

그러므로 현재의 마음은 일어나서 사라지고 다음 마음이 다시 일어납니다. 다음 마음도 일어나는 순간에 즉시 사라지고 또다시 다음 마음이 일어납니다. 이때 조금 전의 마음은 나의 마음이 아니고 현재의 마음도 나의 마음이 아닙니다. 그리고 지금 이후에 일어나는 마음도 나의 마음은 아닙니다. 단지 조건에 의한 마음만 연속적으로 흐르고 있습니다.

만약 이것이 나의 마음이라고 하면 이 마음을 내 마음대로 할 수 있어야 합니다. 그러나 실제로 우리의 마음을 우리가 마음대로 할 수 있는 부분은 지극히 적습니다. 마음은 축적된 성향과 과보에 의해서 계속해서 진행됩니다. 만약 나의 마음이라고 한다면 죽기 전에 나에게 호흡을 계속하라고 요구해야 합니다. 그래서 숨이 끊어지지 않고 계속 숨을 쉴 수 있어야 합니다. 그러나 아무리 호흡을 계속하고 싶어도 내 마음대로 되지는 않습니다. 단지 원인과 결과에 의한 조건만 작용할 뿐입니다.

우리는 오랫동안 자아를 강화하는 삶을 살아왔기 때문에 자아가 없다는 것에 대하여 두려움을 느낍니다. 그러나 이러한 두려움이 자신을 무지에서 벗어나지 못하게 한다는 사실을 알아야 합니다. 그래서 두려울 때는 '지금 내가 두려워하고 있네!' 하고 이 사실을 대상으로 새로 알아차려야 합니다. 그러지 않고서는 영원히 어리석음과 고통 속에서 살아야 합니다.

이처럼 마음은 대상을 인지하여 알고, 맞아들여서 대상을 경험합니다. 사실 마음은 단지 안다는 것밖에 할 줄 모르는 매우 단순한 기능을 합니다. 실제로 모든 것을 하는 것은 마음의 작용인 수, 상, 행이 합니다. 물론 마음이 있어서 모든 것을 하지만 그다음에는 마음의 작용이 있어서 마음이 하는 대로 받아들입니다. 그래서 마음은 대상을 아는 기능을 하지만 홀로 일어나지 않습니다. 마음은 반드시 마음과 마음의 작용이라는 정신적 동반을 해야 일어납니다.

그래서 수행자는 처음에 보이지 않는 마음을 알아차리려고 노력하기보다 느낌을 통해서 마음을 알아차려야 합니다. 그리고 지각을 통해서 마음을 알아차려야 합니다. 그리고 의도를 통하여 그 마음을 알아차려야 합니다. 마음은 대상을 아는 기능을 하고 마음은 한순간에 하나만 있기 때문에 한순간에 하나밖에 알 수 없으며, 마음은 대상이 없으면 일어나지 않고 일어난 마음은 일어난 즉시 사라진다는 것을 알았습니다.

이러한 마음은 일어나는 마음의 상태나 경지에 따라서, 일어나는 곳에 따라서 분류합니다. 죽을 때 욕계의 마음이 일어나면 욕계에 태어나는 마음이 일어나고 그곳에서 몸이 생깁니다. 색계의 마음이 일어나면 색계에 태어나는 마음이 일어나고 그곳에서 몸이 생깁니다. 무색계의 마음이 일어나면 무색계에 태어나는 마음이 일어나고 그곳에서 몸이 없이 태어납니다. 출세간의 마음이 일어나면 집착을 하지 않고 갈애가 없는 마음이 일어나서 태어나지 않습니다.

이렇듯 마음의 상태와 경지에 따라 다음에 태어나는 곳이 다릅니다. 뿐더러 현재의 마음의 상태에 따라 현재는 물론이고 지금 이후의 마음이 다릅니다. 앞서 말씀드린 대로 윤회는 순간의 윤회가 있고, 한 일생의 윤회가 있기 때문에 현재 마음의 경지는 현재 마음의 상태를 결정합니다. 예를 들면 현재의 마음이 색계 1선정의 마음이면 현재에도 1선정의 세계에 살며, 죽어서도 1선정의 세계에 태어납니다.

현재의 마음이 화를 내고 뜨거우면 현재에도 지옥을 사는 것이며, 이런 마음으로 인해 죽어서도 지옥에 갑니다. 현재 아귀처럼 인색하여 먹지도 않고 배부르지도 않으면 현재에도 아귀로 살며 죽어서도 역시 아귀로 태어납니다. 이렇듯 어떤 마음이냐에 따라서 현재의 삶의 질이 결정되며, 다음 세계의 태어나는 곳이 결정됩니다.

이렇게 태어날 때의 마음은 다시 네 종류로 분류합니다. 누구나 태어날 때부터 네 가지의 마음을 가지고 태어납니다. 첫째는 선심입니다. 둘째는 불선심입니다. 셋째는 과보심입니다. 이때의 과보심은 선과보심과 불선과보심이 있습니다. 넷째는 무인작용심입니다. 이때의 무인작용심은 원인과 결과가 없는 마음입니다.

그래서 우리들이 여러 가지 마음을 가지고 삽니다. 이런 마음은 조건에 의해서 일어납니다. 선한 조건이 성숙되면 선한 마음이 일어나고, 선하지 못한 조건이 성숙되면 바로 선하지 못한 마음이 일어납니다. 한순간에 이 두 가지 마음이 교차할 수 있습니다.

매 순간 우리들의 마음이 선했다 선하지 못했다 하면서 변하는 것은 원래 이런 두 가지 마음을 함께 가지고 있기 때문입니다.

여기에 세 번째 마음까지 가세합니다. 바로 이것이 과보심입니다. 과보심은 과거에 행한 업에 의해서 오도록 되어 있는 마음입니다. 과거에 선한 행위를 많이 했으면 선한 과보가 와서 현재의 선한 마음이 일어나도록 합니다. 과거에 선하지 못한 행위를 많이 했으면 현재 선하지 못한 마음이 일어나도록 불선과보가 우리를 지배합니다. 사실 우리가 가장 많이 지배를 받고 있는 것이 과보심입니다.

수행자는 자신의 의지를 새로 내서 선한 마음을 일으키지만 거의 모든 사람들은 과거에 만들어 놓은 과보에 의해 떠밀려가면서 삽니다. 이것은 자기 의지대로 사는 것이 아닙니다. 수행자가 수행을 한다는 사실은 선한 과보에 의해 수행을 할 수도 있고, 현재 스스로가 선한 마음을 일으켜 수행을 할 수도 있습니다.

네 번째, 무인작용심은 원인과 결과가 없는 마음입니다. 그리고 앞선 세 가지 마음은 원인과 결과가 있는 마음입니다. 네 번째 원인과 결과가 없는 마음을 아라한의 마음, 부처님의 마음이라고 합니다. 아라한이나 부처님은 새로운 원인을 일으키지 때문에 받을 것이 없어서 다시 태어나지 않습니다. 그래서 윤회가 끝납니다.

우리가 위빠사나 수행을 하는 이유는 원인과 결과를 알아서 새로운 원인을 일으키지 않아 무인작용심을 갖는 것이 모든 수행자들의 궁극의 목표입니다. 무인작용심인 원인과 결과가 없는 마음이 되었을 때만이 비로소 우리는 완전한 해탈의 자유를 누릴 수가 있습니다.

어떻게 하면 지혜를 얻을 수 있습니까? 먼저 자신의 몸과 마음을 알아차려야 합니다. 다음으로 몸과 마음에서 나타난 현상을 모두 알아차릴 대상으로 삼아야 합니다. 자신의 몸과 마음이 아닌 밖에 있는 것을 대상으로 하는 수행에서는 지혜를 얻을 수가 없습니다. 밖에 있는 것을 볼 때는 내가 본다는 유신견을 가지고 보기 때문에 대상이 가지고 있는 법을 보지 못합니다.

오온을 가지고 생긴 문제의 답은 오온에서 얻어야 합니다. 또한 자신의 몸과 마음에서 나타난 대상을 바라거나 없애려고 해서는 안 됩니다. 바라거나 없애려고 하는 것이 탐욕과 성냄이며, 이것이 바로 어리석음입니다. 어떤 현상이나 나타난 것을 있는 그대로 받아들여서 알아차리는 것이 지혜를 나게 하는 유일한 길입니다.

◆◆◆◆◆

태어날 때 네 가지 마음 중에 세 가지 마음인 선심과 불선심과 과보심은 원인과 결과가 있는 마음입니다. 그러나 네 번째 무인작용심은 원인과 결과가 없는 마음입니다. 그래서 선심과 불선심과 과보심은 모두 조건에 의해서 일어나고 사라지는 마음입니다. 하지만 무인작용심은 조건에 의해서 일어나고 사라지는 마음이 아니고, 단지 작용만 하는 마음입니다. 그래서 대상을 아는 마음만 있지 대상을 즐기거나 혐오하지 않습니다. 이런 마음은 바라는 마음인 갈애가 없다는 것을 의미합니다.

우리가 바라는 마음 없이 어떻게 사느냐고 반문할지 몰라도 이것은 자기 수준의 판단입니다. 이때의 바람은 욕망을 말합니다. 출세간의 정신세계는 자기가 경험하지 못한 것이기 때문에 판단을 유보해야 합니다. 단지 이런 정신세계가 있다는 것을 확인하는 선에서 그쳐야지 잘못된 판단을 하지 않아야 합니다.

바라지 말라는 것은 불선한 욕망을 일으키지 말라는 것입니다. 우리는 아라한이 되기 전까지는 아라한이 되려는 선한 마음을 내야 합니다. 그래서 아무것도 바라지 말라는 말이 아닙니다. 윤회하는 세계에서는 모든 것이 원인과 결과로 시작되고 끝을 맺는데, 원인과 결과가 없다는 것은 윤회계의 흐름에서 벗어난 것을 말합니다. 원인이 없으면 결과가 없습니다.

태어난 것은 갈애를 원인으로 집착을 해서 업을 생성한 결과입니다. 그러므로 태어나지 않는 것은 갈애가 없어서 집착을 하지 않아 업을 생성하지 않기 때문입니다. 불교에서 말하는 불사不死는 태어나지 않기 때문에 죽을 일이 없어서 불사라고 합니다. 그렇지 않고 태어나서 영원히 죽지 않는다는 그러한 불사는 없습니다.

선심과 과보심은 밀접한 관계가 있습니다. 선심은 선과보심과 어울립니다. 현재 자신이 선한 마음을 일으키면 선한 행위를 하여 선한 과보심이 생깁니다. 그러면 선과보심의 영향이 커집니다. 그래서 평상시에 선한 마음을 유지하는 데 어려움이 없습니다. 왜냐하면 선한 마음을 먹는 것이 선과보에 의해서 나타나기 때문입니다. 그렇지 않고 현재 선하지 못한 마음을 일으키면 불선행위를 하여 불선과보심이 생깁니다. 그러면 불선과보심의 영향이 커집니다. 그렇게 되었을 때 현재 선한 마음을 가지려고 해도 불선과보심이 일어나서 선한 마음을 갖기가 어렵습니다. 이것이 마음이 바로 자기 마음대로 조종되지 않는다는 것입니다.

그래서 현재 선한 마음이나 선하지 못한 마음은 이런 과보심의 영향을 받아 자신의 의지대로 일으키기가 어렵습니다. 이처럼 우리가 현재의 마음을 자기 마음먹은 대로 갖고 싶어도 그대로 되지 않습니다. 왜냐하면 과거의 만들어 놓은 과보심의 영향에서 벗어나기 어렵기 때문입니다. 그래서 우리가 사는 것이 자신이 사는 것이 아니고 과거에 만들어 놓은 과보심에 의해 조종당하면서 살고 있는 것입니다. 바로 이것이 윤회의 실상입니다.

과보란 인과응보의 줄인 말입니다. 그리고 인과응보는 원인과 결과라는 말입니다. 이것을 조건이라고도 합니다. 마음도 동질성을 가진 것끼리 모입니다. 그래서 동류는 따르고 동류가 아닌 것은 배척합니다. 그래서 같은 것끼리 모입니다. 마음도 역시 끼리끼리 모입니다. 마음이 착한 사람은 착하지 못한 사람을 싫어하며, 마음이 착하지 못한 사람은 착한 사람을 싫어합니다. 그러나 무인작용심을 가진 사람은 마음이 착하고 착하지 않은 것이 없이 모두 동일하게 받아들입니다.

선심이 있으면 선과보심이 생기고, 선과보심이 일어나면 선심이 생깁니다. 그러나 불선심이 있으면 불선과보심이 생기고, 불선과보심이 일어나면 다시 불선심이 생깁니다. 마음과 과보심은 서로 영향을 주면서 주고받습니다. 이렇게 우리는 자신의 마음과 자신이 일으킨 과보심이 작용을 하지만 사실은 상대의 마음에 의해 영향을 받기도 합니다.

누구나 선한 사람과 만나면 선한 마음을 갖고 선한 과보심을 만듭니다. 그러나 선하지 못한 사람을 만나면 자신도 모르게 불선심을 갖고 불선과보심을 만듭니다. 이런 과정을 모두 원인과 결과의 마음이라고 합니다. 또 다른 말로는 조건 지어진 마음이라고도 합니다.

우리가 자기 의지대로 살고 싶어도 이처럼 자신이 만든 선과보와 불선과보심의 영향 하에 있어 자기 마음대로 할 수 없으며, 자신의 과보심의 영향만 받는 것이 아니고 상대의 과보심으로부터 영향을 받기도 합니다. 이때 자신이 일으킨 업에 의해 영향을 받는 것은 자발적인 것이고, 상대의 업에 의해 영향을 받는 것은 유발된 것입니다.

진실한 사람이 친구를 잘못 만나서 나쁜 영향을 받으면 상대에 의해 불선과보심이 유발되어 불선행을 합니다. 그러나 훌륭한 친구를 만나면 상대의 선과보심이 유발하여 선한 행위를 하게 합니다. 하지만 자신이 수행을 하면 자신이 스스로 선한 마음을 내어 자발적인 상황을 만듭니다.

그래서 수행을 하면 자신을 보호할 수 있으며 자신의 행복을 만듭니다. 자신의 행복은 누가 주는 것이 아닙니다. 전적으로 자신이 한 행위에 대한 결과를 받는 것입니다. 그러므로 자신이 아닌 다른 누구에게 자신의 행복을 구하려고 해서는 안 됩니다. 자신을 위해서 해결할 절대적인 존재는 없으며, 누구도 결코 자신의 문제를 해결해 줄 수 없습니다. 심지어 부처님조차도 개입할 수 없습니다. 부처님께서는 이러한 사실을 45년 동안이나 강조하셨습니다. 자신의 문제는 오직 자신만이 해결할 수 있고, 여래는 단지 해결하는 방법을 말할 뿐이라고 말씀하셨습니다.

그래서 누구나 어떤 상황에서도 자유롭지 못하기 때문에 수행을 해야 합니다. 수행을 하면 자신의 불선과보심도 선심으로 만들 수 있으며, 상대의 불선과보심도 선심으로 만들 수 있습니다. 만약 내가 선심을 만들면 자신도 선하고 더불어 남에게도 선심을 줄 수 있습니다. 이렇게 되면 네 번째 마음인 무인작용심이 생깁니다. 우리가 이상의 네 가지 마음을 가지고 태어나지만, 네 번째 마음인 무인작용심은 계발이 되지 않아 현재 잠자고 있습니다.

그래서 수행을 한다는 것은 네 번째 마음을 계발한다는 것입니다. 이처럼 무인작용심 은 원인과 결과가 소멸한 마음이며, 그래서 갈애가 사라진 마음입니다. 무인작용심은 마음은 있는데 단지 작용만 하는 마음이라서 업이 될 만한 새로운 원인을 만들지 않습니 다. 그래서 이 마음은 부처님과 아라한의 마음입니다.

부처님이나 아라한이 다시 태어나지 않는 것은 원인과 결과가 사라져 갈애가 일어나 지 않기 때문에 받을 것이 없어서 태어나지 않습니다. 일반적으로 선하다고 할 때는 항상 불선의 반대급부가 따르지만 무인작용심은 선과 불선을 떠난 완전한 선을 의미합 니다. 그래서 무인작용심은 탐욕과 성냄과 어리석음이 사라진 단지 작용만 하는 마음입 니다.

누구나 아라한의 마음인 무인작용심을 갖기 전까지는 선심과 불선심과 선과보심과 불선과보심으로 인해 매 순간 변덕스러운 마음을 가져야 합니다. 그래서 실제로 우리의 마음은 이중인격이 아니고 다중인격입니다. 만약 수행을 하지 않고 습관대로 산다면 매 순간 여러 가지 조건에 의해 변하는 마음을 가지고 살기 때문에 결국 고통을 겪어야 합니다.

그러나 우리는 이런 사실을 모르고 내가 있어서 모든 것을 하는 줄 잘못 압니다. 그래서 항상 탐욕스럽게 사는 것입니다. 마음이 자신의 의지대로 되지 않고 이렇게 불가피한 것이라는 실상을 알았으면, 이제 자신의 변덕스러운 마음에 대하여 비난할 것이 아니고 마음이란 원래 그런 것이라고 알아차려야 하겠습니다. 그리고 똑같이 남에 대해서도 이해와 관용을 가지고 대해야 하겠습니다.

여기서 알아야 할 중요한 사실은 이런 마음이 나의 마음이 아니라는 것입니다. 나의 마음이 아니기 때문에 상대도 상대의 마음이 아닙니다. 그러니 누가 누구를 탓하겠습니까? 과보심은 잠재되어 있는 마음입니다. 더구나 선심과 불선심과 선과보심과 불선과보심은 나의 마음이 아니고 감각기관이 일으키고 감각기관이 경험하는 마음이므로 우리가 이런 마음들 때문에 괴로워할 것 없습니다. 어떤 상황에서 어떤 마음이 일어나거나 있는 그대로 알아차려서 현재 새로운 무인작용심을 갖는 것이 수행자의 사명입니다.

행복은 다음 기회에 오는 것이 아니고 지금 이 순간에 있어야 합니다. 지금 이 순간에 있는 행복이 미래의 행복도 결정합니다. 그래서 행복을 얻기 위해서는 다음으로 미룰 것이 아니고, 지금 이 순간을 알아차리는 길밖에 달리 방법이 없습니다.

행복과 불행은 여섯 가지 감각기관을 통해서 들어오고 마음이 그것을 압니다. 이때 아는 마음에 알아차림이 없으면 감각기관을 통해서 번뇌라는 도둑이 함께 들어옵니다. 그리고 도둑이 자신을 지배합니다. 하지만 대상을 아는 순간마다 알아차림이 있으면 번뇌라는 도둑이 들어오지 못합니다. 그래서 모르는 마음은 괴로움이고, 아는 마음은 즐거움입니다.

원인과 결과가 없는 마음인 무인작용심은 아라한의 마음이자 부처님의 마음입니다. 그래서 이 마음을 불성佛性이라고 합니다. 바로 부처님의 성품인 것입니다. 그러므로 부처님의 마음이란 다름 아닌 무인작용심입니다. 우리가 불성을 특별한 것으로 알거나 신비로운 것으로 알기 쉽습니다. 그러나 사실 불성이란 원인과 결과가 없는 단지 작용만 하는 마음이란 말입니다.

원인과 결과는 연기적 구조이고, 원인과 결과가 없는 마음은 연기에서 탈출한 마음입니다. 불성이란 모든 욕망에서 벗어나 오직 선한 마음 그 자체를 말합니다. 그러므로 불성은 느낌에서 갈애를 일으키지 않는 마음입니다. 바로 이런 마음일 때라야 연기에서 벗어날 수 있습니다. 그래서 연기의 길을 가는 자는 범부이고, 연기의 길을 벗어난 자는 깨달은 자입니다.

다시 말하면 갈애가 있어서 다시 태어나는 것은 받을 것이 있어서 태어난 것으로 범부의 길입니다. 하지만 갈애가 없어서 다시 태어나지 않는 것은 받을 것이 없어서 태어나지 않는 것으로 깨달은 자가 가는 길입니다. 이러한 연기의 길은 부처님이 발견한 것이지 부처님이 만든 것이 아닙니다. 중생들은 모르고 있던 사실을 부처님께서 발견하시고 그 길을 벗어나셨습니다. 그리고 우리에게도 이 길로 오라고 말씀하셨습니다.

위빠사나 수행을 시작하여 대상을 알아차릴 때는 먼저 대상의 모양을 알아차려야 합니다. 처음에는 대상에 마음을 보내는 것이 어렵기 때문에 알기 쉬운 움직임이나 모양을 알아차려서 대상에 마음을 머물게 해야 합니다. 마음이 대상에 머물면 알아차리는 힘이 생겨 차츰 다음 단계로 고유한 특성을 알 수 있습니다. 모양은 단순한 것이라서 변화를 볼 수 없어 싫증이 납니다.

그러나 고유한 특성을 알아차리면 끊임없이 변하는 성품을 볼 수 있기 때문에 새롭게 느껴져서 싫증이 나지 않습니다. 그래서 재미가 있기 때문에 집중력이 생겨 많은 것을 볼 수 있습니다. 그러므로 수행은 자신이 할 수 있는 단계를 충실히 하는 것이 가장 빠른 길을 가는 것입니다.

이렇게 대상의 고유한 특성을 알게 되면 다음 단계로 대상의 조건 지어진 특성을 알게 됩니다. 집중력이 생기면 모든 것들이 원인에 의해서 결과가 생긴다는 사실을 압니다. 그래서 모든 대상들에 대한 의문이 풀립니다. 원인이 없는 결과가 없기 때문입니다.

이러한 조건 지어진 특성을 안 뒤에 마지막으로 지혜가 성숙되어서 보편적인 특성, 일반적인 특성을 알게 됩니다. 보편적인 특성이나 일반적인 특성은 바로 모든 것은 변한다는 무상과 존재한다는 것들은 괴로움이고 그리고 존재하는 것들이 자기 의지대로 되지 않는다는 무아를 아는 것입니다. 이런 과정을 통해서 집착이 끊어져야 비로소 열반에 이르는 문에 다다르게 됩니다.

지금 우리는 갈 수 없는 길을 가는 것이 아닙니다. 부처님께서는 자신이 경험했고 여러분들도 경험할 수 있는 길이라고 말씀하셨습니다. 부처님께서는 누구나 경험할 수 없는 것은 말하지 않는다고 하셨습니다. 우리는 누구나 자신의 몸과 마음을 통해서 진실을 경험합니다. 그러나 이러한 진실이 단지 지식으로 그치지, 지혜로 연결되지는 않습니다. 왜냐하면 일정한 방법으로 알아차리는 수행을 하지 않기 때문입니다. 통찰지혜가 나야 비로소 대상의 온전한 성품을 알아서 갈애를 일으키지 않을 것입니다.

수행자는 갈애를 일으키지 않으려고 해도 되지 않습니다. 우리가 사는 것이 모두 갈애로 인한 것이기 때문입니다. 그래서 사람들이 수행을 하려고 하지 않는 것입니다. 누구나 가장 맛있는 갈애를 일으키지 않아야 한다는 것을 이해하지 못합니다. 이것은 당연한 결과입니다. 그래서 지혜가 필요한 것입니다. 지혜의 눈이 없으면 결코 갈애가 일으킨 결과의 심각함을 알 수 없습니다.

갈애가 괴로움이라는 것을 아는 것은 지혜이고, 이러한 지혜는 선업의 과보로 압니다. 그래서 선업의 과보가 없으면 수행을 하려고 하지 않습니다. 이것은 아직도 감각적 욕망을 버리는 것이 두렵기 때문입니다. 그래서 수행을 귀찮아 합니다.

법은 원하는 자의 것입니다. 아무리 주려고 해도 조건이 성숙되지 않으면 줄 수 없습니다. 받으려고 하지 않는데 어떻게 줄 수 있겠습니까? 그래서 무지는 게으름입니다. 게으르면 아무리 좋은 것이 있어도 원하지 않습니다. 그렇기 때문에 수행에서 게으름이 가장 큰 장애입니다. 이 게으름을 무명, 무지라고도 합니다. 이제 선업의 과보만 탓할 것이 아니고, 지금 이 순간부터 자신이 스스로 선업의 과보를 만들어야 합니다. 스스로 노력하는 자에게는 있는 업이 큰 의미가 없습니다. 왜냐하면 새로운 업이 있기 때문입니다.

◆◆◆◆◆◆

마음은 하나입니다. 그러나 마음의 숫자는 89가지로 분류하는 방법이 있고, 출세간의 분류방법에 따라서 모두 121가지로 분류하기도 합니다. 이렇게 많은 숫자는 여러 가지 조건에 따라서 각기 다른 마음이 있기 때문입니다. 그러나 마음은 언제나 한순간에 하나밖에 없습니다. 그래서 수행자들에게 마음의 숫자가 많다는 것은 사실 큰 의미는 없습니다. 왜냐하면 수행자는 어떤 마음이 되었거나 현재의 마음을 알아차리면 되는 것이기 때문입니다. 이것이 위빠사나 수행의 알아차림입니다.

그래서 숫자는 관념이고, 실재하는 것은 현재 있는 것을 알아차리는 것입니다. 앞으로 계속해서 마음의 종류에 따른 숫자가 나오는데 이것들은 단지 구성요소에 불과한 것이라고 이해하기 바랍니다. 수행자가 알아차려야 할 대상은 현재의 마음 하나면 되지만, 마음을 완전하게 이해하려면 여러 가지 숫자의 마음들이 어떤 것들인지 아는 것도 도움이 됩니다. 그러나 이것은 단지 마음에 대한 이해를 돕기 위한 것이지 마음의 숫자를 모두 알아야 하는 것은 결코 아닙니다. 뒤에 설명해 드릴 부처님께서 설명하신 마음을 알아차리는 수행의 16가지 마음도 사실은 전체 마음 121가지 마음속에 포함되어 있으므로 마음의 종류에 대해서 잠시 살펴보겠습니다.

마음은 크게 네 가지로 분류합니다. 첫째, 욕계의 마음입니다. 둘째, 색계의 마음입니다. 셋째, 무색계의 마음입니다. 넷째, 출세간계의 마음입니다. 그래서 마음은 어느 세계에서 태어났느냐에 따라 다르고, 인간으로 태어났을 때는 수행을 해서 출세간의 마음이 어느 수준이냐에 따라 다릅니다. 이것으로 보아서 이 세상은 인간들만 있는 것이 아니라는 사실을 알 수 있습니다.

생명이 사는 존재의 세계는 욕계, 색계, 무색계가 있습니다. 그리고 출세간계가 있는데 출세간계는 도과를 성취한 성인들의 마음입니다. 부처님께서 인간의 마음만을 말하지 않고 존재하는 31세계의 마음들을 모두 포함해서 분류한 것은 모든 생명이 똑같이 윤회를 하기 때문입니다.

지금은 인간이지만 죽어서 어디로 가서 새롭게 재생할지 모릅니다. 그리고 과거에 어디서 있다가 인간으로 새롭게 재생을 했는지도 모릅니다. 물론 내가 있어서 오고, 내가 있어서 가는 것이 아닙니다. 과거의 원인으로 현재의 결과가 있고, 다시 현재의 원인으로 미래의 결과가 있습니다. 하지만 과보에 의해 재생을 한다는 사실로 미루어 보아 전혀 과거와 미래가 무관하다고 볼 수도 없습니다.

이처럼 생명은 윤회하는 세계에서 끊임없이 상속되면서 살고 있기 때문에 인간의 마음만 따로 떼어서 볼 수 없습니다. 그러므로 살아 있는 존재는 어디에 있건 모두 하나의 생명대 안에서 살고 일어나고 사라진다는 것을 이해하면 불교의 세계관을 이해 하는 데 도움이 될 것입니다.

다시 한 번 마음이 무엇인지 살펴보겠습니다. 전통적인 주석서에서는 마음을 정의하 기를 세 가지로 정의합니다. 첫째는 행위를 하는 자의 입장에서 보는 마음입니다. 이때 는 '대상을 안다고 해서 마음이라고 한다'라고 정의합니다. 둘째는 마음을 도구의 측면 에서 보는 것입니다. 이때는 '이것으로 인해 안다고 해서 마음이라고 한다'라고 정의합 니다. 셋째는 행위 그 자체 입장에서 보는 마음입니다. 이때는 '단지 알고 있는 그 자체가 마음이다'라고 합니다. 이상 세 가지 측면에서 보는 마음들은 모두 안다는 것입니다. 그래서 마음은 대상을 아는 것이라고 하면 마음을 바르게 이해하는 것입니다.

여기서 마음이 대상을 안다는 것은 매우 단순한 행위에 속합니다. 우리는 바로 이 단순한 기능에 대하여 주목할 필요가 있습니다. 마음이 대상을 아는 것이라고 했을 때는 아는 마음이 어떤 다른 것과 섞이지 않고 단순하게 대상을 아는 역할을 한다는 것입니다. 여기서 마음이 대상을 안다는 것은 마음이 아는 것으로 국한한다는 것입니다. 그래서 단지 아는 것에 그친다거나 다만 아는 것에 그친다는 의미가 있습니다.

그러므로 마음이 대상을 알고 나서 좋아한다거나 싫어한다거나 괴로워한다거나 하 는 것은 마음이 하는 역할이 아닙니다. 마음의 작용인 수, 상, 행이 일으킨 여러 가지 일들을 마음이 단지 받아들여서 아는 것입니다. 어떤 느낌이 일어나면 그 순간에 다시 마음이 이것을 압니다. 그리고 어떤 상상을 했을 때도 마음이 단지 이것을 압니다. 그리고 어떤 의도를 가지고 행위를 했을 때도 마음이 단지 이것을 압니다. 이처럼 마음 은 대상을 아는 단순한 기능을 합니다.

그러므로 마음이 있어서 수, 상, 행이 함께 있으며 다시 마음은 수, 상, 행이 일으킨 것들을 그대로 받아들여서 아는 기능만 합니다. 그래서 마음은 그 자체는 청정한 것입니 다. 좋은 느낌이 일어나면 마음이 좋은 느낌을 그대로 받아들여서 알고, 나쁜 느낌이 일어나면 마음이 나쁜 느낌을 그대로 받아들여서 압니다. 그래서 마음은 마음의 작용인 수, 상, 행이 일으킨 것과 함께 같아집니다.

그래서 마음은 알고 마는 것이지, 알아서 어떻게 반응하거나 무엇을 도모하지 않습니다. 마음이 안 뒤에 괴로워하는 것은 '수受'라고 하는 느낌이 하는 것입니다. 마음이 안 뒤에 상상하는 것은 '상想'이라고 하는 지각이 하는 것입니다. 마음이 안 뒤에 어떤 의도를 내는 것은 '행行'이라고 하는 마음의 의도가 하는 것입니다. 마음이 안 뒤에 이러한 수, 상, 행의 작용이 일어나면 다시 그것을 마음이 압니다. 이것이 마음의 실제입니다.

그래서 마음은 하늘과 같습니다. 하늘에는 해가 뜨고, 달이 뜨고, 별이 뜨고, 구름이 있고, 바람이 있습니다. 하지만 하늘은 아무 조건 없이 이것들을 그냥 받아들이는 기능을 합니다. 마치 마음과 같이 말입니다. 마음이 땅과 같고 나무와 같은 것도 이런 이유입니다. 땅과 나무도 무엇은 되고, 무엇은 안 된다고 하지 않습니다. 이것들은 마치 마음처럼 그냥 모든 것들을 있는 그대로 받아들입니다. 바로 이것이 불교에서 말하는 관용입니다. 그냥 대상이 있어서 아는 것입니다.

이 말이 단순한 것 같아도 사실은 최고의 지혜가 담긴 말입니다. 이와 같이 마음이 아는 기능만 한다는 사실을 알아야 하는 매우 중요한 문제가 있습니다. 실제로 문제를 일으키는 것은 마음이 아니고 마음의 작용인 수, 상, 행이라는 사실을 알기 위해서 필요한 것입니다. 우리가 문제가 있는 마음만을 제어하려고 할 것이 아니라 마음의 작용인 수, 상, 행을 함께 알아차려야 하는 것입니다. 이것이 마음을 알아차리는 수행의 효과입니다.

또 한 가지가 있습니다. 마음이 단지 대상을 아는 것으로 그친다는 것은 마음의 실재를 알아야 하는 다른 중요한 이유가 있습니다. 이러한 기능이 앞서 말씀드린 부처님과 아라한이 가진 마음이기 때문입니다. 부처님과 아라한의 마음을 무인작용심이라고 해서 원인과 결과가 없는 마음이라고 말씀드렸는데, 이때의 마음이 다른 것과 섞이지 않고 단지 대상을 아는 마음 그 자체가 있는 것만을 말합니다.

마음이 무엇이라고 설명할 때는 이렇게 이해해야 마음을 바로 알 수 있습니다. 그리고 이렇게 알아야 바르게 수행을 할 수 있기 때문에 지금 설명을 드리는 것입니다. 처음에는 마음이 무엇이라고 설명하면 그것이 의미하는 것이 무엇인지 알기가 어렵습니다. 말하는 입장에서 하나를 설명할 때 그 이유를 모두 말할 수는 없습니다. 그래서 마음에 대해서는 그냥 듣는 과정이 필요하며, 더 좋은 것은 수행을 하면서 들으면 그것이 뜻하는 의미를 차츰 알 수 있을 것입니다.

부처님은 스스로 깨달음을 얻고, 위가 없는 깨달음을 얻어 모르는 것이 없습니다. 이렇게 존경하는 스승이신 부처님의 말씀이라고 해서 모두 그대로 듣고 이해하는 것은 아닙니다. 오히려 부처님의 이론을 더 나쁘게 해석하여 잘못된 길로 갈 수도 있습니다. 이것은 인간의 마음이 선심과 불선심과 선과보와 불선과보가 함께하기 때문에 어쩔 수 없는 일입니다. 때로는 부처님의 가르침을 알기에 불교를 공부하지 않을 수도 있습니다.

　수행자는 새로운 선한 원인을 만드는 자입니다. 선한 원인을 만들면 반드시 선한 결과가 있습니다. 수행자는 인습적이고 전통적인 기존의 고정관념으로부터 벗어나서 사물을 있는 그대로 알아차려야 합니다. 지금까지는 어떤 것도 있는 그대로 볼 수가 없었습니다. 그러나 이제는 축적된 성향을 가지고 보지 않기 때문에 어떤 현상이 나타나도 걸리지 않습니다.

　그러므로 수행자는 사주가 통하지 않고, 관상이 통하지 않고, 풍수가 통하지 않습니다. 설령 좋지 않은 조건에 처했다 하더라도 모든 것이 단지 알아차릴 대상일 뿐이라서 수행자들을 속박할 수가 없습니다. 그래서 수행자는 항상 스스로 해방된 자이며, 스스로 행복을 만듭니다. 그 어떤 고정관념도 수행자를 괴롭히지 못합니다. 이것이 수행자의 알아차림입니다.

　마음은 자발과 유발에 의해서 일어나기 때문에 구조적으로 진리가 왜곡될 수밖에 없습니다. 수행자는 이러한 불가피한 현실도 받아들여야 합니다. 세상에는 선심과 불선심, 선과보와 불선과보가 있기 때문에 항상 바른 길로만 가는 것은 아닙니다. 그래서 더욱 수행을 해야 하는 것입니다.

　부처님께서는 이러한 왜곡과 오해가 있을 것에 대해서도 당연히 아셨습니다. 그러나 이러한 왜곡과 오해가 있어도 어쩔 수 없고 피할 수 없는 것이라서 부처님께서 대중들을 위해 설하신 말씀이 바로 『아비담마』입니다. 『아비담마』는 부처님의 말씀인 『경장』, 『율장』, 『논장』이라는 삼장 중에서 『논장』에 해당합니다. 그러나 이것은 너무 어렵기 때문에 일반 대중들에게 설하지 않고 천인과 사리불에게 설했던 것입니다.

『아비담마』는 마음에 대한 분석을 철저하게 해서 더 많은 사람들이 무아의 실상을 알아 궁극의 진리에 이르도록 하셨습니다. 물론 받아들이지 않아 어쩔 수 없는 사람은 어쩔 수가 없습니다. 그러나 선업의 인연이 있어서 다소의 가능성이 있는 사람에게는 이러한 분석을 통해서 바른 길로 인도하고자 하는 의도를 가지고 부처님께서 말씀하셨습니다.

진리를 바르게 알기 위해서 역대의 모든 주석가들은 일관된 방법으로 주석을 하였습니다. 이것이 네 가지 방법입니다. 주석서에서 설명하는 이러한 일관된 분석은 오직 완전한 가르침을 위한 토대로서의 의미가 있습니다. 이렇게 분석을 해서 무슨 권위를 세우기 위한 것이 아닙니다. 오직 수행자들의 완전한 이해를 돕기 위한 것이 전부입니다. 이렇게 분석해서 다른 종파와 대립하려는 것도 아닙니다. 오직 수행자의 해탈을 위해서 분석한 것입니다. 주석서의 분석은 다음 네 가지 기초에 의해서 정의하고 있습니다.

여러분들이 주석서를 읽을 때는 반드시 이런 분석이 있는 것을 만나게 될 것입니다. 첫째, 대상의 특징에 대한 정의입니다. 대상이 가지고 있는 특징을 밝혀 분명하게 하는 효과가 있습니다. 둘째, 대상의 역할에 대한 정의입니다. 이것은 대상이 가지고 있는 보다 구체적인 역할을 설명함으로써 수행의 목적을 성취하도록 하는 효과가 있습니다. 셋째, 대상의 나타남에 대한 정의입니다. 이것은 대상의 나타남은 결과로써 경험에 의해 나타난 것을 밝혀 수행에 효과를 줍니다. 넷째, 대상의 가까운 원인에 대한 정의입니다. 이것은 대상과 가장 가까운 것을 밝힘으로써 무엇에 의지해서 일어나는가를 아는 것입니다.

이것은 원인과 결과를 아는 지혜를 얻도록 밝힘으로써 수행의 효과를 얻도록 한 것입니다. 이렇게 네 가지 정의인 특징과 역할과 나타남과 가까운 원인을 알면 모든 의문이 풀리고 자연스럽게 부처님의 바른 진리를 받아들여 깨달음의 길로 나아갈 수 있습니다. 이상의 네 가지를 바탕으로 정신과 물질을 알아차리면 바른 견해를 가질 수가 있습니다.

우리가 진리에 대해서 믿을 것은 아무리 세월이 흘러도 변하지 않는 부처님의 가르침과 제자들의 주석서입니다. 만약 여러분들이 어떤 수행을 할 때 먼저 어떤 스승이 만든 수행방법인지를 알아야 합니다. 그리고 수행방법에 대한 분명한 기록은 있는지 살펴봐야 합니다. 이것이 바로 경전입니다. 그리고 다음에 주석서가 있는지 살펴봐야 합니다. 주석서가 없이는 결코 스승의 말씀을 이해하기 어렵고, 이해한다고 해도 자신의 견해로 받아들이기 때문에 바른 안내자로서의 주석서가 필요합니다.

그리고 지도하는 스승은 누구에게서 수행을 배웠는지도 알아야 합니다. 그러면 바른 길로 가는 수행을 만날 수가 있습니다. 때로는 어떤 스승에게 수행을 배울 때 스승 자신이 만든 수행을 배울 수도 있을 것입니다. 그러나 다른 목적이 있다면 몰라도 깨달음의 길로 가기 위해서는 위빠사나 수행방법 하나밖에 없다는 사실을 알아야 합니다. 우리가 경험하지 않은 정신세계를 갈 때는 완전한 가르침에 의지해야 합니다. 그렇지 않으면 장애가 생겼을 때 어떻게 대처할 수가 없으며, 그래서 궁극의 깨달음을 얻을 수가 없습니다. 지도하는 사람 자신도 모르는 수행을 배울 때의 결과는 매우 위험합니다.

마음에 대한 여러 가지 주석서를 보면 마음에 대하여 세 가지 용어를 사용합니다. 이미 말씀드린 것처럼 마음을 빨리어로 찌따, 마노, 윈냐나, 이 세 가지를 사용하고 있습니다. 찌따는 한문으로 심心을 뜻하는 마음이고, 마노는 한문으로 의意를 뜻하는 생각이고, 윈냐나는 한문으로 식識을 뜻하는 아는 마음입니다.

그래서 심, 의, 식, 이상 세 가지의 마음은 모두 동일한 뜻을 가지고 있습니다. 특히 심을 뜻하는 마음과 식을 뜻하는 아는 마음은 동의어로서 서로 구분 없이 사용합니다. 그리고 의는 마음과 아는 마음과 동의어로 쓰이면서도 감각기관에 근거하여 일어나는 마음이라서 약간의 다른 의미를 포함합니다. 이때 의는 감각기관인 안이비설신의라고 할 때 마음입니다. 그것도 똑같은 마음의 범주 속에 듭니다. 다시 요약하자면 주석서에서 말하는 마음은 이상의 세 가지로 쓰이는데, 이것들이 모두 동일한 용어라는 사실입니다.

그러므로 마음을 분류할 때 이상의 세 가지가 아닌 다른 용어는 사용하지 않습니다. 그렇지 않은 다른 용어는 후대에 만들어진 용어라는 사실을 주목할 필요가 있습니다. 여기서 무슨 식識, 무슨 식이라고 할 때 마음에 대한 평가를 말씀드리려고 하는 것이 아닙니다. 마음은 하나라는 것입니다. 이것을 이해하지 못하면 마음에 대한 함정에 빠집니다. 무슨 식, 무슨 식이라고 했을 때 수행자들이 다른 어떤 마음이 또 있는 줄 아는 경향이 있습니다. 그래서 있는 마음을 있는 그대로 알아차리지 않고 자꾸 다른 어떤 특별한 마음을 찾습니다.

그러나 마음은 그런 어떤 특별한 마음이 없습니다. 이것을 모두 밝힌 것이 『논장』의 마음에 대한 분석입니다. 마음은 보이지 않고 워낙 빠르게 일어났다 사라지기 때문에 부처님의 혜안이 아니고서는 알기가 어렵습니다. 그래서 마음에 관한 한 부처님의 가르침을 따르는 것이 잘못된 길로 가지 않는 상책일 것입니다.

다음에는 마음의 종류에 대해서 말씀드리겠습니다. 마음의 종류에 대해서 말씀드리기에 앞서 마음은 하나이지만, 선하지 못할 때는 탐욕, 성냄, 어리석음이 있는 마음으로 분류합니다. 그리고 선할 때는 탐욕, 성냄, 어리석음이 없는 마음으로 분류한다는 것을 먼저 전제해야 됩니다. 마음의 종류가 아무리 많아도 이런 기본적인 마음에서 다른 마음들이 포함된 것들입니다. 그러므로 마음의 종류가 아무리 많아도 복잡할 것 없습니다. 선심은 관용, 자애, 지혜이고 불선심은 탐욕, 성냄, 어리석음이라고 크게 생각하면 모든 마음이 이 범주 안에 듭니다.

마음을 세간의 마음과 출세간의 마음으로 나누었을 때 세간의 마음은 욕계, 색계, 무색계입니다. 이들 세 개의 마음을 모두 합치면 81가지입니다. 그리고 출세간의 마음을 8가지 또는 분류에 따라 40가지로 나누면 89가지의 마음 혹은 121가지의 마음이 됩니다. 그러면 세간의 마음인 욕계, 색계, 무색계라는 세 가지로 분류한 마음을 하나씩 살펴보겠습니다.

욕계의 마음은 생명이 존재하는 세계에서 11개의 세상에 사는 생명들의 마음이 있습니다. 욕계는 지옥, 축생, 아귀, 아수라, 인간, 사천왕천, 삼십삼천, 야마천, 도솔천, 화락

천, 타화자재천으로 분류합니다. 이것들이 모두 욕계입니다. 이들 세계에 사는 생명들은 여섯 가지 감각기관과 여섯 가지 감각대상이 부딪혀서 아는 마음이 일어날 때 감각적 욕망을 일으켜 이것을 즐깁니다. 그래서 감각적 욕망의 영역이라는 뜻으로 욕계라고 합니다. 욕계의 마음은 사악도를 뜻하는 지옥, 축생, 아귀, 아수라의 마음이 있습니다. 그리고 인간의 마음이 있습니다. 그리고 여섯 개의 천상계의 마음이 있습니다.

그런데 인간이 욕계의 중앙에 있어서 사악도의 마음과 천상의 마음을 모두 가질 수 있는 유일한 존재입니다. 인간의 마음은 모든 존재들의 마음 중에서 가장 강력하고 가장 잔인하여 가장 큰 불선심을 가질 수도 있고, 가장 선하고 가장 큰 선심을 일으켜 해탈을 할 수도 있습니다.

그래서 욕계의 인간만 수행을 할 수가 있습니다. 인간은 살아서 현재 지옥의 마음을 경험할 수 있습니다. 그러면 현재도 지옥에서 사는 것이며, 죽어서는 지옥으로 갑니다. 그러므로 현재의 인간의 마음이 다음 생을 결정합니다. 반대로 인간의 마음은 현재 천상의 마음을 경험할 수 있습니다. 그러면 현재도 천상에 사는 것이며, 죽어서는 천상에 갑니다. 이것이 인간만 선택할 수 있는 특권입니다.

이러한 욕계에 사는 생명들의 마음은 모두 54가지입니다. 이들 54가지의 마음은 그 종류에 따라서 해로운 마음, 유익한 마음, 과보의 마음, 단지 작용만 하는 마음, 이 네 가지로 분류합니다.

그중에 욕계의 해로운 마음들은 모두 열두 가지입니다. 욕계의 해로운 마음들 중에서 탐욕에 뿌리박은 마음 여덟 가지, 성냄에 뿌리박은 마음 두 가지, 어리석음에 뿌리박은 마음 두 가지입니다. 그래서 욕계의 해로운 마음은 열두 가지입니다. 다음에 욕계의 원인 없는 마음들도 열여덟 가지입니다. 욕계의 원인 없는 마음들 중에 해로운 과보의 마음 일곱 가지, 유익한 과보의 마음 여덟 가지, 원인 없이 작용만 하는 마음 세 가지입니다. 다음에 욕계의 아름다운 마음들은 스물네 가지입니다. 욕계의 유익한 마음 여덟 가지, 욕계의 과보의 마음 여덟 가지, 욕계의 작용만 하는 마음 여덟 가지입니다.

지금까지 밝힌 54가지의 마음의 종류를 모두 밝힐 수는 없고, 여기서 가장 먼저 말씀드린 욕계의 해로운 마음 열두 가지 종류에 대해서만 살펴보겠습니다. 이렇게 밝히는 것은 마음의 종류를 이런 식으로 분류한다는 기본을 설명해 드리는 것입니다. 욕계의 해로운 마음은 탐욕이라는 뿌리가 있고 어떤 느낌을 가졌느냐, 사견이 함께하느냐, 함께하지 않느냐, 자극이 있느냐 없느냐로 분류합니다.

욕계 해로운 마음 열두 가지 중 탐욕에 뿌리박은 마음 여덟 가지는 첫 번째, 탐욕에 뿌리가 있고 기쁜 느낌이 있고 사견과 함께하고 자극이 없는 마음입니다. 두 번째, 탐욕에 뿌리가 있고 기쁜 느낌이 있고 사견과 함께하고 자극이 있는 마음입니다. 이상 두 가지 마음이 모두 똑같은데 마지막에 자극이 있느냐 없느냐로 구분합니다.

세 번째, 탐욕에 뿌리가 있고 기쁜 느낌이 있고 사견이 없고 자극이 없는 마음입니다. 네 번째, 탐욕에 뿌리가 있고 기쁜 느낌이 있고 사견이 없고 자극이 있는 마음입니다. 이상 두 가지 마음이 모두 똑같은데 마지막에 자극이 있느냐 없느냐로 구분합니다.

이처럼 욕계의 해로운 마음은 하나만 있는 것이 아니고 여러 가지의 마음이 조합되어 있습니다.

　바른 것이라고 해서 세상을 전부 이끌지는 못합니다. 바른 말은 그 말을 이해하거나 받아들일 준비가 된 사람에게만 영향을 미칩니다. 바른 말은 바르게 살기를 원하는 사람에게만 길잡이가 됩니다. 그러므로 모든 것은 자신이 선택하는 것입니다. 바른 것이라고 해서 무조건 상대에게 강요하지 말아야 합니다.

　바른 말을 하되 받아들이지 않을 때는 때를 기다려야 합니다. 그러나 받아들이지 않는다고 해서 할 말을 멈추어서도 안 됩니다. 교육도 수행이므로 반드시 필요한 것은 말을 해야 합니다. 다만 말하는 시기와 타인의 입장을 존중해서 말할 필요는 있습니다. 바른 말을 할 때 상대를 이해하는 자세가 필요합니다. 이것이 상대를 변화시킬 수 있는 중도이며, 위빠사나 수행의 알아차림입니다.

◆◆◆◆◆

　지난 시간에 이어서 계속 욕계의 해로운 마음 열두 가지에 대해서 말씀드리겠습니다.

　다섯 번째, 탐욕의 뿌리가 있고 평온의 느낌이 있고 사견과 함께하고 자극이 없는 마음입니다. 여섯째, 탐욕의 뿌리가 있고 평온의 느낌이 있고 사견과 함께하고 자극이 있는 마음입니다. 이상 두 가지 마음이 모두 똑같은데 자극이 있느냐 없느냐로 구분한 것입니다.

　일곱째, 탐욕의 뿌리가 있고 평온의 느낌이 있고 사견이 없고 자극이 없는 마음입니다. 여덟째, 탐욕의 뿌리가 있고 평온의 느낌이 있고 사견이 없고 자극이 있는 마음입니다. 이상 두 가지 마음이 모두 똑같은데 자극이 있느냐 없느냐로 구분합니다.

아홉째, 성냄의 뿌리가 있고 불만족의 느낌이 있고 반감이 함께하고 자극이 없는 마음입니다. 열 번째, 성냄의 뿌리가 있고 불만족의 느낌이 있고 반감이 함께하고 자극이 있는 마음입니다. 이상 두 가지 마음이 모두 똑같은데 자극이 있느냐 없느냐로 구분한 것입니다.

열한 번째, 어리석음에 뿌리가 있고 평온의 느낌이 있고 들뜸이 함께하고 자극이 없는 마음입니다. 열두 번째, 어리석음에 뿌리가 있고 평온의 느낌이 있고 의심이 함께하고 자극이 없는 마음입니다. 이상 두 가지 마음이 모두 똑같은데 의심과 들뜸이 있느냐 없느냐로 구분한 것입니다. 이상 욕계의 해로운 마음 열두 가지를 말씀드렸습니다.

지금 말씀드린 것처럼 탐욕, 성냄, 어리석은 마음을 기본으로 하고 다른 것들이 있느냐 없느냐로 구분한 것입니다. 그러므로 수행자가 이것을 모두 외울 수는 없습니다. 앞으로 제가 계속해서 말씀드릴 마음의 종류가 모두 이런 조합에 의해서 나타난 마음이라고 이해하기 바랍니다.

『아비담마』는 교학자들이 몸과 마음을 분석하고 수행에 대한 의심을 제거하기 위한 기본서입니다. 그래서 수행자가 부처님의 가르침을 그대로 따른다면 이런 것은 몰라도 사실 문제가 되지 않습니다. 수행은 직관으로 대상을 알아차려서 아는 마음을 가지고 있는 것이면 충분합니다. 그래서 여기서는 구체적인 마음의 종류는 생략하고, 대강 마음이 무엇인지 몇 가지나 되는지만 살펴보겠습니다.

다음으로 색계의 마음입니다. 색계는 생명이 존재하는 31개의 세계에서 천상의 4선정의 세계가 있는데, 이들 선정의 세계가 각기 다르며, 모두 16개의 세상에 사는 생명들의 마음이 있습니다. 색계의 마음은 선정의 상태에 따라 분류합니다. 선정수행을 사마타 수행이라고 합니다. 선정수행은 관념적인 대상을 선택하여 대상과 하나가 되는 근본집중을 합니다. 그래서 번뇌를 억눌러 고요함을 얻습니다.

인간이 사마타 수행을 해서 1선정의 상태가 되면 현재 1선정의 마음을 갖고 죽어서는 1선정의 과보를 받아 1선정의 세계에 재생합니다. 이래서 고요한 마음을 색계의 마음이라고 합니다. 마찬가지로 2선정과 3선정과 4선정에 따라 세계가 다르기 때문에 마음도 다릅니다. 색계의 마음들은 모두 열다섯 가지입니다. 색계의 마음 중에 색계 유익한 마음 다섯 가지, 색계 과보의 마음 다섯 가지, 색계 작용만 하는 마음 다섯 가지입니다.

다음으로 무색계의 마음입니다. 무색계는 생명이 사는 31개의 세계 중에서 천상의 제일 상위에 사는 세계로 네 개의 세계가 있습니다. 이 세계를 무색계의 세계라고 합니다. 무색계의 첫 번째 세계는 공무변처천입니다. 두 번째 세계는 식무변처천입니다. 세 번째 세계는 무소유처천입니다. 그리고 네 번째 세계는 비상비비상처천입니다.

무색계의 마음은 무색계의 선정의 상태에 따라 이상 네 가지 세계의 마음이 있습니다. 무색계는 몸이 없고 마음만 있는 세계입니다. 그래서 무색계라고 합니다. 그래서 무색계 수행의 대상은 몸이 아닌 허공이나 물질이 아닌 대상을 상대로 집중합니다. 이렇게 고귀한 선정수행을 해서 생긴 마음을 무색계의 마음이라고 합니다. 무색계의 마음들은 모두 열두 가지입니다. 무색계 마음 중에 무색계 유익한 마음 네 가지, 무색계 과보의 마음 네 가지, 무색계 작용만 하는 마음 네 가지입니다. 이렇게 해서 세간의 마음인 욕계, 색계, 무색계 마음이 모두 81가지입니다.

여기서 인간만은 이런 마음을 모두 경험할 수 있지만, 다른 세계에 사는 생명들은 오직 자신의 세계의 마음밖에 가질 수가 없습니다. 그래서 인간에게서만 부처가 출현하는 것입니다. 이것이 바로 인간으로 태어난 특권이자 다른 기회입니다. 인간으로 태어난 사명감은 윤회를 끝내고 모든 번뇌로부터 자유로울 수도 있고, 아니면 바라밀 공덕을 쌓거나 수행을 해서 좀 더 나은 삶을 기약할 수 있는 것입니다.

그러나 반대로 인간이 모든 생명들 중에서 가장 강한 마음을 가졌기 때문에 사악도에 떨어지는 마음도 함께 가졌습니다. 그러므로 누구나 태어나기 어려운 인간으로 태어난 소중한 기회를 살려서 각자의 마음을 고양시켜야 하겠습니다.

이제 누구가가 자신에게 왜 태어났느냐고 물으면 괴로움뿐인 윤회에서 벗어나기 위해서 태어났다고 자신 있게 말할 수 있어야 합니다. 아직 이런 바람이 없다면 차선책으로 다음과 같이 말할 수 있어야 합니다. 지금보다 향상된 삶을 살기 위해 인간으로 태어났다고 말입니다. 그러나 우리들의 궁극의 목표는 열반을 성취하는 것이어야 합니다. 그래서 괴로움뿐인 이 세상에서 벗어나는 것입니다. 아직도 이 세상에 대한 미련이 남아서 집착을 한다면 그것은 선업이 부족하여 지혜가 성숙되지 않은 것입니다. 이상이 세간의 마음들로 욕계와 색계와 무색계에 사는 생명들의 마음입니다.

여기서 주의해야 할 것이 있습니다. 이런 분류는 윤회하는 세계의 생명들을 모두 망라한 것일 뿐이지, 이것이 알아차려야 할 수행의 대상은 아니라는 것입니다. 불교의 관점이 우주적으로 모든 생명에 관한 것을 다루지만, 이것들은 현상세계를 밝히고자 하는 의도 외에는 다른 뜻이 없습니다.

부처님께서는 자신의 손 위에 한줌의 풀을 올려놓으시고 말씀하셨습니다.
"여기 손 위에 한줌의 풀이 있고, 저 숲 속에 많은 풀이 있다. 나는 저 숲 속의 풀을 모두 알지만 말하지 않는다. 그리고 오직 여기 손 위에 있는 한줌의 풀에 대해서만 말한다."

이때 손 위에 있는 한줌의 풀이란 자신의 정신과 물질입니다. 그래서 이것만이 위빠사나 수행의 대상입니다. 그리고 이것이 불교의 세계관입니다. 부처님께서 인간의 정신과 물질에 대한 것이 아닌 것을 말씀하셨을 때는 단지 보조적으로 설명하기 위해서 말씀하신 것이지, 오직 그것만을 설하기 위해서 말씀하시지는 않으셨습니다.

그러므로 우리는 불필요한 궁금증으로 인해 알아차림을 소홀히 해서는 안 됩니다. 궁금증은 단지 궁금증일 뿐입니다. 궁금증은 단순한 호기심으로 누구도 그것을 충족시킬 수 없습니다. 하나를 알면 계속해서 다른 궁금증을 일으키기 때문입니다. 그렇다면 세월이 흘러도 할 일을 하지 못합니다. 또한 궁금증은 아무리 바르게 말해도 받아들이지 않고 계속해서 의문만 갖습니다. 이처럼 궁금증이 습관이 되지 않게 하기 위해서 수행자라면 먼저 자신의 몸과 마음을 알아차리라고 말합니다. 부처님께서 숲 속의 풀을 모두 알지만 말씀하시지 않으신 것은 수행자가 그것을 알 필요가 없기 때문입니다.

한 인간의 번뇌는 자신의 정신과 물질을 통해서 만들어진 것이기 때문에 우리가 오직 알아차려야 할 대상은 자신의 정신과 물질입니다. 이것이 아닌 다른 것으로는 결코 자신을 정화할 수 없습니다. 그래서 먼저 자신을 정화하지 못하면 남에 대해서도 결코 이로움을 줄 수 없습니다. 이렇게 불교의 관점은 오직 자신의 물질과 정신에 관한 것에 초점이 맞추어져 있습니다. 12연기만 해도 한 인간의 정신과 물질이 원인과 결과로 진행되는 현상을 밝힌 것으로, 우주적 12연기와는 무관합니다.

사실 한 인간의 문제는 인간의 문제만으로 그치지 않고 모든 생명과 동일한 의미를 가지고 있습니다. 그래서 인간의 문제에 국한하는 것으로도 진리를 알기에 충분합니다. 인간의 문제는 사실 온 우주의 문제와도 직결됩니다. 그래서 우리의 관심을 자신의 몸과 마음으로 돌려야 합니다.

여기에 불교의 현실 참여문제가 대두됩니다. 불교가 현실을 외면해서도 안 되겠지만, 그렇다고 해서 현실을 해결할 투쟁의 전사가 되어서도 안 됩니다. 이때 중도적 관점이 필요합니다. 지나치게 사회현실에 참여하면 잘못하면 극단적 행동을 할 수 있습니다. 이것은 자기 자신의 몸과 마음을 알아차리는 깨달음의 길과는 다릅니다.

사회 참여의 성향이 강한 사람은 그 길로 가겠지만, 이것이 수행자가 갈 길은 아니라고 분명하게 알아야 합니다. 극단적인 행동은 불선업입니다. 정의라는 이름으로 공격적인 행동을 하면 스스로가 또 다른 감각적 욕망을 추구하는 것입니다. 그런 극단적인 행위를 하는 사람은 그렇게 해야 즐거움이 있기 때문에 극단적인 행동에 대한 갈애를 일으키는 것입니다.

과격한 행위는 자신을 괴롭게 할 뿐만 아니라 주위나 사회를 괴롭게 합니다. 그래서 다른 사람들도 자연스럽게 악에 받치게 합니다. 그리고 꼭 그렇게 해야 정의가 구현되는 줄 알게 합니다. 이것은 큰 잘못입니다. 그래서 이런 행위를 불선업이라고 말하는 것입니다.

수행자에게 어떤 문제가 생기면, 먼저 이 일을 부처님께서는 어떻게 하셨을까 하고 반문해 보아야 하겠습니다. 그리고 경전에 입각해서 숙고해 보아야 하겠습니다. 그리고 그 일에 골몰하지 말고, 그 일로 해서 생긴 자신의 몸과 마음을 알아차려야 합니다. 그러면 상황에 따라 가장 최선의 방법이 무엇인지 비로소 알 수 있을 것입니다.

수행자가 욕계의 모든 것에 대하여 알아야 할 이유가 없습니다. 그리고 색계, 무색계에 대해서도 모두 알아야 할 필요는 없습니다. 왜냐하면 자신의 인식의 범주를 벗어난 것이라서 알아차릴 수도 없고, 증명할 수도 없기 때문입니다. 인식하거나 증명할 수 없는 것은 위빠사나 수행의 대상이 아닙니다. 왜냐하면 그것은 실재가 아니기 때문입니다. 실재하는 것에서만 대상의 성품을 알 수 있는 것입니다. 단 마음은 추론적이지만 느낌과 지각과 의도를 통해서 접근할 수 있는 것이라서 실재이고 증명할 수 있는 범주에 속합니다.

그러므로 이런 분류는 단지 모든 생명을 전체적으로 조명하기 위해서 분류한 것이지, 이것이 깨달음으로 가는 절대적인 조건은 아닙니다. 역사적으로 드러난 아라한들 중에 글을 모르는 아라한도 많다는 사실이 바로 이것을 증명합니다. 그래서 깨달음에는 지식보다 지혜가 필요합니다. 그래서 이런 세계가 있다는 사실을 알아서 이런 세계에서 살려고 하기보다 윤회에서 벗어나는 것이 가장 고귀한 일이라는 인식을 가져야 하겠습니다. 그리고 지금보다 더 나은 삶을 살겠다는 의지를 갖는 것이 중요합니다. 그래서 고통보다는 행복을 찾는 노력을 해야 합니다. 그런 이유로 지금까지 여러 가지 마음을 분석한 것입니다.

수행자가 알아차려야 할 대상은 자신의 몸과 마음이고, 알아차려야 할 장소도 감각기관인 안, 이, 비, 설, 신, 의라는 육문입니다. 그러므로 감각기관이 아닌 외부적 장소, 즉 감각대상인 색, 성, 향, 미, 촉, 법으로 인해 어떤 영향도 받아서는 안 됩니다. 경우에 따라서 감각기관이 아닌 감각대상에 마음을 둘 수도 있지만 이때는 더 각별한 알아차림이 필요합니다.

가령 어떤 지역은 수행이 잘되고 기운이 좋다든가, 아니면 기운이 나빠 수행이 잘 안 된다든가 하는 것은 알아차릴 대상이 아닌 장소에 영향을 받은 것입니다. 이는 밖에 있는 장소의 영향으로 인해 자신의 마음이 흔들리고, 그래서 몸까지 흔들린 것입니다. 수행자의 알아차림이 자신의 몸과 마음을 벗어나지 않아야 외부의 자극으로 인해서 흔들리지 않습니다. 그래서 알아차릴 영역이 있는 것이 분명한 앎의 행경입니다.

범부는 선정수행의 단계를 이해하기가 어렵고, 선정수행을 하는 사람은 위빠사나 수행의 지혜의 단계를 이해하기 어렵습니다. 더구나 위빠사나의 도과를 성취하는 단계를 이해하기 어렵습니다. 수행은 눈에 보이지 않는 마음으로 하는 것이라서 비교될 수 없으므로 다른 수행방법에 대한 평가를 내릴 수가 없으며, 다른 수행자의 지혜를 측정할 수가 없습니다. 그래서 자신이 최고며 자신이 하는 수행이 최고라는 잘못된 견해를 갖기가 쉽습니다. 이러한 잘못된 견해는 위빠사나 수행을 해서 도과를 성취해야 비로소 사라집니다. 그러므로 어떤 대상이 나타나거나 '그렇네'라고 알아차려야 겠습니다.

지난 시간에 이어 계속해서 마음에 대해서 말씀을 드리겠습니다.

윤회하는 세계에서는 우리가 모르는 최고의 세계에서도 역시 우리가 겪는 똑같은 고통을 겪어야 한다는 사실을 알아야겠습니다. 그러므로 수행을 통해서 이러한 잘못된 환상에서 벗어나야 합니다.

지금까지 세간의 마음을 분류하였고, 이제 출세간의 마음에 대해 살펴보겠습니다. 출세간이란 이름 그대로 세간을 벗어난 마음입니다. 세간보다는 더 높은 정신세계를 출세간계라고 합니다. 빨리어로 세간을 '로카loka'라고 합니다. 이것은 현상세계, 유정세간 그리고 세간, 세속으로 부르기도 합니다. 갈애가 있어서 윤회하는 세계를 통틀어서 세간이라고 합니다. 그러므로 색계, 무색계라는 천상계도 세간에 속합니다. 물론 욕계도 세간입니다. 다음에 출세간은 '로꾸따라lokuttara'라고 합니다. 이것은 초세속적인 세계를 말하며, 초월적인 것을 뜻하기도 하고, 출세간이라고 부르기도 합니다.

『청정도론』에서는 세간에 대한 정의를 '파괴하는 것, 부서지는 것'이라고 했습니다. 어떤 것이나 항상 하지 않고 변하는 성질을 가지고 있기 때문에 파괴되는 과정에 있는 것이 세간입니다. 지금 여러분들이 세간에 살고 있다면 모두 파괴되는 것들 속에서 살고 있는 것입니다. 그러나 여기에 반하는 출세간은 이러한 세상에 속하지 않고 이러한 세상을 건넌 것을 말합니다. 그래서 피안으로 간 것을 의미합니다. 열반을 성취하여 갈애로부터 벗어나서 윤회를 하지 않는 것입니다. 그러므로 출세간은 원인과 결과가 끊어져서 변하는 것이 없는 세계입니다. 그래서 세간은 원인과 결과가 있어서 유위법이 있는 세계이고, 출세간은 원인과 결과가 끊어져서 무위법이 있는 세계입니다.

유위법의 세계에서는 상속이 있지만 무위법의 세계에서는 상속이 없습니다. 그래서 윤회가 끊어집니다. 이러한 출세간을 결정하는 것이 바로 열반입니다. 정신과 물질을 알아차리는 위빠사나 수행을 하면 몸과 마음의 고유한 특성인 느낌을 알게 됩니다. 그리고 궁극에는 이것들이 가지고 있는 속성인 무상과 고와 무아를 압니다. 이때 집착이 끊어지면 열반을 성취합니다. 이렇게 열반을 성취하면 수다원의 도와 과를 체험합니다. 이것이 바로 출세간입니다. 이때 수다원의 마음이 출세간의 마음입니다.

출세간의 마음은 여덟 가지로 분류하기도 하고 40가지로 분류하기도 합니다. 여덟 가지로 분류했을 때는 세간의 마음 81가지와 출세간의 마음 8가지를 포함하여 모두 마음을 89가지로 분류합니다. 그러나 출세간의 마음을 40가지로 분류하면 마음이 모두 121가지가 됩니다. 사실 이 두 가지 숫자의 차이는 큰 의미는 없습니다.

출세간의 마음은 출세간의 유익한 마음들 중에서 수다원의 마음이 있습니다. 이것을 단지 수다원의 마음 하나로 분류하기도 하고, 다섯 가지로 분류하기도 합니다. 다음에 똑같이 사다함, 아나함, 아라한의 마음으로 분류합니다. 그래서 분류에 따라서 네 가지 마음이 되기도 하고, 스무 가지 마음이 되기도 합니다. 다음에 출세간 중에서 과보의 마음들이 있습니다. 수다원의 과보의 마음과 사다함의 과보의 마음, 아나함의 과보의 마음, 아라한의 과보의 마음입니다. 이때도 역시 분류에 따라 네 가지 마음이 되기도 하고, 스무 가지 마음이 되기도 합니다.

그래서 수다원, 사다함, 아나함, 아라한의 유익한 마음, 그리고 수다원, 사다함, 아나함, 아라한의 과보의 마음, 이렇게 해서 여덟 가지로 분류하거나 또는 마흔 가지로 분류합니다. 앞서 말씀드린 것처럼 출세간의 마음은 이 세속의 세상을 건너뛰는 마음들입니다. 그래서 세속적 관점으로는 출세간의 마음을 이해하기 어렵습니다. 우유를 먹어 보지 않고서는 아무리 우유를 설명해도 우유 맛을 알기가 어렵듯이 바로 출세간의 세계가 그렇습니다. 그래서 열반을 아무리 설명해도 열반에 대해서 이해하기 어렵습니다. 사실 이것이 정신세계의 현실입니다.

출세간의 마음은 수다원과 사다함과 아나함과 아라한의 마음인데, 모두 열반을 성취한 마음입니다. 열반이란 탐욕, 성냄, 어리석음이란 번뇌가 불타서 의식이 끊어진 상태입니다. 그렇다고 해서 의식이 없는 것이 아닙니다. 마음은 대상이 없으면 일어나지 않기 때문에 반드시 하나의 대상이 있어야 합니다. 그래서 열반의 상태에서는 의식이 있지만, 단지 지각할 수 없을 뿐입니다. 그래서 이때는 마음이 열반을 대상으로 합니다.

열반을 성취할 때는 도의 마음과 과의 마음이 있습니다. 출세간의 마음은 열반이 대상이지만 도의 마음과 과의 마음은 서로 역할이 다릅니다. 도, 과는 과연 무엇일까요?

도는 지향하는 마음입니다. 과는 지향한 결과로 오는 마음입니다. 그래서 도과라고 말할 때 길 도道 자와 열매 과果 자를 사용합니다. 우리가 무슨 일을 할 때 무엇인가를 지향하고 그리고 지향한 그 결과를 얻습니다.

열반도 이것과 마찬가지입니다. 도는 지향하는 길에 속하며, 과는 지향한 결과를 얻는 것으로 열매에 속합니다. 어떤 것을 지향했느냐에 따라서 어떤 결과가 있는 것입니다. 이것은 좋은 것만을 말하지 않습니다. 반드시 지향한 그 마음가짐에 따라서 그에 상응하는 결과가 있는 것입니다.

열반을 성취하기 전에 앞서서 일어나는 도의 마음은 무상, 고, 무아를 알아차려서 집착이 끊어진 상태의 마음입니다. 이때 유신견이 있으면 도의 마음이 일어나지 않습니다. 그래서 완전하게 청정한 상태에서 아무런 번뇌가 없어야 비로소 도의 마음이 일어납니다. 이러한 도의 마음은 정신적인 번뇌를 제거하는 역할을 합니다.

그리고 도의 마음 뒤에 오는 과의 마음은 도에 의해서 생긴 해탈의 마음을 경험하는 역할을 합니다. 그러므로 도의 마음은 유익한 마음이고, 과의 마음은 도의 결과로써 나타나는 마음이기 때문에 과보의 마음입니다. 그래서 출세간의 마음을 분류할 때 수다원의 유익한 마음, 수다원의 과보의 마음이라고 하는 것은 수다원의 도의 마음, 수다원의 과의 마음을 달리 표현한 것입니다.

그러므로 출세간의 마음을 여덟 가지로 분류한 것은 수다원의 유익한 마음인 도의 마음과 수다원의 과보의 마음인 과의 마음을 말하는 것입니다. 그래서 유익한 마음은 도의 마음이고, 과보의 마음은 과의 마음입니다. 수행을 하고자 열망하는 마음은 선한 마음이라서 유익한 마음입니다. 그리고 과보의 마음은 선한 행위로 인해서 생긴 결과라서 과보의 마음이라고 합니다.

출세간의 마음을 여덟 가지로 분류할 때는 이렇게 수다원의 도의 마음과 과의 마음, 사다함의 도의 마음과 과의 마음, 아나함의 도의 마음과 과의 마음, 아라한의 도의 마음과 과의 마음을 합쳐서 여덟 가지 마음으로 분류합니다.

도와 과의 마음을 좀 더 이해하기 위해서는 도의 상태와 과의 상태를 자세히 알아야 합니다. 도의 마음은 한 번이면 됩니다. 우리가 무엇인가를 도모할 때마다 매 순간 목표를 되뇌지는 않습니다. 그래서 도는 한 번밖에 지향하지 않습니다. 사실 한번 마음 먹으면 다음 마음에 앞선 마음의 종자가 전해집니다. 그러고 나서 열반을 체험하면 과의 마음이 일어나는데 이때, 과의 마음은 짧은 순간에 몇 번이고 경험합니다. 마음은 매 순간 일어났다 사라지지만 이처럼 과에 충만한 마음은 몇 번이고 계속해서 일어날 수 있습니다.

우리가 평상시에도 느낌을 느낄 때 기쁨을 느끼는 순간의 마음은 일어났다 사라집니다. 그러나 충만한 기쁨일 때는 연이어서 기쁜 마음이 다시 일어나는 것과 같습니다. 그러나 이렇게 빠르게 일어나는 마음을 알기란 쉬운 일이 아닙니다. 열반이라고 하는 이러한 도과는 반드시 위빠사나 수행을 통해서만이 얻을 수 있습니다. 이는 위빠사나 수행이 통찰지혜 수행이기 때문입니다.

위빠사나 수행은 자신의 몸과 마음을 대상으로 알아차릴 때 대상과 하나가 되어서 알아차리지 않습니다. 대상과 아는 마음을 분리해서 알아차리기 때문에 대상이 가지고 있는 실재하는 성품을 알 수 있습니다. 이것이 바로 무상, 고, 무아입니다. 이때 무상과 고와 무아의 법을 알면 갈애가 일어나지 않고, 지금까지 가지고 있던 집착이 사라집니다. 이 상태에서 최상의 청정한 마음이 일어나 그 결과로 도의 마음이 일어나서 또다시 도의 마음을 원인으로 과의 마음을 경험하는 것입니다.

만약 여기서 집착하는 마음이 조금이라도 있다면 유신견이 남아서 열반에 들어갈 수가 없습니다. 자아가 있다는 유신견이 조금만 있어도 마음이 청정할 수 없습니다. 내가 있다는 것은 탐욕, 성냄, 어리석음이 있다는 것으로 아직 번뇌를 지니고 있는 것입니다. 그래서 무상, 고, 무아를 알 수 있는 수행이 아니면 안 된다고 말씀드리는 것입니다.

열반은 도의 마음과 과의 마음만 있지 다른 마음이 없습니다. 왜냐하면 열반에 이르는 자는 있어도 들어가는 자는 없기 때문입니다. 열반을 체험하는 과정은 처음에 도로 지향해서 도가 충족되면 열반에 이릅니다. 그런 뒤에 의식은 살아 있지만 색, 수, 상, 행의 기능이 정지됩니다. 그래서 느낄 수 없고, 지각할 수 없고, 행동할 수 없습니다.

이때 의식은 다만 열반을 대상으로 삼고 있습니다. 왜냐하면 마음은 대상이 없으면 일어나지 않기 때문입니다. 그리고 이런 상태에서 깨어나면 과를 경험합니다. 이때 경험하는 과는 의식이 색, 수, 상, 행을 대상으로 합니다. 그래서 지각이 없는 상태에서 지각이 있는 상태가 되는 것입니다. 이것이 과果의 상태입니다.

이처럼 출세간을 상징하는 열반은 일반인들이 쉽게 경험할 수 없는 것이라서 온갖 추측이 난무합니다. 그래서 열반이 아닌 것을 열반이라고 하는 경우도 허다합니다. 이는 열반에 대한 욕망 때문이기도 하고, 실제로 자신은 열반이 무엇인지를 알 수 없기 때문에 착각하는 경우도 허다합니다. 그래서 열반이 아닌 것을 열반이라고 착각하는 유사열반이 다섯 가지가 있습니다. 수행 중에 나타나는 일반적 현상을 열반이라고 착각할 수도 있습니다. 그래서 열반에 대하여 지나친 관심을 가져서는 안 됩니다.

위빠사나 수행자의 알아차림에는 일정한 용례가 있습니다. 생각하지 말고 알아차려야 하며, 대상을 복잡하게 보지 말고 단순하게 봐야 합니다. 매사를 부정적으로 보지 말고 긍정적으로 보아야 하며, 관념으로 보지 말고 실재를 보아야 합니다.

대상과 하나가 되지 말고 대상을 분리해서 보아야 하며, 근본집중을 하지 말고 찰나집중을 해야 합니다. 하나의 대상을 고집하지 말고 다양한 대상을 알아차려야 합니다. 밖에 있는 대상보다는 먼저 자신의 몸과 마음을 알아차려야 합니다.

힘을 주지 말고 가볍게 알아차려야 하며, 알아차린 것으로 그치지 말고 알아차림을 지속해야 합니다. 탐욕과 성냄과 어리석음으로 보지 말고 관용과 자애와 지혜로 알아차려야 합니다. 법문을 들을 때는 선입관을 가지고 자신에게 맞는 말만 들으려 해서는 안 됩니다. 또한 법을 말하는 사람을 보지 말고 법의 내용이 무엇인지를 알아야 합니다.

상대와 대화를 할 때도 자신의 의견을 관철시키려고 하지 말아야 합니다. 자신에게 맞는 것만 바란다면 진실을 알 수가 없습니다. 남의 말을 들으려는 것은 진실을 알기 위한 것입니다. 또한 말에는 항상 상대가 있습니다. 고정관념을 가지면 자신에게 맞지 않을 때는 배척을 하기 때문에 눈먼 범부가 됩니다. 법문은 단지 알아차릴 대상으로서의 법으로 들어야 합니다. 선입관을 가지고 듣는 사람은 지혜를 얻을 수 없습니다. 남의 말을 들을 때 유익한 것은 받아들이고 유익하지 않은 것은 알아차려야 합니다.

열반은 알아차린 결과로 자연스럽게 오는 것입니다. 그래서 열반을 바라는 한 열반에 대한 욕망 때문에 수행이 퇴보합니다. 그래서 수행은 반드시 스승의 지도를 받아야 합니다. 그러나 이때 수행자가 열반을 성취했어도 스승은 열반이라고 말하지 않습니다. 다만 아는 마음이 사라진 것으로 말합니다. 그러므로 스승이 열반을 인가하는 것이 아닙니다.

성인의 세계는 누군가가 무슨 자격증을 가졌다고 하는 인가가 없습니다. 왜냐하면 자아가 없기 때문입니다. 그래서 내가 열반을 얻은 것이 아니고, 단지 정신과 물질이 열반을 경험한 것입니다. 그러므로 열반을 인정할 스승도 열반을 인정받을 나도 없기 때문에 세속적인 관점에서 인가라는 말이 있지만, 출세간에서는 인가라는 말이 있을 수가 없습니다.

그러므로 열반을 체험한 정신과 물질은 있어도 열반을 얻은 자는 없는 것입니다. 도는 있어도 도를 얻은 자는 없는 것입니다. 아라한은 있어도 아라한이 된 자는 없습니다. 무아이기 때문입니다. 부처는 있어도 부처가 된 자는 없습니다. 이것을 이해하기 위해서는 무아의 법을 알아야만 비로소 알 수 있습니다. 그래서 내가 열반을 성취해서 도과를 얻었다고 하면 그 사람은 아직 열반을 이해하지 못하기 때문에 하는 말입니다. 이런 말은 매우 큰 허물에 속합니다.

부처님께서는 자신이 열반을 성취했다고 말하는 자를 자기 제자가 아니라고 선언하셨습니다. 진정으로 열반을 성취한 사람은 법의 성품을 본 자로서 내가 열반을 얻었다고 말할 수 없습니다. 그리고 도를 얻지 않고 얻었다고 말하는 것은 큰 죄악으로 부처님께서는 보십니다.

수행은 번뇌를 해결하여 행복하게 살려고 하는 것인데 오히려 이런 것에 반하는 행위를 한다는 것은 정직하지 못하고 부도덕한 것이라서 부처님께서는 엄격하게 금하셨습니다. 그래서 수행자들은 열반涅槃의 열涅 자도 말해서는 안 됩니다. 만약 이런 말을 하면 스승께서 나무라십니다. 그리고 그런 마음을 매우 천박한 것으로 말씀하십니다.

다음은 네 가지 단계의 성인의 도과에 대해서 살펴보겠습니다. 먼저 출세간의 마음인 수다원의 마음은 수다원의 도과를 성취한 마음입니다. 그래서 수다원의 도과를 성취하면 성인의 반열에 듭니다. 수다원이란 말은 빨리어로 '소따빠나Sotāpana'라고 하는데, 이는 '흐름에 들어감'이라는 말입니다. 수다원의 도과를 성취하면 일곱 생 이내에 아라한이 되어서 윤회가 끝납니다. 해탈을 예약했다고 해서 예류과豫流果라고 합니다.

수다원에 도가 붙으면 열반을 지향하는 것이고, 과가 붙으면 열반을 경험하고 깨어나는 것을 말합니다. 그래서 모든 도는 반드시 과를 경험합니다. 이는 들어갔으면 나와야 하는 이치와 같습니다. 이와 같은 수다원의 도과를 성취하기 위해서는 반드시 팔정도의 길을 가야만 합니다. 팔정도는 정견, 정사유, 정어, 정업, 정명, 정정진, 정념, 정정입니다. 이것을 계정혜 삼학이라고 합니다. 이러한 팔정도를 중도라고도 하고, 위빠사나 수행이라고도 합니다.

위빠사나 수행의 도의 항목은 다섯 가지입니다. 정견, 정사유, 정정진, 정념, 정정입니다. 이것이 계정혜 중에서 혜와 정에 속하는 도지道支입니다. 그러나 위빠사나의 도지 중에는 정념이라는 알아차림이 포함되어 있기 때문에 계율에 속하는 정어, 정업, 정명이 자연스럽게 팔정도 안에 포함됩니다. 그래서 정념으로 인해 계가 포함되어서 위빠사나 수행을 팔정도라고 하는 것입니다.

사실 위빠사나의 도지는 다섯 가지이지만 그 다섯 가지 도지 안에 정념이 있기 때문에 계율을 지키는 정어, 정업, 정명이 포함되어서 팔정도라고 하는 것입니다. 정념은 바른 알아차림입니다. 바르게 알아차리는 것 자체가 선한 마음이며, 계율을 지키는 행위라서 정과 혜에 계가 포함되는 것입니다. 불교에서는 특별히 계율을 말하지 않습니다.

물론 계율은 모든 수행자들에게, 모든 생명들에게 골격이 되는 요소입니다. 그렇다 해도 딱딱한 계율을 먼저 말씀하지는 않습니다. 계율 대신에 가장 중요한 알아차림을 권하십니다. 알아차리는 것 자체가 선한 행위이기 때문에 불선한 행위가 붙지 않아서 그것 자체를 계행으로 봅니다.

앞서 말씀드린 극단적 욕망으로 사회운동을 하는 것이 문제라는 것은 바로 팔정도에 근거해서 드린 말씀입니다. 깨달음을 얻기 위해서 뿐만 아니라 누구나 바르게 살기 위해서는 이러한 팔정도를 실천해야 합니다. 팔정도에 감각적 욕망과 극단적 고행은 없습니다. 만약 이런 행위를 했을 때는 불교라고 할 수가 없습니다. 그것은 사회운동의 차원이지 불교의 깨달음과는 무관하다고 이해하여야 합니다. 부처님의 가르침을 따르는 제자라면 마땅히 팔정도를 실천해야 합니다. 불교에 전쟁이 없는 이유가 바로 여기에 있습니다.

수다원 도과를 성취하기 위해서는 반드시 위빠사나 수행을 해야 하는데, 이때 일곱 가지 청정과 열여섯 단계의 지혜의 과정을 거칩니다. 이 과정을 거치는 것이 사람마다 빠르거나 늦는 차이는 있어도 누구나 겪어야 하는 과정입니다. 그래서 위빠사나 수행이라는 실천적 체험을 해서 지혜가 나지 않고서는 결코 수다원의 도과를 성취하지 못합니다.

수다원의 도과를 성취하면 열 가지 족쇄 중에서 유신견과 회의적 의심과 계율이나 금지조항에 집착하는 것으로부터 자유롭습니다. 그래서 수다원의 도과를 성취하면 지옥, 축생, 아귀, 아수라의 세계에 태어나지 않습니다. 물론 이러한 사악도에 태어나지 않을 일을 하기 때문에 태어나지 않는 것이지 수다원이란 자격증이 있어서 가지 않는 것은 아닙니다. 누가 누구를 어디로 보내는 것은 없습니다. 오직 자기가 행한 대로 받기 때문에 지옥에 가는 것을 누가 결정하는 것도 아니고, 천상에 가는 것을 누가 결정하는 것도 아닙니다.

그러므로 수다원의 도과를 성취한 사람이 지옥, 축생, 아귀, 아수라의 세계에 태어나지 않는다는 것은 그만큼 불선과보보다는 선과보를 많이 축적해서 그 선과보의 영향으로 사악도에 태어나지 않는다는 것입니다. 그래서 수다원이 되면 사악도에 태어나지 않을 일을 합니다. 그 결과의 과보를 받아서 선한 곳에 태어나는 것입니다.

수행을 하려면 나타나는 열 가지 족쇄가 있습니다. 이 족쇄는 우리를 존재의 세계에 붙들어 매는 것이라고 해서 족쇄라고 합니다. 이 열 가지 족쇄를 한문으로는 오하분결五下分結과 오상분결五上分結이라고 합니다. 분결은 붙들어 맨다는 것입니다.

오하분결은 다섯 가지가 있는데 유신견, 회의적 의심, 계율이나 금지조항에 집착, 감각적 욕망, 악의입니다. 여기서 악의는 악한 의도를 말합니다.

다음으로 오상분결 다섯 가지입니다. 오상분결은 미세한 물질인 색계와 정신세계인 무색계에 존재를 붙들어 매는 족쇄를 말합니다. 오상분결은 색계에 대한 욕망, 무색계에 대한 욕망, 아만, 들뜸, 어리석음입니다. 위빠사나 수행을 해서 지혜가 나면 이상의 족쇄가 하나씩 벗겨집니다. 수행의 단계에 따라 오하분결에서부터 오상분결까지 하나씩 하나씩 떨어져 나갑니다. 마지막에 아라한의 마음을 갖게 되면 모든 열 가지 족쇄로부터 다 벗어납니다. 그래서 아라한이 되어야 비로소 해탈이라고 말할 수 있습니다.

다음은 성인의 두 번째 단계인 사다함의 마음에 대해서 살펴보겠습니다. 사다함의 마음은 수다원의 도과를 성취한 뒤에 사다함의 도과를 성취한 마음입니다. 사다함을 빨리어로 '사까다가미Sakadāgāmi'라고 합니다. 이는 '한 번 더 돌아오는 자'라는 뜻입니다. 그래서 한문으로는 일래자—來者라고 합니다. 사다함이 되면 인간으로 한 번 더 태어나서 아라한이 됩니다. 그래서 한 번 더 온다고 해서 일래자입니다.

사다함의 도과를 성취하기 위해서는 수다원에서 경험한 모든 것을 내려놓고 새로 수행을 시작해야 합니다. 수다원의 도과에 이를 때와 똑같은 수행과정을 거칩니다. 그리고 과거에 수다원의 도과를 성취할 때 나타난 망상과 몸의 통증, 졸림 등도 역시 똑같이 경험합니다. 이러한 과정을 반복하는 것은 아라한이 될 때까지 누구나 겪어야 합니다.

다음 단계인 아나함, 그다음에 아라한이 되기 위한 단계에서도 이처럼 수다원이 사다함이 되는 과정을 거치는 것처럼 매 단계마다 똑같은 것들을 경험합니다. 그래서 같은 몸과 마음을 가지고 같은 방식으로 같은 지혜를 되풀이한다는 것은 우리의 고정관념이 얼마나 깊은 것인지를 알 수 있는 것입니다.

사다함이라고 해서 다른 지혜를 얻는 것이 아닙니다. 역시 똑같은 무상, 고, 무아의 지혜를 얻습니다. 그러나 사다함이 되면 수다원에서 알게 되는 무상, 고, 무아의 지혜보다는 더 깊은 지혜를 얻습니다. 그래서 사다함이 되면 열 가지 족쇄 중에서 유신견, 회의적 의심, 계율이나 금지조항에 대한 집착이 수다원의 마음보다는 더 확실하게 소멸합니다. 그리고 감각적 욕망과 악한 의도가 조금 약해집니다. 이상이 사다함의 마음의 상태였습니다.

다음으로 세 번째 성인의 단계인 아나함의 마음입니다. 아나함의 마음은 사다함의 도과를 성취한 뒤에 아나함의 도과를 성취한 마음입니다. 아나함을 빨리어로 '아나가미 Anāgāmī'라고 합니다. 이는 '다시 돌아오지 않는 자'라는 말입니다. 그래서 한문으로는 불환자不還者라고 합니다. 아나함이 되면 인간으로 태어나지 않고 색계 4선정의 세계인 정거천에 태어납니다. 그리고 그곳에서 수행을 해서 아라한이 됩니다.

인간의 정신과 물질은 원인과 결과라는 조건에 의해서 일어나고 사라집니다. 여기에 나는 없습니다. 몸과 마음은 있지만 나의 몸과 마음이 아니고 매 순간 조건에 의해서 일어나고 사라지는 것만 있습니다. 그러므로 인간은 어떤 초월적인 존재에 의해서 만들어진 것이 아니고, 생길 만한 조건에 의해서 만들어지고, 이 조건의 힘으로 삽니다. 이처럼 외부의 초월적 힘이 개입될 수 없기 때문에 신이나 어떤 다른 것에 매달리는 것은 의미가 없습니다.

조건에 의해서 만들어진 것은 조건이 사라지면 소멸합니다. 모든 것은 어리석음과 갈애가 만든 과보가 있어서 생기고, 어리석음과 갈애가 없어 과보를 만들지 않으면 생기지 않습니다. 깨달음이란 과보가 될 행위를 하지 않는 것입니다.

위빠사나 수행은 탐욕, 성냄, 어리석음, 습관, 게으름과의 싸움인 것 같지만, 사실은 싸움과는 무관한 것입니다. 싸움은 번뇌를 억누르는 것이지만 위빠사나는 번뇌를 말리는 수행입니다. 그러기 위해서는 대상에 개입하지 않고 대상을 분리해서 지켜봐야 합니다. 망상, 통증, 졸림이란 손님이 찾아왔을 때 이것들을 바라거나 없애려고 하지 않고 단지 대상으로 알아차려야 합니다. 대상으로 알아차리기가 어려우면 다음 단계로 그 순간의 마음을 알아차려야 합니다. 모든 일은 마음이 하므로 일하는 마음을 알아차리면 새로운 마음가짐으로 대상을 겨냥할 수 있습니다. 이렇게 마음을 알아차린 뒤에 다시 몸에 있는 호흡이나 몸에서 일어나는 다른 느낌을 알아차려야 하겠습니다.

◆◆◆◆◆

인간계가 아닌 다른 세계에서는 어느 곳에서도 수행을 할 수가 없습니다. 사악도나 천상이나 모두 지은 업대로 살다가 다음 생을 받습니다. 그러나 색계 4선정의 정거천에서만 유일하게 수행을 할 수가 있습니다. 색계 4선정의 정거천은 다섯 곳의 세계가 있습니다. 무변천이 있는데 수명이 1,000대겁입니다. 다음에 무열천이 있는데 수명이 2,000대겁입니다. 다음에 선현천이 있는데 수명이 4,000대겁입니다. 다음에 선견천의 수명이 8,000대겁입니다. 그리고 마지막 색구경천이 있는데 수명이 16,000대겁입니다. 그래서 하나의 세계로 올라갈 때마다 배의 수명이 유지됩니다. 이토록 오랜 세월을 살면서 아라한이 됩니다. 그러니 인간으로 태어나서 아라한이 된다는 것이 얼마나 소중한 일인지 알아야 하겠습니다.

아나함이 되면 오하분결인 유신견, 회의적 의심, 계율이나 금지조항의 집착, 감각적 욕망, 악의가 완전하게 소멸합니다. 그리고 성냄에 뿌리박은 두 가지 마음이 완전하게 소멸합니다. 그러나 색계에서 태어나기 때문에 아직도 오상분결인 색계와 무색계에 대한 욕망이 남아 있습니다.

네 번째 마지막 성인의 단계는 아라한의 마음입니다. 아라한의 마음은 아나함의 도과를 성취한 뒤에 아라한의 도과를 성취한 마음입니다. 아라한을 빨리어로 '아라핫따 Arahatta'라고 합니다. 이는 '아라한이 됨'이라는 말입니다. 한문으로는 아라한을 응공應供이라고 하며, 이는 '공양을 받을 자격이 있는 자'로 불립니다. 다른 말로는 '존경받을 만한 분'이라는 뜻도 있습니다. 아라한은 성인의 마지막 단계로 다시 태어나지 않습니다. 최고의 지혜를 얻었기 때문에 오하분결과 오상분결의 열 가지 족쇄를 완전하게 부수고 해탈을 하신 분이십니다. 이러한 아라한은 최고의 깨달음을 얻은 정신적 지위를 말하는 것으로 자격을 말하는 것은 아닙니다. 그래서 아라한은 있어도 아라한을 얻은 자는 없습니다.

원래 오온은 무상하고 자아가 없기 때문에 아라한을 관념적인 인격체로 보는 것은 잘못입니다. 이상 수다원의 도과, 사다함의 도과, 아나함의 도과, 아라한의 도과를 4쌍 8배라고 합니다. 네 가지 도의 경지와 여덟 가지 도과가 있어서 이렇게 부릅니다. 이상이 출세간의 여덟 가지 도과의 마음입니다.

그래서 세간의 마음 81가지에 출세간의 마음 여덟 가지를 합쳐서 89가지의 마음이
있습니다. 이상의 마음으로 세간의 마음과 출세간의 마음이 모두 밝혀졌습니다. 그러나
출세간의 마음을 40가지로 분류하는 다른 방법이 있습니다. 출세간의 마음을 40가지로
다르게 분류하면 121가지의 마음이 됩니다.

출세간의 마음을 왜 40가지로 분류하는가에 대해서 말씀드리겠습니다. 원래 사마타
수행을 선정수행이라고 합니다. 그리고 위빠사나 수행을 통찰지혜 수행이라고 합니다.
주석서에서는 선정수행을 하지 않고 위빠사나 수행을 하는 자를 '건관자乾觀者'라고
합니다. 건관자는 이름 그대로 '마른 위빠사나 수행자'라는 말입니다. 이 말이 빨리어로
는 '수카위빠사카Sukkha-vipassaka'입니다. 여기서 '수카Sukkha'는 '마른'이라는 뜻이고, '위빠
사카vipassaka'는 '위빠사나 수행자'를 말합니다. 그러므로 '수카위빠사카'라는 말은 선정
수행을 하지 않고 바로 위빠사나 수행을 하는 자를 말합니다.

선정수행은 대상과 하나가 되어서 근본집중을 하기 때문에 선정의 고요함이 있어서
풍요함을 느낄 수 있습니다. 선정수행은 대상을 억눌러서 고요함을 얻기 때문에 당장
가시적인 성과가 있습니다. 그래서 수행을 한 것 같기도 합니다. 이러한 선정수행에
반해서 위빠사나 수행은 통찰지혜 수행이라서 매우 신속하다는 특성이 있지만 지혜수
행이라서 수행을 해도 한 것 같지가 않습니다. 지혜는 선정과 달리 겉으로 드러나는
데 시간이 걸립니다.

그래서 근기에 따라서 선정수행이 필요한 사람이 있고, 근기가 좋아서 선정수행을
거치지 않고 바로 위빠사나 수행을 해서 도과를 성취할 수도 있습니다. 이때 선정수행을
하지 않고 바로 위빠사나 수행을 하는 것을 다른 말로 표현하면 '숟다위빠사나
Suddha-vipassnā'라고도 합니다. 빨리어 '숟다Suddha'는 청정한, 깨끗한, 순수한, 혼합되지
않은, 이라는 뜻입니다.

이는 사마타 수행과 섞이지 않은 순수 위빠사나라는 말입니다. 그래서 사마타 수행을
거치지 않고 처음부터 위빠사나 수행을 하는 자를 '건관자'라고 하기도 하며, 다른 한편
으로는 이런 수행을 '순수 위빠사나'라고도 합니다. 이때 '마른'이라고 하는 말이 부정적

인 것을 뜻하는 것은 아닙니다. 다만 사마타 수행의 선정을 거치지 않고 처음부터 바로 위빠사나 수행을 한다는 의미입니다.

선정수행과 통찰지혜 수행은 수행이라는 면에서는 같지만 방법에서는 현격한 차이가 있습니다. 어떤 것이 서로 다른지 잠시 살펴보겠습니다. 선정수행은 세간적 수행입니다. 그러나 통찰지혜 수행은 출세간적 수행입니다. 세간적 수행이란 것은 윤회가 있고, 출세간적 수행이란 것은 윤회가 끝나는 것을 말합니다. 선정수행은 고요함이 목표고, 통찰지혜 수행은 지혜가 목표입니다.

우리가 수행을 할 때 먼저 모든 거친 번뇌가 드러날 때는 먼저 번뇌를 알아차려서 번뇌를 해결해야 될 필요가 있습니다. 그럴 때 선정수행을 합니다. 그러나 통찰지혜 수행은 지혜가 목표라서 대상을 통찰해서 말려버리는 효과가 있습니다. 선정수행은 관념적인 대상을 선택하여 하나가 되는 근본집중을 하지만, 통찰지혜 수행은 실재를 대상으로 하여 대상을 분리해서 알아차리는 찰나집중을 합니다. 그래서 선정수행은 번뇌를 억눌러서 계속해서 잠재적인 성향이 남아 있지만, 통찰지혜 수행은 번뇌를 말려서 소멸시킵니다. 이처럼 선정수행과 통찰지혜 수행은 그 목표와 결과가 다릅니다. 이상이 사마타 수행인 선정수행과 위빠사나 수행인 통찰지혜 수행의 차이입니다.

그러나 선정수행의 고요함이나 위빠사나 수행의 도과를 성취하는 지혜나 모두 선禪에 기초한다는 것입니다. 두 가지 방법이 서로 다르지만 이것들 모두가 선을 하는 마음의 유형에 속한다고 보는 견해가 있습니다. 그래서 어떤 것을 목표로 하거나 어떤 결과를 얻거나 수행을 한다는 사실에 있어서는 선정수행과 지혜수행을 똑같은 부류로 보는 것입니다.

그래서 수다원, 사다함, 아나함, 아라한의 도와 과를 5선정 수행에 대비해서 그 마음을 분류합니다. 이러한 분류방법으로 수다원 도의 마음을 살펴보겠습니다. 첫째는 일으킨 생각, 지속적인 고찰, 희열, 행복, 집중을 가진 1선정의 수다원의 도의 마음입니다. 둘째는 지속적인 고찰, 희열, 행복, 집중을 가진 2선정의 수다원의 도의 마음입니다. 셋째는 희열, 행복, 집중을 가진 3선정의 수다원의 도의 마음입니다. 넷째는 행복, 집중을 가진

4선정의 수다원의 도의 마음입니다. 다섯째는 평온, 집중을 가진 5선정의 수다원의 도의 마음입니다. 이상이 수다원 도의 마음 다섯 가지입니다. 같은 방법으로 사다함의 도의 마음 다섯 가지, 아나함의 도의 마음 다섯 가지, 아라한의 도의 마음 다섯 가지를 합하면 모두 스무 가지 마음입니다.

이제 같은 방법으로 수다원의 과의 마음을 살펴보겠습니다. 첫째는 일으킨 생각, 지속적인 고찰, 희열, 행복, 집중을 가진 1선정의 수다원의 과의 마음, 둘째는 지속적인 고찰, 희열, 행복, 집중을 가진 2선정의 수다원의 과의 마음, 셋째는 희열, 행복, 집중을 가진 3선정의 수다원의 과의 마음, 넷째는 행복, 집중을 가진 4선정의 수다원의 과의 마음, 다섯째는 평온, 집중을 가진 5선정의 수다원의 과의 마음, 이상이 수다원의 과의 마음 다섯 가지입니다. 같은 방법으로 사다함의 과의 마음 다섯 가지, 아나함의 과의 마음 다섯 가지, 아라한의 과의 마음 다섯 가지를 합하면 모두 스무 가지의 마음입니다. 그래서 수다원, 사다함, 아나함, 아라한의 도의 마음 20가지와 과의 마음 20가지를 합쳐서 모두 40가지 마음으로 분류합니다.

그래서 마음을 총 121가지로 분류하였습니다. 여기서 위빠사나의 도의 마음과 선정수행의 네 개의 마음을 대비시켜서 이러한 결과가 나온 것입니다. 참고로 말씀드리면, 색계 선정수행은 4선정으로 나누기도 하고 5선정으로 나누기도 합니다. 4선정으로 나눌 때는 1선정에서 일으킨 생각과 지속적인 고찰을 하나로 봅니다. 그러나 5선정으로 나눌 때는 1선정을 일으킨 생각으로 하고 2선정을 지속적인 고찰로 나눕니다. 선정의 분류는 『경장』과 『논장』이 서로 다릅니다.

무색계의 마음은 색계 5선정의 마음과 같습니다. 무색계 선정은 색계 5선정의 평온과 집중의 두 가지 선의 항목을 포함합니다. 그래서 수행자가 무색계 선정을 위빠사나 수행을 하는 토대로 하였다면 그때의 도와 과의 마음은 제5선의 출세간의 마음으로 분류합니다.

앞서 말씀드린 것처럼 지금까지 분류한 마음의 숫자는 크게 중요한 것이 아닙니다. 다만 이러한 분류로 여러 가지 마음이 있다는 사실을 아는 것으로 그쳐도 무방합니다.

이러한 마음들이 매 순간 조건에 의해서 일어나고 사라지는 것이지 같은 마음이 항상 있는 것이 아닙니다. 마음은 하나이지만 태어난 곳, 마음의 상태와 마음의 경지에 따라서 다양한 마음이 있습니다. 하나의 마음이 이런 조건에 의해서 변한다는 사실은 어느 것도 나의 마음이 아니라는 것입니다. 매 순간 조건에 의해서 변하는 마음만 있지 사실은 내가 소유하는 마음은 없습니다. 단지 조건에 의해서 무수한 마음이 일어나고 사라지는 현상만 있습니다.

마음을 알아차림[心念處]
―마음의 작용

마음은 대상이 없으면 일어나지 않습니다. 마음을 알아차려서 아무것도 없을 때는 마음이 아무것도 없는 것을 대상으로 하고 있습니다. 어쩌면 이것이 고요함을 대상으로 하고 있을 수도 있습니다. 잠을 잘 때는 마음이 잠을 대상으로 합니다. 열반에 들 때는 마음이 열반을 대상으로 합니다.

마음을 알아차렸을 때 이런 법을 모르면 아무것도 없다고 생각해서 망상이나 졸음에 빠져 알아차림을 지속하기가 어려울 수도 있습니다. 이처럼 비물질인 마음을 대상으로 하기가 어려우면 분명하게 나타나는 가슴의 느낌을 대상으로 삼아야 합니다. 가슴의 느낌은 마음이 아니고, 마음으로 인해서 생긴 느낌입니다. 마음을 알아차리고 나서 가슴의 느낌을 알아차리면 분명한 대상을 선택하는 것입니다. 만약 느낌이 없을 때는 덤덤한 느낌을 알아차리면 됩니다. 느낌은 분명한 어떤 것이 꼭 있어야 하는 것이 아닙니다. 아는 것이 느낌이기 때문에 그냥 알고 있는 마음만 아는 것도 느끼는 것입니다.

◈◈◈◈◈

오늘부터는 항상 마음과 함께 있는 마음의 작용에 대해서 공부하겠습니다.

마음은 오온의 식이며, 마음의 작용은 수, 상, 행입니다. 그리고 물질인 색을 포함해서 오온입니다. 마음이 없으면 마음의 작용이 일어나지 않습니다. 똑같이 마음의 작용이 없어도 마음이 일어나지 않습니다. 그래서 마음과 마음의 작용은 바늘과 실처럼 서로가 함께 조화를 이루면서 각각의 기능을 합니다. 이 둘의 관계를 왕과 신하라고도 합니다.

왕이 있는 곳에는 항상 신하가 있듯이 마음과 마음의 작용은 왕과 신하처럼 함께 있으면서 각각의 역할을 합니다. 마음이 모든 것을 이끌기 때문에 마음을 왕이라고 합니다. 그리고 마음의 작용은 마음에 의해서 일어나서 여러 가지 일을 하기 때문에 신하라고 합니다. 왕은 전면에 드러나지 않고 신하가 일을 다 하듯이, 마음은 비물질이라서 잘 드러나지 않습니다. 그래서 마음을 알아차리기가 어렵습니다.

왕은 결제만 하고 신하가 모든 일을 하듯이 마음과 마음의 작용의 관계도 마찬가지입니다. 마음에 대해 알기 위해서는 반드시 마음의 작용을 알아야 합니다. 마음의 작용에 대해서 알지 못하면 마음을 이해할 수 없습니다. 그리고 마음을 알아차리는 수행을 할 때도 이 마음의 작용을 함께 알아차리지 않고서는 바르게 수행을 하기가 어렵습니다. 마음을 알아차리는 수행을 할 때 일하는 마음을 알아차리기도 하고 수, 상, 행인 지각과 의도와 느낌까지 알아차리는 것도 마음을 알아차리는 것입니다.

누구나 자기를 구성하고 있는 것은 정신과 물질입니다. 이것을 한문으로는 명색名色이라고 합니다. 이 정신과 물질을 좀 더 자세하게 나누면 오온으로 분류합니다. 오온은 색온, 수온, 상온, 행온, 식온의 다섯 가지 무더기를 말합니다. 여기서 '온蘊'이라고 하는 것은 무더기를 뜻합니다. 이 다섯 가지는 각각 무더기로 구성되어 있기 때문에 한문으로는 무더기 온 자를 써서 오온五蘊이라고 합니다.

마음을 빨리어로는 '찌따'라고 합니다. 찌따는 그림이라는 뜻과 함께 마음이라는 뜻도 있습니다. 그래서 회화라는 뜻으로 보건대 마음이란 여러 가지의 그림을 그리는 것입니다. 우리가 상상을 하고 무엇을 만들고 하는 것들이 모두 마음이 그림을 그리는 것입니다. 원래 마음이 이런 역할을 합니다.

이때의 마음을 한문으로는 '심心'이라고 합니다. 그리고 수, 상, 행을 합쳐서 마음의 작용이라고 하는데 이때의 마음의 작용을 빨리어로 '쩨따시까cetasika' 라고 합니다. 쩨따시까는 마음에 속하는 것, 마음의 작용과 관계가 있는 것, 또는 한문으로 심소心所라고 합니다. 심소라고 할 때는 마음이 거처하는 장소라는 의미가 있습니다. 그래서 쩨따시까를 마음의 작용이라고 부릅니다. 이는 마음과 함께 있으면서 마음에 관한 일을 한다는 뜻입니다.

주석서에서는 마음의 작용에 대하여 '마음과 함께 있으면서 그것에 의지하기 때문에 마음의 작용이라고 한다'라고 나와 있습니다. 마음은 마음의 작용이 없으면 일어나지 못하고, 마음의 작용은 마음이 없으면 일어나지 못합니다. 이처럼 마음과 마음의 작용은 상호의존적인 관계로 함께 일어나서 함께 사라집니다.

마음이 앞서서 모든 것을 이끌지만 마음의 작용이 없으면 이끌 것이 없어서 마음이 기능을 하지 않습니다. 다시 말씀드리면 마음의 작용인 수, 상, 행과 그것을 아는 마음인 식은 함께 일어나서 함께 소멸합니다. 마음과 마음의 작용이 서로가 하는 역할을 보면 두 가지가 의존하면서 작용하지만 기본적인 요소는 마음입니다. 마음이 정신과 물질의 기본이기 때문입니다. 마음의 작용은 마음이 의지해서 대상을 인식하도록 돕습니다. 그러니까 느낌이 일어날 때 동시에 느낌을 아는 마음이 함께 일어나는 것입니다.

누구나 마음이 무엇인지 알 수 없는 시대에 부처님께서 혜안으로 마음에 대해 통찰하신 뒤에 마음과 함께 있는 마음의 작용을 찾아내신 것입니다. 보이지 않는 비물질인 마음에 대한 것도 알기가 어려운데, 하물며 마음에 소속되는 마음의 작용이란 것이 있다는 것을 안 것은 부처님의 위대한 지혜가 아니면 누구도 알 수 없는 것이 사실입니다.

부처님께서 열반하신 뒤에 인도를 지배한 미란다 왕과 당시의 아라한이신 나가세나 존자와의 대화에서 나가세나 존자는 이렇게 말했습니다.
"부처님께서 마음의 작용인 수, 상, 행을 밝힌 것은 갠지스 강에 있는 물을 한 움큼 손에 쥐고 이 물은 히말라야의 어느 골짜기, 어느 골짜기에서 모인 물이라고 밝히는 것보다 더 어려운 일이다."

물은 눈에 보이는 것으로 식별이 가능한 것입니다. 그러나 수많은 골짜기에서 흘러나온 물을 보고 어느 어느 골짜기라고 밝히는 것은 불가능한 일일 것입니다. 그러나 나가세나 존자는 그 물이 흘러나온 골짜기를 모두 밝히는 것보다도 마음의 작용인 수, 상, 행을 밝히는 것이 더 어려운 일이라고 말했습니다.

생각해 보면 이 말이 주는 의미가 매우 큽니다. 부처님께서는 마음은 물론 마음의 작용까지 완벽하게 밝히셔서 바로 위없는 깨달음을 얻으신 부처가 되셨습니다. 부처님께서 일체를 알았다고 말씀하신 그 일체는 사실 정신과 물질에 관한 것입니다. 수행자의 대상이 오직 정신과 물질에 관한 것이라면 바로 수, 상, 행의 마음의 작용에 대해서 아는 것이 일체를 알았다는 것에 포함되는 것입니다. 그래서 수, 상, 행을 모르고서는 일체를 알았다고 말할 수가 없습니다. 이처럼 마음의 작용은 마음과 함께 오온을 이해하는 데 매우 중요한 요소입니다.

마음의 작용인 수, 상, 행은 모두 52가지입니다. 그런데 단지 52가지가 있는 것으로 그치는 것이 아니고 이것들이 서로 결합을 하면서 여러 가지의 계층으로 나타납니다. 수, 상, 행이 서로가 조화를 이루면서 다양하게 나타난다는 것은 마음의 작용을 이해하는 데 매우 중요한 요소입니다.

주석서에서는 마음의 작용을 두 가지의 상호보완적인 측면에서 조사하고 있습니다. 첫째는 결합의 방법입니다. 이것은 마음의 작용이 다른 어떤 마음과 결합하는가를 밝힌 것입니다. 둘째는 조합의 방법입니다. 이것은 마음이 어떤 마음의 작용과 연결되어 있는가를 밝힌 것입니다. 이처럼 오온의 식이 수, 상, 행과 조화를 이루는 과정을 규명하는 데 다음 네 가지로 정의합니다.

이것은 마음과 마음의 작용을 이해하는 데 가장 중요한 기준이 되는 설정입니다. 첫째, 결합의 방법에서 결합의 특징들을 살펴보겠습니다. 주석서에서는 마음의 작용을 다음과 같이 기술하고 있습니다.

'마음과 함께 일어나고 함께 사라지며 동일한 대상을 가지고 동일한 토대를 가지는 마음과 결합된 52가지 법을 마음의 작용이라고 한다.'

이 내용은 마음의 작용에 대한 모든 것을 밝히는 매우 중요한 구절입니다. 주석서에서 밝힌 이상의 내용이 무슨 말인지 하나씩 살펴보겠습니다.

마음과 마음의 작용은 함께 일어나고 함께 사라진다는 것은, 마음이 일어났는데 마음의 작용은 나중에 일어나거나 뒤에 일어나지 않는다는 것입니다. 그리고 사라질 때에도, 마음이 사라질 때 마음의 작용은 남아 있지 않고 마음이 사라지는 순간에 함께 사라지는 것을 말합니다. 그래서 일어나고 사라지는 것을 모두 함께한다는 뜻입니다.

바꾸어 말하면 마음이 일어날 때 느낌도 함께 일어납니다. 마음이 일어날 때 지각, 인식도 함께 일어납니다. 마음이 일어날 때 의도도 함께 일어납니다. 그래서 식이 일어날 때 수, 상, 행도 함께 일어나서 함께 소멸하는 것입니다. 단지 마음과 마음의 작용이 서로 다른 기능을 할 뿐이지, 우리가 산다는 것은, 우리가 안다는 것은 이 다섯 가지의 것들이 결합되어서 아는 것입니다. 그래서 무엇을 먼저라고 무엇을 나중이라고 할 것이 없습니다. 그래서 우리가 아는 것은 단순히 아는 마음 하나로 그치지 않고 물질과 수, 상, 행이 함께 있어서 아는 것이라고 이해하면 되겠습니다.

다음으로 동일한 대상을 갖는다는 것은 육문六門인 안, 이, 비, 설, 신, 의와 육경六境인 색, 성, 향, 미, 촉, 법이 부딪힐 때 마음과 마음의 작용은 같은 대상을 가지고 함께 일어나서 함께 소멸합니다. 마음이 눈을 통하여 아는 마음이 일어났을 때 이때 마음의 작용이 다른 것을 대상으로 하지 않고 오직 눈이 대상을 알도록 함께 작용을 합니다. 그래서 이렇게 서로가 협동하여 아는 것입니다. 이것이 바로 동일한 대상을 갖는다는 것입니다. 마음과 마음의 작용이 이렇게 함께 일어나서 함께 사라지며 동일한 대상을 갖는 배경에는 마음에 대한 일정한 기준이 있기 때문입니다. 바로 이 기준을 전제로 할 때 마음에 대한 이해가 충분해질 것입니다. 그 기준을 다시 한 번 요약해 보겠습니다.

첫째, 마음의 기준이란 마음이란 대상이 없으면 일어나지 않는 것입니다. 어떤 경우이건 마음이 일어나면 반드시 대상이 있기 마련입니다.

둘째, 아는 마음의 대상은 현재의 몸과 마음을 통해서 일어납니다. 하지만 마음의 대상은 현재의 물질과 정신뿐만 아니라 과거의 것들까지 그리고 미래의 것들까지 대상으로 삼습니다.

　셋째, 마음은 한순간에 두 가지 대상을 가질 수가 없습니다. 우리가 여러 가지 것을 동시에 알지만, 사실은 한순간에 하나밖에 갖지 못하기 때문에 한순간에 하나만 압니다. 동시에 여러 가지를 아는 것은 마음이 빠르게 이동하면서 아는 것입니다. 또 우리가 동시에 아는 것 같지만 모든 것에는 선후가 있습니다. 그래서 부처님께서는 "한 번에 모든 것을 알고, 한 번에 모든 것을 본다는 사문이나 바라문은 없다. 그런 경우는 있을 수 없다"라고 말씀하셨습니다. 이렇게 바로 아는 것이 마음의 실제이며, 이렇게 마음이 찰나생 찰나멸 하는 것을 알아야 비로소 무아의 지혜가 납니다.

　넷째, 마음이 일어났다가 사라지는 순간은 물질이 한순간에 일어났다가 사라지는 것의 17배보다 빠릅니다. 다시 말하면 물질이 한 번 일어났다가 사라지는 순간에 마음은 17번이나 일어났다가 사라집니다. 몸이라는 물질도 그냥 가만히 있지 않습니다. 매 순간 일어났다가 사라집니다. 그리고 몸과 함께 있는 마음도 똑같습니다. 그러나 속도가 다릅니다. 마음이 일어나고 사라지는 속도는 이처럼 몸에 비해 매우 빠릅니다. 그래서 혜안이 없으면 마음을 이해하기가 어렵고 보기도 어렵습니다. 바로 부처님께서 최고의 지혜가 나셔서 본 것이 마음이 찰나생 찰나멸 한다는 것입니다. 그리고 이 마음은 매우 빠르게, 빛의 속도의 100만 분의 1보다 빠르게 움직인다는 사실을 아셨습니다.

　인간으로 태어나서 무엇을 하는 것이 가장 보람 있는 일일까요? 먼저 자신의 탐욕과 성냄과 어리석음을 알아차려서 깨끗한 행복을 얻는 것입니다. 인간을 괴롭히는 근본원인은 어리석음이며, 바로 이 어리석음으로 인해 탐욕을 부리고, 이 탐욕으로 인해 화를 냅니다.

　그래서 지금 자신의 마음이 어리석은지, 탐욕을 가지고 있는지, 화를 내고 있는지 알아차려야 하겠습니다. 이렇게 현재 있는 마음을 알아차리면 어리석지 않은 마음을 가질 수가 있습니다. 일하는 마음을 알아차릴 때만이 번뇌로부터 자유로울 수 있습니다. 이렇게 알아차려야만 자신의 행복은 물론 타인의 행복도 지켜줄 수가 있습니다.

◈◈◈◈◈

　지난 시간에 이어서 오늘도 주석서에서 밝힌 마음의 작용에 대해 말씀드리겠습니다.

　이미 주석서에서 밝힌, 마음이 동일한 토대를 갖는다는 것은 마음이 같은 토대를 갖는다는 것을 말합니다. 토대라는 것은 땅을 의미하지만 여기서는 근거하는 것, 기초가 되는 것을 말합니다. 그러므로 '안이비설신'은 몸을 토대로 일어나고, 의意는 심장을 토대로 일어납니다. 동일한 토대를 가졌다는 것은 마음이 눈을 토대로 작용하면 마음의 작용도 눈을 토대로 작용하는 것을 말합니다.

　이때 마음이 눈을 토대로 아는 작용을 하는데 마음의 작용은 다른 것을 바탕으로 삼아서 작용하지 않습니다. 여기서 주의할 것이 있습니다. 감각기관인 의가 심장을 토대로 한다는 것은 심장에서 마음이 생겼다는 것이 아닙니다. 여섯 가지 감각기관이 어느 것을 토대로 일어나는가를 설명하는 것이지 반드시 심장이 있어서 마음이 생겼다는 것을 규명하기 위한 것은 아닙니다. 마음은 몸과 함께 일어나는 것이기 때문에 이런 이해가 필요합니다.

다음으로 마음과 결합된다는 것은 지금까지 설명한 네 가지 조건들이 결합하여 마음의 작용이 마음과 함께 일어나고 함께 사라진다는 것입니다. 여기서 주목할 것은 함께 일어나서 함께 사라진다는 것입니다. 이것은 마음과 마음의 작용뿐만 아니라 오온五蘊의 질서입니다. 마음과 마음의 작용과 물질인 오온은 함께 일어나서 함께 사라집니다.

여기서 함께 일어나서 함께 사라진다는 것은 동일한 시간에 일어나서 동일한 시간에 사라진다는 것을 말하지 않습니다. 왜냐하면 물질이 한순간에 한 번 일어나서 사라질 때 마음은 열일곱 번이나 일어났다 사라지기 때문에 그 시간이 똑같지가 않습니다. 그래서 똑같이 일어나서 똑같이 사라진다고 하지 않고 함께 일어나서 함께 사라진다고 말하는 것입니다.

모든 것들은 저마다의 특성이 있어서 동일하지 않습니다. 그러나 다만 일어나고 사라지는 것만은 언제나 변하지 않고 동일합니다. 바로 여기서 무상, 고, 무아의 법이 엿보입니다. 이처럼 모든 것이 동일한 조건으로 일어나고 사라지는 연속적 현상이 바로 무상입니다. 이러한 현상은 필연적으로 우리에게 괴로움을 줍니다. 왜냐하면 변하기 때문입니다. 이러한 현상들이 자신의 의도와 상관없이 조건에 의해서 일어나고 사라지는 것을 아는 것이 바로 무아의 법입니다.

다음은 마지막 문장인 52가지 법을 마음의 작용이라고 한다는 것에 대하여 설명을 드리겠습니다. 마음의 작용인 수, 상, 행은 52가지인데 이것들을 크게 분류하면 세 가지로 나눌 수 있습니다. 첫째, 다른 것과 연관된 마음의 작용은 13가지입니다. 둘째, 선하지 못한 마음의 작용은 14가지입니다. 셋째, 깨끗한 마음의 작용은 25가지입니다. 그래서 모두가 52가지입니다.

첫 번째, 다른 것과 연관된 마음의 작용은 열세 가지입니다. 이것을 다시 분류하면 모든 마음과 연관된 마음의 작용 일곱 가지와 다양하게 결합하는 연관된 마음의 작용 여섯 가지로 나눕니다. 다른 것과 연관된 마음의 작용은 다른 것과 같아지는 공통된 마음의 작용을 말하며, 다양하게 결합하는 연관된 마음의 작용은 때때로 나타나서 다른 것과 결합하는 마음의 작용을 말합니다.

두 번째, 해로운 마음의 작용은 열네 가지로 분류합니다. 모든 해로운 것과 연관된 마음의 작용 네 가지와 다양하게 연관된 해로운 마음의 작용 열 가지입니다.

세 번째, 깨끗한 마음의 작용은 모두 스물다섯 가지입니다. 이것을 다시 분류하면 깨끗함과 연관된 마음의 작용 열아홉 가지와 절제 세 가지, 무량 두 가지, 어리석음 없음 한 가지입니다.

이상의 마음의 작용이 모두 52가지입니다. 그런데 마음의 작용 52가지 중에 수와 상은 하나씩이고, 행이 50가지입니다. 수, 상, 행이 모두 마음에 속하는 마음의 작용인데 행이 50가지인 것을 주목해야 합니다. 사실 수와 상의 그 수효를 구분하기에는 너무 종류가 많습니다. 그리고 구분하기도 어렵습니다. 그래서 그냥 수[느낌]와 그냥 상[지각] 이라고 하고, 마음의 의도인 행을 50가지로 해서 모두 52가지로 분류합니다.

이처럼 마음의 작용은 세 가지 그룹이 있는데, 이 그룹은 각각의 특색이 있습니다.

첫 번째 그룹인 다른 것과 연관된 마음의 작용은 언제나 항상 있는 기본적인 마음의 작용입니다. 이 기능이 없으면 우리가 아무것도 할 수가 없습니다. 이것은 선하고 선하지 않고의 문제를 떠나서 누구에게나 있는 마음의 작용입니다. 다음에 다양하게 결합하여 일어나는 마음의 작용이 있습니다. 이것은 때때로 일어나는 마음의 작용으로 일어날 때도 있고, 일어나지 않을 때도 있는 것들입니다. 그래서 일어날 조건이 성숙되면 일어나는 마음의 작용을 때때로 일어나는 마음의 작용이라고 합니다.

두 번째 그룹은 선하지 않은 마음의 작용입니다. 선하지 않은 마음의 작용은 불선한 마음의 작용을 말합니다. 이것도 역시 항상 있는 해로운 마음의 작용과 다양하게 결합하여 일어나는 마음의 작용이 있습니다. 항상 선하지 못한 마음의 작용은 자신의 마음속에 저장되어 있는 축적된 성향입니다. 이러한 선하지 못한 과보심이 마음에 작용해 저장되어 있다가 조건이 성숙되면 나타납니다.

세 번째 그룹은 깨끗한 마음의 작용입니다. 깨끗한 마음의 작용이라 하는 것은 선하고 빛나고 청정한 마음의 작용을 말합니다. 이것도 역시 항상 있는 깨끗한 마음의 작용과 다양하게 결합하여 나타나는 마음의 작용이 있습니다. 항상 있는 깨끗한 마음의 작용도 자신의 마음속에 저장되어 있는 축적된 성향입니다. 이러한 선한 과보심이 마음에 작용해 저장되어 있다가 조건이 성숙되면 나타납니다.

그래서 마음의 작용을 세 가지 그룹으로 나눌 때 기본적으로 항상 다른 것과 연관된 마음의 작용과 선하지 못한 마음의 작용과 깨끗한 마음의 작용이 있습니다. 깨끗한 마음의 작용이란 선한 마음의 작용을 말합니다. 이상의 세 가지 그룹은 다시 항상 있는 것들과 다양하게 결합하여 나타나는 것들이 있습니다. 우리가 수행을 한다는 사실은 기본적으로 항상 다른 것과 연관된 마음의 작용을 튼튼히 하고, 선하지 못한 마음의 작용보다는 선한 마음의 작용이 나타나도록 하는 것입니다. 그래서 이런 마음의 작용을 받아들여서 아는 마음도 함께 청정해집니다.

그러면 마음의 작용 52가지를 세 그룹으로 만들어서 차례로 말씀드리고, 다음에 각각의 마음의 작용에 대해서 하나씩 살펴보겠습니다.

수행자 여러분, 잠시 이것을 말씀드리기 전에 『논장』에 있는 이러한 분석에 대해서 다시 한 번 말씀드리겠습니다. 부처님께서 설법하신 『논장』에 있는 정신과 물질에 대한 분석은 오직 수행자의 이익을 위해서 설하신 것입니다. 불교의 모든 것은 오직 수행을 위해서 필요한 것이지 학문적인 분석을 위해서 말씀하신 것이 아닙니다. 그러므로 수행자들은 이러한 분석의 의미를 새겨서 받아들일 것은 받아들이고 지나칠 것은 그냥 지나쳐야 합니다.

우리들에게 아는 것의 힘에는 한계가 있습니다. 그래서 모든 것을 다 받아들이려고 하면 수행을 할 수가 없습니다. 아무리 좋은 것이라도 자신에게 꼭 필요한 것인지 그리고 자신이 할 수 있는 것인지 살펴보고 선택을 해야겠습니다. 그래서 모른다고 진도가 나가지 않아서는 안 되며, 몰라도 그냥 진도가 나가야 됩니다. 언젠가는 알게 될 것이기 때문입니다.

주석서인 『청정도론』과 『아비담마』 결집서를 보면, 정신과 물질을 알아차릴 때 이것들의 이름, 숫자, 물질의 분자, 끊임없이 일어나는 과정을 명상하지 말라고 하였습니다. 이런 분류는 단지 이해를 돕는 데 필요한 것이지 그것 자체가 진리는 아닙니다. 만약 이렇게 알아차리면 대상의 이름, 숫자, 물질, 과정에 대한 개념이 생길 수 있습니다. 만약 개념으로 대상을 알아차리면 대상의 실재하는 성품을 알 수가 없어서 결국 법을 볼 수가 없습니다. 법을 보지 못한다면 깨달음을 얻을 수가 없습니다. 그래서 위빠사나 수행은 항상 대상의 실재하는 현상을 알아차려야 합니다. 숫자가 아무리 많아도 관념입니다. 그 숫자가 중요한 것이 아니고, 그것이 가지고 있는 실재하는 내용이 중요합니다.

위빠사나 수행은 오직 정신과 물질을 알아차리는 수행이고, 이러한 정신과 물질을 알아차릴 때는 그 특성과 역할과 나타남과 가까운 원인을 아는 것이면 충분합니다. 그래서 주석서에서는 대상의 실재를 알게 하기 위해서 계속해서 정신과 물질에 대한 특성, 역할, 나타남, 가까운 원인을 설명하고 있습니다. 이것이 바로 수행자에게 필요한 것입니다.

이상 네 가지로 대상을 알아차리면, 대상의 실재를 구체적으로 더 분명하게 알 수 있을 것입니다. 그러므로 다른 것에 주의를 기울이지 말고 이것에 주목하십시오. 그래서 주석서에서 밝힌 이러한 요점을 파악하여 대상을 이해하는 데 도움이 되기를 바랍니다. 앞으로 계속해서 대상의 특성, 역할, 나타남, 가까운 원인을 말씀드리겠습니다. 바로 여기서 요점정리를 하여 대상을 파악하기 바랍니다.

첫 번째 그룹인 다른 것과 연관된 마음의 작용은 열세 가지입니다. 다른 것과 연관되었다는 것은 선업과 불선업을 있는 그대로 받아들여서 그것과 같아진다는 것입니다.

마음의 작용을 이해할 때 그냥 마음의 작용만 있는 것이 아닙니다. 다른 것과 함께 있으면서 다른 것과 연관된 마음의 작용이 있습니다.

선한 마음의 작용인 수, 상, 행이 일어날 때마다 이런 마음의 작용이 선한 마음과 결합이 됩니다. 그래서 어떤 느낌을 갖느냐에 따라 어떤 마음이냐가 결정되며, 어떤 인식을 하느냐에 따라서 어떤 마음이냐가 결정되고, 어떤 의도를 하느냐에 따라서 어떤 마음이냐가 결정됩니다. 마음은 대상을 아는 기능이 있기 때문에 마음의 작용이 선하면 이것을 받아들여서 선한 마음이 되고, 선하지 못한 마음의 작용이 있으면 이것을 받아들여서 선하지 못한 마음이 됩니다. 여기서 신하가 일을 잘해도 왕이 그것을 받아들이고, 신하가 일을 잘못해도 왕이 그것을 그대로 받아들이는 것입니다.

이처럼 깨끗한 마음의 작용일 때는 선한 마음과 결합하여 나타나며, 해로운 작용일 때는 선하지 못한 마음과 결합하여 나타납니다. 그리고 선과 악에 속하지 않고 설명될 수 없는 마음의 작용일 때는 설명할 수 없는 마음과 결합하여 나타납니다. 이때 설명할 수 없는 마음의 작용을 무기無記라고 합니다. 무기라는 것은 단지 선과 불선이 아닌 마음의 작용을 말하는 것입니다. 그렇지 않고 나태하여 무기력한 상태를 말하지는 않습니다. 그래서 이때 무기를 게으름과 혼침이 아닌 무기명이라고 할 때 무기라는 뜻으로 이해하여 주기 바랍니다.

이처럼 마음의 작용에서 일어나는 것들을 마음은 단지 받아들이는 기능밖에 하지 않기 때문에 그 마음은 실로 청정합니다. 어느 의미에서 모든 것을 받아들이는, 모든 것들을 수용하는 하늘과 땅과 같은 역할을 하기도 합니다. 그래서 좋은 느낌일 때는 마음의 상태가 좋습니다. 이러한 상태를 알아서 우리는 수, 상, 행에 대한 분명한 이해를 가져야 할 것입니다.

위빠사나 수행은 대상을 알아차리는 것과 함께 알아차림을 지속하는 수행입니다. 이 두 가지가 결합될 때 위빠사나라고 말합니다. 알아차리면 수행을 하는 것이고, 알아차리지 못하면 수행을 하지 않는 것입니다. 알아차림에는 특별한 대상이 있는 것이 아니고, 몸과 마음에서 나타나는 것이면 무엇이나 대상이 됩니다. 대상을 알아차릴 때 대상과 하나가 되어서 알아차리면 선정수행이고, 대상을 분리해서 알아차리면 위빠사나 수행이 됩니다.

선정수행의 대상은 관념이고, 하나가 되어야 하며, 일정한 바람이 있습니다. 그러나 위빠사나의 대상은 실재이며, 분리해서 알아차리고, 바람이 없이 그대로 알아차려야 합니다. 바람 없이 알아차릴 때만이 비로소 대상의 성품을 볼 수가 있습니다. 그래서 이렇게 볼 때만이 깨달음을 얻습니다. 바라지 않고 알아차리는 방법을 실천하지 않으면 누구나 결코 도과를 성취할 수가 없습니다.

◆◆◆◆◆

지난 시간에 이어 계속해서 마음의 작용에 대해서 말씀드리겠습니다.

인간이 산다는 것은 정신과 물질이 있는 것을 말합니다. 바로 이 기능들이 작용하는 것을 산다고 합니다. 그래서 누구나 몸과 마음이 있어서 사는지를 압니다. 이때 몸은 마음이 머무는 장소이고, 마음은 단순하게 대상을 아는 기능밖에 갖지 못한다고 말씀드렸습니다. 그러면 내가 산다는 것의 상당 부분은 바로 마음의 작용인 수受, 상想, 행行이 일하는 것을 말합니다. 바로 이 수, 상, 행이 어떻게 작용해서 살고 있는지 살펴보겠습니다. 이것이 바로 내가 어떻게 사는가를 분명하게 아는 것입니다. 지금부터 말씀드리는 것은 우리가 평소에 가지고 사는 것들입니다.

그러나 우리는 오온五蘊을 모르기 때문에 자신이 무엇을 가지고 사는지 잘 모릅니다. 이제 내가 무엇을 가지고 어떻게 살고 있는지 하나씩 살펴보겠습니다. 보이지 않는 마음과 마음의 작용을 알아차린다는 것은 미지의 세계인 동굴을 탐험하는 것과 같습니다. 이제부터 수행자 여러분들의 자신의 내면에 있는 동굴을 탐험해 보기 바랍니다.

다른 것과 연관된 마음의 작용 열세 가지 중에서 모든 마음에 연관된 마음의 작용은 일곱 가지입니다. 감각접촉, 느낌, 인식, 의도, 집중, 생명력, 숙고 이상 일곱 가지입니다. 이 일곱 가지가 모든 마음에 연관된 마음의 작용입니다. 이 말은 이 일곱 가지 마음작용이 마음과 항상 함께 있는 것을 말합니다. 마음의 기능이 대상을 아는 것이라고 했는데, 마음이 대상을 알기 위해서는 이들 일곱 가지의 마음의 기능이 작용을 해야 아는 것이 성립됩니다. 그렇지 않고 마음 하나만 가지고는 대상을 알 수가 없습니다.

그래서 지금부터 모든 마음에 연관된 마음의 작용 일곱 가지를 하나씩 살펴보겠습니다. 첫 번째는 접촉입니다. 접촉은 감각기관과 감각대상이 부딪히는 것을 말합니다. 접촉은 마음이 대상을 알 때 반드시 감각대상과 접촉을 해야 하는 것을 말합니다. 접촉은 마음의 작용인 수, 상, 행 중에서 행에 속합니다. 인간이 산다는 것은 '안이비설신의眼耳鼻舌身意'가 '색성향미촉법色聲響味觸法'과 접촉하는 것으로부터 시작합니다. 이 것을 육입六入과 육경六境이 부딪힌다고 말합니다. 그래서 바로 여기서부터 사는 것이 시작됩니다.

여섯 가지 감각기관을 육입, 육문, 육근이라고도 합니다. 접촉을 또 다른 말로는 부딪힘, 닿음, 촉이라고도 합니다. 12연기에서 육입이 육경과 부딪힐 때 접촉이라고 하는 것이 바로 여기에서 말하는 감각접촉입니다. 이때 접촉이라고 하는 것은 감각기관에 대상이 부딪힌다고 해서 접촉이라고 합니다. 이때 접촉한다는 것은 물질적 현상을 의미하지 않고 마음이 부딪히는 것을 인식한다는 뜻입니다. 우리가 감각적 욕망이라고 할 때도 욕망이 감각기관을 통해서 들어오므로 감각적 욕망이라고 하는 것과 같습니다.

일반적으로 대상을 아는 것이란 감각기관이 감각대상과 부딪혀서 아는 마음이 일어나는 것을 아는 것이라고 합니다. 그러므로 알기 위해서는 기본적으로 세 가지 조건이 성숙되어야 합니다. 이때 이 세 가지 외에 보조적인 것도 필요합니다. 눈으로 대상을 볼 때는 빛이 있어야 대상을 볼 수 있으므로 네 가지 조건이 성숙되어야 한다고 하기도 합니다. 이것이 원인과 결과이자 조건입니다. 귀가 소리를 바람의 방향에 의해서 아는 마음이 생기는 것이 바로 네 가지 조건이 성숙되는 것입니다. 그래서 내가 안다고 할 때 그냥 아는 것이 아니고 이런 조건들이 성숙되어서 아는 것입니다. 여기 내가 있어서 아는 것이 아니라고 알아야겠습니다.

주석서에서는 접촉을 이렇게 정의합니다. 지금부터 계속해서 말씀드리는 주석서의 내용은 모두 『청정도론』에 근거한 것입니다.

"닿는다고 해서 접촉이라고 한다. 이것은 닿는 특징이 있고, 부딪히는 역할을 하며, 동시에 발생하는 것으로 나타난다. 영역으로 들어온 대상이 가까운 원인이다. 비록 이것이 정신이지만 대상에 닿는 형태로써 생긴다. 비록 이것이 어느 한쪽에 달라붙지 않지만, 마치 형상에 눈이 부딪히고, 소리가 귀에 부딪히듯이 마음과 마음의 대상을 부딪히게 한다. 이처럼 동시에 발생하는 것으로 나타난다. 왜냐하면 세 가지인 눈과 대상과 안식의 동시 발생이라고 하는 자기 자신의 조건으로 설명되기 때문이다. 이것은 아는 마음이 적절하게 전향하고, 감각기관을 통해서 대상이 나타났을 때 자동적으로 일어나기 때문에 영역에 들어온 대상이 가까운 원인이라고 했다. 이것은 느낌의 근원이므로 마치 가죽이 벗겨진 소처럼 알아야 한다."

이상의 주석서의 내용은 앞서 말씀드린 것처럼 대상을 분석할 때는 특징, 역할, 나타남, 가까운 원인을 들어서 설명합니다. 이것이 주석서에서 대상을 밝히는 일관된 내용입니다. 이처럼 대상을 분석하는 모든 목적은 이것이 모두 원인과 결과로 일어나고 사라진다는 것을 말하기 위해서입니다. 또 모든 것이 자아가 있어서 진행시키는 것이 아니고, 조건에 의해서 진행된다는 것을 알게 하기 위해서 이렇게 분석합니다. 그래서 마지막에는 무아의 지혜가 나도록 말하고 있는 것입니다. 사실 경전의 모든 내용과 방편은 모두 궁극에는 무상, 고, 무아를 알게 하기 위한 숨은 뜻이 있습니다.

두 번째 마음의 작용은 느낌입니다. 느낌은 감각기관이 감각대상과 부딪힐 때마다 일어나는 마음의 작용입니다. 마음이 대상을 알 때는 반드시 감각대상과 접촉을 해야 하고, 이때 반드시 느낌이 일어납니다. 마음의 작용인 느낌이 없으면 대상을 알 수가 없습니다. 마음은 모든 것을 느낌으로 알기 때문에 사실 안다는 것이 모두 느낀다는 것입니다. 그래서 아는 마음은 항상 느낌과 함께 있기 때문에 아는 마음과 느낌을 같은 뜻으로 보아도 됩니다. 그래서 느낌 따로 아는 마음 따로 있지 않습니다. 오온은 항상 함께 일어나서 함께 소멸합니다.

마음의 작용 52가지 중에서 느낌은 한 가지입니다. 그래서 오온 중에서 수온에 해당합니다. 앞서 말씀드린 것처럼 느낌은 워낙 종류가 많기 때문에 마음의 작용에서는 단지 하나로 분류합니다. 12연기에서 정신과 물질을 원인으로 육입이 일어나고, 육입을 원인으로 접촉이 일어나고, 접촉을 원인으로 느낌이 일어난다고 말합니다. 이때 느낌이 일어나는 것과 함께 아는 마음이 일어나는 것도 포함됩니다.

느낌이 대상을 아는 마음과 함께 있다고 했을 때, 대상을 아는 기능이 느낌만 있는 것이 아닙니다. 지각도 있고 표상도 있습니다. 여기서 느낌으로 안다는 것은 지각으로 아는 것이 아니고, 느낌으로 아는 것을 말합니다. 느낌으로 안다고 했을 때도 몸으로 느껴서 알 수도 있고, 마음으로 느껴서 알 수도 있습니다. 느낌은 육체적인 느낌이 있고, 정신적인 느낌도 있기 때문입니다.

수행자들이 느낌을 말할 때 일반적으로 괴로운 느낌을 말하는 경우가 허다합니다. 수행을 할 때 즐거움도 많지만 사실은 괴로움이 더 많기 때문입니다. 위빠사나 수행은 새로운 습관을 만드는 것이라서 기존의 사고방식에서 위빠사나의 지혜로 바뀌는 과정에서 온갖 괴로움이 나타나기 마련입니다.

습관을 바꾼다는 것은 노력이 필요하며 그만큼 고통이 따르기 마련입니다. 이처럼 느낌은 즐거울 때 크게 문제가 되지 않아서 느낌인지 잘 모르지만, 괴로울 때는 느낌이 두드러지기 때문에 괴로운 느낌이 많습니다.

또 느낌을 알아차리면 빠르게 변한다는 사실을 알게 되어 자연스럽게 괴로움의 느낌을 느끼게 됩니다. 변한다는 것은 두려움이 있기 마련입니다. 그러나 이렇게 수행을 해서 괴로움이 있다는 것을 아는 것은 오히려 지혜가 성숙한 것이라서 바람직한 일이라고 볼 수 있습니다. 여기서 말하는 괴로움이란 지혜가 나서 원래 괴로움이 있다는 사실을 아는 것으로써 매우 발전적이고 긍정적인 것입니다.

부처님께서는 『경장』에서 느낌을 세 가지로 분류하시고, 『논장』에서는 다섯 가지로 분류하셨습니다. 이것뿐이 아니고 다른 경우에도 『경장』과 『논장』이 일치하지 않는 부분이 있습니다. 이것은 『경장』은 일반 대중을 상대로 한 것이고, 『논장』은 지혜가 있는 대중을 위해서 좀 더 자세하게 분석한 것이라서 그렇습니다. 그래서 『논장』은 일반 대중들에게 설하지 않고 천인과 사리뿟따 존자에게만 설해서 우리에게 전해지게 하셨습니다. 여기서도 숫자는 중요하지 않고 어떤 것이나 그 내용이 중요합니다.

대중들을 위해서 설하신 『경장』에서는 느낌이 세 가지인데, 즐거운 느낌과 괴로운 느낌과 즐겁지도 괴롭지도 않은 느낌을 말합니다. 그러나 『논장』에서는 다섯 가지로 설명하셨습니다. 육체적으로 즐거운 느낌과 괴로운 느낌 두 가지로 분류하고, 다시 정신적으로 즐거운 느낌과 괴로운 느낌 두 가지로 분류하셨습니다. 그리고 나머지 하나는 평정한 느낌입니다. 이 평정한 느낌은 육체적으로 평정한 느낌과 정신적으로 평정한 느낌 두 가지가 모두 해당합니다.

『경장』에서 말하는 세 가지는 느낌에서 즐거운 느낌을 행복한 느낌이라고도 하며, 괴로운 느낌을 고통스러운 느낌이라고도 합니다. 그리고 괴롭지도 즐겁지도 않은 느낌을 한문으로는 불고불락不苦不樂의 느낌이라고 합니다. 『논장』에서 말하는 다섯 가지 느낌은 육체적으로 즐거운 느낌과 육체적으로 괴로운 느낌이 있으며, 슬픈 느낌과 정신적으로 즐거운 느낌이 있습니다. 그리고 평정한 느낌이 있는데 이 느낌은 육체적인 느낌과 정신적인 느낌, 두 곳에서 동일하게 쓰입니다.

　지금『경장』과『논장』에서 분류한 느낌을 다시 한 번 살펴본 것은『경장』에서 사용한 괴롭지도 즐겁지도 않은 불고불락의 느낌을『논장』에서 사용할 때는 다른 용어인 평정의 느낌이라고 말한 것에 대해서 말씀드리기 위한 것입니다.

　『경장』에서 말한 괴롭지도 즐겁지도 않은 불고불락의 느낌을 빨리어로 '아둑캄아수카adukkham-asukha'라고 합니다. 이는 괴로움이라는 '둑카dukkha'의 앞에 부정관사 '아a'를 붙여서 괴롭지도 않은 느낌이라고 했습니다. 다시 즐거움이라는 '수카sukha' 앞에 부정관사 '아a'를 붙여서 '아수카asukha'라고 한 것은 즐겁지도 않은 느낌이라고 해서 그렇게 표현한 것입니다. 그래서 즐겁지도 괴롭지도 않은 두 가지 느낌을 합성어로 말한 것입니다. 이런 느낌이 육체적 느낌과 정신적 느낌으로 가서는 괴롭지도 즐겁지도 않은 느낌이라 하지 않고, 평정의 느낌이라고 한 것입니다. 이때 평정의 느낌을 빨리어로 '우뻬카-웨다나upekkhā-vedanā'라고 합니다.

　이때 우뻬까는 평정, 중립, 무관심이라는 뜻이 있습니다.『경장』에서는 즐거운 느낌과 괴로운 느낌과 괴롭지도 즐겁지도 않은 느낌으로 단순하게 표현해도 무방합니다. 그러나 육체적인 느낌과 정신적인 느낌으로 분류할 때는 감각기관이 대상을 느끼는 것이라서 즐겁지도 괴롭지도 않은 두 가지 느낌을 함께 표현하기가 어렵습니다.

수행은 감성적인 힘도 필요하지만 이성적인 힘으로 끌고 나가야 합니다. 사물을 있는 그대로 보기 위해서는 정에 치우쳐서는 안 됩니다. 냉철한 이성으로 현재 하고 있는 일을 직시해야 합니다. 감정의 기복이 심하면 인내할 수가 없어서 수행을 계속할 수가 없습니다. 그러나 이성만 있고 감성이 없어도 관용과 자애가 없어 수행을 계속할 수가 없습니다. 그러므로 감성과 이성이 조화를 이루어야 하지만 이성이 앞서서 이끌어나가야 합니다.

수행을 한 뒤에 전보다 냉정해졌다면 분리해서 보는 지혜가 생긴 것입니다. 그러나 냉정해졌다는 이것은 시작에 불과한 것입니다. 수행을 계속하면 오히려 더 큰 자애가 생깁니다. 단지 냉정해졌다고 말하는 것은 그간에 보지 못하던 대상을 분리해서 보는 마음이 생겼기 때문에 그렇게 표현되는 것입니다.

◆◆◆◆◆

지난 시간에 이어서 계속 마음의 작용인 느낌에 대해서 말씀을 드리겠습니다.

지난 시간에 느낌을 말할 때 『경장』에서는 괴롭지도 즐겁지도 않은 불고불락의 느낌이라 하고, 『논장』에서는 바로 이 느낌을 평정의 느낌, 우뻭카라고 말한 사실입니다. 『경장』에서는 덤덤한 느낌이란 뜻의 즐겁지도 괴롭지도 않은 느낌이라고 말할 수 있지만, 『논장』에서는 이 느낌을 같은 표현을 하기가 어렵습니다. 왜냐하면 육체적·정신적 느낌으로 분류하기 때문입니다. 마음이 한순간에 대상을 하나밖에 알아차릴 수 없기 때문에 즐겁지도 않고 괴롭지도 않다는 두 가지 표현을 할 수가 없습니다. 그래서 『논장』에서 말하는 이런 경우에는 하나의 느낌으로 표현해야 되기 때문에 평정한 느낌을 사용한 것입니다.

평정한 느낌을 빨리어로는 우뻭카웨다나upekkhā-vedanā라고 합니다. 이때 우뻭카는 열 가지 뜻으로 사용하는데 그중 아홉 가지는 모두 중립, 중도라는 뜻으로 사용합니다. 그러나 느낌을 말하는 우뻭카웨다나라고 할 때만 덤덤한 느낌, 무관심한 느낌이라고 합니다. 그래서 우뻭카웨다나라고 할 때는 무지의 느낌이라고 하기도 합니다.

여기에 중요한 뜻이 있습니다. 느낌은 너무 종류가 많습니다. 마음의 종류나 느낌의 종류나 똑같기 때문입니다. 어쩌면 미세한 감정의 변화에 비춰 본다면, 마음의 종류보다 느낌의 종류가 더 많을 수도 있을 것입니다. 느낌의 종류가 많다면 사실은 그것을 아는 마음의 종류도 똑같이 많을 수밖에 없습니다.

이렇게 많은 느낌을 분류할 때 우리는 아는 느낌과 모르는 느낌으로 분류할 수 있다고 알아야 하겠습니다. 아는 느낌은 위빠사나 수행을 할 때 알아차림이 있는 느낌이고 그렇지 않고 모르는 느낌일 때는 무관심의 느낌이기 때문에 무지의 느낌이라고 할 수가 있습니다. 알면 지혜이고, 모르면 무지입니다. 그래서 느낌이 아무리 많아도 어떤 느낌이거나 알아차리면 단순하게 아는 느낌에 불과합니다. 그러나 알아차리지 못할 때는 무지의 수많은 느낌이 거듭될 것입니다.

주석서에서는 느낌을 이렇게 말하고 있습니다.

"느껴진 것의 특성을 가진 것이 느낌이다. 왜냐하면 이렇게 설하셨기 때문이다. '도반이여, 느껴졌기 때문에 느낌이라고 한다'라고 이것이 본성의 분류에 따라 다섯 가지이다. 즉, 즐거움, 괴로움, 정신적 즐거움, 슬픔, 평정이다.
즐거움은 원하는 것과 감각접촉을 경험하는 특징이 있다. 관련된 대상을 활기차게 하는 역할을 한다. 육체적인 만족으로 나타난다. 몸의 감각기관이 가까운 원인이다. 괴로움은 싫어하는 감촉을 경험하는 특징이 있다. 관련된 대상을 시들게 하는 역할을 한다. 육체적인 괴로움으로 나타난다. 몸의 감각기관이 가까운 원인이다.

정신적 즐거움은 원하는 대상을 경험하는 특징이 있다. 이런저런 원하는 측면을 향유하는 역할을 한다. 정신적인 만족으로 나타난다. 편안이 가까운 원인이다. 슬픔은 싫어하는 대상을 경험하는 특징이 있다. 이런저런 싫어하는 측면을 향유하는 역할을 한다. 정신적인 고통으로 나타난다. 반드시 심장이 가까운 원인이다.

평정의 특징은 무관심한 느낌이다. 관련된 대상을 활기차게 또는 시들게도 하지 않는 역할을 한다. 고요함으로 나타난다. 희열이 없는 마음이 가까운 원인이다."

다음은 세 번째 마음의 작용인 인식입니다. 느낌과 함께 일어나는 인식이 없으면 대상을 알 수가 없습니다. 인식은 오온에서 상온에 해당하며, 이때 대상을 아는 마음은 식온입니다. 인식은 같게 아는 것입니다. 그러므로 무엇과 같게 연상을 해서 아는 기능을 합니다. 우리가 어떤 대상을 볼 때 그냥 보는 게 아니고 무엇과 비교해서 상상으로 꾸미거나 표상으로 만들어서 보는 것을 인식한다고 합니다. 어떤 의미에서는 우리 의식 속에 이런 인식이 저장되어 있다가 그대로 고정관념이 되어서 그것을 사용하는 경우가 허다합니다. 이것이 인식입니다.

인식을 빨리어로 산냐sañña라고 하는데, 이 산냐는 여러 가지의 뜻이 있습니다. 이 인식은 표상이라는 뜻이 있는데 무엇인가 상상으로 만들거나 모양으로 형상화해서 아는 것입니다. 그리고 감각, 지각, 인식, 기호, 이름, 표시, 몸짓이라는 뜻도 있습니다. 인식한다고 했을 때는 어떤 선입관이나 고정관념으로 저장해 놓은 정보를 꺼내서 봅니다. 대상을 아는 마음은 의식이지만 인식은 개념을 설정하거나 꾸며서 봅니다. 이런 다양한 기능이 모두 인식의 작용입니다. 마음의 작용 52가지 중에서 수受와 상想은 하나씩이고 나머지 50가지가 모두 행行이라고 했는데, 여기서 말하는 인식이 바로 그중에 하나입니다.

주석서에서는 인식을 이렇게 정의하고 있습니다.

"인식하는 특징을 가진 것이 인식이다. 왜냐하면 이렇게 설해졌기 때문이다. '도반이여, 인식하기 때문에 인식이라고 부른다'라고. 인식은 인식하는 특징이 있다. 그 본성으

116

로는 한 가지이지만 종류에 따라서는 세 가지이다. 유익한 것, 해로운 것 그리고 판단할 수 없는 것이다. 그중에서 유익한 마음과 관련된 것은 유익한 인식이고, 해로운 마음과 관련된 것은 해로운 인식이며, 판단할 수 없는 마음과 관련된 것은 판단할 수 없는 인식이다. 인식으로부터 분리된 마음이 없기 때문에 인식의 종류도 마음의 종류만큼 있다. 비록 이 인식이 마음과 같은 방법으로 분류되지만 특징으로 볼 때 모든 인식은 인식하는 특징이 있다.

‘이것이 바로 그것이구나!’라고 다시 인식할 수 있는 원인이 될 표상을 만드는 역할을 한다. 목수들이 목재에 표시를 하는 것처럼 표상에 따라 이해하려 드는 것으로 나타난다. 마치 장님이 코끼리를 보는 것처럼. 대상이 어떤 식으로 나타나든 나타난 대상이 가까운 원인이다. 마치 어린 사슴들이 허수아비를 보고 사람이라고 인식을 일으키는 것처럼.”

다음은 네 번째 의도입니다. 의도가 없다면 마음은 대상을 알려는 어떤 행위도 행할 수가 없습니다. 경전에서는 의도를 ‘업’이라고 합니다. 의도로써 생각과 말과 행위라는 세 가지 업을 짓습니다. 이처럼 의도는 행위를 일으키는 원인입니다. 오온에서 행온에 속하는 것이 바로 이 의도입니다. 그래서 의도와 행은 동의어입니다. 수, 상, 행이라고 말하는 마음의 작용에서 행은 바로 의도를 뜻합니다. 이것을 마음의 형성력이라고 합니다. 그리고 마음의 의지라고도 표현합니다.

주석서에서는 의도를 이렇게 정의합니다.

“의도한다고 해서 의도라고 한다. 묶는다는 뜻이 있다. 이것은 의도하는 성질을 특징으로 한다. 격려하는 역할을 한다. 조정하는 것으로 나타난다. 마치 대목수와 제자처럼 자기 일과 남의 일을 실천하게 한다. 급한 일을 기억하여 이것과 관련한 대상들을 실행하게 하는 성질에 의하여 이것은 분명하다.”

다음은 다섯 번째 집중입니다. 수행자 여러분, 집중을 하지 못하면 그 대상에 마음을 고정시키지 못합니다. 아무리 하찮은 일이라 하더라도 조금이라도 집중이 되지 않는다면 대상을 알지 못합니다. 집중을 빨리어로는 ‘에까가따ekaggatā’라고 하는데 ‘마음이 한 점으로 모임’이라는 말입니다. 이때 집중은 삼매의 동의어입니다. 이때의 에까가따를 한문으로는 심일경성心一境性이라고 하기도 합니다.

　집중이란 대상에 마음을 보내서 겨냥한 뒤에 거기에 마음을 머물게 하는 것입니다. 마음은 잠시도 한곳에 머물지 않고 이곳저곳으로 달아납니다. 그래서 마음을 한곳에 모아서 그곳에 있도록 하는 것입니다. 이처럼 대상에 마음을 두는 것을 집중이라고 합니다. 마음이 대상에 머물지 않으면 고요함이 생기지 않고, 고요함이 없으면 집중이 되지 않습니다. 집중이 되지 않으면 결코 지혜가 일어나지 않습니다. 그래서 이런 것들은 모두 상호 작용하고 있습니다.

　집중에는 세 가지가 있습니다. 근접집중을 해서 근본집중을 하는 사마타 수행의 집중이 있습니다. 그리고 찰나집중을 하는 위빠사나 수행의 집중이 있습니다. 사마타 수행의 집중은 대상과 하나가 되지만 위빠사나 집중은 대상을 분리해서 알아차리는 찰나집중입니다. 그래서 지혜가 납니다. 그래서 대상과 하나가 되는 집중은 고요함이고, 분리해서 하는 찰나집중은 지혜를 얻습니다.

　주석서에서는 집중을 이렇게 정의했습니다.

　"대상에 마음을 고르게 놓는다. 또는 바르게 놓는다. 또는 단지 마음을 모은다고 해서 집중이라고 한다. 이것은 방황하지 않거나 또는 산만하지 않은 특징이 있다. 동시에 생긴 대상을 결합시키는 역할을 한다. 마치 물이 목욕가루를 결합시키듯이. 고요함으로 나타난다. 대부분의 경우에 즐거움이 가까운 원인이다. 바람이 없을 때 흔들림이 없는 등불처럼 마음이 안정된 상태이다."

　다음은 여섯 번째 생명력입니다. 생명이 없으면 아무것도 할 수가 없습니다. 이때의 생명을 생명력, 생명의 능력이라고 하며, 한문으로는 명근命根이라고 합니다. 생명력은 이름 그대로 살아 있는 힘입니다. 생명력은 두 가지가 있습니다. 하나는 정신적 생명력, 다른 하나는 물질적 생명력입니다. 여기서 마음의 작용에 포함되는 것은 당연히 정신적 생명력입니다. 정신적 생명력이 없으면 살아 있는 것이 아니기 때문에 생명력은 모든 마음과 함께 일어납니다.

주석서에서는 생명력을 이렇게 정의합니다.

"이것 때문에 관련된 대상들이 살고, 또는 이것은 자기 스스로 살고, 또는 단지 살아 있기 때문에 생명력이라고 한다. 이것의 특징은 물질의 생명력을 설명한 대로 알아야 한다."

우리는 정신과 물질이 있어서 사는 것으로 알지만 사실은 정신적 생명력과 물질적 생명력으로 사는 것입니다. 여기서 정신적 생명력이 있어서 몸에 물질적 생명력을 불어 넣었기 때문에 우리가 정신과 물질이 하나가 되어서 사는 것입니다. 여기서 생명력은 살아 있는 것의 힘을 말합니다. 그 힘은 보이지 않는 원천 에너지이지만, 여기서는 마음을 말합니다. 여기서 말하는 생명력은 마음의 의도인 행을 말하지만, 사실 그것은 정신에 포함됩니다. 우리가 살고 있는 것은 생명력으로 살고 있습니다. 이런 생명력은 살고자 하는 행을 가지고 있기 때문에 마음이 그것을 받아들여서 살고 있는 것입니다.

끝없는 미래의 어디서 태어날지 모르는 위험을 안고 좀 더 나은 곳에서 태어나기 위해 노력할 것인가요? 아니면 괴로운 과거와 두려운 미래로부터 완전하게 벗어날 수 있는 길을 가기 위해서 노력할 것인가요?

어떤 선택을 하거나 이것은 온전히 자신의 몫입니다. 좀 더 나은 세상을 살기 위해서 노력하는 것이 사마타 수행이며, 고통뿐인 세상을 벗어나기 위해서 노력하는 것이 위빠사나 수행입니다. 이도저도 아닌 것은 선업의 공덕이 없고 수행을 하지 않기 때문에 사악도에 태어나는 삶입니다. 어디서 무엇이 되어 태어나든 이것은 온전히 자신이 선택한 원인에 따른 결과라고 알아야 합니다.

◆◆◆◆◆◆

계속해서 마음의 작용에 대해 말씀드리겠습니다.

이번에는 일곱 번째 숙고熟考에 대한 것입니다. 숙고는 모든 마음과 연관되어 있는 마음의 작용 일곱 가지 중에서 마지막입니다. 숙고라는 것은 주의를 기울이는 것입니다. 우리는 주의를 기울이지 않으면 대상을 알 수가 없습니다.

숙고를 빨리어로 '마나시까라manasikāra'라고 하는데 주의, 고정된 생각, 마음의 새김이라는 뜻이 있습니다. 한문으로는 작의作意, 억념憶念, 여리작의如理作意 등으로 표현합니다. 주의는 마음을 조심스럽게 새겨두는 것을 말합니다. 우리가 집중을 하거나 숙고를 하지 못한다면 이것은 분열증을 앓고 있는 상태로 봐야 합니다. 지금 우리가 말한 일곱 가지는 모두 정상적인 사람이 정상적인 기능을 할 때 우리가 바로 살고 있는 것이라고 하는 것들입니다.

주석서에서는 숙고를 이렇게 정의합니다.

"행위를 하는 것이 행하는 것이고, 마음으로 행하는 것이 숙고이다. 이전의 마음과 다른 마음을 만들기 때문에 마음을 숙고한다고 한다. 대상에 대한 제어, 인식과정에 대한 제어, 속행에 대한 제어, 이 세 가지 측면에서 숙고라고 한다. 이 중에서 대상에 대한 제어란 마음을 새로 내는 것이다. 그래서 마음을 숙고하는 것이다. 이것은 관련된 대상을 대상으로 내모는 특징이 있다. 관련된 대상을 대상과 연결시키는 역할을 한다. 대상과 대면하는 것으로 나타난다. 대상이 가까운 원인이다. 이것은 스스로 행온行蘊에 속해 있으면서 대상을 제어하기 때문에 관련된 대상들을 바르게 가게 하는 마부와 같다고 알아야 한다."

그렇습니다. 우리가 바른 길을 가기 위해서는 항상 숙고해야 됩니다. 그냥 감정적으로 습관적으로 기분 내키는 대로 살면 동물처럼 살게 됩니다. 그러나 우리가 하나하나를 숙고하면서 산다면 우리는 그것이 수행을 하는 것이고, 바른 길을 가는 것이고, 그것을 행할 때 행복하고, 그 행복의 결과도 행복할 것입니다.

지금까지 모든 마음과 연관된 마음의 작용 일곱 가지를 말씀드렸습니다. 마음은 아는 기능만 가지고 있기 때문에 이상의 일곱 가지를 통해야 비로소 대상을 아는 기능을 제대로 할 수가 있는 것입니다. 우리가 안다고 했을 때는 이상의 일곱 가지 기능이 없으면 결코 알 수가 없습니다.

그래서 아는 것은 마음이고, 왕이며, 일곱 가지 기능은 마음의 작용이고, 신하라고 말합니다. 마음이 왕이라고 하면 이 일곱 가지 마음의 작용은 가장 중요한 요직에 속하는 대신들이라고 말할 수 있습니다. 이것이 없으면 단 한순간도 마음이 제대로 기능을 하지 못합니다. 마음과 이 일곱 가지 마음의 작용은 어느 상황에서나 함께 있으며 떨어질 수가 없습니다.

이것들을 왕과 신하라고 하는 것은 왕과 신하는 자신의 문제들만 관심을 가지고 있는 것이 아니고, 국가를 운영하듯이 이들 마음과 마음의 작용도 나타난 모든 현상을 파악하고 우리가 사는 것을 다 관장하고 있는 것입니다. 인간이 정상적인 마음을 가졌다면 이 일곱 가지 기능이 제대로 작동되어야 합니다. 만약 이들 중에 어느 한 부분의 기능이 결여되어 있다면 정상적인 인간이라고 볼 수가 없습니다. 그래서 정신적인 장애가 있다면 이상의 접촉, 느낌, 인식, 의도, 집중, 생명력, 숙고 중에서 무엇인가 결여되어서 생긴 것입니다. 누구나 수행을 하면 이런 기능을 튼튼하게 할 것입니다.

수행을 통해서 장애가 개선될 수 있다면, 바로 이상의 일곱 가지 것들이 개선되는 것이라고 이해하여야 하겠습니다. 만약 어떤 장애자가 있다면 그의 주의는 적절한가? 그의 집중은 적절한가? 그의 느낌은 적절한가? 그의 인식은 적절한가? 그는 숙고하고 있는가? 하는 것들을 곰곰이 따져봐야 하겠습니다. 그래서 막연히 고통 속에서 헤매지 말고 이것 하나하나를 개선하는 방법을 찾아서 수행을 하면 이런 일곱 가지 기능들이 제대로 작용하면서 정상인으로서 살 수 있을 것입니다.

이상 일곱 가지는 사람이 한 발짝을 걸을 때도 필요합니다. 무엇을 하거나 이런 마음의 작용이 없으면 한순간도 바르게 지닐 수 없습니다. 그래서 우리가 행복을 얻기 위해 수행을 하는 것은 바로 이런 기능을 정상적으로 작동하도록 하는 것입니다. 만약 우리가 부주의해서 사고를 냈다면 바로 이상의 일곱 가지 기능이 제대로 작동하지 않은 것입니다. 그래서 정신적 장애도 이 일곱 가지 기능의 결여라고 보면 되겠습니다. 제가 특별한 경우인데 어떤 장애아를 지도할 때 이상의 일곱 가지 기능을 제대로 하나하나 분석해서 각각의 기능을 하도록 한 경험이 있어서 이렇게 상세하게 말씀드리는 것입니다.

이상 일곱 가지 마음의 작용은 항상 모든 것과 함께 있는 것이지만 이에 반하여 다양하게 결합하는 마음의 특성들이 있는데 이것들은 때때로 나타나며 모두 여섯 가지입니다. 다양한 마음의 작용을 빨리어로 빠낀나까pakiṇṇaka라고 하는데 이는 여러 가지 종류, 다양한 것을 말합니다. 이때 마음의 작용은 항상 있는 마음의 작용이 아니고 조건이 성숙되면 때때로 나타나는 것들입니다.

다양하다는 것은 특수한 상황에 따라 개개의 것들이 나타나는 것을 말합니다. 수행자가 수행을 한다는 것은 이상의 여섯 가지 조건들이 때때로 나타나지 않고 항상 나타나도록 노력을 하는 것입니다. 그래서 자신의 의식을 고양시키는 것입니다. 앞서 말씀드린 일곱 가지 기능이 제대로 작용하기 위해서 지금부터 말씀드리는 '빠낀나까'라고 하는 여섯 가지 마음의 작용들을 계발하도록 해야겠습니다.

다양하게 결합하는 마음의 작용으로, 때때로 나타나는 것들 여섯 가지는 다음과 같습니다. 그것은 겨냥, 고찰, 결심, 정진, 희열, 열의입니다. 이 마음의 작용은 항상 있는 것들이 아니고, 조건이 성숙되면 나타나는 것들입니다. 이처럼 다양하게 결합하는 마음의 작용 여섯 가지를 하나씩 살펴보겠습니다.

첫째는 겨냥입니다. 겨냥을 빨리어로 위따까vitakka라고 합니다. 위따까의 원래의 뜻은 반성, 숙고, 생각, 사유라는 뜻이 있습니다. 한문으로는 찾을 심尋 또는 깨달을 각覺으로 쓰입니다. 그래서 마음속에서 일어나는 생각이 이리저리 옮겨가면서 분별을 하고 논리적으로 따진다는 의미가 있습니다. 위따까는 선정수행을 할 때는 1선정에서 사용하는 용어로 대상에 마음을 보내는 사유입니다. 이때의 사유는 팔정도의 정사유입니다. 팔정도의 정사유는 대상에 마음을 기울이는 지혜를 말합니다. 그냥 생각하는 것이 아닙니다.

수행에서는 사유가 대상에 마음을 기울이는 것입니다. 그래서 이것을 겨냥이라고 하는 것입니다. 이처럼 위따까는 선정수행을 시작할 때 사용하는 용어입니다. 이런 의미에서 대상을 겨냥한다고 말씀드린 것입니다. 사유는 그릇된 사유가 있고, 바른 사유가 있는데 여기서는 알아차림이 있기 때문에 대상을 겨냥하는 바른 사유에 해당합니다. 처음에 이렇게 대상을 겨냥하는 알아차림이 있은 뒤에 다음 단계인 고찰이 있습니다. 이것이 2선정의 단계입니다.

주석서에서는 겨냥을 이렇게 정의합니다.

"사유는 일으킨 생각이다. 심사하는 뜻이라고 설명한다. 이것은 마음을 대상에 보내는 특징이 있다. 앞으로 향하여 치고, 뒤로 뒤집어서 치는 역할을 한다. 그러므로 수행자가 겨냥함으로써 대상을 앞으로 향하여 치게 하고, 겨냥함으로써 뒤로 뒤집어 친다고 설하였다. 마음을 대상으로 인도함으로써 나타난다.

비록 어떤 마음에는 겨냥과 고찰이 분리되지 않지만 고찰보다는 거칠다는 뜻에서, 또 고찰보다는 앞선다는 뜻에서, 마치 종을 치는 것처럼 처음으로 마음이 대상을 향해 돌진하는 것이 바로 겨냥이다. 여기서 겨냥은 움직임을 갖는 것이다. 처음 마음이 일어날 때 마음이 진동하는 상태이다."

여기서 겨냥한다는 것은 마음이 움직여서 아는 마음을 대상에 보낸다는 의미를 가지고 있습니다.

다음 두 번째는 고찰입니다. 고찰을 빨리어로 위짜라vicāra라고 합니다. 위짜라는 조사, 검사, 고려, 심사숙고라는 말인데 바로 2선정의 상태를 말합니다. 1선정에 겨냥이 있으면 다음 단계로 2선정의 고찰이 있습니다. 이때의 고찰을 지속적인 고찰이라고도 합니다.

먼저 1선정에서는 마음을 대상에 겨냥하는 순서를 거쳐서 2선정에서는 마음을 대상에 머물게 하여 지속적으로 고찰하는 것입니다. 이것이 바로 수행의 자연스러운 과정입니다.『경장』에서는 겨냥과 고찰인 위따까와 위짜라를 하나로 묶어서 설명하는데,『논장』에서는 선정수행을 더 자세하게 분류하기 때문에 이 두 가지를 1선정과 2선정으로 나눕니다. 그래서『경장』에서는 선정수행을 4선정이라고 하고,『논장』에서는 선정수행을 5선정이라고 하는 이유는 바로 위따까와 위짜라, 겨냥과 고찰을 합치느냐 나누느냐 하는 것으로 구별됩니다.

주석서에서는 고찰을 이렇게 정의합니다.

"심사숙고한다고 해서 고찰이다. 지속적인 고찰이라는 뜻이라고 설명한다. 이것은 대상을 계속해서 건드리는 특징이 있다. 함께 생긴 대상들을 대상에 묶는 역할을 한다. 마음이 같은 대상에 대해서 계속해서 일어남으로 나타난다. 미세하다는 뜻에서, 또 고찰하는 본성으로써, 마치 종의 울림처럼 계속해서 고찰하는 것이 지속적인 고찰이다. 허공에 날기를 원하는 새가 날개를 치는 것처럼, 마음으로 향기를 좇던 벌이 연꽃을 향해 내려오는 것처럼, 고찰은 고요한 상태다. 마음이 심한 움직임을 갖지 않는다. 마치 허공을 나는 새가 날개를 펴는 것처럼, 연꽃을 향해 내려온 벌이 연꽃 위에 윙윙거리며 나는 것처럼."

다음 세 번째는 결심입니다. 결심은 결정, 결의, 확신, 결단의 뜻을 가지고 있습니다. 이 말은 신뢰가 생겨 청정한 믿음을 갖는 것입니다. 그래서 이것이 확신에 찬 믿음입니다. 그래서 결심을 한문으로 신해信解라고 합니다. 믿음도 맹목적인 믿음이 있는데 이 믿음은 대상을 겨냥해서 탐구하고 지속적인 고찰로 생긴 확신에 찬 믿음입니다. 이러한 믿음을 바탕으로 내려진 것이 결심입니다.

주석서에서는 결심을 이렇게 정의합니다.

"결심하는 것이 결심이다. 그것은 결정하는 특징이 있다. 더듬거리지 않는 역할을 한다. 결정으로 나타난다. 결정해야 할 대상이 가까운 원인이다. 대상이 확고부동하기 때문에 이것은 마치 돌기둥과 같다고 알아야 한다."

그렇습니다. 우리가 내리는 선한 결심은 이토록 돌기둥과 같이 단단한 것이라서 우리들의 또 다른 의지를 계발시킵니다. 우리는 그냥 무엇을 계속하는 것이 아닙니다. 확신에 찬 신념과 믿음으로 결심을 하기 때문에 동일한 대상을 지속적으로 계속 추진할 수 있는 것입니다. 우리가 그냥 무엇을 하는 것이 아니고, 이런 여러 가지 마음의 작용들이 결합되어서 하는 것이라고 이해하기 바랍니다.

수행이 가장 좋은 것이라고 해도 바른 마음가짐이 없다면 오히려 해로운 것이 될 수도 있습니다. 위빠사나 수행의 궁극의 목표는 무아를 알아 갈애를 일으키지 않는 것입니다. 갈애가 일어나면 집착을 해서 갈애가 모든 괴로움의 원인을 일으키는 것이기 때문입니다.

그러나 수행이라는 이름으로 하는 행위가 모두 바른 것만은 아닙니다. 오히려 수행이라는 이름으로 자아를 더 강화해서 아만심을 키울 수 있습니다. 항상 최고의 선에는 최고의 불선이 함께 있습니다. 불선도 생존을 위해서 선을 가장합니다. 그래서 수행에서 가장 경계해야 되는 것 중에 하나가 자신이 수행자라는 우월감입니다.

짐을 벗을 수 있는 곳에서 오히려 짐을 진다면 과연 어디에서 짐을 벗을 수가 있겠습니까? 수행은 갈애의 짐을 벗기 위해서 하는 것인데, 수행을 더 잘하려고 하면 더 무거운 짐을 지는 것입니다. 그래서 수행도 반드시 스승의 가르침을 받아서 바른 길을 가야만 합니다. 그래야만 수행을 하는 사명을 완성할 수 있을 것입니다.

◆◆◆◆◆

지난 시간에 이어서 오늘도 마음의 작용에 대해서 말씀을 드리겠습니다.

오늘은 네 번째 정진에 관한 것입니다. 정진은 노력, 힘, 원기라는 뜻을 가지고 있습니다. 수행을 할 때 가장 중요하게 여기는 기본요소를 다섯 가지 근기라고 해서 오근이라고 합니다. 이때 오근은 믿음, 노력, 알아차림, 집중, 지혜입니다. 이때의 노력이 바로 정진입니다. 믿음이 있으면 노력을 하게 되고, 노력을 해야 알아차릴 수 있으며, 노력을 해서 알아차림을 지속시키면 집중이 되고, 집중의 상태에서 지혜가 납니다. 이렇게 해서 오근에 노력을 기울이면 오력이 생깁니다.

노력은 모든 것을 일으키는 중요한 원천입니다. 선한 것도 노력을 한 결과이고, 선하지 못한 것도 노력을 한 결과이고, 게으른 것도 노력을 해서 얻은 것입니다. 위빠사나 수행에서 말하는 노력은 여러 가지가 있습니다. 마음의 노력과 몸의 노력이 있습니다. 그리고 경행을 하는 것을 노력이라고 말합니다. 왜냐하면 경행은 정진력을 키우기 때문에 노력이라고 말합니다. 좌선은 집중력을 키우는 것에 반해서 경행은 노력해야만 하는 정진력을 배가시키는 수행입니다.

주석서에서는 정진을 이렇게 정의합니다.

"정진은 활기참이다. 노력함이 특징이다. 동시에 나타난 대상을 지탱하는 역할을 한다. 무너지지 않는 상태로 나타난다. 두려움을 가진 자는 지혜롭게 노력한다는 말이 있기 때문에 이것의 가까운 원인은 두려워함이다. 또 가까운 원인은 정진을 하는 동기이다. 바르게 시작했을 때 이것은 모든 성공의 근원이라고 알아야 한다."

그렇습니다. 두려움이 있고 고통스러워야 우리가 수행을 합니다. 두려움과 고통을 수행으로 반전시키면 거기서 행복과 평화와 지혜를 얻을 수가 있습니다. 또한 모든 성공의 근원이 노력이라는 사실입니다. 모든 것은 노력으로 이루어집니다. 앞서 말씀드린 선한 것도 노력이고, 선하지 않은 것도 노력이고, 게으른 것도 노력에서 얻는다는 사실을 알아야 합니다. 우리가 노력을 기울일 때 바로 선한 노력을 기울이느냐 선하지 못한 노력을 기울이느냐와 얼마만큼 노력을 하느냐 하는 이 두 가지 문제를 항상 유념해야 합니다.

다음에는 다섯 번째 희열입니다. 희열을 환희, 기쁨, 만족이라고도 합니다. 수행을 하는 과정에서 몸과 마음이 충만해지면 희열이 생깁니다. 선정수행에서는 자비희사라고 하는 사무량심에서 희흠가 바로 희열입니다. 이처럼 희열은 위빠사나 수행을 해서 얻는 자신의 내면의 기쁨이 있고, 다른 사람들의 행복을 함께 기뻐하는 사마타 수행의 기쁨이 함께 있습니다.

위빠사나 수행 중에 나타나는 정신적·육체적 희열은 일곱 가지 깨달음의 요인 중에 하나입니다. 처음에 수행을 시작할 때 알아차림을 확립하고, 다음에 대상에 대한 탐구와 노력을 하면 다음 단계로 희열이 나타납니다.

희열로 인해 몸과 마음에서 생기는 현상은 다섯 가지가 있습니다. 첫째, 약한 희열로, 소름이 끼치거나 닭살이 돋고 털이 일어나는 것 같은 느낌이 있습니다. 둘째, 순간적인 희열로, 전기에 감전된 것처럼 짜릿하고 시원하고 기분이 좋은 느낌입니다. 셋째, 파도 와 같은 희열로, 파도를 타는 듯이 공간을 떠다니는 것 같은 느낌입니다. 넷째, 들어올리 는 희열로, 몸이 공중에 뜨는 느낌이 들거나 실제로 몸이 공중으로 부양되는 현상이 나타납니다. 그래서 순간적으로 몸이 이동합니다. 다섯째, 퍼지는 희열로, 온몸에 완벽 하게 스며들듯이 기쁨이 충만한 느낌입니다. 여러분들이 수행을 하면 이러한 느낌이 나타날 때 이것이 바로 희열이라고 알기 바랍니다. 몸과 마음이 충만한 상태에서 정신적 충만함이 몸에서 이러한 희열로 나타납니다.

주석서에서는 희열을 이렇게 정의합니다.

"만족한다고 해서 희열이라고 한다. 충분히 만족하는 특징이 있다. 몸과 마음을 강하 게 하는 역할을 한다. 의기양양함으로 나타난다."

여러분들이 수행 중에 나타난 이러한 희열은 여러분들 스스로가 희열이라고 판단하 기 어렵습니다. 그래서 반드시 어떤 현상이 나타나든 스승과 면담을 해야 합니다. 그러 면 스승이 이러한 희열이 나타났을 때 적절하게 조언을 해줄 것입니다. 이 희열은 일곱 가지 깨달음의 요소 중에 하나이므로 반드시 모든 수행자가 거치는 하나의 과정입니다. 그래서 이 희열이 일어날 때 어떻게 대처하느냐에 따라서 수행이 더 발전할 수도 있고, 아니면 이 희열로 인해서 수행이 더 퇴보할 수도 있습니다.

다음 여섯 번째는 열의입니다. 열의는 자극, 고무, 의욕, 하고자 함, 의지, 의향 등의 뜻을 가지고 있습니다. 그래서 하고 싶어 하는 의지를 내서 행위를 하는 것입니다. 이때의 열의는 좋은 결과를 바라는 열의입니다. 탐욕과 성냄과 어리석음을 바라는 열의가 아닙니다. 열의는 때때로 다른 것과 같아지는 유익한 것으로, 손을 뻗어서 선한 것을 잡으려는 소망입니다.

조금 전에 제가 말씀드린 것처럼 우리가 노력도 어떤 노력을 할 것이냐 하는 점이 있지만, 열의도 선한 것이냐 선하지 못한 것이냐에 대해서 관심을 갖는 것입니다. 선하지 못한 사람은 항상 선하지 못한 일에 더 열의를 기울입니다. 그리고 더 노력합니다. 그리고 더 집중합니다. 이것이 똑같은 열의, 똑같은 집중이지만 사실은 선한 마음의 작용과 선하지 못한 마음의 작용 중 어떤 것을 가지고 있느냐에 따라서 다르게 쓰이는 것입니다.

주석서에서는 열의를 이렇게 정의합니다.

"열의는 하고 싶어 함의 동의어이다. 그러므로 이것은 하고 싶어 하는 특징이 있다. 대상을 찾는 역할을 한다. 대상을 원함으로 나타난다. 바로 그 대상이 가까운 원인이다. 이 열의는 마음의 대상을 잡는데 있어 마치 손을 뻗는 것과 같다고 알아야 한다."

이상으로 모든 마음과 관련되어서 항상 있는 마음의 작용 일곱 가지와 다양하게 섞여서 때때로 나타나는 마음의 작용 여섯 가지를 합쳐서 모두 열세 가지의 마음의 작용에 대해 말씀드렸습니다.

인간이 산다는 것은 이처럼 기본적인 마음의 작용과 다양하게 나타나는 마음의 작용이 함께하면서 사는 것입니다. 일곱 가지 기본적인 마음의 작용을 가지고 여섯 가지 다양하게 섞이는 마음의 작용을 계발하는 것이 수행입니다. 그래서 여섯 가지 마음의 작용은 일반적으로 수행을 하면 나타나는 현상입니다.

이러한 열세 가지 마음의 작용을 가지고 수행을 하면 다음에 나오는 선하지 못한 마음의 작용을 갖지 않고, 깨끗하고 유익한 마음의 작용을 갖게 될 것입니다. 수행을 한다는 사실이 그냥 막연하게 좋아지기 위해서 하지만, 사실은 이러한 내용들을 포함하면서 매 순간 마음을 고양시키고 번뇌에서 해방하게 하는 것입니다. 모두 이러한 것들이 있어서 나타난 결과들입니다.

이상 열세 가지 중에서 일곱 가지 속에 포함된 느낌과 인식을 제외한 나머지 열한 가지는 모두 행에 속합니다. 앞서 말씀드린 것처럼 52가지 마음의 작용 중에서 오온의 수온과 상온을 뺀 나머지가 모두 행온입니다. 그러므로 지금부터 말씀드리는 모든 마음의 작용은 행온입니다. 이 행온이 바로 업입니다.

그래서 우리가 어떤 업을 만드느냐에 따라서 어떤 결과를 얻는가가 결정됩니다. 이처럼 많은 행이 있지만 알아차림 하나만 있으면 훌륭한 삶을 살 수 있습니다. 수행은 특별한 것이 아니고 바르게 사는 것입니다. 바르게 살아가기 위해서는 언제 어느 때나 알아차리면 되는 것입니다. 그 알아차림이 바로 선한 행 중에 하나라는 사실은 뒤에 말씀드리겠습니다.

다음은 선하지 못한 마음의 작용입니다. 선하지 못한 마음의 작용은 모두 열네 가지입니다. 이 선하지 못한 마음의 작용을 불선심소라고 말합니다. 그러나 여기서는 불선이라고 하지 않고, 선하지 못한 마음의 작용이라고 명명하겠습니다.

선하지 못한 마음의 작용은 어리석음, 양심 없음, 수치심 없음, 들뜸, 탐욕, 사견, 자만, 성냄, 질투, 인색, 후회, 해태, 혼침, 의심입니다. 이상 열네 가지를 선하지 못한 마음의 작용이라고 합니다.

열네 가지의 선하지 못한 마음의 작용 중에서 어리석음과 양심 없음과 수치심 없음, 들뜸이란 네 가지 마음의 작용은 어리석음을 앞에 세워 독자로 일어나지 않고 항상 함께 일어납니다. 그래서 어리석을 때는 양심이 없고 수치심이 없고 들뜸이 함께 결속되어 있습니다. 그런 뒤에 이 네 가지는 다시 다른 선하지 못한 마음의 작용이 일어날 때마다 항상 함께 참여합니다. 그래서 모든 다른 선하지 못한 마음의 작용이 있을 때마다 이상 네 가지 마음의 작용이 함께 결합되어 나타나는 것입니다.

이처럼 어리석음이 있는 곳에서 항상 양심 없음, 수치심 없음, 들뜸이 함께 결합되어 나타나고, 그리고 이상 네 가지가 자기들끼리만 함께 있는 것이 아니고, 다시 다른 선하지 못한 마음의 작용이 일어날 때마다 그것들과 결합되어 다시 나타나는 것입니다. 그래서 선하지 못한 마음의 작용에서 가장 강한 힘을 가진 것이 어리석음입니다. 이 어리석음은 양심 없음, 수치심 없음, 들뜸이라는 세 가지 것을 결합하여 항상 함께 움직입니다. 그리고 선하지 못한 마음의 작용이 나타날 때마다 이곳저곳에 가서 참견하면서 그것들과 함께 일어납니다. 그러니 어리석음이라는 것이 얼마나 무서운 것입니까?

그러니 어리석음이라는 것이 얼마나 우리를 괴롭히는 것인지 다시 한 번 어리석음의 실체를 파악하여야 하겠습니다. 예를 들어 탐욕이란 마음의 작용이 있을 때에도 어리석음, 양심 없음, 수치심 없음, 들뜸이 가세합니다. 그리고 성냄이란 마음의 작용이 일어날 때도 이상 네 가지가 가세합니다. 또 해태와 의심이 있을 때에도 이상 네 가지 마음의 작용이 가세하여 함께 결합하여서 일어납니다. 그래서 어리석음, 양심 없음, 수치심 없음, 들뜸은 모든 선하지 못한 마음의 작용과 항상 연관되어 있습니다. 이처럼 어리석음이 있는 곳에 양심 없음, 수치심 없음, 들뜸이 모여서 함께 움직인다고 하였는데, 사실은 이것들만 모여서 작용하지 않습니다.

그래서 우리가 산다는 것은 이렇게 복잡하게 서로 결합되어서 힘이 힘을 키운다는 사실을 알아야 되겠습니다. 그냥 탐욕도 그냥 탐욕이 아니고, 어리석음이 탐욕과 합류하기 때문에 그 탐욕의 힘이 자꾸 커지는 것입니다.

못 알아차린 날들이 있어서 알아차리는 날이 있습니다. 지금까지 알아차리지 못한 것을 문제 삼지 말아야 합니다. 못 알아차린 것을 안 것만으로도 크게 할 일을 한 것입니다. 이제 중요한 것은 새로 알아차리는 것이고, 그리고 알아차림을 얼마나 지속하느냐 하는 것입니다. 알아차리지 못했다고 알고서 다시 알아차림을 놓쳐서는 안 됩니다. 알아차리지 못한 것은 과거의 일이고, 현재 알아차렸으면 이것을 지속하는 것에 마음을 두어야 합니다. 그렇지 않고 못 알아차렸다고 자책하는 것은 아무 소득이 없는 일입니다.

알아차림은 시작부터 알아차릴 수가 있고, 중간에 알아차릴 수가 있고, 끝에서 알아차릴 수가 있습니다. 누구나 지나고 나서 알아차리는 것을 반복하기 마련입니다. 그러니 알아차리지 못한 것을 자책하지 마십시오. 알아차리지 못한 것을 아는 것으로 당신은 훌륭한 성공을 한 것입니다. 이 사실을 유념하기 바랍니다.

◆◆◆◆◆

오늘도 지난 시간에 이어서 마음의 작용에 대해 말씀드리겠습니다.

탐욕도 한 가지만 일어나지 않습니다. 탐욕이 일어날 때 탐욕만 있지 않고 다른 세 가지 것이 결합되어 나타납니다. 성냄도 마찬가지입니다. 탐욕의 마음의 작용이 일어날 때는 어리석음과 탐욕이 각각 여러 가지로 모여 있는 것처럼 성냄도 하나만 있지 않습니다. 그래서 성냄, 질투, 인색, 후회라는 네 가지가 함께 결합하여 일어납니다. 해태도 마찬가지입니다. 이상의 것들이 모여서 일어나는 것처럼 해태도 하나만 있지 않습니다.

해태도 해태와 혼침, 두 가지가 함께 결합하여 일어납니다.

이처럼 선하지 못한 마음의 작용은 그룹별로 일어납니다. 그리고 이 그룹 중에서 어리석음을 선봉으로 한 양심 없음, 수치심 없음, 들뜸, 이 네 가지는 모든 선하지 못한 마음의 작용이 일어날 때마다 항상 함께 결합하여 일어납니다.

마음의 작용은 저 혼자만 일어나지 않고 항상 다른 것과 함께 일어나기 때문에 마음의 층이 두껍고 미묘할 뿐만 아니라 복잡합니다. 이것들이 모두 조건에 의해 서로가 결합되어 일어나기 때문에 마음과 마음의 작용이란 것이 간단치가 않습니다. 하나만 있을 때는 그 힘이 약하지만 두 가지, 세 가지가 모이면 그 힘이 강력해집니다. 그래서 늘 강한 원인을 만들어서 강한 결과를 만듭니다.

그러나 아무리 마음의 종류가 많고 마음의 작용의 종류가 많아서 복잡하게 얽혀서 일어난다고 해도 이제 수행자는 복잡하게 생각할 것이 없습니다. 마음은 한순간에 하나밖에 없기 때문입니다. 어떤 마음이나 또 어떤 마음의 작용이 일어나든 간에 일어난 순간에 일어난 것 하나를 알아차리기만 하면 됩니다. 숫자가 많은 것은 단지 분류를 위한 항목이고, 수행자가 알아차릴 대상은 현재 여기에 있는 것 하나면 됩니다.

그것이 무엇이든 있는 그대로 아는 것이면 모든 복잡한 것들로부터 벗어날 수가 있습니다. 그래서 숫자에 걸려 복잡하게 생각할 것 없습니다. 수행은 단지 대상을 아는 것이고, 대상은 언제나 한순간에 하나밖에 없으므로 있는 것을 알아차리면 됩니다. 수행은 단지 대상을 아는 마음과 모르는 마음 중에서 아는 마음을 선택하는 것입니다.

이제 선하지 못한 마음의 작용에서 항상 함께 있는 마음의 작용 네 가지를 하나씩 살펴보겠습니다. 첫째, 어리석음입니다. 어리석음은 혼란함, 미혹 등의 뜻이 있습니다. 이것을 무명無明이라고 합니다. 어리석음의 반대가 지혜입니다. 그러므로 어리석음이란 모르는 것을 말합니다. 지혜는 알아서 번뇌를 끊지만, 어리석으면 몰라서 번뇌를 움켜쥡니다. 모르기 때문에 좋은 것을 나쁘게 알고, 나쁜 것을 좋게 압니다. 그러니 그 결과가 어떻겠습니까?

어리석음은 선하지 못한 것의 근원이자 상징입니다. 그래서 불선심의 뿌리입니다. 어리석기 때문에 모든 불선한 행위가 일어납니다. 어리석음은 어두운 상태라서 무명이라고 합니다. 어리석기 때문에 대상의 본성을 덮어버리고 보지 않으려고 하며, 통찰하지 않습니다. 이러한 현상은 수행을 하지 않으므로 나타나기 때문에 수행을 하면 지혜를 얻어서 어리석음인 미혹에서 벗어납니다.

주석서에서는 어리석음을 이렇게 정의합니다.

"어리석기 때문에 어리석고 혹은 어리석음 스스로 어리석고 혹은 단지 어리석기 때문에 어리석음이라고 한다. 어리석음의 특징은 마음이 어두운 상태이다. 혹은 지혜가 없음이다. 혹은 대상의 본성을 덮어버리는 역할을 한다. 바른 수행의 결여로 나타난다. 혹은 어두움으로 나타난다. 지혜가 없고 숙고함이 없는 것이 가까운 원인이다. 모든 선하지 못함의 뿌리라고 알아야 한다."

어리석음은 어리석음을 먹고 커집니다. 어리석음은 어리석음을 좋아합니다. 탐욕은 탐욕을 먹고 큽니다. 성냄은 성냄을 먹고 큽니다. 그러므로 모든 것들이 자가 발전하는 것입니다. 그래서 어리석은 자는 스스로가 어리석은지 알 수가 없습니다. 그래서 누군가가 자신에 대해 충고를 해도 그것을 받아들이기가 어렵습니다. 왜냐하면 그런 지혜가 없기 때문입니다. 그러므로 어리석지 않기 위해서는 단 하나 수행을 해야 합니다. 그리고 훌륭한 스승을 만나야 합니다. 그리고 좋은 도반을 사귀십시오. 그것이 조금씩 어리석음에서 벗어날 수 있는 길입니다.

다음에는 두 번째로 양심 없음입니다. 양심이 없는 것은 악한 행위를 부끄러워하지 않는 것입니다. 부끄러워하지 않기 때문에 선하지 못한 일을 혐오하지 않고 즐깁니다. 이에 반해 선한 마음을 가진 사람은 선하지 못한 일을 부끄러워합니다. 이것이 양심이 있는가, 없는가의 차이입니다.

주석서에서는 양심 없음을 이렇게 정의했습니다.

“부끄러워하지 않는다고 양심이 없는 자라고 한다. 양심이 없는 자의 상태를 양심 없음이라고 한다. 양심 없음은 몸으로 짓는 그릇된 행위들에 대하여 혐오하지 않는 특징이 있다. 혹은 부끄러움이 없는 것이 특징이다.”

그렇습니다. 어리석으면 양심이 없고, 양심이 없다는 사실을 부끄러워하지 않는다는 것입니다.

다음 세 번째는 수치심이 없음입니다. 수치심이 없음은 선하지 못한 것을 두려워하지 않는 것입니다. 선하지 못한 일을 두려워하지 않으면 불선한 일을 싫어하지 않고 좋아합니다. 양심이 없고 수치심이 없다는 것은 선하지 못한 것을 혐오하지 않고 두려워하지 않습니다. 그래서 더 불선한 행동을 합니다. 자신과 다른 사람을 존중하지 않기 때문에 이런 행위를 합니다.

주석서에서는 수치심이 없는 것을 이렇게 정의합니다.

“두려워하지 않는다고 해서 수치심 없음이라고 한다. 수치심 없음은 그릇된 행위에 대하여 걱정하지 않는 특징이 있다. 혹은 두려워하지 않는 특징이 있다.”

그래서 양심이 없는 것은 부끄러움이 없는 것이고, 수치심이 없는 것은 두려워하지 않는 것입니다. 그래서 어리석다는 것은 매우 무지하고 용맹합니다. 그래서 무서운 것입니다. 이 세상에 어리석음보다 더 무서운 것이 어디 있겠습니까? 그래서 어리석음과 양심 없음, 수치심 없음이 함께 있다는 사실을 유념하여야 합니다.

네 번째, 들뜸입니다. 들뜸은 고요하지 못하고 산만한 것입니다. 바람에 출렁거리는 물결처럼, 바람에 펄럭이는 깃발처럼 동요하는 상태입니다. 그래서 대상에 고요하게 마음을 머물게 하지 못합니다. 그래서 마음이 끊임없이 표류합니다.

들뜸은 존재를 색계와 무색계에 붙들어 매는 족쇄입니다. 이것을 오상분결이라고 하는데, 색계에 대한 욕망, 무색계에 대한 욕망, 아만, 들뜸, 어리석음이 바로 그것입니다.

이상의 족쇄에서 벗어나기 위해서는 아라한이 되어야 합니다. 그러므로 아라한이 되기 전까지는 이상의 번뇌에서 벗어나기가 어렵습니다. 그러므로 수행자는 들뜸을 없애려고 하지 말고, 들떠서 산만한 상태를 알아차려서 약화시켜야 합니다. 이렇게 알아차리면 언젠가 아라한이 되어 들뜸에서 자유로울 수가 있을 것입니다.

수행자 여러분! 여러분들은 늘 들떠 있습니다. 그러나 그것은 불가피한 것입니다. 그러니 들뜸에서 벗어나는 유일한 길은 '지금 들떠 있네!'라고 들떠 있는 사실을 객관적으로 다시 한 번 알아차리는 것입니다. 이것만이 들뜸에서 벗어나는 유일한 길입니다. 들뜸에서 벗어나려고 하지 마십시오. 이제 단지 들뜸을 알아차리기만 하십시오.

주석서에서는 들뜸을 이렇게 정의합니다.

"들뜬 상태가 들뜸이다. 이것의 특징은 바람에 출렁거리는 물처럼 고요하지 않음이다. 마치 바람에 부딪혀 흔들리는 깃발처럼 동요하는 역할을 한다. 마치 돌에 맞아 흩어지는 재처럼 산란한 움직임으로 나타난다. 마음의 동요에 대해 지혜가 없어 숙고하지 못하는 것이 가까운 원인이다. 마음의 산만함이라고 알아야 한다."

이상 네 가지가 선하지 못한 마음의 작용 중에 항상 함께 나타나는 것들입니다.

불선심이 있는 상태에서는 항상 어리석음, 양심 없음, 수치심 없음, 들뜸이 함께합니다. 그래서 이 힘은 강력합니다. 서로 연합해서 있기 때문에 잠재적 성향의 강한 힘을 가지고 있습니다. 그래서 선하지 못한 사람은 더욱 선하지 못한 행위를 합니다. 모르기 때문에 부끄러워하지 않고 두려워하지 않지만, 실제로 그 마음의 상태는 고요하지 못하고 항상 들떠 있습니다. 그리고 산만합니다. 그래서 고통을 겪으면서 살아야 합니다.

어리석음 하나가 양심 없음과 수치심 없음과 들뜸이라는 세 가지를 함께해서 네 가지가 작용할 때 이 힘은 거대합니다. 그래서 우리가 어리석음의 세계에서 벗어나기가 어려운 것입니다. 이것이 우리가 수행을 해야 되는 가장 필요한 이유입니다.

다음은 선하지 못한 마음의 작용 열 가지를 말씀드리겠습니다. 이것들은 다양하게 결합하는 마음으로, 때때로 나타나는 것들입니다. 이 열 가지는 각각 모여 있으면서 이것이 나타날 조건이 성숙될 때마다 나타납니다. 탐욕에 관한 것은 탐욕, 사견, 자만으로 이 세 가지는 함께 일어납니다. 그러나 이 탐욕, 사견, 자만은 항상 일어나는 것이 아니고, 이것들만 모여서 이러한 조건이 성숙될 때만이 이 세 가지가 함께 일어납니다.

다섯 번째, 탐욕입니다. 탐욕은 어리석음과 성냄과 함께 불선심의 대표적인 마음의 작용입니다. 이 세 가지를 삼독三毒이라고 합니다. 탐욕은 열의와 다릅니다. 탐욕은 대상을 원할 때 끈적끈적한 점액이 묻어 있고, 열의는 대상을 원할 때 끈적끈적한 점액이 없습니다. 탐욕은 집착하여 달라붙는 성품이 있고, 열의는 대상을 원하는 정도만 있는 성품을 가졌습니다.

주석서에서는 열의를 다음과 같이 정의했습니다.

"탐욕 때문에 탐하고, 혹은 탐욕 스스로가 탐하고, 혹은 단지 탐하는 것이기 때문에 탐욕이라고 한다. 탐욕은 마치 끈끈이처럼 대상을 거머쥐는 특성을 가지고 있다. 마치 달구어진 냄비에 놓인 고깃덩어리처럼 달라붙는 역할을 한다. 마치 염색하는 안료처럼 버리지 않음으로 나타난다. 족쇄에 묶이게 될 대상들에 대해서 달콤한 것을 본 것이 가까운 원인이다. 탐욕이 갈애의 강물로 늘어나면서 마치 강물의 거센 물살이 큰 바다로 인도하듯이, 중생을 잡아서 악처로 인도하는 것을 알아야 한다."

12연기에서 윤회가 계속되는 것이 갈애를 일으키는 것입니다. 이 갈애가 바라는 마음입니다. 이 바라는 마음이 더 집착으로 발전하면 그것이 단순히 바라는 마음에서 욕망으로 변합니다. 현상계에서 생명을 이어가는 것이 바로 탐욕입니다. 물론 이 탐욕은 어리석음이 조정합니다. 그래서 모든 것의 근본원인은 어리석음과 탐욕이라고 알아야겠습니다. 여러분들이 괴로울 때는 그 괴로움의 원인이 바로 어리석음과 탐욕으로 인한 것입니다.

남과 자신에게 모두 인색하면서 얻기만 하려고 한다면 이것은 선한 행위가 아닙니다. 선하지 못한 행위는 반드시 선하지 못한 과보를 받아서 언젠가 불행해집니다. 그가 설령 무엇인가를 얻었다고 해도 불행을 얻은 것이지 결코 행복을 얻은 것은 아닙니다.

남에게 베풀지 못하고 자신에게도 베풀지 못하는 마음은 현재에도 아귀의 마음이고, 죽어서도 아귀가 됩니다. 남에게 베풀었다고 해도 자신에게 인색하면 똑같은 아귀의 마음입니다.

남과 자신에게 모두 인색하지 않고 베푸는 마음을 가질 때만 비로소 선한 바라밀 공덕을 쌓는 것입니다. 이 선한 바라밀 공덕은 바로 자신이 쌓은 대로 온전히 받게 될 것입니다.

지난 시간에 이어서 마음의 작용에 대해서 말씀드리겠습니다.

지난 시간에는 선하지 못한 마음의 작용 중에서 조건에 의해서 때때로 일어나는 마음의 작용을 말씀드렸고, 지금도 같은 마음의 작용을 말씀드리겠습니다.

선하지 못한 마음의 작용의 여섯 번째는 사견邪見입니다. 사견은 잘못된 견해입니다. 사견은 유신견, 상견, 단견이 있습니다. 자아가 있다는 견해와 항상 하고 영원하다는 견해와 죽으면 모든 것이 소멸한다는 견해입니다. 이 중에 '내가 있다'고 하는 유신견은 잘못된 견해의 표본입니다. 잘못된 견해를 가지고 있으면 자아를 강화하기 위해서 갈애를 일으켜 끝없는 윤회를 해야 합니다. 그래서 완두콩알 만한 유신견이 있어도 열반을 성취할 수 없다고 말합니다.

『청정도론』에서는 사견을 이렇게 정의합니다.

"사견 때문에 그르게 본다. 혹은 사견 스스로 그르게 보고, 단지 그르게 보기 때문에 사견이라고 한다. 이것의 특징은 이치에 어긋나는 고집이다. 집착하는 역할을 한다. 그릇된 고집으로 나타난다. 성스러운 제자들을 친견하고자 하지 않음 등이 가까운 원인이다. 이것이 가장 비난받아야 할 것이라고 알아야 한다."

모든 것의 근본원인이 어리석음과 탐욕입니다. 그러나 사실은 보이지 않는 또 다른 원인이 있습니다. 그것이 바로 사견입니다. 어리석음을 조정하는 것이 유신견인데, 그 유신견이 내가 있다고 하는 잘못된 사견에 속합니다.

다음 일곱 번째는 자만입니다. 자만은 자신을 높게 생각하는 것입니다. 거만하고 오만하고 교만한 것도 자만에 속합니다. 세상에는 세 가지 부류의 사람들이 있습니다. 남들보다 뛰어나거나 남과 동등하거나 남보다 못하다고 하는 생각입니다. 이러한 모든 생각이 자만입니다. 이 세 가지는 남들보다 뛰어나다고 하는 우월감에서 오는 자만, 남과 대등하다고 하는 동등함에서 오는 자만, 남보다 열등함에서 오는 자만이 있습니다. 남보다 열등하다고 자책하는 것도 하나의 자만에 속합니다. 이러한 자만은 도과를 성취해야 제거할 수 있으며, 아라한이 되어야 완전히 제거하게 됩니다.

주석서에서는 자만을 이렇게 정의합니다.

"자만의 특징은 오만함이다. 건방진 역할을 한다. 허영심으로 나타난다. 사견으로부터 분리된 탐욕이 가까운 원인이다. 광기가 이와 같다고 봐야 한다."

이러한 자만도 잘 쓰면 약이고, 못 쓰면 독입니다. 어느 의미로 우리가 적극적으로 무슨 일을 할 때 이러한 것들이 그대로 잘 반영된다면 잘못된 자만이 선한 열의로 바뀔 수 있을 것입니다. 이상으로 우리가 탐욕에 관계된 마음의 작용들을 살펴봤습니다.

다음으로 성냄에 관한 것은 성냄, 질투, 인색, 후회, 이 네 가지가 함께 있습니다. 그러나 이 성냄은 항상 있는 것이 아니고 조건이 성숙될 때만 네 가지가 함께 모여서 일어납니다.

여덟 번째로 성냄입니다. 성냄을 빨리어로 도사dosa라고 하는데 타락, 부패, 결점, 잘못이라는 뜻과 함께 화, 성냄, 분노, 미움, 진심이라는 뜻이 함께 있습니다. 여기서 '진심'이라고 했을 때 한문으로 '참 진眞'을 연상하여 진실한 마음이라고 잘못 이해할 우려가 있어서 여기서는 성냄이라고 말합니다. 한문으로 성냄을 뜻하는 진심은 성낼 진嗔 또는 눈 부릅뜰 진瞋을 사용합니다.

성냄은 탐욕, 성냄, 어리석음이라는 세 가지 선하지 못한 마음의 작용 중에 하나입니다. 성냄은 선하지 못할 때 가장 두드러지게 나타납니다. 성냄을 뒤에서 조종하는 것이 탐욕입니다. 다시 탐욕을 뒤에서 조종하는 것이 어리석음입니다. 다시 어리석음을 뒤에서 조종하는 것이 바로 어리석음입니다. 그래서 어리석어서 어리석은 것입니다. 이런 이유로 어리석음을 선하지 못한 마음의 뿌리라고 하는 것입니다.

그러나 사실 어리석음 뒤에는 눈에 보이지 않는 것들이 도사리고 있습니다. 그것이 바로 사견인 유신견이라고 알아야 합니다. 유신견의 반대는 무아입니다. 그래서 우리가 '내가 있다'고 하는 자아라는 유신견과 '내가 없다'고 하는 무아가 바로 최고의 지혜를 결정한다는 사실을 유념하기 바랍니다.

주석서에서는 성냄을 이렇게 정의합니다.

"그중에 그것 때문에 생기거나 혹은 그것 스스로 성내고 혹은 단지 성내는 것이기 때문에 성냄이라고 한다. 그것은 마치 두드려 맞은 독사처럼 잔인함을 특징으로 한다.

그것은 마치 한 방울의 독처럼 퍼지는 역할을 한다. 혹은 자기 의지처를 태우는 역할을 한다. 마치 숲 속의 불처럼 성내고 있음으로 나타난다. 마치 기회를 포착한 원숭이처럼 성을 낼 대상이 가까운 원인이다. 이것은 독소가 섞인 오줌과 같다고 알아야 한다."

그렇습니다. 우리는 늘 화를 냅니다. 그러나 자기가 화를 내고 있는지 모릅니다. 늘 화를 내는 것은 가장 천박한 행위입니다. 그 천박한 행위를 조종하는 것이 바로 탐욕이고, 그 탐욕이 바로 어리석음 때문이라는 사실을 이제 알았습니다.

다음은 아홉 번째 질투입니다. 질투는 남이 잘되는 것을 시샘하고, 자신이 잘된 것을 나누어 갖지 않는 것을 말합니다. 다른 사람의 공적이나 위신, 재물의 풍요로운 번영을 시기하는 성품을 질투라고 합니다. 질투는 남이 잘된 것을 시샘하는 것뿐이 아니고, 자기가 잘된 것조차도 나누어 갖지 않는 편협한 마음의 작용입니다.

주석서에서는 질투를 이렇게 정의하고 있습니다.

"질투함이 질투이다. 그것은 타인의 성공을 시기하는 특징이 있다. 그것을 좋아하지 않는 역할을 한다. 그것을 혐오하는 것으로 나타난다. 타인의 성공이 가까운 원인이다. 그것은 족쇄로 보아야 한다."

수행자 여러분! 사돈이 논을 사서 배가 아픈 것이 아니고 사돈이 논을 사서 기뻐해야 합니다. 사돈이 논을 사서 한 턱 내라고 하지 말고, 사돈이 논을 샀으니까 얼마나 힘이 들었느냐고 이쪽에서 사돈을 대접해야 합니다. 이것이 질투가 없는 마음입니다. 그러면 그 사돈은 얼마나 감사하겠습니까? 이것이 아름다운 마음입니다.

다음은 열 번째 인색입니다. 인색은 자신이 가진 것이 다른 사람에게 생기지 말기를 바라는 마음의 작용입니다. 인색하면 자신의 부귀영화가 다른 사람과 연관되는 것을 참지 못합니다. 인색하기 때문에 남과 나누지도 못할 뿐만 아니라 자신을 위해서도 사용하지 않습니다. 인색하면 살아서도 아귀로 살고, 죽어서도 아귀로 태어납니다. 그러니 있는 것을 먹지도 못하는 이 어리석음이 얼마나 어리석은 것입니까?

주석서에서는 인색을 이렇게 정의합니다.

"인색한 상태가 인색이다. 그것은 이미 얻었거나 얻게 될 자기의 성공을 숨기는 특징이 있다. 다른 사람과 그것을 나누어 갖는 것을 참지 못하는 역할을 한다. 움츠림으로 나타난다. 혹은 쓰디쓴 상태로써 나타난다. 자기의 성공이 가까운 원인이다. 이것은 정신적으로 추한 꼴로 보아야 한다."

그래서 인색해서 얻은 성공은 성공이 아닙니다. 그것은 쓰디쓺이고, 그 자체가 움츠림입니다. 누가 볼까 두려워하는 것은 가진 것이 아닙니다. 가진 것을 함께 나누어 가질 수 있을 때만이 그것이 진실로 자기 것이 됩니다. 그러나 남과 자기에게 모두 인색하다면 그것은 가진 것이 아닙니다.

다음은 열한 번째 후회입니다. 후회는 질책, 회한을 갖는 것을 말합니다. 후회는 선하지 못한 행위를 한 뒤에 선하지 못한 행위를 한 것을 뉘우치고 질책하는 것입니다. 그래서 이미 행한 선하지 못한 대상을 혐오하고, 행하지 않은 선행을 대상으로 혐오하는 것을 후회라고 합니다. 후회는 허용된 것을 허용되지 않은 것으로, 범하지 않은 것을 범한 것으로 또 그 반대의 경우로 잘못하는 것, 이러한 모든 것에 대하여 걱정하거나 이것을 안절부절못하거나 지나치게 세심하게 생각하거나 양심의 가책을 느끼거나 그래서 상심하는 모든 것을 포함합니다.

후회는 세 가지 유형이 있습니다. 첫째, 선하지 못한 마음의 작용에서 후회하는 것입니다. 둘째, 점잖지 못한 가벼운 행동을 하고 후회하는 것입니다. 셋째, 계율에 관한 의문을 갖는 것입니다. 여기서 불선의 마음의 작용으로 간주되는 후회는 첫 번째입니다.

나머지 두 번째와 세 번째는 불선의 마음의 작용에 속하지 않습니다. 가령 뜻하지 않게 사소한 실수를 하는 행동을 했다면 그것은 불선한 마음의 작용이 아닙니다. 그리고 계율을 지켜야 할 때 아직 자기의 지혜가 미치지 못해서 과연 꼭 이 계율을 지켜야 하는가 의문을 갖는 것도 불선한 마음의 작용에 속하지 않습니다. 그러한 무수한 불선의 마음의 작용을 모두 불선행이라고 한다면 우리는 견딜 수가 없을 것입니다.

후회는 수행을 하면 나타나는 법념처의 다섯 가지 장애 중에 네 번째에 속합니다. 다섯 가지 장애의 네 번째가 들뜸과 후회입니다. 들뜸과 후회는 알아차리는 마음을 덮어버려 지혜가 나지 못하도록 합니다. 그래서 후회는 아무리 해도 개선되지 않는 선하지 못한 마음의 작용입니다. 후회가 선하지 못한 것이라는 것을 우리는 유념해야 합니다.

후회는 과거에 이루지 못한 것을 아쉬워하는 욕망입니다. 그래서 참회하는 것과 다릅니다. 지나간 일을 후회할 것이 아니고 지나간 것에 집착하는 마음을 알아차려야 합니다. 그래서 과거로부터 현재로 돌아와서 후회하는 것을 알아차려야 합니다. 현재로 오지 않으면 과거의 회한과 미래의 두려움으로 선한 마음을 갖기가 어렵습니다.

주석서에서는 후회를 이렇게 정의합니다.

"악한 것을 행하였음이 악행을 했음이다. 그것의 상태가 후회다. 나중에 속을 태우는 특징이 있다. 좋은 일을 행하지 않는 것과 나쁜 일을 행하는 것을 슬퍼하는 역할을 한다. 뉘우침으로 나타난다. 행하고 행하지 않음이 가까운 원인이다. 노예근성과 같다고 보아야 한다."

우리는 늘 후회하면서 삽니다. 그리고 자탄합니다. 이것이 불선한 마음의 작용이라는 사실을 알아야 하겠습니다. 후회한다고 무엇이 개선되지 않습니다. 그것은 이루지 못한 것을 아쉬워하는 욕망입니다. 지금까지 우리가 수많은 후회를 했지만 그것은 강물처럼 흘러가 버리고 그리고 새로운 것은 오지 않습니다. 후회는 단지 후회를 낳을 뿐입니다.

그래서 스스로를 자책하고 비하하고 결과적으로 충만한 에너지를 소모하게 만듭니다. 우리가 후회를 하면서 살아왔지만 돌이켜보면 후회를 해서 얻은 것이 무엇인가요? 그래서 후회는 단지 후회로 그칠 뿐입니다. 왜 그럴까요? 후회는 불선마음의 작용이기 때문입니다. 그래서 후회를 하면 할수록 후회하는 것을 좋아해서 후회하는 것에 그치고 맙니다. 이제 후회하는 때가 되었을 때는 '지금 내가 후회하고 있네!'라고 후회하고 있는 마음을 대상으로 알아차려야 하겠습니다.

　수행을 하고 싶다고 해서 마음대로 되는 것이 아닙니다. 수행은 먼저 선한 마음이 있어야 하고, 다음에 선한 과보심이 따라야 합니다. 선한 마음이 있지만 선하지 못한 과보심이 있으면 수행을 방해합니다. 선한 과보심은 지금 이전에 행한 바라밀 공덕에 의해 만들어집니다. 선한 과보심은 아무런 바람이 없이 행해져야 합니다. 바람이 있는 공덕은 완전한 공덕이 아닙니다. 그러나 바라밀 공덕이 부족하여 수행이 잘 되지 않는다고 하더라도 수행을 계속해야 합니다. 수행을 하는 것이 새로운 바라밀 공덕을 쌓는 것이기 때문입니다.

◆◆◆◆◆

　지난 시간에 이어서 오늘도 선하지 못한 마음의 작용을 말씀드리겠습니다.

　해태에 관한 것은 해태와 혼침 두 가지입니다. 이 두 가지는 함께 일어납니다. 그러나 해태와 혼침은 항상 있는 것이 아니고 조건이 성숙될 때만 일어납니다.

　선하지 못한 마음의 작용 중에서 열두 번째 해태와 열세 번째 혼침, 두 가지는 다음과 같습니다. 해태는 마음이 무기력하고 건강하지 못한 상태입니다. 그래서 이 상태에서는 노력을 하지 않습니다. 혼침은 마음의 작용들인 수, 상, 행이 각각의 기능을 하는 것을 방해하는 일을 합니다. 해태가 마음을 억누르고 활기차지 못하게 방해하는 것처럼 혼침도 마음의 작용이 결합하여 활기차지 못하게 방해합니다. 그러나 해태와 혼침의 두 가지 방해는 그 대상이 서로 다릅니다. 일반적으로 해태와 혼침은 같은 뜻으로 말하고 있습니다.

해태와 혼침은 법념처의 다섯 가지 장애 중에 세 번째에 속합니다. 장애는 수행을 시작하면 나타나는 손님입니다. 그래서 이것은 없애야 할 대상이 아니고, 단지 나타난 손님이므로 알아차려야 할 대상입니다. 그래서 수행자는 장애가 없이는 수행을 할 수가 없다는 사실을 전제로 시작해야 합니다.

그러므로 법념처에서 가장 먼저 다섯 가지 장애를 알아차릴 대상으로 삼았습니다. 해태와 혼침이 장애인 이유는 이것이 바로 알아차림을 덮어버리기 때문입니다. 이런 해태와 혼침으로부터 벗어날 수 있는 가장 좋은 방법은 이것을 대상으로 알아차리는 것입니다. 그러나 이미 이것들이 알아차림을 약화시켰기 때문에 스스로 힘을 내기가 어려워서 때로는 다른 방편을 사용할 수도 있습니다. 그러나 결국은 해태와 혼침을 대상으로 알아차리는 것이 가장 바른 방법입니다.

해태와 혼침은 스스로를 자양분으로 삼아서 더 커집니다. 수행을 하면 나른하고 권태롭고, 하품과 식곤증, 까라짐, 졸음이 나타나기 마련입니다. 이때 이런 대상을 있는 그대로 알아차리지 못하면 이것들 스스로가 일어난 것을 영양으로 삼아서 더 커집니다. 그러므로 외부에서 이것들을 키우는 것이 아니고 자체적으로 커지는 것입니다. 이때 적절한 알아차림이 필요합니다. 이런 현상들로부터 벗어나려고 하면 벗어나려고 할수록 이것들은 더 깊어집니다.

모든 일들이 다 이렇습니다. 알아차리는 힘은 약하고 지금까지 가지고 있던 것들의 힘은 강합니다. 그래서 수행을 한다는 사실이 그렇게 쉬운 일이 아닌 것입니다. 전에 없던 새로운 습관을 만든다는 것은 항상 각별한 의지와 노력이 필요합니다.

해태와 혼침을 극복하는 방법은 여러 가지가 있습니다. 그러나 무엇보다도 먼저 알아차림을 강화해야 합니다. 대상으로부터 벗어나려고 싸우거나 대상에 빠져서는 안 되고, 나타난 대상을 있는 그대로 알아차려야 합니다. 나타난 대상을 없애려고 하거나 다른 것을 찾으면 있는 장애가 더 강해집니다. 그러므로 나타난 대상을 있는 그대로 받아들여서 알아차리는 것들이 가장 좋은 방법입니다. 왜냐하면 그것들은 와서 보라고 나타난 것들입니다. 그러나 우리는 와서 보라고 나타난 대상을 와서 보지 않고 그것들을 없애려 하거나 그것에 빠져버립니다.

부처님께서 졸음이 올 때의 방법에 관하여 목갈라나 존자에게 하신 법문이 있습니다.

"목갈라나여, 졸리는가? 목갈라나여, 지금 졸고 있는가?"
"네, 세존이시여, 그렇습니다."
"오! 목갈라나여, 어떤 생각을 하다가 혼침이 그대를 덮치면 그 생각에 더 이상 주의를 기울이지 말아야 한다. 그 생각을 더 이상 하지 말아야 한다. 그러면 혼침이 사라질 수 있다. 그러나 만약에 그렇게 해도 혼침이 사라지지 않으면 그대가 배운 법을 마음속으로 떠올려 생각하고 되새겨야 한다. 그러면 혼침이 사라질 수 있다. 그렇게 해도 혼침이 사라지지 않으면 그대가 이미 듣고 배운 법을 모두 세세하게 암송해야 한다. 그러면 혼침이 사라질 수 있다.
그래도 혼침이 사라지지 않으면 귓불을 잡아당기고 손바닥으로 팔다리를 문질러라. 그러면 혼침이 사라질 수 있다. 그래도 혼침이 사라지지 않으면 자리에서 일어나 물로 눈을 씻고, 사방을 둘러보고 하늘의 별을 쳐다보라. 그러면 혼침이 사라질 수 있다. 그래도 혼침이 사라지지 않으면 빛에 대한 알아차림을 확립하고, 낮에 그렇게 했듯이 밤에도, 밤에 그렇게 했듯이 낮에도, 같은 방법으로 맑고 트인 마음으로 밝음에 가득 찬 의식을 계발하라. 그러면 혼침이 사라질 수 있다.
그래도 혼침이 사라지지 않으면 감각을 안으로 돌이켜 마음이 밖으로 향하지 않도록 한 채 앞과 뒤를 똑바로 알아차리면서 왔다 갔다 걸어라. 그러면 혼침이 사라질 수 있다. 그래도 혼침이 사라지지 않으면 곧 일어나겠다는 생각을 간직한 채 알아차림과 분명한 앎을 하면서 두 발을 포개어 오른쪽이 바닥에 가도록 조심스럽게 누워라. 이렇게 자다가 다시 깨어나는 대로 내가 눕거나 기대는 즐거움이나 잠자는 즐거움에 빠지지 않으리라 생각하면서 빨리 자리에서 일어나라. 목갈라나여, 이렇게 스스로 단련하라."

이상이 부처님께서 말씀하신 혼침에 대한 가르침입니다.

예나 지금이나 졸음은 누구에게나 있는 알아차릴 대상입니다. 이것을 뛰어넘지 않고서는 누구도 수행을 계속할 수가 없습니다.『상윳따니까야(Saṁyutta-Nikāya)』에서는 해태와 혼침을 이렇게 말합니다.

"여기 통 속에 물이 있어 이끼와 풀로 덮여 있다면 정상적인 시력을 가진 사람이라도 거기에 비친 자기의 얼굴을 제대로 알아볼 수 없을 것이다. 마찬가지로 어떤 사람이 해태와 혼침에 사로잡혀 짓눌려 있을 때 그는 이미 일어난 해태와 혼침으로부터 벗어날 길을 제대로 볼 수 없을 것이다. 그리하여 그는 자신의 행복도, 남의 행복도 그리고 자신과 남의 행복도 올바로 이해하거나 보지 못할 것이다. 이미 오래전에 마음에 새겨둔 가르침도 상기하지 못할 것이다. 하물며 새기지 않은 것들이야 오죽하겠는가?"

이 가르침도 사실은 우리가 알아차려야 할 것은 자신의 정신과 물질이며, 그것이 어떤 상황에 있든 있는 그대로 알아차려야 하는 것을 말합니다.

주석서에서는 해태와 혼침을 이렇게 정의 했습니다.

"나태함이 해태이고, 무기력함이 혼침이다. 분발심이 없어 무기력하고, 활기가 없어 피로하다는 뜻이다. 해태와 혼침이 하나로 되어 있으나 두 가지로 분리되어야 한다. 그중에 해태는 분발함이 없는 특징이 있다. 마음의 문을 덮어버리는 역할을 한다. 처지는 것으로 나타난다. 혼침은 일에 적합하지 못한 특징이 있다. 마음의 문을 덮어버리는 역할을 한다. 게으름으로 나타난다. 혹은 졸음과 수면으로 나타난다. 권태, 하품 등에 대해 마음을 숙고하는 지혜가 없는 것이 이 두 가지의 가까운 원인이다."

다음으로 열네 번째로 의심이 있습니다. 의심은 한 가지입니다. 이 의심도 항상 있는 것이 아니고 조건이 성숙될 때만 일어납니다. 선하지 못한 마음의 작용 중에서 마지막으로 열네 번째 의심입니다. 의심은 회의적 의심입니다. 부처님과 부처님의 가르침과 승가에 대해서 의심을 하는 것입니다. 그래서 불법승 삼보에 대해서 의심하는 것입니다. 의심은 또 다른 것들이 있습니다. 계율, 전생, 내생, 전생과 내생, 연기에 대한 의심이 있습니다. 이처럼 의심은 마음을 이리저리로 굴리는 것입니다. 그래서 마음이 혼란스러운 상태를 뜻합니다.

알아차림을 확립하는 수행의 법념처의 다섯 가지 장애인 마지막이 바로 회의적 의심입니다. 의심을 제거하기 위해서는 12연기의 원인과 결과를 알아야 합니다. 원인과 결과를 아는 지혜가 나면 다음 단계로 현상을 아는 지혜가 계발됩니다. 그래서 의심이 제거되지 않으면 도과를 성취할 수 없습니다.

의심이 의심을 키우는 자양분입니다. 그래서 의심이 의심을 먹고 자랍니다. 의심을 일으키는 것은 지혜가 없기 때문이며, 대상에 마음을 기울이지 못하기 때문입니다. 그래서 의심은 아직 생겨나지 않은 의심을 생기도록 조장하며, 이미 생겨난 의심을 더 키워서 계속 의심합니다. 의심이 있는 사람은 아무리 바른 답을 말해 주어도 받아들이지 않습니다. 또 의심을 하기 때문입니다. 의심을 하는 사람은 의심을 하는 것을 좋아하기 때문에 어떤 경우에도 답을 얻으려 하지 않고 계속 의심을 키웁니다. 그래서 의심하는 것을 즐기는 것입니다. 이런 사실들을 우리가 유념해야겠습니다.

『상윳따니까야』에서는 의심을 이렇게 말합니다.

"여기 한 통의 흙탕물을 휘저어 어두운 곳에 두었다면 정상적인 시력을 가진 사람이라도 거기에 비친 자기의 얼굴을 제대로 알아볼 수 없을 것이다. 마찬가지로 어떤 사람의 마음이 의심에 쌓여 짓눌려 있을 때 그는 이미 일어난 의심으로부터 벗어날 길을 제대로 볼 수 없을 것이다. 그리하여 그는 자신의 행복도, 남의 행복도 그리고 자신과 남의 행복도 올바로 이해하거나 보지 못할 것이다. 또한 이미 오래전에 마음에 새겨둔 가르침도 상기하지 못할 것이다. 하물며 새기지 않은 것들이야 오죽하겠는가?"

그렇습니다. 계속 주석서에서는 이렇게 의심을 정의했습니다.

"치료하려는 바람이 없는 것이 의심이다. 이것은 회의하는 특징이 있다. 흔들리는 역할을 한다. 결정하지 못함으로 나타난다. 혹은 불분명하게 파악함으로서 나타난다. 지혜가 없어 마음을 숙고하지 못함이 가까운 원인이다. 수행을 하는 데 방해가 된다고 보아야 한다."

이상, 선하지 못한 마음의 작용은 모두 열네 가지입니다. 이것들은 모두 불선행입니다. 그중에 어리석음, 양심 없음, 수치심 없음, 들뜸은 선하지 못한 마음의 작용이 일어날 때마다 항상 있는 마음의 작용입니다. 그리고 탐욕과 함께 있는 마음의 작용 세 가지, 성냄과 함께 있는 마음의 작용 네 가지, 해태와 함께 있는 마음의 작용 두 가지 그리고 의심 한 가지는 각각 일어날 만한 조건이 성숙되었을 때만 일어납니다. 지금까지 선하지 못한 마음의 작용에 대해서 말씀드렸습니다.

선하지 못한 마음의 작용은 하나만 있는 것이 아닙니다. 이것들이 무리지어서 서로 일어나고 서로 결합합니다. 그래서 한 가지 선하지 못한 마음이 일어날 때 우리는 그 한 가지 선하지 못한 마음의 작용으로 인해서 다른 선하지 못한 마음의 작용을 끌어들여서 함께 힘을 키웁니다. 그러면 더욱 선하지 못한 마음의 작용 쪽으로 가속도가 붙습니다. 그래서 우리는 항상 알아차려서 단 하나의 선하지 못한 마음의 작용이 일어나지 않도록 노력해야 하겠습니다.

진리는 지혜가 있는 자의 것입니다. 그래서 진리의 법은 원하는 자에게 주는 것입니다. 원하지 않는 자에게는 아무리 고귀한 법이라도 그것이 괴로움입니다. 원하지 않는데 정법을 주려고 하다가 오히려 서로가 미워할 수도 있습니다.

주는 자의 입장에서는 받지 않는다고 미워하고, 받는 자는 원하지 않는데도 강요한다고 화를 냅니다. 그러면 서로가 정법을 훼손한 과보가 따릅니다. 그래서 법은 원하지 않는 자에게 말하지 않는 것이 좋습니다.

법이 있어도 그것은 아는 자의 것입니다. 이처럼 상호의 조건이 성숙되어야 비로소 법입니다. 바로 이것이 법입니다. 그래서 우리가 법문을 들을 때 청법을 하는 이유가 여기에 있습니다.

◆◆◆◆◆

지난 시간까지 마음의 작용의 첫 번째 그룹인 기본적인 마음의 작용 열세 가지와 두 번째 그룹인 선하지 못한 마음의 작용 열네 가지를 말씀드렸습니다. 이제 세 번째 그룹인 깨끗한 마음의 작용 스물다섯 가지를 말씀드리겠습니다.

깨끗한 마음의 작용은 마음을 청정하게 하는 작용이라서 깨끗한 마음의 작용이라고 합니다. 그래서 이것은 선한 마음의 작용입니다. 바꿔 이야기하면 선행을 의미합니다. 깨끗한 마음의 작용은 모두 25가지이지만 그중의 19가지는 선한 마음이 일어날 때마다

19가지가 연관되어 함께 일어나는 마음의 작용입니다. 그래서 이들 19가지의 마음의 작용은 항상 함께 있습니다.

물론 선한 마음의 작용이 얼마나 계발되었는가는 사람마다 다르겠지만 선할 때는 이러한 마음의 작용을 공통적으로 가지고 있습니다. 이상의 19가지 외에 절제와 함께 있는 마음의 작용 세 가지와 무량과 함께 있는 마음의 작용 두 가지와 미혹 없음의 마음의 작용 한 가지가 있습니다. 이들 마음의 작용은 조건이 성숙되면 다시 작은 그룹끼리 모여서 함께 결합하여 일어납니다. 그러면 깨끗한 마음의 작용 25가지에 대해서 알아보겠습니다.

깨끗한 마음의 작용은 선행을 의미합니다. 믿음, 알아차림, 양심, 수치심, 탐욕 없음, 성냄 없음, 중립, 감관의 평온, 마음의 평온, 감관의 경쾌함, 마음의 경쾌함, 감관의 부드러움, 마음의 부드러움, 감관의 적합함, 마음의 적합함, 감관의 능숙함, 마음의 능숙함, 감관의 바름, 마음의 바름, 정어, 정업, 정명, 연민, 기쁨, 지혜의 능력입니다. 이상이 깨끗한 마음의 작용 25가지입니다.

깨끗한 마음의 작용 중에서 선한 마음의 작용이 일어날 때마다 19가지가 연관되어 함께 일어나는 것들은 다음과 같습니다. 그러니까 선행 하나가 일어나면 19가지가 함께 일어난다는 사실을 유념해야 하겠습니다.

첫 번째는 믿음입니다. 믿음은 부처님과 부처님의 가르침과 승가라는 삼보에 대한 믿음입니다. 불교의 믿음은 맹목적인 믿음이 아니고, 알아차림을 가지고 대상을 탐구해 보고 난 뒤에 얻는 확신에 찬 믿음입니다. 그래서 이때의 믿음을 신뢰할 만한 믿음이라고 말합니다. 맹목적 믿음은 사교의 위험이 있지만 대상을 탐구해 보고 나서 확신에 찬 믿음을 가지면 맹신에 빠지지 않고 오히려 지혜를 계발할 수 있습니다.

몸과 마음에 나타난 대상은 항상 와서 보라고 말하고 있습니다. 와서 보라고 나타난 대상을 개입하지 않고 탐구해 보면 가르침에 대한 진리를 알 수 있습니다. 그러면 그때 확신에 찬 믿음을 갖는 것이 순서입니다. 그래서 처음부터 무조건 믿어서는 안 됩니다.

이러한 믿음이 진실한 것이며, 이런 진실한 믿음을 바탕으로 해야 노력과 알아차림과 집중력이 생깁니다.

수행을 할 때 먼저 오근五根을 바르게 수행을 하면 오력五力이 생겨서 수행이 발전하게 됩니다. 이때 다섯 가지 근기를 앞에서 이끄는 것이 바로 믿음입니다. 그리고 노력, 알아차림, 집중, 지혜가 뒤따릅니다. 처음에 믿음이 앞에서 이끌면 노력을 하게 되고, 노력을 해야 비로소 알아차릴 수가 있습니다. 그리고 알아차림이 지속되어야 집중이 됩니다. 이러한 집중의 상태에서만 비로소 지혜가 생깁니다. 이렇게 해서 생긴 지혜는 오력이 되어 앞에서 믿음과 함께 수행을 이끌게 됩니다. 그래서 믿음은 수행의 시작입니다.

주석서에서는 믿음을 이렇게 정의했습니다.

"이것은 스스로가 믿고 혹은 단지 믿기 때문에 믿음이라고 한다. 그것의 특징은 믿는 것이다. 혹은 신뢰하는 것이다. 깨끗하게 하는 역할을 한다. 마치 물을 정화하는 보석처럼. 혹은 믿음으로써 대상에 들어가는 것이다. 마치 홍수를 건너는 것처럼. 더럽지 않음으로 나타난다. 혹은 결심으로 나타난다. 믿을 만한 대상이 가까운 원인이다. 혹은 정법을 듣는 등 수다원의 조건이 가까운 원인이다. 이것은 재산과 씨앗처럼 보아야 한다."

주석서의 설명은 앞으로도 계속해서 이와 같은 방식으로 일관되게 반복됩니다. 그래서 대상의 특징과 역할과 나타남과 가까운 원인을 밝히고 있습니다. 이러한 사실을 유념하면 이것들을 통하여 여기서 말하고자 하는 핵심이 무엇인지 파악할 수 있을 것입니다. 또 주석서의 내용은 하나같이 단순한 내용을 반복하고 있는 것들입니다. 예를 들어 위에서 밝힌 것처럼, '단지 믿기 때문에 믿음이라고 부른다. 그것의 특징은 믿는 것이다'라는 식의 말이 앞으로도 계속 반복됩니다. 이때 이 말이 의미하는 것이 있습니다.

여기서 대상을 단순하게 있는 그대로 보는 시각을 키워야 합니다. 이런 표현이 별것 아닌 것 같아도 대상을 파악하는 데 깊은 의도가 있습니다. 수행자는 드러난 대상을 단순하게 있는 그대로 지켜봐야 합니다. 여기에 어떤 선입관이나 다른 의도를 개입시켜서는 안 됩니다. 위빠사나 수행은 항상 나타난 대상이 와서 보라고 하므로 그냥 지켜봐야 합니다. 이렇게 개입하지 않고 봐야 비로소 객관적인 시각이 생겨 대상의 성품을 볼 수 있습니다.

그러므로 여기서 말하는 단순한 구절들은 단순함의 의미를 뛰어넘어 그냥 있는 그대로 모든 것을 지켜보라는 의미로 말을 합니다. 그래서 수행은 단순하게 보아야지 복잡하게 보아서는 결코 안 됩니다. 또한 원인을 알려고 해서도 안 됩니다. 원인은 알아차린 결과로 자연스럽게 오는 것이어야 합니다. 만약 원인을 알려고 하면 그 순간 알아차림을 놓치고 사유에 빠지게 될 것입니다.

다음 두 번째는 알아차림입니다. 알아차림을 빨리어로 사띠sati라고 합니다. 한문으로는 염念이라고 합니다. 이때의 염은 생각할 염念입니다. 그러나 생각하라는 것이 아니고 마음을 일으켜 대상에 보내는 것을 말합니다. 알아차림은 마음이 아닙니다. 마음의 작용인 행에 속합니다. 이때 행이란 마음을 대상에 보내는 것이고, 이것을 다시 마음이 아는 것입니다. 그래서 마음을 대상에 보내는 것은 오온의 행에 속하고, 가서 아는 것은 오온의 식識이 압니다.

알아차림이란 기억과 알아차림의 두 가지 뜻을 함께 가지고 있습니다. 알아차림에서 말하는 기억에 대한 오해가 있습니다. 여기서 말하는 기억은 이미 지나간 것을 떠올리는 그런 기억을 말하지 않습니다. 알아차림에서 말하는 기억은 목전에 나타난 것을 잊지 않고 기억하여 알아차리는 것을 말합니다. 다시 말하면 현재 여기로 와서 있는 것을 대상으로 알아차리는 기억을 하는 것을 의미합니다. 이것을 현전하는 기억이라고 말하기도 합니다.

이때의 기억은 과거를 회상하는 그런 기억이 아니고, 부처님과 법에 대한 선업과 관련된 것들을 잊지 않고 기억하는 것을 말합니다. 그리고 현재 가지고 있는 알아차릴 대상을 사라지지 않도록 돌보고 기억하는 것을 말합니다. 그래서 알아차리지 못할 때는 알아차리는 것을 기억하여 알아차리고, 알아차릴 때는 알아차리는 것을 잊지 않고 기억하여 알아차림을 지속하는 것을 말합니다. 그래서 기억과 알아차림이 하나가 되어야 올바른 수행을 할 수가 있습니다.

알아차림은 번뇌를 막아서 보호하기 때문에 계율을 지키는 행위입니다. 그래서 알아차리면 계청정이 이루어집니다. 위빠사나라고 할 때 '위vi'는 다르다, 분리하다, 라는 뜻으로 대상을 객관적으로 분리하는 것을 말합니다. 그러므로 주관적 관점이 개입되어서는 안 됩니다. 이렇게 분리하지 않으면 탐욕과 성냄과 어리석음으로 대상을 보게 됩니다.

그래서 위빠사나 수행은 사마타 수행과 달리 대상과 하나가 되지 않습니다. 그리고 '위' 다음에 있는 '빠사나passnā'라는 말은 통찰한다는 뜻과 지속적으로 알아차린다는 뜻이 함께 있습니다. 이처럼 위빠사나의 통찰은 그냥 알고 마는 것이 아니고, 지속적으로 아는 것까지를 포함합니다. 이때 지속적으로 알아차리기 위해서 바로 기억이 필요한 것입니다.

알아차림이란 말의 빨리어 사띠는 이처럼 기억이라는 말과 함께 다른 깊은 의미를 함축하고 있어서 우리말로 옮기기에 어려움이 있습니다. 그래서 쉬운 우리말로 알아차림이라고 하지만, 이런 다양한 뜻이 함께 있다는 것을 알면 되겠습니다. 알아차림과 같은 뜻으로 쓰이는 말은 많습니다. 수행자마다 학자마다 모두 다르게 쓰고 있으나 내용은 같습니다. 알아차림과 같은 뜻으로 쓰이는 말은 주시, 보다, 이해하다, 지켜본다, 관찰 등등이 있습니다. 그러나 어떤 말이나 모두 깨어서 본다는 것과 동일한 뜻이 있습니다.

불교에서는 팔만사천법문을 알아차림 하나라고 말합니다. 팔만사천법문을 줄이면 37조도품이고, 다시 37조도품을 줄이면 팔정도고, 팔정도를 줄이면 계정혜 삼학이고, 계정혜를 줄이면 바로 알아차림 하나입니다. 이처럼 수행자는 항상 알아차림 하나만 가지고 있으면 됩니다.

주석서에서는 알아차림을 이렇게 말합니다.

154

"알아차림은 마음이 들뜸으로 치우치는 믿음, 정진, 통찰지로 인해 들뜸에 빠지는 것을 보호하고, 게으름으로 치우치는 집중으로 인해 게으름에 빠지는 것을 보호한다. 그러므로 이 알아차림은 모든 요리에 맛을 내는 소금과 향료처럼, 모든 정치적인 업무에서 일을 처리하는 대신처럼 모든 곳에서 필요하다."

그러므로 세존께서는 "알아차림은 모든 곳에서 유익하다. 무슨 이유인가? 마음은 알아차림에 의지하고, 알아차림은 보호로써 나타난다. 알아차림이 없이는 마음의 분발과 절제함이 없다"라고 설하셨습니다.

팔정도에서 바른 알아차림이 한문으로는 정념正念입니다. 이때의 정념을 빨리어로 '삼마사띠sammāsati'라고 합니다. 접두사 '삼마samma'는 한문으로 바를 정正 자를 쓰는데, 빨리어의 뜻은 적절하게, 정확하게, 철저하게라는 말입니다.

이 말을 좀 더 구체적으로 살펴보면 '삼마'의 뜻은 '알아차림이 있는 것'을 말합니다. 그래서 팔정도의 '정正'은 모두 '알아차림이 있는'이라는 의미를 가지고 있습니다. 그래서 바른 견해는 알아차림이 있는 견해, 바른 사유는 알아차림이 있는 사유 그리고 정어正語는 알아차리면서 하는 말, 정업正業은 알아차리면서 하는 행위, 정명正命은 알아차림이 있는 직업을 말합니다. 이처럼 우리가 팔정도의 바를 정正 자가 모두 알아차림이라는 사실을 안다면, 불교의 모든 법문을 하나로 종합한다면 그것이 알아차림이라는 사실을 알 수 있을 것입니다.

　과거의 무명과 갈애로 인해 현재의 몸과 마음이 생겼습니다. 과거의 원인이 현재에 상속되어 다시 현재에도 무명과 갈애를 가지고 삽니다. 이로 인해 다시 미래에도 무명과 갈애를 가진 생명으로 태어납니다. 무명을 가지고 죽으면 다시 무명을 가진 생명으로 태어나서 갈애를 일으킵니다. 이처럼 모든 일의 근본원인은 무명과 갈애입니다.

　그러므로 산다는 것은 시작과 중간과 끝이 모두 무명과 갈애입니다. 매 순간 그리고 일생을 통하여 무명과 갈애가 상속되어 윤회를 합니다. 사는 것의 근본원인이 무명과 갈애인 것을 알아 다른 원인을 찾지 말아야 합니다.

　무명과 갈애를 없애는 방법은 단지 그것이 있다는 것을 알아차리는 것입니다. 우리는 무명이 눈을 가렸기 때문에 진정한 행복이 무엇인지를 모르고, 모르기 때문에 진정한 행복을 찾으려 하지 않습니다. 무명으로 인하여 감각적 쾌락을 향유한 만큼 고통의 나락은 더 깊습니다. 그래서 무명을 알아차리는 것만이 우리가 해야 할 중요한 덕목입니다.

　지난 시간에 이어서 계속해서 알아차림에 대해서 말씀드리겠습니다.

　무슨 일을 하거나 알아차리면서 하면 먼저 계율을 지키고, 계율을 지키므로 청정해져서 고요함을 얻습니다. 그리고 고요함의 상태에서 지혜가 납니다. 이것이 팔정도의 계정혜입니다.

알아차려야 모든 일에 적절할 수 있으며, 알아차려야 정확하게 겨냥하며, 알아차려야 대상을 분명하게 철저하게 알 수 있습니다. 알아차림은 항상 대상과 함께 있어야 합니다. 그때의 대상을 법이라고 합니다. 수행자는 기본적으로 네 가지 대상을 알아차립니다. 몸, 느낌, 마음, 법입니다. 이것이 사념처 수행입니다. 그때의 법이란 몸과 마음에 나타난 모든 대상을 말합니다. 그래서 대상이 없으면 알아차리지 않는 것이고, 수행을 하지 않는 것입니다. 그래서 대상과 알아차림과 아는 마음 이 세 가지가 있어야 비로소 수행을 하는 것입니다. 『대념처경』이 바로 이 네 가지 대상을 알아차리는 수행입니다.

알아차림은 대상이 나타나면 나타난 즉시 알아차려야 합니다. 그래서 알아차림은 현장성과 즉시성이 있어야 합니다. 그리고 대상과 일치성이 있어야 합니다. 현장성과 즉시성이란 일어난 곳에서 일어난 즉시 알아차리는 것을 말합니다. 그렇지 않고 대상이 나타나는데 조금 있다가 알아차리면 결코 안 됩니다. 그것은 이미 과거로 흘러간 것이라서 생각하는 것이지 알아차리는 것이 아닙니다. 만약 뒤따라가면서 알아차린다면 그 사이에 빠르게 번뇌가 침투할 것입니다. 일어난 곳에서 일어난 순간에 일어난 대상을 알아차리는 것은 뜨거운 것으로서 이런 뜨거움 속에서 지혜가 납니다. 그것만이 실재하는 현상입니다.

그리고 일치해야 한다는 것은 만약 호흡을 알아차릴 때는 대상도 호흡이어야 하고, 알아차림도 호흡을 겨냥해야 하고, 아는 마음도 오직 호흡만을 받아들여야 합니다. 이때 마음이 호흡이 아닌 다른 대상으로 옮겨가서도 안 되며, 알아차림도 오직 그 대상을 겨냥해야 합니다. 그래서 하나의 대상을 알아차릴 때는 그 대상 하나에 초점을 맞추어야 합니다. 이렇게 하나의 대상을 붙잡고 있다가 다른 대상으로 옮겨갔을 때도 역시 마음을 모아서 그 대상을 정성스럽게 알아차려야 합니다. 이것을 알아차리면서 저것을 생각하면 안 됩니다. 그래서 알아차림은 일치성이 중요합니다.

부처님께서는 알아차리면 이러한 이익이 있다고 말씀하셨습니다. 첫째는 마음이 청정해지고, 둘째는 슬픔을 극복하고, 셋째는 비탄을 극복하고, 넷째는 육체적인 고통이 소멸되고, 다섯째는 정신적이 고통이 소멸되고, 여섯째는 올바른 길인 팔정도에 도달하고, 일곱째는 열반을 성취하여 지고의 행복을 얻는다고 하셨습니다. 그러니 우리가 이것 말고 더 다른 할 것이 무엇이 있겠습니까?

우리는 지금까지 무엇을 해야 하는지 어렴풋이 알았지만 이제 확실하게 알아야 하겠습니다. 그리고 무엇인지 알았어도 어떻게 하는 것인지 몰라서 지금까지 못했습니다. 그러나 이제 무엇을 어떻게 해야 하는지 분명하게 알았습니다. 그래서 수행자 여러분은 모두 이 길로 와야만 합니다. 누가 아무리 퍼가도 없어지지 않는 진리의 옹달샘에 와서 청정한 물을 마셔야 합니다. 이것이 우리가 이 세상에 태어난 사명입니다. 다음에는 언제 이 법을 만날지 알 수 없습니다. 그러므로 법을 만난 소중한 기회를 놓쳐서는 안 됩니다.

알아차림이 있으면 대상과 아는 마음 사이에 어떤 번뇌도 침투하지 못해 청정하다고 합니다. 청정하다는 것은 여섯 가지 감각기관이 여섯 가지 감각대상을 있는 그대로 알아차리는 것 때문에 청정이라고 합니다. 왜냐하면 이렇게 알아차리면 번뇌가 생기지 않기 때문입니다. 그래서 알아차림은 물위에 떠 있는 공과 같아야 합니다. 물위에 떠 있는 공은 물에 빠지지 않고, 그렇다고 물위로 튀어오르지도 않고, 항상 물과 함께 있습니다. 그래서 알아차릴 때는 물위에 떠 있는 공처럼 알아차려야 합니다.

여섯 가지 감각기관과 여섯 가지 감각대상이 부딪칠 때 반드시 아는 마음과 함께 느낌이 함께 일어납니다. 이때 아는 마음은 그냥 대상을 받아들여서 문제가 없지만 이때의 느낌이 항상 문제를 일으킵니다. 바로 대상을 본 뒤에 이 느낌이 좋아하거나 싫어하는 갈애를 일으키는 것입니다. 그리고 고정관념을 갖거나 어떤 것을 상상을 하거나 다른 의도를 일으키기도 합니다. 그래서 괴로움이 옵니다.

그러므로 이때 감각기관의 문을 지키는 문지기가 있으면 번뇌가 들어오지 않습니다. 다시 말하면 감각적 욕망이 일어나지 않고 그냥 맨 느낌의 상태로 있는 것입니다. 이때 감각기관의 문을 지키는 문지기가 바로 알아차림입니다. 감각기관을 육문, 육입이라고 하는데, 여기에 문지기가 있으면 번뇌라는 도둑이 들어오지 못합니다. 만약 알아차림이 없으면 번뇌라는 이름의 도둑이 들어와 주인 행세를 하면서 삽니다. 사실 우리는 자신의 삶을 사는 것이 아니고, 도둑이 들어와 주인 행세를 하는 것도 모르고 도둑에게 복종하면서 사는 것입니다. 그래서 위빠사나 수행자에게는 알아차림 하나만 있으면 된다고 말합니다.

이 세상을 살아가면서 누구나 무엇이 좋다는 것은 압니다. 그러나 아는 것을 실천하기는 어렵습니다. 왜냐하면 좋은 것을 어떻게 실천하는지 모르기 때문입니다. 여기서 팔정도의 바른 길을 가는 가장 좋은 방법이 바로 알아차리는 것입니다. 어느 상황에서나 있는 대상을 그냥 알아차리면 됩니다. 이것 외에 특별하게 다른 것을 할 것이 없습니다. 그러므로 알아차림은 인간이 가져야 할 가장 중요한 사명입니다.

이제 누가 어떻게 살아야 하느냐고 묻는다면 알아차리면서 살아야 한다고 말할 수 있어야 합니다. 이것이 가장 인간답게 사는 것이고, 사명이어야 합니다. 그러면 현재도 행복하고, 미래도 행복을 보장할 것입니다. 부처님께서는 인간으로 태어나기 어렵기 때문에 어떻게 살아야 하는지를 비구들에게 다음과 같이 말씀하셨습니다.

"비구들이여, 만약에 이 거대한 땅이 큰 바다라고 생각해 보자. 그리고 어떤 사람이 이 바다에 구멍 하나가 뚫린 통나무를 던졌다고 가정해 보자. 바람이 동쪽에서 불면 이 통나무는 서쪽으로 떠내려갈 것이고, 서쪽에서 바람이 불면 이 통나무는 동쪽으로 떠내려갈 것이다. 북쪽에서 바람이 불면 남쪽으로 떠내려갈 것이고, 남쪽에서 바람이 불면 이 통나무는 북쪽으로 떠내려갈 것이다.
이때 일백 년에 한 번 물위로 불쑥 떠오르는 눈먼 거북이가 있다고 가정해 보자. 자, 비구들이여, 한번 생각해 보아라. 이 눈먼 거북이가 백 년에 한 번씩 물위로 고개를 불쑥 내밀 때마다 통나무 구멍을 통해 목을 내밀 수 있겠는가?"
제자들이 대답하였습니다.
"네, 세존이시여. 그렇지 않습니다. 그 눈먼 거북이는 그렇게 하지 못할 것입니다."
그러자 부처님께서는 이렇게 말씀하셨습니다.
"비구들이여, 이와 마찬가지로 인간의 몸을 받아서 태어나는 것이 이처럼 어려운 일이다. 여래, 아라한, 완전하게 깨달은 자가 이 세상에 출현하는 것도 이처럼 어려운 일이다. 여래에 의해 선언된 법이 이 세상에 태어나는 것도 이처럼 어려운 일이다. 그러나 비구들이여, 이제 인간의 몸으로 태어났고, 여래가 이 세상에 출현하였고, 여래에 의해서 선언된 법이 이 세상에 나타났다.

오, 비구들이여, 그러므로 너희들은 깨달음을 얻기 위해 열심이 노력해야 한다. 이것은 괴로움이다. 이것은 괴로움의 일어남이다. 이것이 괴로움의 소멸이다. 이것이 괴로움의 소멸로 이끄는 길이다.”

부처님께서는 이렇게 사성제를 알아차리면서 살아가야 한다는 것을 말씀하셨습니다.

수행자 여러분! 알아차림과 같은 뜻으로 쓰이는 매우 중요한 빨리어가 있습니다. 이것을 ‘아빠마다appamāda’라고 합니다. 이 말은 게으르지 않음, 주의 깊음, 열심히, 진지하게, 잊지 않고, 끈질기게 잡고 있음, 가볍게 넘기지 않음, 주저함이 없이 알아차린다는 다양한 뜻입니다.

이것이 바로 사념처 위빠사나 수행을 이렇게 하라는 말입니다. 그래서 아빠마다를 가지고 있다는 것은 알아차림을 확립하여 몸, 느낌, 마음, 법이라는 네 가지 대상을 있는 그대로 지켜보는 것입니다. 부처님께서는 빨리어 경전에 아빠마다를 해야 한다고 말씀하신 것이 무려 1,970번 이상이나 기록되어 있습니다. 그러니 실제로는 얼마나 더 많이 말씀하셨겠습니까?

부처님께서 열반에 드시기 전에 마지막으로 유언을 하셨습니다. 부처님께서는 마지막 유언으로 “와야담마 상카라 아빠마데나 삼빠데타vayadammā saṅkhāra, appamādena sampādetha”라고 빨리어로 말씀하셨습니다. 그리고 부처님께서는 더 이상 아무 말씀도 하지 않으셨습니다. 그런 뒤에 반열반에 드셨습니다. 부처님께서 마지막으로 남긴 이 말씀은 “모든 것은 변하는 성질을 가지고 있다. 열심히 노력하여 완성시켜라”입니다.

수행자 여러분! 변하는 성질을 가진 것은 무상無常을 말함입니다. 그러니 무엇도 집착할 것 없이 열심히 알아차려서 사념처 위빠사나 수행을 하여 열반을 성취하라는 말씀이십니다. 그러니 알아차림이라는 말이 얼마나 중요한지 알 수 있습니다. 인간으로 태어난 사명감을 알아차림 하나로 집약하고, 알아차림을 놓치지 말아야 하겠습니다.

　그래야 잊지 않음이란 아빠마다의 법을 붙잡는 것이 됩니다. 잊지 않음을 붙잡고 있으면 알아차림을 지속할 수 있어서 고요함이 생기고 지혜가 납니다. 지혜가 나면 모든 것을 관용으로 받아들입니다. 잊지 않고 알아차림을 지속하는 것이 이미 계율을 지켜 청정한 것입니다. 그래서 알아차림 하나만 있으면 팔만사천법문을 관통하는 것이라고 말하는 것입니다.

　불교를 한마디로 말하라고 할 때, 만약 여러분들이 자비라고 말한다면 여러분들은 사마타 수행밖에 알지 못한 것입니다. 그러나 불교를 한마디로 말하라고 하면 위빠사나 수행자는 주저 없이 알아차림이라고 말합니다. 우리는 바른 수행을 몰랐기 때문에 알아차림이 갖는 진정한 의미를 잘 몰랐습니다.

　자비는 물론 알아차림이 필요합니다. 그러나 자비에서의 알아차림은 대상과 하나가 되는 선정의 고요함을 목표로 하고 있습니다. 그곳에서는 깨달음이 없습니다. 또 자비가 있는 곳에서는 윤회가 거듭됩니다. 물론 더 좋은 세상에 태어나는 선과보를 받을 것입니다. 하지만 자비가 아닌 통찰지혜를 일으키는 알아차림을 한다면 탐욕, 성냄, 어리석음 이라는 번뇌가 불타서 궁극의 열반을 성취하여 지고의 행복을 얻을 수가 있습니다.

마음은 한순간에 하나밖에 없습니다. 나중에 생긴 마음이 먼저 있는 마음을 알아차리면 아무것도 없습니다. 있던 마음은 사라지고 새로 알아차리는 마음이 일어났기 때문입니다. 마음을 알아차릴 때 이미 사라지고 없는 마음을 알아차리려고 하지 마십시오. 이때 '아무것도 없는 것을 아는 마음'을 알아차려야 합니다. 여기에 무상이라는 법이 나타난 것입니다. 있던 마음이 사라진 것이 무상이고, 사라진 것을 아는 마음이 바로 위빠사나 도道입니다.

법은 와서 보라고 나타납니다. 그러나 지혜가 부족하면 보라고 나타난 법을 알아차리지 못하고 오히려 탐욕과 성냄으로 대합니다. 이것이 바로 어리석음입니다.

◆◆◆◆◆

지난 시간에 이어서 알아차림에 대해 말씀드리겠습니다. 『청정도론』에서는 알아차림을 이렇게 정의했습니다.

"이것 때문에 기억하고 혹은 이것 스스로 기억하고 혹은 단지 기억하기 때문에 알아차림이라고 한다. 대상에 깊이 들어가는 것을 특징으로 한다. 잊지 않는 것을 역할로 한다. 보호하는 것으로 나타난다. 혹은 대상과 직면하므로 나타난다. 강한 인식이 가까운 원인이다. 혹은 몸 등에 대해서 알아차림을 확립함이 가까운 원인이다. 이것은 기둥처럼 대상에 튼튼하게 서 있기 때문에 혹은 문을 지키는 문지기이기 때문에 문지기처럼 봐야 한다."

다음은 세 번째 양심과 네 번째 수치심, 이 두 가지를 말씀드리겠습니다. 양심은 부끄러움이 있는 것입니다. 수치심은 두려움이 있는 것입니다. 이 두 가지 마음의 작용은 선하지 못한 마음의 작용에서 양심 없음과 수치심 없음의 반대가 되는 것들입니다. 그래서 여기서는 양심 없음이 아니고 양심이 있음을 말하며, 수치심이 없음이 아니고 수치심이 있는 것을 말합니다.

부끄러워할 줄 아는 사람은 양심이 있는 사람입니다. 그러나 부끄러워할 줄 모르면 인간이라고 할 수가 없을 것입니다. 수치심이 있는 사람은 선한 사람입니다. 선하지 못하면 수치심이 없어 아무렇게나 살 것입니다. 그래서 기본적인 예의도 갖추고 살지 못합니다. 두려움이란 악업에 대한 두려움을 말합니다. 악업에 대한 두려움이 없다면 악행을 서슴없이 할 것입니다.

주석서에서는 양심과 수치심을 이렇게 정의하였습니다.

"몸으로 짓는 그릇된 행위 등에 부끄러워한다고 해서 양심이라고 한다. 이것은 부끄러움의 동의어이다. 오직 그것에 대해 두려워한다고 해서 수치심이라고 한다. 이것은 악행에 대한 불안의 동의어이다. 그중에서 양심은 악행에 진저리를 내는 것이 특징이다. 수치심은 두려워함이 특징이다. 양심은 부끄러움 때문에 악행을 짓지 않는 역할을 하고, 수치심은 두려움 때문에 악행을 짓지 않는 역할을 한다. 이들은 이미 말한 방법대로 악행을 피하는 것으로 나타난다. 가까운 원인은 각각 자기를 중요하게 여김과 타인을 중요하게 여김이다. 자신을 중요하게 여겨 양심상 악행을 버린다. 마치 좋은 가문의 규수처럼. 타인을 중요하게 여겨 수치심으로 악행을 버린다. 마치 궁녀처럼. 이 두 가지 법은 세상의 보호자라고 알아야 한다."

다음은 다섯째 탐욕 없음입니다. 탐욕 없음은 관용이 있는 것입니다. 탐욕이 없는 것은 원하는 것이 없는 것입니다. 탐욕이 갈애로부터 시작하여 집착으로 발전하면 업을 생성해서 돌이킬 수 없는 결과를 만듭니다. 그러나 탐욕이 없음은 감각기관에 마음을 두고, 느낌이 일어날 때 갈애를 일으키지 않는 것입니다. 갈애를 일으키지 않으면 탐욕이 없는 것으로 윤회가 끊어집니다. 아라한이나 부처님은 탐욕이 끊어져서 받을 것이 없어서 다시 태어나지 않습니다.

　이러한 탐욕은 느낌을 원인으로 일어납니다. 만약 느낌에서 탐욕이 일어나지 않으면 느낌이 소멸하여 열반을 성취합니다. 탐욕이 없는 것은 선하지 못한 것에 달라붙지 않는 것입니다. 아직 완성되지 않은 수행자라면 선한 것을 계속 바라야 합니다. 그러나 아라한이 되면 선하고 선하지 않음이 없이 온전하게 탐욕이 없는 상태가 됩니다. 이때가 완전한 탐욕이 없음입니다.

　원하는 것이 없으면 관용이 생겨 모든 사람에게 자애가 일어납니다. 그래서 어리석지 않습니다. 그래서 탐욕 없음은 단지 탐욕이 없는 것으로 그치지 않고, 보시를 하고 자애를 일으키고 어리석음으로부터 벗어납니다. 그래서 마음의 작용들은 서로 협력하여 더 좋은 쪽으로 가속도가 붙습니다.

　탐욕이 없으면 자연스럽게 유신견이 사라집니다. 사실 모든 탐욕의 원인은 유신견으로부터 시작됩니다. 나라고 하는 자아가 있는 한 자아를 강화하기 위해서 끊임없이 욕망을 불태워야 합니다. 그러나 탐욕이 사라졌다면 나라고 하는 자아가 소멸한 무아의 정신적 상태입니다.

　아무것도 원하는 것이 없다고 해서 탐욕이 없는 것이 아닙니다. 선한 것은 원해야 합니다. 아직 아라한이 되지 않았다면 아라한이 되려는 선한 의도는 가져야 합니다. 또 게을러서 원하지 않는 것도 탐욕이 없는 것이 아닙니다. 이때 선한 것을 원하지 않을 뿐이지 오히려 선하지 못한 것을 원하고 있다는 사실을 알아야 합니다. 탐욕이 없음은 세속의 대상인, 오욕락五慾樂인 재산욕, 성욕, 음식욕, 명예욕, 수면욕을 원하지 않음이며, 이것을 집착하지 않음입니다.

　선하지 못한 마음의 작용에 있는 탐욕에 대한 반대가 탐욕 없음입니다. 선한 마음을 분류할 때 기본적으로 관용과 자애와 지혜로 나눕니다. 선하지 못한 마음은 탐욕, 성냄, 어리석음입니다. 그래서 관용의 반대가 탐욕이며, 자애의 반대가 성냄이며, 지혜의 반대가 어리석음입니다. 그러므로 탐욕 없음은 선한 마음의 작용으로 관용을 가진 것을 말합니다. 이때의 관용은 반드시 보시를 수반합니다. 그래서 관용이 있는 마음은 자연스럽게 보시를 하는 마음이 함께 일어납니다. 무엇도 거리낌 없이 받아들이기 때문에 온전하게 베풀고, 주고 싶은 마음이 일어나는 것입니다.

주석서에서는 탐욕 없음을 이렇게 정의합니다.

"이것 때문에 탐하지 않고 혹은 이것 스스로 탐하지 않고 혹은 단지 탐하지 않기 때문에 탐욕 없음이라고 한다. 성냄 없음과 어리석음 없음에도 이 방법이 적용된다. 그중에서 탐욕 없음은 대상에 대해 마음으로 욕심 없음이 그 특징이다. 혹은 집착하지 않음이 그 특징이다. 마치 연잎의 물방울처럼 움켜쥐지 않음이 그 역할이다. 마치 해탈한 비구처럼 집착하지 않음으로 나타난다. 마치 오물통에 빠진 사람처럼."

다음은 여섯 번째 성냄 없음입니다. 성냄 없음은 자애가 있는 것입니다. 성냄 없음은 거칠고 잔인하지 않고 화를 내지 않는 것입니다. 성냄 없음은 파괴하지 않지만, 성냄은 파괴하는 것으로 이것들은 서로 반대가 됩니다. 선하지 못한 마음의 작용에 있는 성냄에 대한 반대가 성냄 없음입니다. 성냄 없음은 네 가지 무량한 마음인 자비희사의 첫 번째인 자애의 마음으로, 자애를 가진 마음입니다. 성냄 없음을 뜻하는 자애는 자신의 마음을 포근하게 해줍니다. 그리고 모든 존재들의 번영과 행복을 기원하는 진실한 마음가짐입니다.

부처님께서는 이렇게 말씀하셨습니다. "마치 어머니가 생명의 위험을 무릅쓰고 외아들을 보호하듯이 모든 살아 있는 존재에 대해서 끊임없는 자애심을 닦아야 한다." 그리고 또 이렇게 말씀하셨습니다. "미움은 미움을 통하여 소멸되지 않는다. 오로지 자애로운 마음을 통하여 그것들이 사라진다."

그렇습니다. 자애는 고통을 주는 육체적인 사랑도, 이성간의 사랑도 아니며, 단순한 이웃 간의 사랑도 아닙니다. 이 사랑은 어떤 것들도 차별하지 않는 그런 숭고한 사랑입니다. 그래서 자애는 동물을 포함한 모든 살아 있는 존재들을 포용합니다. 사람들은 사랑이라는 이름으로 집착을 하기 때문에 오히려 사랑이 다툼의 요인을 가지고 있습니다. 그래서 개인 간이나 국가 간이나 불목을 거듭합니다. 이것들이 모두 사랑이라는 이름으로 집착을 하기 때문입니다.

그래서 성냄이 없는 자애는 이런 편견을 갖지 않는 사랑입니다. 성내는 곳에는 탐욕과 어리석음과 유신견이 있지만 자애가 있는 곳에는 관용과 보시와 지혜가 있습니다. 성냄이 있는 곳에는 알아차림이 없지만, 자애가 있는 곳에는 알아차림이 있습니다. 자애는 단지 선한 마음으로 그치지 않습니다. 선한 마음이 있기 때문에 그 순간에 선하지 못한 성냄이 나타날 수 없어 두 가지 이익이 함께 있습니다. 자애는 그냥 오지 않습니다. 수행자의 알아차림이 있을 때는 관용과 함께 자애가 오며, 이러한 지혜로 인해 지혜가 계발되어 궁극의 행복을 얻습니다. 자애로 인해서 얻는 기쁨은 다음과 같습니다.

첫째, 자애심을 닦는 사람은 행복하게 잠을 잡니다. 미움에서 벗어나 가볍고 편안한 마음으로 잠자리에 들기 때문에 자연히 한번에 깊은 잠에 빠져 숙면을 취할 수 있습니다. 이러한 사실은 자애심을 갖는 사람에게 분명하게 나타나는 현상입니다. 그러나 자애가 없으면 잠을 이룰 수가 없습니다. 누군가를 미워하고 화를 내면 자신에게도 화를 내는 것이므로 근심 걱정으로 잠을 이룰 수가 없습니다. 그래서 잠자리에 들기 전에 지금 내가 무슨 마음으로 자는가를 알아차려야 합니다. 이렇게 알아차리면 하루 중에 있었던 번뇌가 그 순간에 사라지고, 그 마음으로 인해 숙면을 취할 수 있습니다.

둘째, 자애로운 마음으로 잠자리에 들면 아침에 일어날 때 자애로운 마음으로 일어납니다. 잠자기 전에 마음에 저장된 종자가 다음 마음에 전해지기 때문에 저녁에 먹은 마음이 아침에 일어난 마음까지 상속됩니다. 이것이 바로 윤회입니다. 윤회는 한 일생의 윤회가 있고, 순간순간의 윤회가 있습니다. 그러므로 잠자리에서 알아차리면서 잠이 들면 편히 잠들 수 있어서 이익이 있고, 아침에 그 마음이 상속되기 때문에 아침에도 이익을 얻습니다. 그래서 자애로운 마음을 가진 사람은 저녁에 잠자리에 들 때도 미소 지으면서 잠이 들고, 잠자리에서 일어날 때도 미소 지으면서 일어납니다.

셋째, 자애로운 마음으로 잠자리에 들면 잠을 자면서도 악몽에 시달리지 않고 편안하게 잠을 잡니다. 깨어 있는 동안 자애가 충만하면 잠을 잘 때에도 마찬가지로 평화롭습니다. 그래서 깊은 잠을 잘 수 있으며, 즐겁고 행복한 꿈을 꿉니다.

넷째, 자애로운 사람은 사람들의 존경을 받습니다. 그가 다른 사람을 사랑했기 때문에 똑같이 다른 사람들도 그를 사랑합니다. 이것은 미소 짓는 얼굴로 거울을 보면 미소 짓는 얼굴이 나타나는 것과 같습니다. 찡그린 얼굴로 거울을 보면 찡그린 얼굴이 나타나는 것과 같습니다. 사람들은 내 마음의 거울입니다. 성낸 얼굴을 하면 다른 사람도 겁에 질린 표정으로 자신을 볼 것입니다. 과연 누가 성낸 얼굴을 좋아하겠습니까? 모두 자애로운 얼굴을 좋아할 것입니다. 그래서 내가 자애로운 마음을 가지면 그 자애로운 마음이 모든 사람에게 전해져서 모든 사람이 똑같이 자애로운 마음으로 나를 대할 것입니다. 이것을 '업자성정견'이라고 합니다. 이것은 모든 것은 지은 대로 받는다는 것입니다.

몸과 마음에 나타난 현상은 모두 법입니다. 처음에는 대상으로 알아차린 법이 나중에는 진리의 법이 됩니다. 이러한 법은 와서 보라고 나타난 것들입니다. 그러므로 법을 대할 때 자신의 방식으로 접근하지 말아야 합니다. 법은 법의 방식대로 대해야 합니다. 법이 요구하는 방식을 놔두고 자신의 방식을 고집하면 법이 모습을 드러내지 않아 진실을 볼 수가 없습니다.

자신의 방식이란 선입관을 가지고 바라거나 없애려고 하는 것입니다. 법의 방식이란 나타난 대상을 어떻다고 판단하지 않고 있는 그대로 보는 것입니다. 법을 바르게 아는 방법은 위빠사나 수행을 경험한 스승에 의해서만 배울 수가 있습니다. 왜냐하면 이러한 방법들은 기존의 우리 삶의 질서 속에서 없었던 것들이기 때문입니다.

그래서 법을 법답게 보기 위해서는 완전히 새로운 방식의 사고방식과 새로운 방법을 선택해야 하는 것입니다. 그래서 이것을 경험한 스승의 도움을 받아야 하는 것입니다.

◆◆◆◆◆

지난 시간에 이어서 자애로 얻는 기쁨에 대해서 계속 말씀드리겠습니다.

다섯째, 자애로운 사람은 인간 이외의 존재들로부터 존경을 받습니다. 동물들조차도 그에게 끌리는 마음을 갖습니다. 수행자들은 숲 속에서 자애로운 마음을 가지면 아무런 해도 입지 않을 뿐만 아니라 동물들 사이에서도 즐겁게 보낼 수 있습니다.

여섯째, 만약에 그가 어떤 피할 수 없는 업을 받게 될 운명이 아니라면 그의 자애로운 마음으로 인해 잘못된 것들과 그 밖의 것들로부터 보호될 수 있습니다. 자애로운 마음은 활력이 있는 건강한 힘이 있기 때문에 적대적인 자극을 중화하는 힘이 있습니다. 화를 내는 마음이 몸과 마음에 나쁜 영향을 끼치는 것처럼 자애로운 마음이 몸과 마음에 건강한 활력을 줄 것입니다.

일곱째, 자애로운 마음을 가지면 자애로움 때문에 보이지 않는 천인들이나 다른 많은 대상들로부터 보호를 받을 수 있습니다. 왜냐하면 동류는 따르고, 동류가 아닌 것은 반발하기 때문입니다. 같은 파장을 가지면 같은 파장을 가진 사람의 도움을 받게 됩니다.

여덟째, 자애로운 마음을 가지면 빠르게 집중을 할 수 있습니다. 마음이 혼란에 빠지지 않고 성내는 마음의 파장이 없기 때문에 고요한 마음이 되어 대상을 쉽게 집중할 수 있습니다. 그래서 항상 평화롭게 살 수 있으며, 그를 상대하는 사람에게도 함께 평화를 나누어 줄 것입니다.

아홉째, 자애로운 마음을 가지면 자신의 얼굴 표정이 아름답습니다. 일반적으로 얼굴은 마음의 상태를 반영합니다. 화를 낼 때는 심장이 평소보다 두 배 내지는 세 배 더 빠르게 피를 분출합니다. 그래서 미워하거나 화를 내는 얼굴일 때는 빨갛게 물들거나 검게 변합니다. 그래서 일그러진 얼굴이나 비참한 상태의 모습이 됩니다. 이와 반대로 자애로운 마음을 가지면 기쁨과 고요함으로 인해 피를 맑게 합니다. 그래서 사랑스러운 얼굴이 됩니다. 인간에게 타고난 미모보다는 마음으로 인해서 만들어진 얼굴이 더 아름다워야 합니다. 이것이 진정한 아름다움입니다. 부처님께서 깨달음을 얻으시고 4주가 되었을 때 『논장』과 연기를 모두 정리하시면서 여러 가지의 색깔이 방출되어 강한 후광이 일어났습니다. 이것이 모두 마음가짐에 따라 나타나는 빛입니다.

열째, 자애로운 마음을 가진 사람은 평화롭게 죽음을 맞이합니다. 누구를 미워하거나 화를 내지 않기 때문에 두려움 없이 평화롭게 죽음을 맞이할 것입니다. 평화롭게 죽으면 죽은 뒤에 평화로운 얼굴의 상태가 유지됩니다.

열한째, 자애로운 마음을 가지고 죽으면 그 마음의 상태에 따라 다음 생을 받습니다. 선정수행의 자애로움이 있으면 천상의 선정의 세계에 태어납니다. 그리고 인간으로 태어나더라도 좋은 선과보를 받아 선한 사람이 됩니다.

이상이 자애에 관한 기쁨이었습니다. 주석서에서는 성냄 없음을 이렇게 정의합니다.

"성냄 없음은 잔학함이 없는 것이 그 특징이다. 혹은 온화함이 그 특징이다. 마치 다정한 친구처럼 성가심을 버리는 것이 그 역할이다. 혹은 불타는 것을 버리는 것이 그 역할이다. 마치 전단향처럼. 차가움으로 나타난다. 마치 보름달처럼."

여기서 차가움으로 나타난다는 사실이 유독 눈에 뜨입니다. 이 말은 자애는 조절이 가능한 것입니다. 그래서 헤픈 것이 아닙니다. 감성적인 것은 상황에 따라서 쉽게 흔들릴 수 있지만 이성적인 것은 항상 변함이 없는 진정한 바른 마음을 유지할 수 있기 때문입니다. 그래서 여기서 말하는 차가움이란 마치 밤에 빛나는 보름달처럼 차갑지만 그 속에 따뜻함이 있는 그런 차가움을 말합니다.

다음은 일곱 번째 중립입니다. 중립이란 마음과 마음의 작용이 서로 기능을 할 때 넘치지 않고 중간에서 평정을 유지하는 것을 말합니다. 그래서 중립을 평정이라고도 합니다. 『초전법륜경』에서는 이 중립을 중도라고도 합니다. 느낌에서는 괴롭지도 즐겁지도 않은 느낌 또는 덤덤한 느낌이라고 합니다. 이것들은 모두 동의어입니다.

중립은 경전에서 여러 가지 말로 표현됩니다. 수행자가 감각적 욕망과 극단적 고행을 해서는 안 됩니다. 언제나 중도를 취해야 합니다. 이 두 가지 극단은 지성을 나약하게 하고, 악에 받치게 하여 불선과보를 받습니다. 두 가지 극단은 대상을 움켜쥐려는 또 다른 탐욕과 성냄과 어리석음입니다. 깨달음은 중도로써 고요함을 얻는 지혜가 나는 것입니다. 그래서 극단적 고행이나 감각적 쾌락을 추구하는 것은 자신도 불선행을 할 뿐만 아니라 그것들을 타인에게 드러내 보임으로써 타인도 그렇게 극단적인 것을 하도록 강요하기 때문에 이중의 불선과보를 받습니다.

불교도들은 어떤 형태로든 극단적 고행과 감각적 쾌락을 추구하지 않습니다. 극단적 고행이 불선과보를 가져오는 이유는 그것들이 선한 마음의 작용이 아니기 때문입니다. 왜냐하면 그 극단적 고행은 중도의 마음, 중립의 마음의 작용이 아니기 때문입니다. 그래서 불교에서는 이런 극단적 고행과 감각적 쾌락을 추구하지 않기 때문에 전쟁이 없습니다.

그래서 이 중도가 있기 때문에 바로 깨달음에 이르는 것입니다. 그러므로 불교에서 행해지는 어떤 형태의 행위든 모두 중도적 관점에서 보고 그렇게 실천되어야 합니다. 위빠사나 수행은 열여섯 단계의 지혜를 계발합니다. 그래서 정신과 물질을 구별하는 지혜로부터 시작하여 원인과 결과를 아는 지혜, 그리고 현상을 바르게 아는 지혜를 계발한 뒤에 일어나고 사라지는 것을 아는 지혜를 얻습니다. 이렇게 바르게 수행을 하면 열한 단계에서 평등의 지혜를 얻습니다. 이때의 평등이 중립의 지혜입니다. 이 단계에서 더 수행을 하여 도과를 성취합니다. 그러므로 평등의 지혜는 깨달음으로 가는 중요한 길목입니다. 그래서 평등의 지혜가 없으면 다음 단계인 도과를 성취할 수가 없습니다.

또 깨달음의 일곱 가지 요인 중에 마지막 일곱 번째를 사각지捨覺支라고 하는데, 이것이 바로 중립의 마음입니다. 이 세상을 살아가려면 여덟 가지의 세속적 조건 속에서 살아가야 합니다. 그래서 이 세상을 살기가 쉽지 않습니다. 우리는 먼저 이익과 손실을 경험해야 합니다. 그리고 명예와 불명예를 감수해야 합니다. 또 칭찬과 비난 속에서 감내하면서 살아야 합니다. 그리고 고통과 행복을 함께 경험해야 합니다. 이러한 조건들 속에서 중도적 입장을 취하는 것이 바로 중립입니다. 이러한 중립이 없으면 괴로움 속에서 살아야 하며, 괴로움뿐인 윤회를 거듭해야 합니다.

우리가 여덟 가지 세속의 조건을 어떻게 피할 수 있겠습니까? 이익과 손실은 늘 함께 있습니다. 명예와 불명예도 늘 함께 있습니다. 칭찬과 비난도 늘 함께 있습니다. 그리고 고통과 행복도 늘 함께 있습니다. 그러니 고통스러울 때 행복을 생각해야 하고, 행복할 때 고통을 생각해야 하는 것이 바로 중도입니다. 어느 것 한편으로 치우치면 우리는 고통을 겪습니다. 그래서 세상을 살아가는 데 이런 중도적 관점만이 우리를 더 높은 세계로 끌어올릴 것입니다.

부처님께서는 "이러한 삶의 변천 가운데서 단단한 바위처럼 움직이지 않고 서서 완전한 평등을 얻는 자는 지혜로운 자이다"라고 말씀하셨습니다. 또 이런 말씀도 하셨습니다. "대꾸하지 마라. 다른 사람들에게서 비난을 들을 때는 깨진 종처럼 침묵해라. 만약 네가 그렇게 한다면 나는 네가 비록 아직 열반에 이르지 않았지만 이미 열반에 이르렀다고 생각한다." 그래서 이런 중도적 관점은 매우 중요합니다.

여러분들은 과연 다른 사람들의 비난에 깨진 종처럼 반응할 수 있겠습니까? 깨진 종은 울리지 않습니다. 피를 흘리는 머리로 종을 쳐도 그 종은 깨졌기 때문에 울리지 않습니다. 이것이 부처님의 마음, 아라한의 마음입니다. 모든 사람의 어떤 비난도 깨진 종처럼 반응하지 않을 때 그것은 비난으로 그치고 맙니다. 그렇다고 본다면 이 세상에서 일어나고 있는 일들은 내가 어떤 마음가짐으로 받아들이느냐 하는 것으로 결정된다는 사실입니다.

부처님께서는 비난이나 욕설, 살인을 하려는 의도나 또는 왕이나 많은 사람들로부터 최고의 칭송을 모두 완전한 평정 속에서 침묵으로 받아들이셨습니다. 그래서 어떤 소리에도 놀라지 않는 사자처럼 상대의 제어되지 않은 말에 동요되어서는 안 됩니다. 그리고 그물에 걸리지 않는 바람처럼 감각적 욕망의 그물에 걸리지 않도록 해야 합니다. 연못에 핀 연꽃이 진흙에 물들지 않는 것처럼 세속의 유혹에 빠져 헤매지 말아야 합니다.

주석서에서는 중립을 이렇게 정의했습니다.

"그 대상들에서 중립적인 상태를 갖는 것이 중립이다. 마음과 마음의 작용을 공평하게 나르는 특징이 있다. 모자라거나 넘치는 것을 막는 역할을 한다. 혹은 편견을 끊는 역할을 한다. 중립적인 상태로서 나타난다. 그것은 마음과 마음의 작용에 대해 공정하기 때문에 고르게 앞으로 나아가는 말들을 공평하게 모는 마부와 같이 보아야 한다."

그렇습니다. 이처럼 중도적 관점에서 모든 일을 한다면 공평하게 말을 모는 마부와 같기 때문에 여러분들은 실수가 적고 그리고 불행으로부터 보호받을 수 있으며, 행복할 수 있을 것입니다. 우리는 중도가 얼마나 중요한 가치를 가진 것인지 이제 알아야 하겠습니다. 부처님께서 말씀하신 『초전법륜경』의 중도는 불교의 가르침의 모든 핵심에 서 있습니다. 중도적 관점에서만 흔들림 없이 대상을 있는 그대로 지켜볼 수 있습니다. 만약 좋아하거나 싫어할 때 좋아함에 빠지거나 싫어함에 빠지지 않는 유일한 방법은 좋아할 때나 싫어할 때나 상관없이 중도적 관점으로 대상을 보는 것입니다.

다음부터 시작되는 마음의 작용은 모두 감각기관들과 마음에 관한 것으로 여섯 가지가 쌍으로 구성되어 있는 열두 가지입니다. 그래서 두 가지를 하나씩 묶어서 말씀드리겠습니다. 우리는 이처럼 마음의 작용이 단순히 마음의 작용으로 그치지 않고 그 순간 그것을 받아들이는 마음과 함께 결합된다는 사실을 알아야 합니다. 그리고 그 결합은 몸에도 똑같이 반응을 일으킵니다. 그래서 우리는 깨지지 않는 종처럼, 깨진 종에 반응하지 않는 사람처럼 남의 비난으로부터 반응하지 말아야 하겠습니다.

내가 괴롭다면 그것은 진실을 모르기 때문이며, 탐욕으로 인해 바라는 마음이 있기 때문입니다. 내가 괴롭지 않다면 그것은 지혜가 있기 때문이며, 탐욕이 없어 바라는 마음이 없기 때문입니다. 모르는 사람은 관념에 가치를 두지만 아는 사람은 실재하는 성품에 가치를 둡니다. 모르는 사람은 지위, 명예, 물질적인 것을 선호하지만 아는 사람은 오직 바른 마음가짐을 선호합니다. 모르는 것보다 알아차리는 것이 좋으며, 바라는 것보다 바라는 것을 알아차리는 것이 좋습니다.

모든 괴로움의 원인은 자신의 몸과 마음으로부터 시작됩니다. 자신의 몸을 유지하기 위해서 괴로우며, 자신의 마음을 충족시키려는 것 때문에 괴로움이 시작됩니다. 그러므로 번뇌의 진원지인 몸과 마음을 알아차리는 것이 진실에 접근하는 가장 유일한 수행방법입니다. 이러한 방법이 아닌 것으로는 해탈에 이를 수가 없습니다. 지금 여기에 있는 번뇌를 있는 그대로 알아차리지 않고서는 완전한 행복을 얻을 수 없습니다.

부처님께서는 자신의 몸과 마음에 대한 연기를 통찰하신 뒤에 이를 객관적으로 알아차리는 위빠사나 수행을 통해서 깨달음을 얻으셨습니다. 지금 여기에 있는 몸과 마음에서 일어난 괴로움을 두고 어디에서 무엇을 찾겠습니까? 몸과 마음을 통해서 일어난 실재를 아는 것만이 우리가 해탈로 가는 유일한 길임을 알아야 하겠습니다.

◆◆◆◆◆

지난 시간에 이어서 마음의 작용에 대해 말씀드리겠습니다.

지금부터 말씀드리는 마음의 작용은 감각기관과 마음에 관한 것입니다. 이것들은 모두 여섯 가지가 있는데, 두 가지씩 묶어서 열두 가지를 말씀드리겠습니다.

여덟 번째, 감관의 평온과 아홉 번째 마음의 평온입니다. 감관은 감각기관을 말합니다. 감관의 평온을 빨리어로 '가야빠삿띠kāya-passadhi'라고 합니다. 여기서 감관이라고 하는 것은 마음의 작용인 수, 상, 행의 세 가지 감각기관을 말합니다. 가야kāya는 몸, 신체, 모임, 집합이라는 뜻이며, 빠삿띠passadhi는 평온이라는 뜻입니다. 빨리어 '가야'는 일반적으로 몸이라는 뜻으로 사용되나 여기서는 모임이라는 뜻으로 해석합니다. 그래서 이때의 '가야'는 몸이 아니고 수, 상, 행이라는 마음의 작용을 의미합니다. 그래서 여기서는 상징적으로 수, 상, 행을 감각기관이라는 뜻으로 감관이라고 표현합니다. 물론 수, 상, 행이라는 감관의 평온함으로 자연스럽게 몸이 편안해지는 것도 사실입니다. 하지만 정확한 의미로는 수, 상, 행을 감각기관으로 말하는 것이 바른 표현이겠습니다.

그리고 마음의 평온함을 빨리어로 '찌따빠삿띠citta-passadhi'라고 합니다. 이때의 찌따는 여러 가지의 그림이라는 뜻과 마음이라는 뜻이 함께 있습니다. 여기서도 찌따가 수, 상, 행을 포함한 뜻이 있어서 찌따빠삿띠는 마음의 평온이라고 합니다. 수, 상, 행이 평온하면 마음이 함께 평온하므로 마음의 평온인 것입니다.

이상 말씀드린 감관의 평온과 마음의 평온에 대한 표현은 다음에 계속되는 경쾌함, 부드러움, 일의 적당함, 능숙함, 바름에서도 동일하게 몸이라고 하지 않고 감관이라고 말합니다. 평온은 수행 중에 나타나는 단계적 현상 중의 하나입니다.

수행을 해서 나타나는 깨달음의 일곱 가지 요인은 알아차림, 대상에 대한 탐구, 정진, 희열, 평온, 집중, 평정입니다. 이 중에 다섯 번째가 평온입니다. 깨달음의 요인이란 해탈의 길을 가기 위해서는 반드시 이상의 일곱 가지의 과정을 거쳐야 합니다. 평온은 고요함의 상태로, 여러 가지의 혼란을 경험한 뒤에 오는 다섯 번째 단계의 마음의 작용입니다.

그래서 이 상태가 너무 좋아서 휴식을 취하거나 안정을 얻습니다. 그러나 평온도 더 높은 지혜를 얻기 위해서 필요한 하나의 과정입니다. 그래서 평온의 단계가 왔을 때에도 평온을 알아차려야 합니다. 그러나 이것이 쉽지가 않습니다. 얼마나 고생해서 온 평온인데 누가 이것을 쉽게 놓으려 하겠습니까? 그래서 평온이 오면 고요함과 편안함이 지배하기 때문에 거기에 머물려는 경향이 있습니다. 이때 누구도 스스로 평온으로부터 벗어나려는 의지를 갖기가 어렵습니다.

그래서 위빠사나 수행은 혼자서는 못한다고 말하는 것입니다. 이때 반드시 그 평온으로부터 나와야 하는데 이 평온으로부터 구출해 주는 것이 스승의 역할입니다. 그래서 스승은 그때 고요함, 평온에서 나오라고 말합니다. 그러나 수행자들은 그 말을 듣고도 나오려고 하지 않습니다. 수행은 이런 것입니다. 평온도 하나의 과정에 불과한 것이지 그것 자체가 깨달음은 아닙니다. 그러나 이런 것을 모르면 그 평온이 깨달음인 줄 오해할 수도 있습니다.

깨달음이란 그런 평온조차도 벗어난 것입니다. 그래서 항상 평온한 것입니다. 여기서 말하는 평온은 한시적인 것이고, 특별한 마음의 상태를 말합니다. 그러므로 그것이 깨질 때는 좌절을 하거나 고통을 겪습니다. 그래서 평온도 하나의 과정이라고 알고, 그 평온 자체를 알아차려서 그것으로부터 벗어나야 합니다.

만약 감관의 평온과 마음의 평온을 알아차리지 못하면 고요함에 의해 해태와 혼침이 올 수 있습니다. 오랫동안 수행을 하면서 여러 가지 어려움에 직면해 있다가 평온이 오면 누구나 이 평온을 즐기게 됩니다. 그래서 바로 그 순간 수행이 퇴보합니다. 지금까지 말씀드린 것처럼 이 평온의 상태에서 벗어나기를 수행자들은 원하지 않습니다. 그래서 수행은 반드시 스승이 필요하다고 말씀드린 것입니다. 스승의 역할은 이러한 평온에서 빠져나오게 하는 것입니다. 왜냐하면 평온은 열반으로 가는 과정이지 그것이 목표가 아니기 때문입니다.

주석서에서는 평온을 이렇게 정의합니다.

"고요함이 감관의 평온이다. 마음을 안정시키는 것이 마음의 평온이다. 여기서 감관이라는 것은 수온, 상온, 행온의 세 가지 무더기들이다. 이 둘을 하나로 묶어 감관과 마음의 평온은 몸과 마음의 불안을 가라앉히는 것이 그 특징이다. 몸과 마음의 불안을 완화하는 역할을 한다. 동요하지 않음과 침착함으로 나타난다. 몸과 마음이 가까운 원인이다. 이들은 몸과 마음을 가라앉지 못하게 하는 들뜸 등이 오염원과 반대가 된다고 알아야 한다."

이처럼 주석서에서는 가야빠삿띠를 몸의 평온이라고 하지 않고, 감각기관이라는 뜻으로 감관의 평온이라고 하고 있습니다.

주석서에서 밝힌 것처럼 여기에서도 몸과 마음에서 생긴 문제는 몸과 마음에서 그 답을 찾아야 하는 것입니다. 그러므로 위빠사나 수행의 대상이 오직 몸과 마음을 대상으로 한다는 사실은 매우 실제적이고 실질적인 것이고, 가장 필요한 것이고, 가장 정확한 답을 얻을 수 있는 장소인 것입니다.

다음은 열 번째 감관의 경쾌함과 열한 번째 마음의 경쾌함입니다. 경쾌함이란 가볍고 민첩한 것을 말합니다. 감관의 경쾌함이란 마음의 작용인 수, 상, 행의 모임을 말하는 감관의 가볍고 민첩함입니다. 마음의 경쾌함이란 마음의 가볍고 민첩함입니다. 몸의 가벼움이 있으면 마음의 가벼움도 있습니다. 그러므로 여기서는 수상행이 가벼우므로 마음이 가볍고, 그 마음이 가벼우므로 오온이 가볍습니다.

감관과 마음의 경쾌함이란 선하지 못한 마음의 작용 중의 다섯 가지 장애인 해태와 혼침으로부터 벗어나는 유익한 마음의 작용입니다. 감관의 경쾌함은 감각기관의 무겁고 둔하고 완만한 느낌을 제거합니다. 그리고 마음의 경쾌함은 마음의 무겁고 둔함을 제거합니다. 우리가 좋은 일을 경험했을 때 몸이 하늘을 날 것 같고, 마음이 승화된 것이 바로 감관의 경쾌함과 마음의 경쾌함을 느낄 때인 것입니다.

주석서에서는 감관의 경쾌함과 마음의 경쾌함을 이렇게 정의합니다.

"감관이 가벼운 상태가 감관의 경쾌함이다. 마음이 가벼운 상태가 마음의 경쾌함이다. 이들은 몸과 마음의 무거움을 가라앉히는 것이 그 특징이다. 몸과 마음의 무거움을 덜어버리는 역할을 한다. 몸과 마음의 느리지 않음으로 나타난다. 몸과 마음이 가까운 원인이다. 이들은 몸과 마음의 무거움을 초래할 해태와 혼침 등의 오염원에서 반대라고 알아야 한다."

다음은 열두 번째 감관의 부드러움과 열세 번째 마음의 부드러움입니다. 감관의 부드러움은 마음의 작용인 수, 상, 행들의 모임인 감관의 부드러움입니다. 부드러움이란 거칠고 사나운 상태가 아닌 고요하고 가라앉은 상태를 말합니다. 사견과 교만한 마음으로 불선이 일어나면 자아를 집착해서 나라는 생각을 가지고 상대를 무시합니다. 그러면 불순해지고 거만해서 매우 거칠고 사나워집니다. 그러나 감각기관의 부드러움으로 거칠고 사나움을 제거합니다. 이들 부드러움으로 인해 몸도 부드러워지고 유연해집니다. 고요하고 겸손한 사람에게서 부드러움이 있는 것은 이들 두 가지의 부드러움이 있기 때문입니다. 탐욕, 성냄, 어리석음이 있을 때는 부드러움이 없고 긴장합니다. 그러나 관용, 자애, 지혜를 가진 마음이 있으면 몸과 마음이 부드럽습니다. 부드러움과 단단함은 동전의 양면처럼 붙어 있습니다. 그래서 마음가짐에 따라 매 순간 변합니다.

돈이 있는 사람은 부드러울까요? 긴장할까요? 지위를 가진 사람은 부드러울까요? 긴장할까요? 명예를 가진 사람은 부드러울까요? 긴장할까요? 그렇습니다. 부드러울 수도 있고 긴장할 수도 있습니다. 그러나 무엇인가 일가—家를 이루었다는 것이나, 무엇인가를 가졌다는 오만이 발휘되면 아무리 좋은 지위를 얻고 아무리 돈이 많아도 부드러움보다는 긴장하는 마음을 갖습니다.

부드러움은 선한 마음의 작용이고, 긴장은 선하지 못한 마음의 작용입니다. 그렇다고 본다면 지위나 돈이나 명예나 하는 것들이 만약 긴장을 준다면 그것은 결코 선한 마음의 작용이 아닙니다.

그렇다면 그것이 자신에게 주는 의미가 무엇일까요? 유익하지 못한 것입니다. 물론 그런 모든 것들은 필요한 것들입니다. 그러나 그런 것들로 인해서 우리가 고통과 괴로움을 겪어야 한다면 그것은 바람직한 현상이라고 볼 수가 없습니다.

주석서에서는 감관의 부드러움과 마음의 부드러움을 이렇게 정의합니다.

"감관의 부드러운 상태가 감관의 부드러움이다. 마음의 부드러운 상태가 마음의 부드러움이다. 이들은 몸과 마음의 뻣뻣함을 완화하는 특징이 있다. 몸과 마음의 경직된 상태를 풀어주는 역할을 한다. 저항하지 않음으로 나타난다. 몸과 마음이 가까운 원인이다. 이들은 몸과 마음의 경직된 상태를 초래하는 사견과 자만 등의 오염원과 반대가 된다고 알아야 한다."

그렇습니다. 우리가 어떤 상황에 처해 있건 그것은 나의 것이 아닙니다. 그러므로 항상 부드러운 마음으로 자애로움을 가지고 그것을 수용하는 마음가짐이 필요합니다. 이것이 선한 마음의 작용입니다.

진리는 보편타당하고 일반적인 특성이 있습니다. 그러나 사람들은 가장 알기 쉬운 일반적 특성을 모릅니다. 무엇인가 항상 특별한 것을 찾았기 때문입니다. 어리석은 자는 복을 구하지만, 지혜가 있는 자는 복을 만듭니다. 몰라서 바라지만 알면 바라지 않고 스스로 만듭니다.

지혜가 있으면 주는 자는 없고, 스스로 만든다는 것을 압니다. 몰라서 신비한 능력을 바라지만 알면 번뇌를 끊는 지혜를 구합니다. 지혜가 있으면 학문을 하는 것에 그치지 않고 수행을 해서 해탈의 자유를 얻습니다. 지혜는 해야 할 일과 하지 말아야 할 일을 알며, 아는 것으로 그치지 않고 분명하게 실천합니다.

번뇌를 끊는 통찰지혜는 위빠사나 수행을 통해서만 얻을 수가 있습니다. 느낌을 알아차려서 갈애로 넘어가지 않도록 노력하는 것이 바로 위빠사나 수행입니다. 이 수행은 특별한 사람만 하는 것이 아닙니다. 언제 어디서나 누구나 쉽게 현재 하고 있는 것을 알아차리면 됩니다.

지난 시간에 이어서 열네 번째 감관의 일의 적당함과 열다섯 번째 마음의 일의 적당함에 대해서 말씀드리겠습니다.

일의 적당함이란 일에 대한 적응성, 순응성, 적합성을 말합니다. 관용과 보시를 하는 사람은 훌륭한 일을 하여 매사에 적용하고 순응합니다. 그래서 일을 함에 있어 능률이 오릅니다. 이러한 적응성은 훌륭하지 못한 마음을 가라앉히고 고요하게 합니다. 일을 할 때 부주의하여 느슨하게 줄을 잡아당기면 줄이 뒤엉키고 달라붙고, 그리고 너무 강하게 잡아당기면 줄이 끊어지듯이 일을 함에 있어서 적당함이 있으면 두 가지의 위험에서 벗어날 수 있습니다.

이것들을 조율하는 것이 알아차림입니다. 수행은 마치 현악기를 켜는 것처럼 줄을 적절하게 조율하는 것을 말합니다. 너무 강하게도 너무 약하게도 하지 않아야 소리가 나듯이 모든 일에 있어선 적당함이 필요합니다. 이것이 감각기관의 일의 적당함과 마음의 일의 적당함입니다. 여기서 그냥 적당함이 아니고 어떤 행위를 하거나 그 행위를 함에 있어서는 반드시 적당함이 필요한 것입니다. 그 적당함이 바로 선한 마음의 작용입니다.

주석서에서는 감관의 일의 적당함과 마음의 일의 적당함을 이렇게 정의했습니다.

"감관의 일의 적당한 상태가 감관의 일의 적당함이다. 마음의 일의 적당한 상태가 마음의 일의 적당함이다. 그들은 몸과 마음의 일에 부적합한 상태를 가라앉히는 특징이 있다. 그들은 몸과 마음의 일의 부적합한 상태를 부수는 역할을 한다. 그들은 어떤 것을 몸과 마음의 대상으로 만드는 데 성공함으로 나타난다. 몸과 마음이 가까운 원인이다. 몸과 마음이 일의 적당하지 못한 상태를 초래할 때 초래할 나머지 장애들과 반대가 된다. 신뢰할 대상에 신뢰를 가져오며, 이로운 행위를 쉽게 적응함이 마치 잘 정제된 금과 같다고 알아야 한다."

그렇습니다. 우리는 선한 마음을 가지면 항상 일의 적당함을 알아서 선한 마음의 작용이 생깁니다. 항상 무슨 일을 하거나 기쁘고 즐겁게 사명감을 가지고 한다면 적절하게 바른 힘을 발휘할 수 있습니다. 우리가 하기 싫은 일을 할 때는 적당함이 없지만 임무를 가지고 즐겁게 기쁘게 한다면 적절함, 적당함이 그 일의 능률을 올릴 것입니다.

다음은 열여섯 번째 감관의 능숙함과 열일곱 번째 마음의 능숙함입니다. 감관의 능숙함이란 감관의 숙달된, 그리고 숙련된 경험 등을 말합니다. 이 말은 깨끗한 마음의 작용인 수, 상, 행의 모임으로 인해 훌륭한 공적이 있는 것을 뜻합니다. 이때 훌륭한 공적이란 바로 능숙함, 숙련됨인 것입니다. 이처럼 숙련되고 능숙한 사람은 무슨 일을 하거나 더듬거리지 않고 능란하게 처리할 수가 있습니다. 그래서 능숙함은 마음의 상처를 입었을 때 고요하게 합니다.

우리들은 진보와 보수의 그런 중간 지점에서 항상 모든 것들을 균형을 이루며 살아야 합니다. 우리는 진보도 필요합니다. 그러나 때로는 보수도 필요합니다. 진보는 위험하고 보수는 고루할 수 있습니다. 그러나 이것들을 적절하게 조율하는 것이 경험입니다. 그래서 그 경험으로 무슨 일을 한다면 우리는 모든 일을 능숙하게 할 것입니다. 그러므로 우리는 모든 일에 있어서 그 경험을 살려야 하겠습니다. 그것이 바로 숙련됨입니다. 그것이 바로 능숙함입니다. 이런 것들을 기능을 가졌다고 말합니다.

『아비담마』에서는 훌륭한 선과보를 가지고 태어난 사람을 기능을 가진 사람이라고 말합니다. 우리는 각자가 각각의 기능을 가지고 있습니다. 그래서 그 기능을 살려야 합니다. 그것들이 자신을 행복하게 하고, 이 사회를 윤택하게 하고 그리고 정의로운 사회를 구현할 수도 있을 것입니다. 그러므로 어떤 특정한 기능만을 원하지 말고 자기가 하고 있는 일에서 그 경험을 살려 능숙함을 갖는 것이 건강한 삶을 살고 선한 마음의 작용을 계발하는 것이 되겠습니다.

주석서에서는 감관의 능숙함과 마음의 능숙함을 이렇게 정의하고 있습니다.

"감관의 능숙한 상태를 감관의 능숙함이라고 한다. 마음의 능숙한 상태를 마음의 능숙함이라고 한다. 그들의 특징은 몸과 마음의 건강함이다. 몸과 마음의 병을 덜어버리는 역할을 한다. 실수를 하지 않음으로 나타난다. 몸과 마음이 가까운 원인이다. 몸과 마음에 병을 초래할 불신 등과 반대가 된다고 알아야 한다."

다음은 열여덟 번째 감관의 바름과 열아홉 번째 마음의 바름입니다. 감관의 바름이란 마음의 작용인 수, 상, 행이라는 모임들인 감관의 바름을 말합니다. 그리고 마음의 바름이란 마음의 곧음입니다. 바름이란 정직, 곧음을 말합니다. 그러므로 바름이 있으면 선하지 못한 마음의 작용인 거짓이나 속임수가 제거됩니다. 속임수는 자신의 허물을 덮어버리고 감추기 때문에 허물이 됩니다. 부정직함은 자신에게 없는 공적을 있는 것처럼 꾸미기 때문에 허물이 됩니다. 깨끗한 마음의 작용의 바름은 속임수와 이러한 부정직함을 제거합니다.

주석서에서는 감관의 바름과 마음의 바름을 이렇게 정의합니다.

"감관의 바른 상태를 감관의 바름이라고 한다. 마음의 바른 상태를 마음의 바름이라고 한다. 그들의 특징은 몸과 마음이 바름이다. 몸과 마음의 구부러짐을 없애는 역할을 한다. 반듯함으로 나타난다. 몸과 마음이 가까운 원인이다. 몸과 마음에 구부러짐을 초래할 거짓이나 속임수 등과 반대가 된다고 알아야 한다."

우리는 무엇이나 빨리 하려고 합니다. 그래서 실패를 거듭합니다. 그러나 가장 빠른 길은 굽어지지 않은 길, 바른 길 그것입니다. 그것은 정직함이고 바름입니다. 그래서 이런 바른 길은 지름길이라고 알아야 하겠습니다. 우리가 욕심을 부려서 빨리 성취하려고 하는 것은 오히려 우회해서 더 멀리 돌아가는 것입니다. 그래서 여기서 감관의 바름, 마음의 바름이라는 것이 지름길이라는 것을 다시 한 번 유념하여야 하겠습니다.

이상으로 깨끗한 마음의 작용은 모두 스물다섯 가지인데 그중에서 열아홉 가지가 연관되어 함께 일어나는 그 마음의 작용을 말씀드렸습니다. 깨끗한 마음의 작용 열아홉 가지 중에서 수, 상, 행의 전체를 포함하여 말하는 것에는 방금 말씀드린 여섯 가지가 있습니다. 이들은 모두 감관으로 설명하였습니다.

감관의 평온, 감관의 경쾌함, 감관의 부드러움, 감관의 일의 적당함, 감관의 능숙함, 감관의 바름이란 여섯 가지는 수, 상, 행을 말하는 것입니다. 그래서 앞서 밝힌 52가지 중에서 수와 상이 하나밖에 없다고 말하였지만 여기서 수, 상, 행이라는 모임, 이 여섯 가지가 나타난 것이 있는 것으로 보아서 수, 상, 행이 하나만 있는 것은 아닙니다.

이상 깨끗한 마음의 작용 열아홉 가지는 함께 일어나기 때문에 우리가 선행이 얼마나 유익한가를 알 수 있습니다. 그리고 우리가 왜 수행을 해야 하는가를 다시 한 번 유념해야 하겠습니다. 하나의 선행이 하나만 있지 않고 열아홉 가지를 함께 이룬다면 이 얼마나 유익한 일입니까? 우리는 이것을 간과하지 말아야 하겠습니다. 우리가 수행을 하고 선한 일을 해야 하는 것들이 바로 이런 많은 이익들이 수반되기 때문에 반드시 해야 하는 일들입니다.

다음은 절제에 대해서 말씀드리겠습니다. 절제라는 것은 금욕, 자제, 선하지 못한 행위를 회피한다는 뜻입니다. 그래서 선하지 못한 말이나 선하지 못한 행위나 선하지 못한 생계를 위해서 행동할 때 이것을 행하지 않고 억제하고 회피하는 것을 절제라고 합니다.

이상의 세 가지는 정어, 정업, 정명으로 팔정도의 계에 해당하는 것들입니다. 그러나 절제는 이것과 반대되는 것들이 나타났을 때 자제하여 불선업을 행하지 않는 것이지만 계율은 자제하기 이전에 지켜야 할 원칙을 말하는 것입니다. 그래서 절제와 계가 같은 것이지만 그 쓰임에 따라서는 이렇게 차이가 있습니다.

불선업을 절제할 때는 그냥 하는 것이 아니고, 여러 가지 방법으로 실천합니다. 절제하는 세 가지 방법은 다음과 같습니다. 첫째, 단절에 의해 절제하는 것입니다. 나타난 불선업을 남김없이 끊어냄으로써 불선업을 절제합니다. 둘째, 현재 도착한 대상을 절제하는 것입니다. 이 말은 지금 이 순간에 나타난 불선업을 절제하는 것입니다. 셋째, 계율의 준수로 절제하는 것입니다. 이 말은 계율을 지킴으로써 허물을 범하는 것을 절제하는 것입니다.

주석서에서는 절제를 이렇게 정의합니다.

"신, 구, 의 삼업의 악행으로부터 절제하는 것이 신, 구, 의 삼업으로 짓는 악행에 대한 절제이다. 이들 세 가지의 특징은 신, 구, 의 삼업에 대한 악행을 위반하지 않는다. 혹은 어기지 않는다. 신, 구, 의 삼업으로 짓는 악행의 대상으로부터 움츠리는 역할을 한다. 이들을 행하지 않음으로 나타난다. 믿음, 양심, 수치심, 욕구가 적음 등의 공덕이 가까운 원인이다. 마음이 악행에서 등을 돌리는 것으로 보아야 한다."

그렇습니다. 계율과 절제는 다릅니다. 계율은 지켜야 할 원칙이지만 절제는 나타난 것을 행하지 않고 피하는 것입니다. 그러므로 계율과 절제 두 가지가 조화를 이룰 때만이 우리는 비로소 바른 마음의 작용을 할 수 있을 것입니다. 계율은 딱딱한 것이라서 우리가 과히 반기지 않습니다. 그러나 계율은 막아서 보호하는 것입니다. 그래서 오히려 계율은 매우 소프트한 것입니다. 계율처럼 부드러운 것이 없습니다. 우리가 계율 안에 살고 있기 때문에 행복을 유지할 수가 있고, 바른 삶을 살 수가 있는 것입니다. 그래서 계율은 뼈와 같은 것입니다. 이러한 계율을 지키기가 어렵기 때문에 우리는 또다시 절제라는 무기를 사용해야 하겠습니다. 그래서 선하지 못한 행위에 직면해 있을 때 선하지 못한 행위를 피하는 절제가 있어야 합니다. 이 절제가 바로 자기 관리인 것입니다.

자신의 탐욕과 성냄과 어리석음이 자신을 괴롭힙니다. 그러나 이것은 실재하는 것이므로 세속의 진리입니다. 이것은 없애야 할 대상이 아니고, 단지 알아차릴 대상입니다. 실재하는 것을 없애려고 하면 없애려고 한 만큼 더 강해집니다. 그러므로 자신의 마음속에 찾아온 손님으로 알고, 있는 그대로 알아차려야 합니다.

탐욕이 있을 때는 '지금 탐욕이 있네' 하고 알아차려야 합니다. 성냄이 있을 때는 '지금 화를 내고 있네' 하고 알아차려야 합니다. 어리석음이 있을 때는 '지금 어리석음이 있네' 하고 알아차려야 합니다. 이것이 선행이고, 이것이 관용이고, 이것이 선한 마음입니다. 이렇게 대상을 분리해서 알아차릴 때만이 비로소 번뇌로부터 조금씩 자유로워질 것입니다.

◆◆◆◆◆

지난 시간에 말씀드린 절제 세 가지 중에서 첫 번째는 정어正語입니다. 정어는 바른 말을 하는 것입니다. 바른 말은 네 가지를 하지 않는 것으로 거짓말, 이간질, 거친 말, 쓸데없는 말을 하지 않고 절제하는 것입니다. 정어를 말할 때 바를 정正은 앞서서 밝힌 것처럼 상징적으로 '알아차림이 있는 말'이라는 뜻이 있습니다. 그래서 팔정도의 정正은 알아차림을 가지고 한다는 뜻이 있습니다. 알아차림은 선한 행위이므로, 항상 깨어서 대상을 지켜보는 행위이기 때문에 청정한 상태를 유지할 수 있습니다.

주석서에서는 정어를 이렇게 정의 합니다.

"그렇게 보고 생각하는 자가 그릇된 말을 자제하는 것이 바른 말이다. 이것은 정사유와 연결되어 있고, 그릇된 말버릇을 제거한다. 이것의 특징은 취득하는 것이다. 절제하는 역할을 한다. 그릇된 말을 버림으로써 나타난다."

다음은 두 번째 정업正業입니다. 정업은 바른 행위입니다. 업과 행위는 같은 말입니다. 바른 행위는 몸으로 짓는 세 가지 행위로 살생, 도둑질, 간음을 삼가여 절제하는 것입니다. 살생은 살아 있는 생명을 죽이는 것입니다. 도둑질은 주지 않는 물건을 갖는 것입니다. 간음은 다른 여인과 정을 통하는 것입니다.

주석서에서는 정업을 이렇게 정의 합니다.

"그렇게 절제하는 자가 살생, 도둑질, 간음을 절제하는 것이 바른 행위이다. 이것은 바른 말과 연결되어 있고, 그릇된 행위를 끊어버린다. 이것은 나쁜 행위를 부순다. 이것의 특징은 일어나게 하는 것이다. 절제하는 역할을 한다. 그릇된 행위를 버림으로써 나타난다."

다음은 세 번째 정명正命입니다. 정명은 바른 생계수단을 갖는 것입니다. 바르지 못한 생계는 다섯 가지인데, 이 거래를 삼가는 것을 말합니다. 바른 생계수단을 갖는 것은 무기거래, 생명체거래, 도살, 독약거래, 술이나 마약거래 이상 다섯 가지 행위를 하지 않는 것을 말합니다. 이외에도 부정직하게 부를 획득하는 사기, 배신, 점술, 속임수, 고리대금업이 바로 정명과 대치되는 것입니다. 재물을 얻을 때는 불법적인 방법으로 얻지 않고 합법적인 방법으로 얻어야 하며, 강제나 폭력을 써서 얻지 않고 평화적인 방법으로 얻어야 합니다. 어떤 방법이 되었거나 남에게 해를 끼치거나 고통을 주고 얻어서는 안 됩니다. 부당하게 얻은 것들은 얻은 것이 아니고 고스란히 과보가 되어 바로 그것이 자신이게 해를 끼치는 새로운 원인을 만듭니다.

주석서에서는 정명을 이렇게 정의합니다.

"그 정어와 정업이 청정해지도록 그릇된 생업으로부터 절제함이 정명이다. 이것은 정어와 정업과 연결되어 있고, 위선 등을 끊는다. 이것의 특징은 청정이다. 올바른 생계를 일으키게 하는 역할을 한다. 그릇된 생계를 버림으로써 나타난다."

만약 여러분들이 이러한 직업에 종사한다면 알아차려야 됩니다. 그리고 더 많은 선행을 하십시오. 이상이 세 가지 절제하는 것으로 정어, 정업, 정명이었습니다.

다음에는 무량함 두 가지입니다. 무량은 한량이 없다, 무한하다, 잴 수 없다는 뜻입니다. 선정수행을 할 때 하나의 방법으로 네 가지 무량한 마음이 있습니다. 이것을 사무량심이라고 합니다. 이 사무량심은 자비희사慈悲喜捨입니다. 이 네 가지는 자애와 연민과 기뻐함과 평정을 의미합니다.

여기서 네 가지 무량한 마음의 작용 중에서 두 가지인 연민과 기뻐함만 있습니다. 왜냐하면 자애는 깨끗한 마음의 작용인 열아홉 가지 마음의 작용 중에서 성냄 없음이고, 평정은 깨끗한 마음의 작용인 열아홉 가지 중에서 중립입니다. 그래서 앞서 밝힌 두 가지를 포함하여 자비희사의 네 가지 무량한 마음이 성립됩니다. 그 무량한 마음의 작용 두 가지는 다음과 같습니다. 첫째 연민과 둘째 기뻐함입니다.

자애는 자신이나 다른 사람이나 예외 없이 모든 존재들의 번영과 행복을 바라는 마음입니다. 연민은 동정심으로 다른 존재들의 고통을 제거해 주려는 마음입니다. 동정심을 가진 마음은 꽃보다 더 부드럽습니다. 봄바람보다 더 부드럽습니다. 함께 기뻐함은 단순한 동정심이 아니고 호의적이고 적극적으로 이해하여 주는 기쁨입니다. 평정은 공평하게 바라보는 마음으로 집착하지 않고, 혐오하지 않고, 좋아하거나 싫어함이 없는 균형을 갖춘 마음입니다. 사무량심을 자비희사라고 하는데, 자慈는 자애이며, 비悲는 연민과 동정심이고, 희喜는 함께 기뻐함이고, 사捨는 평정입니다. 이상의 네 가지 무량한 마음을 갖도록 하는 것이 사마타 수행방법의 하나입니다. 위빠사나 수행은 아무것도 바라지 않고 나타난 대상을 지켜보는 수행이라서 사마타 수행에서 바라는 것과는 다릅니다.

사무량심은 그냥 생기지 않습니다. 먼저 성냄의 반대가 되는 자애를 가져야 합니다.

이런 마음가짐에서 다음으로 연민의 마음이 일어납니다. 그렇지 않으면 남의 슬픔을 즐기거나 좋아할 수도 있습니다. 이렇게 자애로 인하여 연민의 마음이 생겼을 때 비로소 남의 기쁨을 함께할 수 있습니다. 남의 기쁨을 함께 기뻐하는 것도 높은 수준의 정신력이 요구되는 것입니다. 보통은 누구나 자아를 가지고 살기 때문에 남의 성공을 질투하고 시기할 수도 있습니다. 그래서 아무나 남의 슬픔에 연민을 갖거나 남의 기쁨을 함께 기뻐하지 못합니다.

자애와 연민과 함께 기뻐함이 이룩되면 자연스럽게 미워하지 않고, 혐오하지 않는 평정심을 갖습니다. 평정심은 좋아하거나 싫어하지 않는 마음이지만 무관심한 마음은 아닙니다. 무관심은 무지의 상태지만 여기서는 공평한 마음이기 때문에 무관심이 아닙니다. 자애와 연민과 기뻐함을 추구할 때 이것을 집착해서는 안 됩니다. 자칫 잘못하면 이상 세 가지를 집착할 수 있습니다. 그러면 마지막 평정심을 이룰 수 없습니다. 그리고 마지막 평정심은 적극적인 관심을 가진 상태여야 합니다. 자칫 잘못하여 무관심한 상태가 되면 애써 이룬 마음가짐이 마지막으로 꽃을 피우기가 어렵습니다.

위빠사나 수행에서는 깨달음을 추구하기 때문에 이 상태에서 다시 평정심을 알아차리지만, 사마타 수행에서는 선정의 고요함이 목표이기 때문에 이 수준에 머물러 선정을 즐깁니다. 주석서에서는 연민과 기쁨을 이렇게 정의합니다.

"이 자애와 연민과 기쁨과 평정은 우선 몹시 기뻐하기 때문에 자애이다. 사랑을 느낀다는 뜻이다. 친구의 존재 혹은 이것은 친구에게 일어나기 때문에 자애이다. 다른 이가 고통스러워할 때 선한 사람의 가슴이 동요하기 때문에 연민이라고 한다. 혹은 다른 이의 고통을 제거하고 죽이고 분쇄하기 때문에 연민이다. 혹은 고통 받는 자들에게 흩뿌려져서 충만함으로서 확장되기 때문에 연민이다. 그것을 가진 자는 그것 때문에 기뻐한다. 혹은 스스로 기뻐한다. 혹은 단지 기뻐하기 때문에 함께 기뻐한다. 원한이 없기를 바라는 관심을 버리고 중립적인 상태에 의지함으로써 평정하기 때문에 평정이라고 한다.

그러나 특징으로 살펴보면 자애는 유익한 상태로 일어난다. 이익을 가져오는 작용을 한다. 증오의 조복으로 나타난다. 중생에게서 사랑스러움을 보는 것이 가까운 원인이다.

이것은 악의를 가라앉힐 때 성취하고 갈애를 일으킬 때 실패한다. 연민은 중생에게 일어난 고통을 완화하려는 형태로 일어나는 것이 특징이다. 다른 이의 고통을 견디지 못하는 작용을 한다. 잔인함이 없는 것으로 나타난다. 고통에 허우적거리는 자들에게서 의지할 곳이 없는 상태를 보이는 것이 가까운 원인이다. 이것은 잔인함을 가라앉힐 때 성취하고, 근심을 일으킬 때 실패한다.

기뻐하는 것의 특징은 다른 이의 성공을 기뻐하는 것이다. 질투하지 않는 작용을 한다. 싫어함을 제거함으로써 나타난다. 중생들의 성공을 보는 것이 가까운 원인이다. 싫어함을 가라앉힐 때 이것의 성공을 보는 것이 가까운 원인이다. 싫어함을 가라앉힐 때 이것을 성취하고 세속적인 희열로써 왁자지껄한 웃음을 일으킬 때 실패한다.

평온은 중생들에 대한 중립적인 상태로 일어나는 것이 그 특징이다. 중생들을 향해 평정한 상태로 보는 역할을 한다. 적개심과 찬동을 가라앉힘으로써 나타난다. '중생들은 업을 그 소유물로 갖는다. 업 이외의 다른 어떤 것이 중생들이 행복하고, 고통으로부터 벗어나고, 이미 얻은 영화를 잃어버리지 않기를 바랄 수가 있겠는가?'라고 생각하여 업이 그들의 소유물임을 보는 것이 가까운 원인이다. 적개심과 찬동을 가라앉힐 때 이것을 성취하고, 무지에 바탕한 무관심을 일으킬 때 실패한다. 무지는 감각적 욕망을 바탕으로 하기 때문이다.

연민과 기뻐함은 범주에 대한 해설에 설한 대로 알아야 한다. 그곳에서는 근본삼매를 얻는 색계에 속하고, 이것들은 욕계에 속하는 것이 차이점이다. 어떤 이는 자애와 평정은 일정하지 않은 법들에 포함된다고 한다. 그것은 동의할 수 없다. 뜻으로 볼 때 성냄 없음이 바로 자애이고, 중립적인 평정이 바로 평정이다.

이상으로 사무량심 중에서 연민과 함께 기뻐함 두 가지와 함께 자애와 평정을 말씀드렸습니다.

마지막 마음의 작용은 52번째 어리석음 없음 한 가지입니다. 어리석음 없음은 지혜가 있는 것을 말합니다. 『논장』에서는 선하지 못한 마음의 작용일 때 탐욕, 성냄, 어리석음이지만 선한 마음의 작용일 때는 탐욕 없음, 성냄 없음, 지혜입니다. 이때의 지혜를 지혜의 능력이라고도 하고, 한문으로는 혜근慧根이라고 합니다.

마지막 마음의 작용 52번째 한 가지는 지혜의 능력입니다. 지혜의 능력을 빨리어로 '빤닌드리야paññindriya'라고 합니다. 지혜를 뜻하는 빤냐paññā와 지각능력, 감각기관을 뜻하는 인드리야indriya의 합성어입니다. 빤닌드리야는 이성, 지혜의 능력, 혜근 등의 뜻이 있습니다.

여기서 지혜의 능력을 이성이라고 보는 것은 지혜가 감정에 휩싸인 상태에서 일어나지 않는 것을 말합니다. 그래서 지혜는 반드시 집중의 고요함이 있어야 하기 때문에 감성이 아닌 이성이라고 말하는 것입니다. 이때의 지혜는 사마타 수행의 근접집중과 근본집중에서는 일어나지 않습니다. 이 두 가지 집중은 단지 선정의 고요함이 대상이지 지혜가 목표는 아닙니다. 그래서 사마타 수행에서는 사마타 선정의 지혜가 있지, 위빠사나 수행의 통찰지는 없습니다. 위빠사나 수행에서는 찰나집중을 하기 때문에 궁극에는 대상의 성품을 알아차리는 지혜를 얻습니다. 이런 궁극의 지혜가 무상, 고, 무아입니다. 무상, 고, 무아라는 일반적 특성의 지혜를 얻어서 우리는 집착을 끊고 열반을 성취하게 됩니다.

무엇이나 좋아하는 순간부터 괴로움이 시작됩니다. 좋아하면 반드시 좋아하는 것을 집착하여 감각적 쾌락을 추구합니다. 그 결과로 업을 생성하여 감각적 쾌락에 대한 과보를 받습니다. 당장은 좋지만 그 과보가 미치는 영향은 깁니다. 좋아하면 알아차림을 놓쳐 더 좋은 것을 바라기 때문에 좋지 않을 때는 괴로운 마음이 따릅니다. 좋아하는 것을 집착하면 세상과 단절하고, 그 세계를 벗어나려 하지 않기 때문에 나쁜 결과가 생깁니다.

세속에서는 알아차림이 없어 좋아하는 것이 제어가 안 되지만, 출세간에서는 알아차림이 있어서 단지 필요해서 합니다. 수행자가 알아차림을 놓쳐서 좋아했더라도 그 순간 '좋아했네'라고 알아차리면 됩니다.

◆◆◆◆◆

지난 시간에 이어서 지혜의 능력에 대해서 계속 말씀드리겠습니다.

지혜는 아는 마음입니다. 그리고 알았기 때문에 끊는 힘이 있습니다. 지식도 아는 마음이지만 끊지는 못합니다. 그래서 우리들에게 필요한 것이 지혜입니다. 이러한 지혜는 얻으려고 해서 얻어지는 것이 아닙니다. 바로 알아차린 결과로 얻어지는 것입니다. 지혜는 정신적 조건이 성숙되었을 때 자연스럽게 나타납니다.

그래서 수행자가 지혜를 목표로 삼되, 행함에 있어서는 결과를 잊어버려야 합니다.

왜냐하면 조건의 성숙이 우선이기 때문입니다. 이는 처음부터 원인을 알려고 해서는 안 되는 것과 같습니다. 바르게 알아차린 결과로 원인을 알아야 하는 것처럼, 지혜도 알아차린 결과로 오는 것입니다. 사실 원인을 안다는 것이 바로 지혜가 난 것입니다.

불교에서는 일반적으로 지혜를 얻는 일정한 과정을 세 가지로 나눕니다. 첫째, 배움으로 구성되는 지혜가 있습니다. 이것을 문혜聞慧라고 합니다. 고대에는 문자가 없었기 때문에 들어서 아는 지혜로 스스로를 계발했습니다. 둘째, 순수한 생각으로 이루어진 지혜가 있습니다. 이것을 사혜思慧라고 합니다. 이것은 정신적 사유이며, 형이상학도 여기에 포함됩니다. 서양에서 생긴 지혜는 거의가 이 단계에서 생긴 것들입니다. 셋째, 수행으로 이루어진 지혜입니다. 통찰지혜 수행인 위빠사나 수행을 해서 무상, 고, 무아를 아는 지혜를 얻어 도과를 성취합니다. 이것을 수혜修慧라고 합니다. 수혜는 논리적인 이성을 뛰어넘는 것입니다. 직접 실천적 수행을 해서 단계적 과정을 거쳐 진리를 깨닫게 됩니다.

이처럼 지혜도 단계적인 과정을 거쳐서 차츰 계발됩니다. 지혜는 그 자체가 깨달음입니다. 특히 존재하는 것들의 일반적 특성인 무상, 고, 무아의 지혜는 부처님 가르침에만 있습니다. 그래서 열반은 불교에만 있습니다. 이 법을 모르는 생명은 끝없는 윤회를 해야 합니다.

지혜를 뜻하는 빨리어는 여러 가지가 있습니다. 하나는 일반적으로 사용하고 있는 지혜가 있습니다. 그리고 좀 더 전문적인 용어로 사용하는 지혜가 있습니다. 이 두 가지 지혜를 각각 살펴보겠습니다.

첫째, 일반적으로 사용되는 지혜입니다. 지혜를 말할 때 '냐나ñāna'와 '빤냐paññā'로 혼합해서 사용합니다. 그리고 '아모하amoha'라고 할 때도 있습니다. 빨리어 '냐나'는 지혜를 뜻하지만 올바른 지식, 이해, 앎 등의 뜻이 있습니다. '냐나'가 지혜이지만 완전한 지혜가 아니고 초기에 일어나는 지혜입니다. 위빠사나 수행의 열여섯 단계 지혜도 모두 '냐나'입니다. 그래서 지혜라고도 하지만 경우에 따라서 '이해', '앎'이라고 말하기도 합니다.

다음으로는 '빤냐'입니다. 빨리어 '빤냐'는 '냐나' 다음에 오는 지혜로 '통찰지'라고 합니다. 빨리어 '빤냐'를 중국에서 그대로 음사해서 사용하는 것이 바로 '반야'입니다. 중국어 불교 용어는 빨리어를 소리 나는 대로 음사해서 사용하는 것들이 많습니다. 이때의 '빤냐'를 '냐나'와 구별해서 사용하는데 일반적으로 '통찰지'라고 합니다. 그래서 대상의 성품인 무상, 고, 무아를 있는 그대로 꿰뚫어본다는 뜻으로 통찰지혜라고 합니다.

다음으로 '아모하'입니다. '아모하'는 '아a'라는 부정관사 뒤에 어리석음이라는 '모하 moha'가 붙어서 '어리석지 않음'이라는 뜻입니다. 이때 어리석지 않음이란 지혜가 있는 것을 말합니다. 모르는 것을 무명이라고 하는데 이것이 바로 어리석음입니다. 이 무명의 반대가 지혜입니다. 그래서 이때의 지혜는 '알아서 끊는다'는 뜻이 있습니다.

전문적으로 사용하는 지혜란 말은 '빠린냐pariññā', '아빈냐abhiññā', '안냐aññā', '빠띠웨다 paṭivedha', 그리고 '빤닌드리야paññindriya'라는 말들이 있습니다.

'빠린냐'는 정확한 지식, 완전한 이해라는 뜻으로 '통달지'라고 합니다. 이 말을 중국에 서는 '편지' 또는 '획득지'라고 합니다. '편지'는 두루 아는 지혜라는 말인데 빠짐없이 골고루 아는 지혜이고, '획득지'는 도과를 성취한 것을 말합니다. '빠린냐 빠띠웨다'라고 할 때는 정확한 지식에 대한 통달 또는 편지통달이라고 합니다.

다음에 '아빈냐'는 '아는, 지혜가 있는'이라는 뜻으로 '신통지'라고 합니다. 보다 정도 가 높은 지혜를 가진 것으로 초범지의 신통이 있는 지혜입니다. 그래서 신통이 있는 초월적 지혜라고 해서 신통지라고 합니다.

다음으로 '안냐'는 완전한 지혜라고 하여 '완전지' 또는 '구경지'라고 합니다. 진리를 깨달았다는 뜻으로 '개오開悟'라고도 합니다. 아라한의 지혜의 경지를 말할 때 '안냐'라고 합니다. '안냐 빠띠웨다'라고 할 때는 지혜의 통달이라는 뜻으로 쓰입니다.

다음에 '빠띠웨다'는 관통, 통달, 통찰했다는 뜻이나 통찰해서 도과를 획득한 것을 말합니다. 불교는 일반적으로 교학을 말하는 '빠리야띠'의 단계를 거쳐 수행을 말하는

'빠띠빠띠_patipati_'에서 마지막으로 도과를 성취하는 '빠띠웨다'로 완성됩니다. 이때의 '빠
띠웨다'가 관통, 통달했다는 뜻으로 쓰입니다.

다음에 '빤닌드리야'는 다양하게 아는 능력을 말합니다. 안다는 것은 무상, 고, 무아,
사성제인 고집멸도, 선업과 불선업, 업의 결과를 아는 것으로 이것을 '빤냐'라고 하는데,
이것을 아는 능력을 바로 '빤닌드리야'라고 합니다.

이와 같이 지혜라는 말은 필요에 따라서 적절하고 다양하게 사용합니다. 그러나 이것
들은 모두 안다는 것을 말합니다. 알기 때문에 느낌에서 갈애를 일으키지 않아 윤회가
끊어집니다. 이것이 도과를 성취하는 것이고, 궁극에는 아라한이 되는 것입니다. 안다고
했을 때는 무지가 아닌 밝음이며, 지속하는 것이 아닌 소멸시키는 것이며, 끊는 것을
말합니다. 모르면 계속하지만 알면 어리석음인 줄 알아서 끊습니다.

그러나 지혜라고 해서 무조건 다 좋은 것이 아닙니다. 지혜도 알아차릴 대상의 하나입
니다. 지혜를 알아차리지 못하면 간교해집니다. 이런 지혜는 바른 지혜가 아니고, 지혜
를 빙자한 바르지 못한 지혜입니다. 지혜를 알아차리지 못하면 간교하게 사람들을 속이
는 지혜를 갖습니다. 그래서 속이는 바르지 못한 지혜를 구분지혜라고 합니다.

주석서에서는 지혜의 능력을 이렇게 정의합니다.

"어리석음 없음은 본성을 있는 그대로 꿰뚫는 특징이 있다. 혹은 실패 없이 적중해서
꿰뚫는 특징이 있다. 마치 숙련된 궁수가 쏜 화살이 관통하는 것처럼. 대상을 밝히는
역할을 한다. 마치 등불처럼. 미혹하지 않음으로 나타난다. 마치 숲 속의 안내자처럼.
그러면 통찰지의 특징, 역할, 나타남, 가까운 원인은 무엇인가? 통찰지의 특징은 모든
현상의 본성을 꿰뚫는 것이다. 그것의 역할은 모든 현상의 본성을 덮어버리는 어리석
음의 어둠을 분쇄하는 것이다. 통찰지는 미혹하지 않음으로 나타난다. 통찰지의 가까
운 원인은 집중이다. 왜냐하면 '집중에 든 자는 있는 그대로 알고 본다'라는 경구가
있으므로."

이상 마음의 작용 52가지를 모두 요약하면 다음과 같습니다. 첫째, 다른 것과 연관된 마음의 작용 13가지. 둘째, 선하지 못한 마음의 작용 14가지. 셋째, 깨끗한 마음의 작용 25가지입니다. 이상 52가지의 마음의 작용에는 수행에 필요한 37조도품이 상당 부분 포함되어 있습니다. 그래서 마음의 작용이 얼마나 중요한지 다시 한 번 알 수 있습니다.

팔정도의 정견이 지혜의 능력이고, 정사유가 겨냥이며, 정어, 정업, 정명이 있으며, 정정진이 정진이고, 정념이 알아차림이고, 그리고 집중이 있습니다. 그래서 마음의 작용 52가지에 팔정도가 모두 포함되어 있습니다.

다음으로 법념처의 수행의 대상인 다섯 가지 장애가 모두 52가지 마음의 작용 안에 있습니다. 탐욕, 성냄, 해태, 혼침, 들뜸, 후회입니다. 이것들은 모두 선하지 못한 마음의 작용에 포함되어 있습니다. 다음으로 오근五根과 오력五力이 있습니다. 오근은 믿음, 정진, 알아차림, 집중, 지혜입니다. 오근을 강화하면 자연스럽게 이것들이 오력으로 나타납니다.

다음으로 52가지 마음의 작용에는 자비희사의 사무량심이 모두 있습니다. 자비희사의 자慈가 성냄 없음이고, 비悲가 연민이고, 희喜가 기쁨이며, 사捨가 중립입니다. 다음으로 깨달음의 일곱 가지 요인인 칠각지가 마음의 작용 52가지에 모두 포함되어 있습니다. 알아차림, 대상의 탐구인 지혜의 능력, 정진, 희열, 평온, 집중, 중립이 모두 여기에 포함되어 있습니다.

이상으로 마음과 함께 있으면서 모든 일을 하는 마음의 작용에 대해서 살펴보았습니다. 마음의 작용은 흔히 간과하기 쉬운 것들이나 사실은 수행자에게 있어서 가장 중요한 대상입니다. 그러므로 새로운 시각을 가지고 마음의 작용에 대해서 알아차려야 하겠습니다. 이것이 깨달음으로 가는 바른 길이며, 가장 가까운 지름길입니다.

이상으로 마음과 함께 있는 마음의 작용인 수, 상, 행 52가지를 모두 살펴보았습니다. 지금까지 살펴본 것처럼 마음은 마음의 작용이 없으면 일어나지 않습니다. 이러한 마음의 작용을 알아야 비로소 마음이 무엇인지도 알고, 어떻게 해야 하는가도 알 수 있습니다. 다시 말씀드리면 이러한 분석은 적절한 알아차림을 위해서 한 것이며, 결국에는 무아를 알게 하기 위한 것이 가장 깊은 뜻입니다.

지금까지 52가지의 마음의 작용을 종류만 설명했을 뿐이지 이것들이 어떻게 결합하여 다른 형태로 나타나는지는 말씀드리지 않았습니다. 52가지 마음의 작용은 다시 89가지 또는 121가지의 마음과 결합하여 다양한 형태로 나타납니다. 마음의 작용들끼리도 결합하지만 다시 이 52가지가 마음과도 결합합니다. 그러나 이러한 결합은 수행자의 영역을 뛰어넘는 너무 전문적인 것이라서 여기서는 생략하겠습니다.

우리는 지금까지 정신과 물질만 있는 줄 알았지, 정신 속에 있는 수, 상, 행이라는 마음의 작용에 대해서 잘 알지 못했습니다. 그러나 수행자가 수행을 시작하면 모두 나타나는 것들이 수, 상, 행이라는 마음의 작용입니다. 바로 수, 상, 행이라는 마음의 작용을 통해서 비로소 마음의 실체를 알 수 있습니다.

마음은 비물질이라서 보기가 어렵지만 마음의 작용인 수, 상, 행을 통해서 그 진실한 모습을 바로 볼 수가 있습니다.

마음을 알아차림[心念處]
−인식할 수 있는 마음과 인식할 수 없는 마음

상대의 잘못을 미워하지 말고 오히려 연민의 정을 보내십시오. 상대가 몰라서 그런 것입니다. 상대를 미워하는 것은 나도 모르기 때문에 그렇게 합니다. 상대가 모르기 때문에 한 일을 가지고 내가 미워한다면 공연히 상대의 과보를 떠맡아서 불필요한 짐을 지는 것입니다. 이것은 나에게도 이익이 없으며, 상대에게도 이익을 주지 못합니다.

그러나 잘못한 상대를 자애로 받아들이면 내게도 이로움이 있고, 상대에게도 이로움을 줍니다. 서로에게 이로움이 있는 일보다 더 좋은 일이 어디 있겠습니까? 이제 생각으로 상대에게 연민을 보내지 말고, 실제로 진심으로 상대에게 연민의 정을 보내야 하겠습니다. 이것이 수행입니다.

◆◆◆◆◆

지금부터 인식할 수 있는 마음과 인식할 수 없는 마음에 대해서 말씀드리겠습니다.

마음은 인식할 수 있는 마음이 있고, 인식할 수 없는 마음이 있습니다. 인식할 수 있는 마음을 '인식과정'이라고 합니다. 그리고 인식할 수 없는 마음을 '길을 벗어남'이라고 합니다. 이는 인식하는 과정을 벗어난 마음이라는 뜻입니다.

마음이 보이지 않고 무아라고 해서 제멋대로 일어나고 사라지는 것이 아닙니다. 마음도 일정한 과정을 거쳐서 일어나고 사라집니다. 그래서 마음은 마음의 길이 있고, 마음과 함께 있는 몸은 몸의 길이 있습니다. 우리가 마음을 모르기 때문에 초월적인 존재가 모든 것을 만들고, 우리는 그 힘의 지배를 받는 것으로 알고 있습니다. 부처님께서 지혜로 마음을 보니 전혀 그렇지 않다는 것을 아셨습니다.

마음은 일정한 질서에 의해서 일어나고 사라지면서 원인과 결과의 지배를 받는 것을 부처님께서 아신 것입니다. 여기에 자아가 있는 것이 아니고, 단지 원인과 결과라는 조건만 있습니다. 그래서 마음의 종류가 많고, 서로 결합하는 마음과 마음의 작용이 많아서 복잡해 보이지만 사실 내용은 하나입니다. 지금 우리가 계속해서 마음공부를 하는 것은 마음의 실제를 알아야만 무아를 알 수 있기 때문입니다.

마음의 실제를 알아야 하는 이유는 단 하나입니다. 무아를 알아야 비로소 욕망과 집착이 끊어져 자유를 얻을 수 있기 때문입니다. 이 무아를 알기 위해서 여러 가지 분석을 하고 실천적 수행을 하는 것입니다. 생각으로만 알아서는 집착을 끊을 수 없기 때문에 이러한 이론적인 이해와 더불어 수행을 해야 합니다. 자기가 몸소 체험해서 얻은 지혜라야 무아를 알아서 집착을 여의고 그리고 번뇌를 극복할 수 있습니다.

먼저, 인식할 수 있는 마음에 대하여 말씀드리겠습니다. 인식할 수 있는 마음은 욕계, 색계, 무색계, 출세간계의 모든 마음입니다. 마음은 대상을 아는 것으로는 하나이지만, 이상 크게 분류한 네 개의 세계 중에서 일어나는 곳에 따라서 다르게 분류합니다. 또 일어난 곳의 마음의 상태에 따라서 전부 89가지 또는 121가지가 있습니다. 마음은 대상을 안다고 해서 마음이라고 하는데, 이때의 마음은 모두 대상이 있어서 일어납니다. 그리고 일어난 대상을 마음이 압니다. 그래서 이때의 마음은 모두 인식할 수 있는 마음입니다.

이렇게 인식할 수 있는 마음은 제멋대로 아는 것이 아니고, 일정하게 정해진 과정을 통해서 압니다. 이러한 기준을 바르게 알아야 마음을 제대로 이해할 수 있습니다. 그리고 이렇게 알아야 비로소 궁극의 진리인 무아를 알 수 있습니다. 이 기준은 다음과 같습니다.

첫째, 마음은 반드시 대상을 갖습니다. 그래서 대상이 없으면 마음이 일어나지 않습니다. 그러므로 하나의 인식과정은 모두 하나의 같은 대상을 가지고 일어납니다. 눈이 물질을 보고 아는 마음이 일어날 때도 대상이 없으면 마음이 일어나지 않고, 또 마음이 없으면 볼 수도 없는 것입니다. 그래서 여섯 가지 감각기관이 모두 똑같습니다.

감각기관과 감각대상이 없으면 아는 마음이 일어나지 않습니다. 이것이 바로 원인과 결과입니다. 이렇게 일어난 마음은 일어나는 순간에 사라집니다. 그리고 새로운 마음이 일어납니다. 이것을 찰나생, 찰나멸이라고 합니다. 이때 일어난 마음도 새로운 마음이고, 대상도 역시 새로운 대상입니다. 그러므로 마음도 변하고, 변한 마음이 새로 인식하기 때문에 대상도 같은 것이 아니고 새로운 대상입니다. 그래서 조금 전의 마음과 현재의 마음이 같은 마음이 아니고, 현재의 마음이 조금 지난 뒤에 마음과 같은 마음이 아닙니다. 그래서 매 순간 변하는 새로운 마음밖에 없습니다.

둘째, 물질도 마음처럼 변합니다. 그러나 물질과 마음은 변하는 속도가 다릅니다. 물질이 한순간에 머물 때 마음은 열여섯 번 일어나서 머물고 소멸합니다. 이처럼 물질에도 수명이 있습니다. 어떤 물질이나 변하는데 일어남과 머묾과 소멸의 세 가지 단계를 거칩니다. 이때 마음도 일어남과 머묾과 소멸의 똑같은 과정을 거치는데, 마음이 물질보다 열여섯 배가 빠릅니다.

셋째, 마음은 하나의 물질이 머물 때 열여섯 번 머무는데 물질이 일어나는 순간에 지나간 잠재의식이라는 마음이 있기 때문에 전체를 포함하면 사실 열일곱 번 일어납니다. 물질이 일어나는 순간에 감각기능들이 대상을 인식하기에 너무 미세하므로 이 순간에 잠재의식 하나를 인식하지 못하고 그냥 지나갑니다. 그래서 지나간 잠재의식이 있습니다. 그러므로 마음이 열여섯 배 빠른 것에 지나간 잠재의식 하나를 넣어서 열일곱 번이라고 말합니다.

마음은 한 찰나 간에 꾸테떼떼인이 일어납니다. 빨리어 꾸테떼떼인은 천만 곱하기 십만이라는 숫자입니다. 그러므로 한 찰나 간에 천만 곱하기 십만이라는 마음이 일어나고 사라집니다. 사실 그 숫자는 상상하기 어려운 것들입니다. 그래서 선한 행동을 하면 그 숫자만큼 선한 행동을 하는 것입니다. 아울러 선하지 못한 행동을 하면 한 찰나간에 그 숫자만큼 선하지 못한 행동을 하는 것입니다.

전류가 흐를 때 하나의 전류가 흐르는 것이 아니고, 최소의 미립자들이 진동하면서 전류가 흐릅니다. 이때 한순간의 진동의 숫자를 모두 헤아리기란 어려운 것이겠지만, 마음은 전류가 흐르는 진동보다 훨씬 더 빠르게 진동하면서 일어나고 사라집니다. 마음은 빛이 번쩍하는 순간에도 수백만 가지의 생각이 일어나므로, 한 찰나에 열여섯 번 일어나는 것은 사실 매우 짧은 순간입니다.

이처럼 마음은 빛의 속도보다 빠르게 일어나고 사라지는 순간적 정신 상태로 구성되어 있습니다. 이때 조건에 의해 빠르게 일어나서 사라져버리는 마음에 나라고 하는 자아는 없으며, 내가 소유하는 그런 마음도 없습니다. 단지 원인과 결과에 따라서 흐르는 마음만 있습니다. 이것이 바로 무아입니다.

넷째, 물질이 한순간에 머무는 것에 비해 마음은 열일곱 번 일어나서 머물다 사라지는 과정을 거치는데, 이때 열일곱 번의 과정은 일정한 법칙에 따라서 진행됩니다. 이것을 빨리어로 '찌따 니야마citta niyama'라고 하는데 '마음의 결정'이라는 뜻입니다. 이 말은 마음이 아무렇게나 진행되는 것이 아니고, 정해진 법칙에 의해 항상 일정하게 진행되는 것을 말합니다.

마음은 비물질이라서 보이지 않기 때문에 누구도 분석하기가 어렵습니다. 그래서 혜안이 없으면 마음을 이해할 수 없고, 단지 상상할 수밖에 없습니다. 부처님께서 혜안을 얻어 마음을 바로 보니 이러한 과정이 있다는 것을 아셨습니다. 그리고 나서 얻은 인류사상 최고의 지혜인 무아를 아신 것입니다.

사실 이 무아는 역대의 모든 부처님께서 발견하신 진리입니다. 그래서 무아가 없으면 해탈이 없습니다. 그러나 인류는 누구도 마음이 무엇인지를 모르기 때문에 무지 속에서 헤매야 했습니다. 마음이 항상 하는 줄 알아서 초월적 존재를 상상하게 되었고, 그것이 나의 마음이라고 알아서 탐욕과 성냄과 어리석음의 노예로 산 것입니다. 항상 하는 마음은 변하지 않고 영원한 줄 알아서 진아眞我가 있다고 합니다. 그러나 항상 하지 않고 매 순간 변하는 마음이라고 알면 무아를 알아서 집착을 여의고 해탈의 자유를 얻습니다.

마음은 수명이 있습니다. 이것을 심찰나라고 합니다. 이 마음은 워낙 빠르기 때문에 감지하기가 어렵습니다. 마음이 한순간에 머무는 것이 빛이 한순간에 머무는 것의 백만 분의 일보다 짧다고 합니다. 이 말을 바꾸어서 말하자면 마음의 속도는 빛보다 백만 분의 일보다 빠르게 일어나서 사라진다는 것입니다. 그리고 이렇게 빠르게 일어나고 사라지는 마음에도 다시 한순간에 열일곱 번의 일정한 과정을 거치면서 대상을 인식합니다.

그러면 물질이 한순간에 일어나고 사라질 때 마음은 어떻게 열일곱 번 진행되는지 살펴보겠습니다. 그러므로 이제 마음이 대상을 인식하는 기본적 단면을 보는 것입니다.

먼저 잠재의식이 흐르고 있는 상태에서 시작이 됩니다. 1번, 지나간 잠재의식이 일어납니다. 2번, 잠재의식이 동요합니다. 3번, 잠재의식이 끊어집니다. 4번, 오문전향이 일어납니다. 5번, 오식이 일어납니다. 6번, 받아들입니다. 7번, 조사합니다. 8번, 결정합니다. 9번에서부터 15번까지 속행이 일어납니다. 16번, 등록을 합니다. 17번, 등록을 합니다. 이러한 인식의 과정을 거친 뒤에 다시 잠재의식으로 되돌아가서 흐릅니다.

우리가 한순간에 대상을 아는 인식과정은 이렇게 열일곱 번인데, 대상을 인식하는 과정이 아닌 잠재의식으로부터 시작합니다. 잠재의식을 빨리어로 바왕가 찌따bhavaṅga-citta라고 합니다. 이 말은 생명의 요소라고도 하고, 잠재의식이라고도 합니다. 잠재의식은 마음이 어떤 대상을 갖지 않고 있을 때 흐르는 마음입니다. 그래서 표층에 드러나지 않는 마음으로 마음과 마음을 이어주면서 흐르게 하는 마음입니다.

우리가 잠자고 있을 때는 마음이 잠을 대상으로 하는데 이때의 마음이 잠재의식입니다. 잠재의식도 대상이 있어서 일어납니다. 잠재의식은 흔히 말하는 무의식과는 다릅니다. 잠재의식은 다른 마음과 똑같이 일어나고 사라지면서 흐릅니다. 이러한 잠재의식은 인식할 수가 없습니다. 그래서 이러한 잠재의식의 상태에서 오문전향이 일어나는 순간부터 인식할 수 있는 마음이 일어납니다.

　잠재의식이 이렇게 흐르다가 대상을 향해서 일어날 때 1번인 지나간 잠재의식이 있습니다. 마음이 워낙 빠르게 흐르고 미세해서 처음에 일어난 잠재의식은 알기가 어려워 1번은 지나간 잠재의식이라고 합니다. 2번부터 잠재의식이 대상을 향해서 움직입니다. 이것이 잠재의식의 동요입니다. 3번에서 동요한 잠재의식이 끊어집니다. 4번에서 다섯 가지 감각기관의 문으로 전향합니다. 이것을 오문전향입니다. 이때 안, 이, 비, 설, 신이라는 오문이 밖으로 향하기 때문에 전향이라고 합니다. 5번에서 다섯 가지 아는 마음이 일어납니다. 이것이 오식입니다. 6번에서 대상을 받아들입니다. 7번에서 조사를 합니다. 조사한다는 것은 일단 받아들인 대상이 무엇인지를 살피는 역할을 하는 것입니다. 8번에서 결정을 합니다. 결정은 대상을 살펴본 뒤에 무엇이라고 확정을 하는 것입니다. 9번부터 15번까지는 속행으로 일곱 번의 빠른 속행이 일어납니다. 속행은 마음이 빠르게 진행하는 것으로, 8번에서 대상이 결정되면 빠르게 일어나는 일곱 번의 인식과정이 있는데 이것이 바로 속행입니다. 그러면 16번과 17번에 등록을 합니다. 등록은 아는 마음이 대상을 갖는 것을 말합니다. 앞서 일어난 속행이 갖고 있는 마음을 다시 아는 마음이 받아들여서 갖는 것입니다. 그래서 등록이라는 것은 무엇이라고 아는 마음이 일어난 것입니다. 이때 하나만 아는 마음이 일어나지 않고 두 번이나 아는 마음이 일어납니다. 이때의 등록은 쉬는 마음이며 가라앉히는 마음입니다.

자신에게 이익이 되는 일을 하십시오. 진정한 이익은 바른 마음을 가져 지혜를 얻는 것입니다. 이러한 정신적 이익을 위해서는 물질적 손실을 두려워해서는 안 됩니다. 물질적 이익을 집착하면 정신이 황폐해져서 더 큰 손실을 보게 됩니다.

물질적 이익은 필요한 것이지만 잘못하면 감각적 쾌락을 추구하는 쪽으로 발전하기 쉽습니다. 또한 물질로 인하여 스스로 포기하기 쉽습니다. 그러므로 언제나 알아차리는 마음이 있으면 계율이 청정해져서 마음이 청정해지고 견해가 청정해집니다. 이것이 지혜를 얻는 것으로 가장 큰 이익입니다.

◆◆◆◆◆

수행자 여러분, 계속해서 인식과정을 말씀드리겠습니다.

지금까지 말씀드린 것이 바로 마음이 대상을 맞이할 때 한순간에 일어나는 과정입니다. 우리가 무엇을 안다는 것은 이러한 인식과정을 연속적으로 거치면서 진행됩니다. 눈이 형상을 볼 때에도 빠르게 이런 과정을 거쳐서 인식하며 귀가 소리를 들을 때에도 빠르게 이런 과정을 거쳐서 인식합니다. 그리고 코와 혀와 몸이 감각대상과 부딪힐 때에도 똑같이 이러한 과정을 거쳐서 인식합니다. 이처럼 마음이 대상을 인식할 때에는 아무렇게나 하는 것이 아니고, 정해진 과정을 순서에 의해서 분명하게 지키면서 가기 때문에 이것을 마음의 결정이라고 합니다.

이와 같은 인식과정은 모든 것이 여섯 개의 범주 안에서 일어납니다. 그러니까 한 인간이 세상을 살아갈 때 그 세상은 여섯 개의 범주 안에 있습니다. 여섯 개의 범주를 벗어난 것은 인식할 수 있는 실재가 아니라서 대상으로 삼지 않습니다. 그래서 불교의 세계관은, 육문이 육경에 부딪혀서 육식을 하는 18계라고 합니다. 18계를 전부, 일체, 모든 것이라고 합니다. 부처님께서 일체를 알았다는 것은 몸과 마음에 관한 모든 것을 알았다는 것입니다. 이외의 것을 모두 아시지만 그것은 번뇌를 해결하는 데 별로 도움이 되는 것이 아니기 때문에 아는 것의 범주에 넣지 않으셨습니다.

이상의 여섯 가지 범주를 좀 더 자세하게 분류하면 첫째, 여섯 가지의 토대가 있습니다. 둘째, 여섯 가지의 문이 있습니다. 이것이 감각기관입니다. 셋째, 여섯 가지의 대상이 있습니다. 이것이 감각대상입니다. 넷째, 여섯 가지의 아는 마음이 있습니다. 이것이 육식입니다. 다섯째, 여섯 가지의 과정이 있습니다. 여섯 가지의 감각기관이 있으면 저마다 여섯 가지의 과정이 있습니다. 여섯째, 여섯 가지의 대상의 나타남이 있습니다. 이상이 한 인간이 세상을 살아가는 전부입니다. 모두 이 범주 안에서 일어나고 사라지는 것들입니다. 그러므로 단순하게 보면 이세상이라는 것이 여섯 가지 감각기관으로 들어오는 정보를 어떻게 관리하느냐 하는 것입니다.

그래서 위빠사나 수행이 몸과 마음을 대상으로 알아차리는 이유가 여기에 있습니다. 그리고 이 길이 아니면 안 된다는 부처님의 선언도 이런 맥락에 기인한 것입니다. 불교가 인식의 범주를 벗어난 것을 대상으로 삼지 않는 것은 바로 그것이 해탈의 대상이 아니기 때문입니다. 이 세상이 제멋대로 돌아가는 것 같아도 모두 하나같이 원인과 결과로 일어나고 사라집니다. 그리고 반드시 자신이 지은 대로 받습니다. 더 자세하게 보면 마음이 한순간에 일어나고 사라지는 과정도 이처럼 질서 있게 진행됩니다.

여기서 중요한 사실은 이런 것을 움직이게 하는 자아가 있는 것이 아니고, 그렇다고 어떤 절대적인 힘을 가진 자에 의해 움직여지는 것도 아닙니다. 자아가 있어서 움직이게 하거나 어떤 초월적 존재가 있어서 움직이게 하는 것이 아니고, 단지 원인과 결과라는 조건이 움직이게 하는 것입니다. 그리고 이런 조건들이 일정한 질서를 가지고 진행되고 있습니다.

지금까지 인식할 수 있는 마음을 말씀드렸습니다. 이것을 인식과정이라고 합니다.

다음 두 번째는 인식할 수 없는 마음입니다. 인식할 수 없는 마음을 '벗어난 길'이라고 합니다. 그러므로 인식할 수 없는 마음은 인식의 과정을 벗어난 마음이라서 알기가 어렵습니다. 그러므로 인식할 수 있는 몸과 마음을 통하여 지혜로 알아야 합니다. 원래 불교에서는 여섯 가지 감각기관이 감각대상과 부딪혀서 여섯 가지 아는 마음이 일어나는 것을 인식의 세계라고 합니다. 그리고 이 세계가 아닌 것은 대상으로 삼지 않습니다. 그러나 여기서 인식할 수 없는 마음이라는 것은 여섯 가지 감각기관 안에서 일어난 마음이지만 인식할 수 없는 마음을 말합니다.

인식과정에서 벗어난 마음은 재생연결식과 잠재의식과 죽음의 마음입니다. 태어날 때 재생연결식과 재생연결식이 일어난 뒤에 흐르는 잠재의식과 마지막의 죽음의 마음은 인식할 수 있는 범주를 벗어나 있습니다. 하지만 이러한 마음도 엄연히 마음입니다. 이러한 마음들에 의해 태어나서 살다가 죽는 것입니다. 바로 이러한 마음을 알아야 하는 또 다른 이유는 이 과정에서 생명의 탄생과 죽음의 과정이 고스란히 드러나기 때문입니다.

누구나 인식의 과정을 벗어난 마음을 통하여 인식하는 세계에 삽니다. 그러다가 다시 인식할 수 없는 마음에 의해 윤회가 계속됩니다. 그러므로 인식할 수 없는 마음이라고 간과해서는 안 되며, 인식할 수 있는 마음과 똑같이 알아야 하겠습니다. 그래야 재생의 바른 의미와 죽음의 진정한 의미를 알 수 있습니다. 인식할 수 없는 마음을 바르게 이해하기 위해서 먼저 다음 사항을 알아야 합니다. 그래야 재생연결식과 잠재의식과 죽음의 의식을 알 수 있습니다.

우리가 인식할 수 없는 범주에 있는 것들은 모두 부처님의 가르침에 의해서 밝혀진 것들입니다. 처음에 이것을 이해할 수 없지만 위빠사나 수행을 해서 지혜가 나면 이러한 현상계의 진실을 비로소 알 수 있습니다.

첫째, 네 가지의 세계입니다. 둘째, 네 가지의 재생연결식입니다. 셋째, 네 가지의 업이 있습니다. 넷째, 네 가지의 죽음입니다. 이상 네 가지의 분류는 윤회하는 세계에서 거듭되는 마음들입니다.

태어날 때 재생연결식의 상태에 따라서 네 가지 중의 하나의 세계로 태어납니다. 그리고 잠재의식이 흐르면서 업을 형성합니다. 그리고 마지막에는 죽음의 마음을 갖습니다. 죽을 때의 마지막 마음은 평생 동안 살아온 마음의 결정체입니다. 그래서 죽음의 마음에 있는 과보가 다음 마음에 전해져서 다음 생의 재생연결식이 일어납니다. 이 재생연결식에 의해 어느 세계에서 어떤 생명으로 새로 태어납니다. 그래서 환생이 아니고 여기서 재생입니다. 이러한 과정을 되풀이하는 것이 바로 윤회입니다.

죽을 때의 마음과 재생연결식은 같은 마음이 아닙니다. 죽을 때 이미 마음과 몸은 모든 기능을 상실해서 끝납니다. 그러므로 전생과 현생은 전혀 다른 생명입니다. 그러나 마음에 종자가 있어서 살아 있는 동안 행한 과보심이 다음 마음에 연결되므로 전혀 무관하다고 할 수도 없습니다. 그래서 같은 마음은 아니고 다른 마음이지만, 과보가 전해졌기 때문에 단지 원인과 결과만 있습니다. 이것이 윤회의 실체입니다. 그래서 전생과 현생이 같은 생이라거나 아니라거나 할 것이 없고, 단지 원인과 결과만 있다고 알아야 하겠습니다.

그러면 첫 번째, 네 가지의 세계를 살펴보겠습니다. 네 가지의 세계는 욕계 악처, 욕계 선처, 색계, 무색계입니다. 생명이 사는 이 세계는 모두 31개입니다. 이 세계는 윤회하는 세계입니다. 위빠사나 수행을 해서 도과를 성취하면 이상의 세계에서 벗어나 윤회가 끝납니다. 이 세계를 출세간계라고 말합니다. 이상의 31개의 세계에는 지옥이 있고, 천상이 있습니다.

천상에 사는 생명을 천인이라고 하고, 천신이라고도 합니다. 사악도는 고통만 있고 행복이 없으며 수명은 정해지지 않고 업대로 삽니다. 천상에는 행복이 있고 고통이 없습니다. 그러나 인간은 고통과 행복을 함께 경험할 수 있어 바로 수행을 할 수 있습니다. 그래서 부처가 인간에서만 나옵니다. 인간도 업대로 살기 때문에 수명이 정해지지 않습니다.

또 한 가지가 있습니다. 31개의 세계에서 주목할 것은 귀신의 세계가 없다는 것입니다. 아귀를 중국에서는 귀신이라고 말하는데 우리가 말하는 귀신과는 다릅니다. 그러므로 우리가 말하는 귀신은 상상으로 만들어 낸 것들입니다. 이것을 표상작용이라고 합니다. 정신적으로 바른 상태가 아니거나 특별한 경우에 매우 바라는 마음이 있으면 환청과 환시를 통해서 이런 현상들이 실제로 나타나기도 합니다. 그러나 이런 것들은 모두 상상력으로 만들어 낸 표상입니다. 만약 누군가가 하나님을 보았다면 본 것입니다. 관세음보살을 보았다면 본 것입니다. 그러나 실재를 본 것이 아니고 자신의 마음이 만들어 낸 상상이라는 것을 알아야 하겠습니다.

인간이 아닌 다른 세계에서 여러 가지 생명들이 있지만, 모두 각각의 세계에 살고 있고, 아귀만 자기 세계가 없습니다. 그리고 이러한 생명들이 우리와 파장이 맞지 않아 교감을 할 수 없습니다. 그리고 이런 생명들이 우리와 파장이 맞지 않지만 환청과 환시를 통해서 경험하면 없는 것을 사실처럼 받아들여서 이것을 실제라고 알고 있습니다. 그래서 이럴 때는 위빠사나 수행을 해서 느낌을 알아차려야 합니다. 그러므로 이런 환시는 자신의 느낌에 의해서 일어난 표상이라고 알아야 되겠습니다.

이상 네 가지의 세계는 네 가지의 마음이 있는 것입니다. 마음에 따라 세계가 결정되므로 마음과 세계는 분리할 수없는 원인과 결과만 있습니다. 선한 마음이면 선한 세계에 태어나고, 선하지 못한 마음이면 선하지 못한 세계에 태어납니다. 이것이 모두 우리가 인식하지 못하는 죽음의 마음과 재생연결식에 의해 결정되는 것입니다.

둘째, 네 가지의 재생연결식입니다. 네 가지의 재생연결식은 욕계 악처, 욕계 선처, 색계, 무색계의 재생연결식입니다. 어느 세계에 태어나거나 반드시 새로 태어나는 조건을 만드는 재생연결식이 있어야 하므로 그 세계에 몸이 만들어집니다. 그래서 먼저 죽음의 마음이 그대로 재생연결식으로 전해져서 태어나는 세계가 결정되고, 다음에 태어나는 세계에 몸이 만들어집니다.

재생연결식은 죽음의 마음이 일어나고 사라지면 죽음의 마음에 담긴 종자가 다음 마음인 재생연결식으로 전해져서 일어나는 마음입니다. 이 마음은 일어나서 새로운 생을 시작하고 새로운 생을 결정합니다. 그러나 이 마음의 상태에서는 아직 몸이 만들어진 것이 아닙니다. 이 재생연결식 뒤에 재생연결식의 상태에 따라 새로 태어나는 세계와 여러 가지의 기능들이 만들어집니다. 그러므로 그 세계에서 태어나는 몸이 만들어집니다. 그리고 재생연결식은 즉시 사라집니다. 그런 뒤에 잠재의식이 일어납니다.

그러므로 재생연결식은 일생에 한 번밖에 일어나지 않습니다. 12연기에서 세 번째, 행을 원인으로 식이 일어난다고 했을 때 식이 바로 재생연결식입니다. 그리고 식을 원인으로 정신과 물질이 일어난다고 했을 때 이때의 정신과 물질은 색, 수, 상, 행을 말합니다. 그래서 식과 정신과 물질을 모두 포함하여 오온이 만들어집니다.

이처럼 욕계 악처, 욕계 선처, 색계, 무색계의 세계가 있기 때문에 재생연결식도 이상 네 개의 세계에서 태어나는 최초의 마음이 있는 것입니다.

자신과 무관한 일에 대해서도 관대해야 되겠지만, 자신의 이익과 직결된 일에 대해서도 똑같이 관대해야 합니다. 그래야 완전한 관용이라고 말할 수 있습니다.

관용이 있는 자리에는 탐욕이 없고, 탐욕이 있는 자리에는 관용이 없습니다. 관용은 선한 마음이고, 탐욕은 선하지 못한 마음입니다. 받아들이는 마음에는 반드시 베푸는 마음이 따릅니다. 받아들여서 몸과 마음이 편안해지므로 자연스럽게 주고 싶은 마음이 일어납니다. 그래서 관용은 선한 덕목의 으뜸입니다.

받아들이기 위해서는 원인과 결과를 알아 모든 것이 생길 수밖에 없다는 현실을 알아야 합니다. 이렇게 알아차리면 지혜가 생겨 모든 일에 걸림이 없어집니다. 이것이 행복입니다.

지난 시간에 이어서 계속해서 인식할 수 없는 마음을 말씀드리겠습니다.

셋째, 네 가지의 업입니다. 업은 행위를 말합니다. 그러나 업이라는 말의 정확한 뜻은 '의도를 가진 행위'입니다. 이때의 의도는 갈애를 말합니다. 그래서 갈애를 가지고 하고자 하는 의도가 분명한 행위가 바로 업입니다. 그러므로 의도가 없는 행위는 업이 아니기 때문에 과보를 받지 않습니다.

아라한과 부처님은 모든 번뇌가 완전하게 불타버렸기 때문에 업을 일으키지 않습니다. 성자들은 행위는 하지만 의도를 가지고 하지 않기 때문에 업이 되지 않는 것입니다. 이때는 단지 작용만 하는 마음을 가지고 있기 때문에 원인과 결과가 끊어진 상태입니다. 그래서 아라한이나 부처님은 받을 과보가 없기 때문에 윤회에서 끝나고 다시 재생을 하지 않습니다.

부처님이나 아라한이라고 해서 모든 업이 면죄되지는 않습니다. 성자들도 이미 과거에 지은 업은 받아야 합니다. 하지만 성자들은 이미 모든 번뇌가 끝났기 때문에 아무리 고통을 겪어도 새로운 업을 일으키지 않습니다. 그러므로 범부는 업의 과보를 받고 계속해서 새로운 업을 일으키고, 성자는 지은 업을 받되 새로운 업을 일으키지 않는 차이가 있습니다.

업은 선업과 불선업이 있습니다. 그래서 유익한 업과 해로운 업이 있습니다. 이것은 우리의 마음이 항상 선하거나 선하지 못한 마음을 갖기 때문에 생긴 결과입니다. 이러한 업은 다시 선과보와 불선과보를 일으킵니다. 마음이 원인이라면 행위는 결과입니다. 다시 어떤 행위인가라는 원인에 따라서 그에 따른 과보의 결과가 있습니다. 이것이 업의 법칙입니다.

불교에서 중요하게 여기는 업을 바르게 이해하지 못하면 지혜가 나지 않습니다. 그리고 업을 잘못 이해하면 지나치게 업에 의존하여 모든 것을 무조건 받아들이는 숙명론자나 운명론자가 될 위험도 있습니다. 업에 대한 바른 이해를 위해 업의 종류를 살펴보겠습니다.

업은 네 가지가 있는데 첫째, 기능에 따라 일어나는 업이 있습니다. 둘째, 과보가 발생하는 순서에 따라서 일어나는 업이 있습니다. 셋째, 성숙하는 시간에 따라서 일어나는 업이 있습니다. 넷째, 과보가 발생하는 장소에 따라서 일어나는 업이 있습니다. 이것들을 하나씩 살펴보겠습니다.

첫째, 네 가지 업 중에서 기능에 따라서 일어나는 업이 있습니다. 기능이란 역할을 뜻하며, 업이 행해지는 작용을 말합니다. 기능에 따라서 일어나는 업은 다시 네 가지의 업이 있습니다. 어떤 업이 일어나거나 다음 네 가지의 기능 가운데서 하나 내지는 여러 가지 기능을 합니다.

하나, 발생하는 업입니다. 발생하는 업은 정신적이거나 물질적인 과보를 낳는 업을 말합니다. 죽은 뒤에 재생을 연결하는 순간에 과보를 낳는 업이 바로 발생하는 업입니다. 이때뿐만 아니고 우리가 일상을 살아가면서 과보의 마음이나 업에서 생긴 물질을 생산하는 업도 발생하는 업입니다. 그래서 모든 선하거나 선하지 못한 의도를 발생하는 업이라고 합니다. 이 업의 과보로 새로운 몸이 만들어집니다.

둘, 돕는 업입니다. 마음이 과보를 발생시키지 못할 때는 다른 업이 발생하도록 돕는 업입니다. 그래서 인간으로 태어날 때 인간으로 태어나도록 다른 업이 끼어들지 못하도록 합니다. 그러면서 수명을 연장하여 돕는 역할을 합니다. 축생으로 태어날 때도 축생으로 태어나도록 다른 업이 끼어들지 못하게 합니다. 그러면서 수명을 연장하여 돕는 역할을 하는 업입니다.

셋, 방해하는 업입니다. 마음이 과보를 발생시키지 못할 때 다른 업이 발생하지 못하도록 억압하고 방해하는 업입니다. 그래서 괴롭거나 즐거운 과보에 대항하여 기간을 단축하는 업입니다. 돕는 업이 기간을 연장한다면 방해하는 업은 기간을 단축합니다. 그래서 선업이 더 높은 세계로 재생하도록 하는 데 방해하는 업이 끼어들어서 단축시키면 더 낮은 세계에 태어납니다. 마찬가지로 축생을 태어나게 하는 업이 작용할 때 방해하는 업이 끼어들어서 단축시키면 축생보다 더 높은 세계에 태어나는 역할을 하는 업입니다.

넷, 해치는 업입니다. 약한 업을 눌러서 없애버리는 역할을 하는 업입니다. 그래서 자신의 업이 성숙되도록 하는 역할을 합니다. 인간으로 태어날 때 발생한 업에 따라 오래 살다가 해치는 업이 일어나 갑자기 죽도록 하는 역할을 하는 업입니다. 죽을 때 나쁜 업에 의해 악처에 떨어지는 표상이 나타나서 악처에 떨어지는 것을 선업이 나타나서 악업을 해치는 역할을 하여 좋은 곳에 태어나게 합니다.

이상 네 가지의 업을 말씀드렸습니다.

그리고 둘째, 네 가지 업 중에서 성숙하는 순서에 따라서 일어나는 업이 있습니다. 다음 생의 재생연결식이 발생하도록 역할을 하는 업입니다. 재생연결식이 발생하도록 과보를 만드는 순서에 따라서 네 가지 업이 있습니다. 성숙하는 순서라는 것은 익어가는 방법에 따라서 일어나는 업을 의미합니다.

성숙하는 순서에 따라서 일어나는 업 중에 첫 번째는 무거운 업이 있습니다. 무거운 업이란 자체의 힘이 너무 강해서 다른 어떤 업도 이 업을 없애고 재생연결식이 될 수 없는 업을 말합니다. 선한 업에서는 선정의 경지에 이르는 업입니다. 불선업에서는 도덕적 기준을 부정하여 지옥에 떨어지는 업입니다. 이때의 불선업을 중국에서는 무간 업이라고 하는데, 이 말은 사이가 없는 업입니다. 지옥 중에서도 가장 고통스런 지옥으로, 빈틈이 없는 지옥을 무간지옥이라고 합니다.

가장 무거운 업에 속하는 다섯 가지 무간업은 아버지를 살해하는 것, 어머니를 살해하는 것, 아라한을 살해하는 것, 부처님의 몸에 피를 내는 것, 승가를 분열시키는 것입니다. 이상 다섯 가지의 업은 그 과보를 피할 길이 없습니다. 선업으로 무거운 업일 때는 선정수행을 닦은 마음입니다. 이 선정의 업은 사소한 악업의 힘보다 무겁기 때문에 다음 생에 색계나 무색계에 태어나는 과보를 받습니다. 불선업으로 무거운 업일 때는 선정수행을 닦았다 할지라도 나중에 무간업을 지으면 선정수행의 업이 나타나지 못합니다. 그래서 무간업의 지배를 받아 지옥에 떨어집니다.

그래서 누구나 수행을 해야 합니다. 이때 선정수행을 하면 윤회하는 세계에서 태어나지만 위빠사나 수행을 하면 지혜가 성숙되어 윤회가 끝나는 업의 과보를 받습니다. 선정수행을 해서 천상에 태어난다고 해도 다음 생에 반드시 천상에 태어난다는 보장이 없기 때문에 사실은 일시적인 행복에 머무는 것입니다. 그러나 위빠사나 수행은 아예 괴로움뿐인 세간을 완전하게 벗어나기 때문에 근본적인 해결을 하는 것입니다.

두 번째는 죽음에 가까운 업이 있습니다. 이것은 죽기 전에 지은 업입니다. 현생에 마지막 마음이 일어나서 마지막 업을 짓습니다. 죽기 전에 선한 마음을 먹으면 선한 업을 짓습니다. 그런 뒤에 선한 과보를 받아 선한 세상에 태어납니다. 그러나 죽기 전에 선하지 못한 마음을 먹으면 선하지 못한 업을 짓습니다. 그런 뒤에 선하지 못한 과보를 받아 선하지 못한 세상에 태어납니다.

상좌불교 국가에서는 죽기 전에 금생에서 지은 선업에 대하여 말해 줍니다. 이렇게 해서 죽을 때의 마음이 선업을 기억하도록 합니다. 그리고 불심이 두터운 신도일 경우에는 죽기 전에 스님께 올릴 가사를 준비하여 만지게 하고 돌아가신 뒤에 가사공양을 올리겠다는 것을 죽어가는 사람에게 알려줍니다. 이런 형식이 모두 죽음에 가까워졌을 때 하는 의식입니다. 실제로 미얀마에서는 죽음 직전에 이른 부모님께 이런 효도를 합니다.

세 번째는 실행된 업입니다. 이 업은 평소에 습관적으로 한 행위를 죽기 전에도 그대로 하는 업입니다. 평소에 한 행위는 축적된 성향이 되어 죽기 전에 자연스럽게 나타납니다. 만약 평소에 수행을 해서 알아차림이 확립된 사람은 죽기 전에도 알아차리면서 죽어서 선한 업을 만듭니다. 그러나 평소에 불선업을 많이 행하고 산 사람은 역시 죽기 전에도 그런 생각을 해서 불선업의 과보를 받아 좋지 못한 세계에 태어납니다.

네 번째는 이미 지은 업입니다. 이미 실천을 해서 가지고 있는 강하지 못한 미약한 업을 말합니다. 죽기 전에 무거운 업이나 죽음에 가까워 일어난 업이나 실행된 업이 나타나지 않을 때는 이미 지은 미약한 업이 나타나 재생연결식이 일어나도록 합니다.

주석서에서는 업의 과보가 우선적으로 나타난 순서를 이렇게 정의합니다.

"다른 네 가지 업이 있다. 무거운 업, 가까운 업, 실행된 업, 이미 지은 업이다. 선한 것이든 선하지 못한 것이든 무겁거나 가벼운 업 중에서 어머니를 살해한 업이나 혹은 고귀한 경지의 선정의 업이 무거운 업이고, 이것이 먼저 과보를 준다. 그와 마찬가지로 실행된 것과 실행되지 않은 것 중에서 좋은 행위이든 나쁜 행위이든 실행된 업이 먼저 과보를 준다. 가까운 업은 죽을 때의 기억이 나타난 업이다. 죽음에 가까운 사람이 그 업을 기억할 수 있다. 그것에 따라 태어난다. 이 세 가지에 포함되어 있지 않고 자주 반복하여 지었기 때문에 이미 지은 업이라고 한다. 앞에 있는 세 가지 업이 없을 때 바로 이것이 재생연결을 일으킨다."

이상의 주석서의 내용을 보면, 죽을 때 살아서 지닌 무거운 업은 피할 수 없이 반드시 받아야 합니다. 그리고 습관적인 행위를 한 실행된 업이 죽음에 가까워서 일어난 업보다 우선하는 것으로 여기서는 밝히고 있습니다. 죽음에 가까웠을 때 일어난 업은 특별한 경우에 행해질 수 있는 업이고, 그렇지 않다면 평소에 살던 그대로의 습관적인 업이 나타날 것입니다.

수행을 죽는 연습이라고 합니다. 죽을 때의 마음이 업이 되어 다음에 재생연결식을 만들기 때문입니다. 그러므로 살면서 어떤 경우에나 선하지 못한 무거운 업을 짓지 않도록 해야 하겠습니다. 평소에 수행을 해서 죽을 때 수행자의 알아차림이 유지되면 더 나은 세상에 태어나거나 성인의 반열에 오를 수도 있습니다.

경전에 밝혀진 것을 보면 죽을 때 아라한이 된 경우도 많습니다. 그래서 우리가 평소에 수행을 한다는 사실은 죽을 때 어떤 마음을 먹어서 어떤 업을 짓고 그 업이 어떤 과보를 결정하기 때문에 우리는 수행을 죽는 연습이라고 말하는 것입니다.

죽을 때 먹지 않던 마음을 먹을 수가 없습니다. 특별한 경우를 제외하고는 평상시의 습관대로, 살아온 대로 마음을 갖고 그 마음에 따른 업을 받습니다. 그래서 죽음을 두려워할 것이 아니고 지금 현재 무엇을 알아차리지 못하는 것에 대해서 두려움을 갖고 현재 알아차리는 수행을 계속해야 하겠습니다.

오지 않은 미래를 걱정하지 마십시오. 지금 어떤 길을 가고 있느냐가 바로 죽을 때의 그 길을 말하는 것입니다. 우리는 새로운 것을 얻지 못합니다. 하고 있는 그 결과를 받게 되어 있습니다.

같은 뜻을 가졌다고 해서 모두 동지가 아닙니다. 같은 뜻을 가졌다고 해도 바르지 못하면 동지가 아닌 것입니다. 오직 자신의 이익을 위해서 뜻을 같이한다면 그 가치를 높게 평가할 수 없습니다.

뜻이 같아도 행실이 바르지 못하면 동지라고 할 수 없습니다. 같은 종교, 같은 지역, 같은 성씨, 같은 동문이라고 해서 모두 동지가 아닙니다. 이것들은 관념일 뿐이지 바른 정신으로 모인 것이 아닙니다. 그럼에도 사람들은 무리를 만들고 여기에 안주합니다. 이것으로 세속의 이익을 얻으려 해서는 안 됩니다.

오직 고귀한 정신을 가진 사람들이 진정한 동지입니다. 여기에는 나의 이익과 함께 상대의 이익을 배려해야 합니다. 그래야 진정한 동지입니다.

◈◈◈◈◈

지난 시간에 이어서 업에 대해 말씀드리겠습니다.

셋째, 네 가지 업 중에서 성숙하는 시간에 따라서 일어나는 업이 있습니다. 두 번째가 성숙하는 순서에 따라서 일어나는 업이고, 세 번째가 성숙하는 시간에 따라서 일어나는 업입니다.

재생연결식이 발생하도록 과보를 만드는 시간에 따라서 일어나는 네 가지의 업이 있습니다. 하나, 현생에 받는 업입니다. 지금 살고 있는 현생에 받는 업입니다. 만약 현생에 받아야 할 업이 조건이 성숙되지 않으면 이 업은 사라집니다. 둘, 다음 생에 받아야 할 업입니다. 업의 과보를 현생이 아닌 다음 생에서 받는 업입니다. 만약 다음 생에 받아야 할 업의 조건이 성숙되어서 나타나지 않으면 이 업은 사라집니다. 셋, 연속적으로 받는 업입니다. 업의 과보를 받는 시기가 연속적으로 계속해서 받는 업입니다. 현생과 다음 생이 지나가서 과보가 나타나는 업입니다. 넷, 잠재적 힘을 갖고 있지 않은 업입니다. 더 이상 과보가 나타날 만한 잠재적인 힘을 갖고 있지 않은 업입니다. 더 큰 힘에 의해서 방해를 받는 업으로 효력이 상실한 업을 말합니다. 힘을 상실한 업이기 때문에 현생이나 다음 생이나 계속해서 나타나는 업과 달리 시간을 넘긴 것입니다. 이때 힘을 갖고 있지 않다고 해서 업의 과보가 없다는 것은 아닙니다. 아라한은 죽음의 마음에서 과거에 지은 모든 업의 힘이 소멸하여 사라집니다. 그래서 태어남이 없습니다.

주석서에서는 업의 과보가 성숙하는 시간에 따라서 일어나는 업을 이렇게 정의합니다.

"이 중에 업은 네 가지가 있다. 금생에서 받는 업, 다음 생에 받는 업, 연속적으로 받는 업, 잠재적인 힘을 갖고 있지 않은 업이다.

이 중에 첫 번째, 금생에서 받는 업은 하나의 속행의 과정에서 속행의 마음 일곱 개 중에 선한 것이든 불선한 것이든 그 첫 번째 속행의 의도가 '금생에서 받는 업'이다. 그것은 현생의 몸에 과보를 준다.

두 번째, 잠재적 힘을 갖고 있지 않은 업은 그렇게 할 수 없을 때 '업이 있었지만 업의 과보는 없었고, 업의 과보는 없을 것이고, 업의 과보는 없다'라는 세 개조의 방법에 따라 '잠재적 힘을 갖고 있지 않은 업'이라고 한다.

세 번째, 다음 생에 받아야 할 업은 행위를 성취한 일곱 번째 속행의 의도가 다음 생에 받는 업이다. 이것은 다음 생의 몸에 과보를 준다. 그렇게 할 수 없을 때 이미 설한 대로 '잠재적 힘을 갖고 있지 않은 업'이라고 한다.

네 번째, 연속적으로 받는 업은 첫 번째와 마지막의 둘 사이에 있는 다섯 개의 속행의 의도가 '받는 시기가 확정되지 않는 업'이다. 이것은 미래에 기회를 얻을 때 과보를 준다. 윤회가 계속되는 한 이것은 끝나 버린 업이 되지 않는다."

이상의 성숙하는 시간에 따라서 일어나는 업 네 가지는 앞서 공부한 열일곱 개 인식의 과정 중에서 모두 일곱 개의 속행에서 나타나는 것을 알 수 있습니다.

업이 시간을 넘기면 소멸하는 이러한 과정은 수행과도 연관됩니다. 현재의 행위가 선한 의도를 가졌을 때는 선한 과보가 나타납니다. 그러면 이때 나타날 수 있는 불선과 보가 힘을 잃어버립니다. 수행을 해서 계속해서 선한 의도를 내면 계속해서 선한 행위를 하게 되고 계속해서 선한 과보가 나타나기 때문에 불선과보가 나타날 기회를 차츰 잃게 됩니다.

물론 이런 외중에도 나타날 만한 무거운 불선과보가 나타나지만, 대체로 수행을 해서 선한 의도를 내면 선한 과보의 힘이 커져서 불선한 과보가 힘을 쓰지 못하도록 합니다. 마찬가지로 불선한 의도를 내면 불선한 행을 해서 불선한 과보를 받습니다. 그러면 이때 선한 과보가 힘을 잃습니다. 선한 의도에 의한 업이나 불선한 의도에 의한 업이나 모두 저마다 가속도를 가지고 있기 때문에 자체적인 힘을 가지고 속력을 냅니다.

그래서 수행을 하면 선한 의도에 의한 선한 행을 해서 선한 과보가 나타납니다. 이때 의 이익은 선한 과보가 나타나서 이익이며, 이 순간에 불선한 과보가 나타나지 않아서 또 이익을 얻습니다. 그래서 두 가지 이익이 있습니다. 이때 불선과보가 나타나지 않았 다는 것은 역시 불선과보가 힘을 잃어가고 있다는 것입니다. 수행자가 오랫동안 살면서 행해 온 선하지 못한 행으로 인해서 받는 과보로부터 한번에 벗어나기는 쉽지 않습니다. 만약 한번에 벗어났다면 그 수행자는 이미 오래전부터 준비해 온 사람으로 마지막으로 조건이 성숙된 사람입니다. 그래서 수행자는 인내하면서 한 발 한 발 앞으로 나아가야 하겠습니다.

수행자 여러분, 지금 가지 않으면 영원히 도달할 수 없습니다. 그러나 지금 한 발이라 도 앞으로 나아가면 언젠가는 궁극의 진리에 도달할 수 있습니다. 그래서 누구나 지금 이 순간을 알아차리는 것부터 시작해야 합니다.

넷째, 네 가지 업 중에서 성숙하는 장소에 따라서 일어나는 업이 있습니다. 지금까지 말씀드린 네 가지 업 중에서 두 번째가 성숙하는 순서에 따라서 일어나는 업이고, 세 번째가 성숙하는 시간에 따라서 일어나는 업이고, 네 번째가 성숙하는 장소에 따라서 일어나는 업입니다. 마지막으로 업이 성숙하는 장소에 따라서 네 가지로 분류합니다. 여기서 말하는 장소는 위치, 요점, 이유, 원인 등등의 뜻을 함께 가지고 있습니다.

하나, 선하지 않은 업입니다. 선하지 않은 업은 착하지 않은 업을 말합니다. 그래서 불선업입니다. 선하지 않은 업은 열 가지입니다. 몸으로 짓는 업 세 가지와 말로 짓는 업 네 가지와 마음으로 짓는 업 세 가지를 합쳐서 모두 열 가지입니다. 이상 열 가지를 '선하지 않은 업의 길'이라고 합니다. 그리고 이상 열 가지의 반대가 되는 것은 '선한 업의 길'입니다.

몸으로 짓는 업 세 가지는 살생, 도둑질, 음행입니다. 말로 짓는 업 네 가지는 거짓말, 중상모략, 욕설, 잡담입니다. 마음으로 짓는 업 세 가지는 탐욕, 성냄, 사견입니다. 여기서 사견은 잘못된 견해로, 허무주의적 견해와 업의 과보를 부정하는 견해와 원인을 부정하는 견해, 세 가지입니다.

둘, 욕계의 선한 업입니다. 욕계의 선한 업은 몸으로 짓는 업 세 가지와 말로 짓는 업 네 가지와 마음으로 짓는 업 세 가지입니다. 불선업 열 가지의 반대가 되는 선한 업 열 가지가 욕계의 선한 업입니다.

셋, 색계의 선한 업입니다. 색계 선한 업은 색계 5선정의 세계입니다. 색계 초선정을 닦으면 색계 초선정의 세계에 태어나고, 나머지도 5선정까지 선정을 닦으면 각각의 선정의 세계에 태어납니다. 위빠사나 수행을 해서 아나함의 도과를 성취하면 색계 5선정의 정거천에 태어나서 아라한의 도과를 성취합니다. 왜냐하면 아나함은 욕계의 감각적 욕망이 모두 제거되었기 때문에 색계에 태어나는 것입니다.

넷, 무색계의 선업입니다. 무색계도 4선정이 있습니다. 선정수행을 해서 무색계 4선정을 얻으면 각각에 맞는 무색계 선정의 세계에 태어납니다. 무색계의 마음도 색계의 마음처럼 과보의 마음을 일으켜 무색계에 태어나는 재생연결을 하고 잠재의식과 죽음의 마음을 갖습니다.

이와 같이 세상에 따라서 결정된 고귀한 덕은 재생연결과 삶의 과정에서 그와 비슷한 과보를 발생시킵니다. 이것이 네 가지의 업입니다. 이상으로 여러 가지의 업을 모두 설명하였습니다. 이상의 업으로 인해 인식할 수 없는 마음인 재생연결식과 잠재의식과 죽음의 마음이 무엇이며, 어떻게 일어나는지를 말씀드렸습니다. 지금까지 인식할 수 없는 마음에 대해 말씀드리면서 네 가지의 세계와 네 가지의 재생연결식과 네 가지의 업에 대해서 말씀드렸습니다.

이제 마지막으로 네 가지의 죽음이 있습니다. 죽음의 네 가지 원인과 죽음과 태어남인 재생연결식의 업이 일어나는 과정을 말씀드리겠습니다. 죽음은 무엇이며, 어떻게 죽고 그리고 어떻게 태어나는가를 살펴보겠습니다.

누구나 예외 없이 죽습니다. 그러나 누구도 죽음이 의미하는 진정한 내용을 잘 모릅니다. 왜냐하면 죽음은 인식할 수 없는 마음이기 때문입니다. 그래서 최고의 혜안으로 본 부처님의 가르침을 통해서 죽음이 무엇인지 알 수밖에 없습니다. 어떤 죽음이나 오온의 기능이 모두 정지됩니다. 사실은 마음이 찰나생, 찰나멸하기 때문에 매 순간에 죽고 다시 태어나는 것입니다. 그러나 여기서 말하는 죽음은 한 일생을 기점으로 태어나고 죽는 것을 말씀드립니다. 죽음에는 네 가지가 있는데 각각의 원인이 있습니다. 이러한 죽음을 등잔불에 비유해서 살펴보겠습니다.

첫째, 등잔불의 심지가 다 타서 불이 꺼지는 경우가 있습니다. 아직 기름은 남아 있지만 심지가 다 탄 것은 생명력이 없어진 것입니다. 그래서 정신과 물질의 에너지가 끝난 것입니다. 살고자 하는 의도가 없으면 이미 죽음을 향해서 간 것입니다. 불행한 상태에서 이러한 경우가 나타날 수 있습니다.

둘째, 등잔에 있는 기름이 다 타서 꺼지는 경우가 있습니다. 이것은 업이 다하여 죽는 경우입니다. 심지는 있지만 기름이 없으면 등잔불이 탈 수가 없습니다. 업이 다했다는 것은 늙어서 수명대로 살다가 죽는 것을 말합니다. 모든 생명들이 태어나는 곳에 따라서 일정한 수명이 있는데 이것이 모두 업에 의해서 결정되는 수명입니다. 천상에는 천상의 수명이 있어서 그곳의 수명대로 삽니다. 그러나 지옥, 축생, 아귀, 아수라, 인간은 업대로 살다가 죽습니다. 살생을 많이 했으면 단명하는 것도 여기에 해당됩니다.

셋째, 등잔불의 심지와 기름이 다 타서 불이 꺼지는 경우입니다. 이것은 살고자 하는 생명력과 업이 모두 소멸하여 죽는 경우입니다. 업의 에너지의 소멸과 수명이 다하여 두 가지가 동시에 일어나는 죽음입니다.

넷째, 등잔불의 심지와 기름이 모두 소진되지 않았지만 바람이 불어서 불이 꺼지는 경우입니다. 이것은 업의 에너지와 수명이 아직 남아 있지만 과거 생이나 현생의 업 중에서 하나가 들어와서 생명을 파괴하여 죽는 경우입니다. 그래서 자기의 의지와 상관 없이 뜻하지 않은 재앙으로 인해 갑자기 목숨을 잃는 것을 말합니다.

이상의 네 가지 죽음 중에서 앞선 세 가지 경우는 자기 수명대로 살다가 죽는 것입니다. 그래서 적당한 시기에 죽는 것입니다. 그러나 마지막 네 번째 죽음은 자기 수명대로 살지 못하고 적당한 시기가 아닌 상태에서 죽는 것입니다. 이처럼 죽음은 네 가지 유형을 벗어나지 못하고 반드시 이 안에서 하나를 선택하여 죽습니다.

어떤 죽음을 맞이할 것인가는 각자의 업의 조건에 따라서 결정됩니다. 천상의 수명은 정해져 있지만 사악도와 인간의 수명은 정해져 있지 않습니다. 그래서 업의 영향을 받습니다.

우리는 누구나 죽습니다. 그러나 어떻게 죽느냐 하는 것은 평소에 자기가 한 행위대로 죽는다는 사실을 다시 한 번 유념하여야 하겠습니다.

교육은 가르쳐서 육성하는 것입니다. 교육이라는 이름으로 잘못된 것을 가르쳐서는 안 됩니다. 교육을 한다고 자기 성질을 부리면 오히려 잘못된 것을 키우는 것입니다. 그래서 먼저 가르치는 자가 욕심을 부리거나 화를 내서는 안 됩니다.

교육은 자애로운 마음으로 해야 하며, 자기의 감정을 개입시키지 않고 객관성을 유지해야 합니다. 바른 교육은 대안을 제시하여 스스로 선택하도록 하는 것입니다. 그리고 자신이 한 일에 대한 책임을 지게 하는 것입니다.

교육이 지식을 전하는 것에 그치지 않고, 지혜를 얻도록 하기 위해서는 먼저 교육을 지도하는 사람의 성찰이 필요합니다. 그러므로 남에게 교육을 하기에 앞서 스스로에 대한 교육이 앞서야 합니다. 그리고 남에게 하는 교육은 일방통행식의 교육이 아니고 이것이 있고, 저것이 있는데 어떤 것이든 선택하라는 선택권을 주는 것이 바른 교육입니다. 그러한 선택권을 줄 때 자신이 선택한 것에 따른 결과를 스스로 책임질 수가 있습니다.

◆◆◆◆◆

지난 시간에 이어서 계속해서 죽음에 대해서 말씀드리겠습니다.

우리 부처님 시대에 인간의 수명은 100세입니다. 그러나 꼭 100세를 사는 것은 아닙니다. 업의 과보에 따라 약간 더 살 수도 있고, 더 일찍 죽을 수도 있습니다. 역대의 부처님의 수명은 모두 다릅니다. 그러나 역대 부처님들은 그 시대의 수명의 3분의 2를 사시다가 반열반에 드십니다. 그래서 고따마 부처님께서도 80세에 열반을 하셨습니다.

등잔불은 몸과 마음의 생명력입니다. 내가 더 살고 싶다고 해서 살 수 있는 것도 아닙니다. 그렇다고 살고 싶지 않은데도 지은 업 때문에 더 살아야 합니다. 더 살 수 있는데도 스스로 목숨을 끊으면 살지 못합니다. 이렇게 살고 죽는 것이 내 마음대로 되는 것이 아닙니다. 그래서 이것을 무아라고 합니다. 마음은 있지만 내 마음대로 되는 것이 아니고 오직 조건만 있습니다.

다음은 죽기 전에 나타나는 표상과 죽음의 마음과 재생연결식의 흐름을 말씀드리겠습니다. 죽기 전에 살아 있을 때는 잠재의식이 흐릅니다. 이 잠재의식은 마음과 마음을 연결하는 의식입니다. 이때 죽음을 목전에 두고 흐르는 잠재의식의 상태에서 속행이 진행될 때 여섯 가지 감각기관의 문을 통해서 다음 생을 결정하는 표상이 일어납니다.

한순간의 마음이 열일곱 번 일어나고 사라질 때 생기는 일곱 가지 속행의 마음 중에 나타나는 속행 다섯 개를 의미합니다. 잠재의식에서 나타난 이 표상의 영향을 받은 채로 죽음의 마음이 일어나고 계속 표상의 마음이 다음 마음에 전해져서 재생연결식이 생깁니다. 물론 죽기 전의 잠재의식과 잠재의식에서 나타난 속행의 마음과 그리고 죽음의 마음과 그 뒤에 오는 재생연결식은 모두 다른 마음입니다. 하지만 잠재의식에서 생긴 표상은 다음 마음에 그대로 전해져서 상속됩니다. 이때의 상속을 과보라고 합니다. 이 과보가 바로 원인과 결과입니다.

그러므로 전생과 다음 생이 전혀 엉뚱하게 일어나지 않고 일정한 흐름 안에서 일어나고 사라집니다. 그래서 전생과 현생이 같다고도 할 수 없고, 전혀 다르다고도 할 수 없는 것입니다. 여기에 과보가 전해지기 때문입니다. 이렇게 잠재의식이 흐르다가 죽음에 직면하면 현생의 마지막 마음인 죽음의 마음이 일어났다가 즉시 사라집니다. 늘 그래오던 것처럼 이때도 순간적으로 일어나서 순간적으로 소멸합니다. 죽음의 마음은 일생에 한 번밖에 없습니다. 왜냐하면 일생에 한 번만 죽기 때문입니다.

죽음의 마음이 일어나기 직전에 어떤 하나의 업이 여섯 가지 감각기관의 문에 나타납니다. 이때 나타나는 것이 세 가지가 있습니다. 업과 업의 표상과 태어날 곳의 표상입니다. 이때 나타나는 표상이 다음 생을 결정합니다. 이때 무엇을 보느냐가 바로 다음 생을 결정하는 매우 중요한 순간입니다. 그래서 죽음 직전에 나타나는 표상 세 가지를 살펴보겠습니다.

첫째, 다음 생의 재생연결식을 결정한 업이 보입니다. 이때의 업이란 자기가 일생 동안 살아오면서 있었던 일이나 죽기 직전에 자신이 한 행위 중에 하나를 보는 것입니다. 가령 선하게 산 사람은 선하게 살아온 모습이 보일 것이고, 선하지 못하게 산 사람은 선하지 못한 모습이 보일 것입니다. 살면서 다섯 가지의 무거운 업을 지은 사람은 이 업의 힘이 강해서 이 업이 다른 행위들을 가려버리고 강력하게 나타납니다. 왜냐하면 이런 행위가 의식 속에 강하게 저장되어 있기 때문입니다. 다섯 가지 무거운 업을 지은 사람은 그 사실을 잊으려야 잊을 수가 없습니다. 그래서 잠재의식 속에 깊게 저장되어 있다가 가장 중요한 순간에 그것이 무거움이기 때문에 무거움으로 나타나서 다른 업이 개입하지 못하도록 합니다.

만약 일생을 통해서 선하거나 선하지 못한 강력한 업을 만들지 못했다면 거의는 죽음 직전에 행한 업이 떠오릅니다. 이것이 죽음에 근접한 업입니다. 죽음에 근접한 업이 없으면 습관적인 업이 나타납니다. 수행자는 수행한 모습이 나타나서 그대로 과보를 받아 다음 생에 더 훌륭한 수행자가 될 것이며, 도둑질을 한 사람은 도둑질을 한 모습이 나타나 그대로 과보를 받을 것입니다. 이런 것이 없을 때는 그렇게 중요하지 않은 하찮은 업이 나타납니다.

이때 다른 주석서에서는 세 번째 습관적인 업이 두 번째 업보다 앞서서 작용된다고 말하기도 합니다. 어쨌거나 재생연결식을 결정하는 업이 보인다는 것은 자기가 일생 동안 살아온 행위 중에 하나의 모습이 보인다는 사실을 우리는 중요히 여겨야 하겠습니다. 우리가 왜 선하게 살고, 왜 선하게 살지 못한 것을 행해서는 안 되는가 하면 바로 이러한 결정들이 있기 때문입니다. 지금도 괴로운데 다음 생까지 괴로움을 가지고 가서는 안 됩니다. 그러나 우리는 습관적으로 살기 때문에 지금도 괴롭고 다음 생도 괴로운 일을 계속하고 있는 것입니다.

둘째, 살아오면서 업을 지을 때 형상이나 그 업을 지을 때 사용한 기구 등 업의 표상이 나타납니다. 업의 표상은 상징적인 것들을 의미합니다. 어떤 광경이 나타나거나 소리, 냄새, 맛, 닿음, 생각이 나타나 이것들이 그대로 다음 생에 재생연결식으로 전해집니다. 가령 선한 일을 할 때의 형상이나 선한 일을 할 때 사용했던 기구들이 상징적으로 나타납니다.

살아서 베푼 사람은 베푸는 형상이나 이때 사용한 특징적인 기구들이 표상으로 나타납니다. 살아서 살생을 많이 한 사람은 칼이 보이거나 이와 유사한 표상이 나타납니다. 의사의 경우는 환자의 모습이 보이거나 흰 가운이나 수술용 칼이 보일 것입니다. 이때 살생을 한 사람에게 보이는 칼이나 사람을 살리기 위해서 사용한 칼은 서로가 다른 과보를 받습니다. 만약 낚싯바늘이 보인다고 했을 때는 고기를 많이 잡은 사람일 것입니다. 그러면 그 사람은 살생의 과보를 받아서 그 세계에 태어납니다. 무엇이나 자기가 한 행위에 대한 상징적 표상이 나타나면 그 힘이 강력하게 다음 생으로 전해져서 바로 똑같은 과보가 다시 나타나도록 하는 것입니다.

두 번째 역시도 우리가 죽을 때 나타나는 표상을 익히 알아야 하겠습니다. 이미 어떤 표상이 나타났을 때는 이것을 돌이킬 수가 없습니다. 이미 이 상태에서 마음은 인식할 수 없기 때문에 그 흐름을 고스란히 받아들여야 합니다.

셋째, 죽은 뒤에 즉시 다음 생으로 연결되는 태어날 곳의 표상이 보입니다. 선정수행을 한 사람은 화려한 궁전이 보일 것이고, 지옥에 갈 사람은 고통스러운 불이 보일 것입니다. 이런 경우에는 죽을 때 얼굴에 표정이 나타날 수 있습니다. 죽음과 동시에 다시 태어날 곳의 표상은 물이나 숲, 산 그리고 어머니의 태가 될 수도 있습니다.

죽기 전에 자기가 갈 곳이 아름다우면 미소 지으면서 죽을 수 있을 것입니다. 그러나 갈 곳이 사악도이면 미소 지으면서 죽을 수 없을 것입니다. 그래서 고통스러워서 찡그린 얼굴로 죽을 것입니다. 그래서 수행을 해서 알아차리는 힘을 키우면 이런 경우에도 나쁜 표상이 올 것이 좋은 표상으로 바뀔 것입니다.

누구나 이상과 같은 세 가지 중에 하나를 표상으로 보고 그 표상의 힘이 죽음의 마음에 그대로 전해져서 다음 생을 결정하는 재생연결식을 만듭니다. 그러므로 이미 죽음의 마음 직전에 다음 생이 결정되고 빠르게 그곳에서 태어납니다. 이때 전혀 다른 곳에서 다른 마음을 재생하지만 원인과 결과라는 과보로 인해서 누구도 이 과정에서 벗어날 수가 없습니다.

이것은 예외 없이 모든 사람에게 나타나는 세 가지 경우입니다. 먼저 일생 동안 자기가 해온 자기의 업, 행위가 보이고, 두 번째는 자기가 한 행위에 대한 상징적인 것들이 보이고, 세 번째는 자기가 한 업에 의해서 갈 곳의 세계가 보인다는 사실입니다. 누구도 여기서 이 흐름을 피할 수는 없습니다. 이러한 업의 작용 때문에 선업은 선업의 과보가 가속도가 붙습니다. 그리고 선하지 못한 업은 선하지 못한 업의 가속도가 붙습니다.

그래서 어떤 경우에는 여러 생 동안 같은 지위를 얻거나 같은 부자로 태어나기도 하고, 또 여러 생을 비천하게 살기도 합니다. 이런 현상은 모두 하는 일에 대한 표상이 떠올라서 그 영향을 받기 때문입니다. 어떤 아라한의 경우는 500생을 원숭이로 살았던 것을 말하기도 합니다. 또 어떤 왕비는 3생을 거듭 왕비로 태어난 것을 부처님께서 말씀하시기도 하셨습니다. 많은 사람들이 거의 동일한 지위와 삶을 사는 경우가 허다한 경우는 바로 선한 행위와 선하지 못한 행위가 그대로 상속되기 때문입니다.

그래서 한번 선하지 못한 흐름에 들면 다시 선한 흐름으로 오기가 매우 어려운 것입니다. 그러나 인간은 그것을 선택할 수가 있습니다. 왜냐하면 인간은 수행을 할 수가 있기 때문입니다. 수행을 하면 새로운 선업의 과보를 만들 수 있습니다. 그래서 그 과보의 힘이 다음 생을 결정할 수도 있습니다.

수행자는 이러한 일반적 흐름에서 벗어나 전혀 새로운 흐름을 만들기 때문에 살아온 습관으로부터 벗어날 수 있기 때문에 새로운 선한 표상을 만들 수 있습니다. 설령 과거에 잘못한 일로 인해 괴로움 속에서 살더라도 수행을 통하여 새로운 업을 행하여 새로운 기억을 저장하면 됩니다.

　이렇게 잠재의식의 속행에서 나타난 표상이 죽음의 마음에 전해지고 다시 재생연결식이 생기는 과정에서 죽음의 마음이 다음 생을 결정하는 것은 아닙니다. 단지 흐름의 힘이 결정하는 것입니다. 죽음의 마음도 하나의 과정일 뿐이며, 마지막 마음도 일어난 표상을 받아들여서 전하고 사라지는 기능밖에 하지 못합니다. 그러므로 이런 흐름을 주도하는 어떤 존재가 있는 것이 아닙니다.

　여기에는 오직 조건에 의한 흐름만 있습니다. 마음이 흐르는 속도는 언제나 일정합니다. 마음이 한순간에 머무는 것은 빛이 머무는 순간의 백만 분의 일보다 적다고 말씀드렸습니다. 이렇게 죽음의 마음이 재생연결식으로 바뀌는 과정도 이와 똑같습니다. 그러나 티베트의 경전에서 존재가 죽음 뒤에 49일 동안 존속하는 중간단계가 있다고 말하기도 합니다.

삶의 질을 바꾼다는 것이 간단한 일은 아닙니다. 이는 선하지 못한 마음을 선한 마음으로 바꾸는 것이며, 오랜 습관을 바꾸는 것이기 때문입니다. 그러나 진정으로 바뀌길 원한다면, 먼저 바꾸려는 마음이 없이 있는 그대로 알아차려야 합니다. 무엇을 바꾸려는 탐욕을 가지고서는 아무것도 변화시킬 수 없습니다. 바꾸려 해서 바뀌지 않으면 화를 내게 되는데 바로 이것이 어리석음입니다.

알아차려야 할 대상은 밖에 있는 것이 아닌 자신의 몸과 마음이어야 합니다. 몸만 알아차리는 것으로는 절반의 성공밖에 이룰 수 없으므로 반드시 대상을 주시하고 있는 마음을 알아차려야만 완전한 성공에 이를 수가 있습니다. 그래서 위빠사나 수행자는 몸과 마음을 함께 알아차려서 궁극의 진리를 얻도록 하여야 하겠습니다.

이와 같이 죽음의 마음이 일어나고 사라지면 즉시 다음 생의 재생연결식이 일어납니다. 이때 죽음의 마음의 상태에 따라 태어나는 곳의 재생연결식이 다릅니다. 재생연결식이 일어나는 곳은 네 곳입니다. 욕계 악처의 재생연결식, 욕계 선처의 재생연결식, 색계의 재생연결식, 무색계의 재생연결식이 일어납니다.

욕계 악처는 지옥, 축생, 아귀, 아수라가 되는 재생연결식입니다. 욕계 선처의 재생연결식은 인간과 여섯 곳의 욕계 천상에 태어나는 재생연결식입니다. 재생연결식은 현생에 처음 일어나는 마음입니다. 이 마음은 일생에 한 번밖에 없습니다. 그래서 재생연결식이 일어난 뒤에 즉시 잠재의식으로 바뀌어서 한 일생의 마음이 계속합니다.

이렇게 일어난 재생연결식은 즉시 몸을 만듭니다. 몸이 불교에서는 물질이라고 하는데, 물질이 만들어지는 과정은 네 가지 조건이 결합되어야 합니다. 이때 재생연결식이 생긴 뒤에 물질이 만들어질 때 이 물질의 조건은 업, 마음, 온도, 자양분입니다. 이 네 가지 조건이 성숙되어서 재생연결식 뒤에 비로소 재생연결식에 따른 몸이 만들어집니다.

이때의 업이란 새로운 생명을 태어나게 하는, 과거에 행한 도덕적이거나 비도덕적인 행위를 말합니다. 이때 마음은 정신적 특성들입니다. 재생연결식이 오온의 식이고, 여기서 말하는 정신적 특성은 수, 상, 행을 말합니다. 그리고 온도는 생명이 태어날 수 있는 열의 요소를 말합니다. 그리고 자양분은 물질이 만들어지는 요소를 말합니다. 이렇게 해서 재생의 정신과 물질이 형성됩니다.

이때 간과해서는 안 되는 것이 재생입니다. 과거의 생명과 다른 것이 재생이고, 같은 것이 환생입니다. 환생은 항상 하여 영원하고 자아가 있다는 힌두교의 교리입니다. 부처님의 가르침은 무상하며, 괴로움이 있고, 무아입니다. 이러한 부처님의 가르침 없이는 누구도 해탈에 이를 수가 없습니다. 그래서 윤회를 끝내는 해탈은 부처님의 가르침밖에 없습니다. 부처님께서 밝히신 무상, 고, 무아는 원래 있는 것으로 존재하는 것들의 일반적 속성입니다. 부처님께서는 모든 진리를 찾아내신 것이지, 무엇이나 새로 만든 것은 아닙니다.

이상의 네 가지 요소들이 모여서 정신과 물질이 만들어지는데, 이때 태어나는 곳과 함께 남자나 여자의 성별이 만들어집니다. 사람으로 태어날 때는 정자와 난자가 만나서 태어나는데 이때 업이 개입됩니다. 그래서 남녀의 성별, 미추, 수명, 성격 등등의 기능적 요소가 결정됩니다.

그러므로 현생의 인간으로 태어난 것은 우연히 생긴 것이 아니고 이렇게 철저한 원인과 결과의 조건하에서 성립된 것들입니다. 그렇다고 본다면 우리가 사는 이 삶이 무엇하나도 소홀히 할 수가 없는 것들입니다. 삶에는 장난이 없습니다. 모두 현실입니다.

그리고 실재하는 것은 모두 진실입니다. 그것들은 하나같이 업의 작용 하에 있습니다.

임종 순간에 죽음의 마음이 사라지는 것은 마음의 특성입니다. 그리고 일어나서 사라져야 다음 마음이 일어납니다. 마음이 일어나서 사라지지 않으면 다음 마음이 일어날 수가 없습니다. 그러면 항상 같은 마음이라서 변하지 않는 마음이 되어서 영원한 마음이 됩니다. 그러면 죽지 않을 수 있으며, 무엇이나 내 마음대로 할 수 있습니다. 이것이 바로 초월적 존재입니다.

그러나 일어나서 사라지지 않는 마음은 누구에게도 없습니다. 왜냐하면 마음이란 원래 그런 것이 아니기 때문입니다. 이처럼 죽는 순간의 마음은 끊어지지 않고 일어나고 사라지면서 계속 흐릅니다. 시간이 끊어지지 않고 흐르듯이 마음도 똑같이 흐릅니다. 여기서 흐른다는 표현은 같은 것이 아니고 흐를 때마다 새롭게 일어난다는 것을 말합니다.

이렇게 흐르는 마음은 공간을 초월합니다. 그래서 죽음의 마음 뒤에 오는 재생연결식은 공간의 영향을 받지 않습니다. 이것은 마치 공중의 전파와도 같습니다. 인공위성에 의해 세계가 한 시간대에 같은 것을 볼 수 있는 것처럼 죽음의 마음 뒤에 오는 재생연결식은 천상의 어디에도 즉시 전해집니다. 다시 인간으로 태어날 때에도 지구의 어느 장소이건 한순간에 전해집니다. 이때 마음이 전해지면서 중간단계의 기착지가 있지 않습니다. 시간이 잠시 멈추지 않듯이, 빛이 잠시 쉬었다가 가지 않듯이 즉시 전해집니다. 그래서 부처님의 가르침은 죽은 사람의 마음이 재탄생할 때 알맞은 장소를 고르기 위해서 어딘가에 머문다는 것을 용납하지 않습니다.

이러한 사실을 밀린다 왕과 나가세나 존자의 대화에서 엿볼 수 있습니다.

밀린다 왕이 나가세나 존자에게 물었습니다.
"나가세나 존자시여, 만약 어떤 사람이 여기서 죽어서 브라만 세계에 다시 태어나고, 또 한 사람이 여기서 죽어서 케시미르 지방에 다시 태어날 때, 그들 중에 누가 먼저 도착합니까?"
"오, 왕이시여, 그들은 동시에 도착합니다. 오, 왕이시여, 왕께서는 어느 지방에서 태어나셨습니까?"

"존자시여, 칼라시라 불리는 마을입니다."

"칼라시는 여기서 얼마나 먼 거리에 있습니까?"

"존자시여, 여기서 약 200마일이 됩니다."

"왕이시여, 그러면 케시미르는 여기서 얼마나 멀리 있습니까?"

"존자시여, 약 12마일 됩니다."

"그러면 왕이시여, 이제 왕께서는 지금 칼라시 지방을 생각해 보십시오."

"오, 존자시여, 지금 생각했습니다."

"오, 왕이시여, 다시 케시미르를 생각해 보십시오."

"존자시여, 지금 생각했습니다."

"오, 왕이시여, 그러면 이 둘 중에 어느 것을 더 빨리 그리고 어느 것을 더 늦게 생각했습니까?"

"모두 똑같습니다."

"왕이시여, 이와 마찬가지로 여기서 죽어서 브라만의 세계에 다시 태어나는 자는, 여기서 죽어서 케시미르에 태어나는 사람보다 느리지 않습니다."

"나가세나 존자시여, 비유를 한번 더 들어주십시오."

"오, 왕이시여, 왕께서는 어떻게 생각하십니까? 두 마리의 새가 하늘을 향해 날다가 하나는 높고, 하나는 낮은 나무에 동시에 내려앉는다고 가정해 보십시오. 이때 어느 새의 그림자가 땅에 먼저 드리우고, 어느 새의 그림자가 그다음이 되겠습니까?"

"두 그림자가 동시에 나타나서 그들 중에 어느 하나가 이르거나 나중이 없습니다."

이처럼 마음은 공간에 걸림이 없으며 잠시도 멈춤이 없이 일어나고 사라지면서 흐릅니다. 생명이 사는 세계는 31개이며, 어디서고 이와 똑같은 방식으로 죽고 태어납니다. 인간이 인간만 생각해서는 안 됩니다. 인간도 수많은 생명 중의 하나일 뿐입니다. 지구도 인간들만의 것이 아닙니다. 모든 생명들이 윤회하면서 나고 죽는 곳입니다. 그래서 생명을 큰 틀에서 보아야 합니다.

이상 말씀드린 죽음의 마음과 재생연결식과 잠재의식은 나고 죽는 과정에서 인식할 수 없는 마음입니다. 인식할 수 없다고 해서 없는 것이 아닙니다. 인식할 수 있는 대상인 물질을 통해서 이것을 알 수 있습니다. 그래서 마음은 추론적인 것입니다. 하지만 사실에 근거한 바탕 위에서 생긴 추론이라서 실재를 이해할 수 있는 것입니다.

지금까지 죽음의 마음과 재생연결식이 연결되는 것이 태어남이고, 이 태어남은 반드시 원인과 결과라는 과보에 의해 흐르고 있다는 것을 알 수 있습니다. 여기서 얻을 수 있는 중요한 지혜가 바로 무아입니다. 모든 것이 조건에 의해서 일어나고 사라지며, 이것을 결정하는 자아가 없다는 것입니다. 자아가 없기 때문에 더 나아가서 이것을 관장하는 초월적 존재도 없다는 것을 알 수가 있습니다.

사실 초월적 존재의 유무는 위빠사나 수행의 대상이 아닙니다. 불교는 오직 자신의 번뇌를 해결하는 데 초점이 맞추어져 있기 때문입니다. 하지만 이런 현상으로 보아서 초월적 존재의 유무를 판단할 수 있는 것일 뿐입니다. 또 이상의 사실에서 볼 때 마음이 행위를 하고, 행위가 업을 만들고, 업이 과보가 되어 다음에 전해지는 것입니다. 그러므로 이미 지난 업의 결과는 받아야 하지만, 그 결과에만 종속되는 것은 인간의 삶이 아니라는 것입니다.

인간은 이미 만들어진 업의 지배를 받고 살아서는 안 됩니다. 인간만이 업을 거부할 수 있는 권리가 있습니다. 여기서 거부라는 것은 있는 업을 조건 없이 받아들이고 새로운 업을 만드는 것을 말합니다. 그러므로 누구나 새로운 선한 업을 만들어야 하겠습니다.

이토록 모든 생명이 태어나는 것은 우연히 되지 않고, 업자성정견業自性正見으로 모두 자기가 한 행위의 과보를 받아서 태어난다는 사실을 우리가 알아야 하겠습니다. 여기에 어떤 절대적 힘이 작용하지 않고, 모든 것들이 원인과 결과로 조건에 의해서 일어나고 사라진다는 사실을 알면, 우리가 한 걸음 바른 지혜에 접근할 수 있습니다.

다음에는 무엇이 윤회를 하는가에 대해서 살펴보겠습니다. 수행자 여러분! 무엇이 윤회를 하는가요? 자아가 합니까? 누구의 힘에 의해서 합니까? 우리는 아침에 동쪽에서 해가 떠서 저녁이면 서쪽으로 지는 것을 봅니다. 그리고 다음날에도 동쪽에서 해가 떠서 서쪽으로 지는 것을 봅니다. 그리고 해는 매일같이 동쪽에서 떠서 서쪽으로 진다고 압니다. 이것만 아는 것이 아닙니다. 달이 뜨고 지는 것도 일정한 간격을 두고 뜨고 지는 것을 압니다. 그리고 이런 모든 것들이 같은 현상이 반복된다고 생각합니다. 그러나 이것은 바른 견해가 아닙니다. 단지 고정관념으로 그렇게 생각하는 것일 뿐입니다.

매일 뜨는 해는 같은 해가 아닙니다. 매일 뜨는 해가 같지 않다는 것은 달을 통해서 알 수 있습니다. 우리는 대상을 바로 보는 지혜가 없기 때문에 생각으로 그냥 같은 것으로 압니다. 하루가 지나면 시간이 흐릅니다. 그리고 그것을 보는 마음도 흐릅니다. 시간도 같은 시간이 아니고, 그것을 보는 마음도 같은 마음이 아니고, 그리고 대상도 같은 대상이 아닙니다. 그래서 같은 것은 아무것도 없습니다.

변하지 않는다는 생각을 바꾸기 위해서 자신의 몸과 마음을 알아차리는 위빠사나 수행을 해야 합니다. 자신의 몸과 마음을 알아차리면 무엇도 같은 것이 없다는 것을 알 수 있습니다. 몸을 알아차리면 같다고 알 수도 있겠지만 몸에 있는 느낌을 보면 하나같이 같은 것이 없다는 것을 압니다.

이때의 몸은 관념입니다. 관념은 변하지 않습니다. 그러나 몸에 있는 실재하는 느낌은 변합니다. 살아 있건 살아 있지 않건 모든 것들은 진동합니다. 진동한다는 것은 일어나고 사라진다는 무상입니다. 그러면서 모든 것들은 생성하고 소멸하는 과정을 거칩니다. 이러한 과정들은 일정한 원인에 의해 결과를 만드는 과정만 있을 뿐입니다. 여기에 누구도 개입할 수 없으며, 어떤 인격도 개입할 수 없습니다. 단지 조건에 의한 흐름만 있습니다. 바로 이것을 알아야 합니다.

원인과 결과로 지속되는 것들이 그 자체의 힘으로 흐르는지, 아니면 어떤 외부적 힘에 의해 조정당하고 있는지 이것을 알아야 무엇이 윤회를 하는지 알 수가 있습니다. 그래서 바로 무엇도 개입하지 않는 자신의 몸과 마음을 알아차려야 합니다. 그래야 진실을 알 수 있습니다.

세간에는 성공과 실패가 있지만 출세간에는 성공과 실패가 없습니다. 세간에서는 성공과 실패라고 결론을 내리지만 출세간에서는 단지 일어나고 사라지는 과정만 있습니다. 과연 무엇을 성공하고 무엇을 실패하였습니까? 성공을 해서 항상 행복하고 그 성공이 영원한 것이었습니까? 실패를 해서 항상 불행하고 그 실패가 영원한 것이었습니까?

진정한 성공은 어떤 상황에서나 알아차리는 마음이 있을 때입니다. 진정한 실패는 알아차리는 마음이 없을 때입니다. 알아차리는 마음이 행복이고, 알아차리지 못하는 마음이 불행입니다.

아는 마음이 지혜이고, 모르는 마음이 무지입니다. 그래서 우리가 성공과 실패를 따질 것이 아니고, 알아차리는 마음을 갖느냐, 아니면 알아차리지 못하는 마음을 갖느냐? 하는 것에 초점을 맞추어야 하겠습니다.

◆◆◆◆◆

수행자 여러분! 지금 무엇이 윤회를 하는가를 살펴보고 있습니다. 몸에 있는 통증을 살펴볼 때 여기서도 아프고 저기서도 아픕니다. 모두 같은 통증으로 보면 고정관념으로 보는 것이고, 여기저기서 나타나는 느낌은 모두 다르다고 아는 것이 실재를 보는 것들입니다.

이렇듯 대상의 실재를 보기 위해서는 먼저 느낌을 보아야 합니다. 그런 뒤에 변화하는 무상을 보아야 합니다. 그러면 같은 것이 하나도 없다는 지혜가 납니다. 이 지혜를 가지고 보면 비로소 원인과 결과를 알 수가 있습니다. 이런 원인과 결과를 아는 지혜가 생기면 비로소 모든 것은 변한다는 무상의 지혜가 납니다. 그리고 이것들은 동일하지 않지만 연속적으로 지속한다는 것을 알 수가 있습니다. 바로 이것이 순간의 윤회입니다.

이 윤회에서는 원인과 결과만 있지 자아가 없습니다. 그래서 자아가 윤회하는 것이 아니고, 원인과 결과가 흘러가는 윤회만 있습니다. 이러한 과정이 일생 동안 지속되다가 마지막에 죽음의 마음이 끝나면 한 일생이 끝납니다. 그런 뒤에 재생연결식이 일어나면 다시 새로운 생이 시작됩니다. 이것이 일생의 윤회입니다.

그래서 사실은 한순간의 윤회가 일생의 윤회와 맞먹는 것입니다. 같은 흐름이 지속된 다고 알아야 하겠습니다. 순간의 윤회나 일생의 윤회나 마음에 있는 종자가 상속되면서 흐르는 것은 같습니다. 여기에 자아가 없다는 것도 같습니다. 단지 업이 일으키는 과보가 원인과 결과로 흐르는 과정만 있습니다. 그래서 내가 윤회하는 것이 아니고, 과보가 윤회하는 것입니다.

12연기에서 무명을 원인으로 행이 일어날 때 무명은 일어났다가 사라집니다. 그래야 다음에 행이 일어납니다. 마음은 한순간에 두 가지를 대상으로 알 수가 없기 때문에 일어난 것은 당연히 사라져야 합니다. 무명도 마음입니다. 그러나 무명의 마음이 순간에 일어나서 순간에 사라졌다면 다음에 행이 일어날 때 무명의 마음이 따라가지 않습니다. 단지 과보가 전해지는 것이지 일어났다 사라진 마음이 가는 것이 아닙니다. 그래서 이때에도 역시 자아는 없습니다.

그래서 마음은 무명으로 끝나고, 다음 순간에 새로운 마음이 행을 맞이합니다. 이것이 순간순간의 상속입니다. 바로 이러한 기본 구도가 윤회이며, 모든 것들은 이런 기본 구도 속에서 일어나고 사라지기 때문에 이것을 일생의 윤회라고 말합니다.

나는 과거에 어디서 온 것이 아닙니다. 어느 장소에 살았건 그것은 내가 아닙니다. 그러나 과거의 원인으로 현재가 있기 때문에 전혀 무관하다고 볼 수도 없습니다. 그렇다면 나는 과거의 어디서 온 것이 아니고, 과거의 원인으로부터 현재의 결과로 온 것입니다. 바로 이것이 윤회입니다.

내가 온 것이 아니고 원인이 와서 결과를 일으켰다는 것이 추상적이지만 이것이 사실입니다. 여기에 인격체는 없습니다. 물론 정신과 물질이 있지만 매 순간 일어나서 사라지는 정신과 물질만 있기 때문에 이것이 옮겨 왔다고 보기는 어렵습니다.

우리는 '나'라고 하는 자아를 가지고 살아왔기 때문에 모든 것을 이 시각으로만 보아서 그렇지, 지혜로 보면 이러한 견해는 매우 합리적인 것이라고 알 수 있을 것입니다. 과거의 원인으로 현재의 결과가 생겼을 때 이 흐름을 운반하는 것은 역시 정신과 물질입니다. 정신과 물질이 있지만 이것들이 매 순간 일어나고 사라져서 나라고 할 만한 것이 없기 때문에 상황을 주도하는 것은 바로 정신과 물질이 아니고, 원인과 결과입니다.

마찬가지로 나는 죽어서 어디로 가는 것이 아닙니다. 같은 방식으로 현재의 원인에 의해 미래의 결과로 갑니다. 현재 어떻게 살았는가에 따라서 그 결과를 받는 것이지, 자아가 있어서 어디로 가는 것이 아닙니다. 여기서도 단지 원인과 결과만 있습니다.

윤회는 불교에만 있는 것이 아닙니다. 힌두교에도 윤회가 있습니다. 그러나 불교의 윤회는 재생이고, 힌두교의 윤회는 환생입니다. 불교의 윤회는 자아가 없기 때문에 과보가 전해지지만, 힌두교의 윤회는 자아가 있기 때문에 변하지 않는 자아가 다음 생으로 갑니다. 이때 불교는 무상하기 때문에 자아가 없다고 하지만, 힌두교는 항상하기 때문에 자아가 있다고 합니다.

그래서 자아가 없는 곳에는 모든 것을 지배하는 초월적 존재가 없지만, 자아가 있는 곳에서는 항상 하고 영원한 초월적 존재가 있습니다. 이 두 가지의 차이는 마음이 무엇인가를 아는 차이에서 생긴 것입니다. 혜안으로 마음을 보았을 때와 언제부터인가 누군가에 의해서 전해진 대로 알고 있는 마음인가에 따라서 견해가 갈립니다.

우리가 지금까지 다양한 마음과 마음의 작용과 업에 대해서 살펴보았습니다. 이것들은 모두 이러한 지혜를 얻기 위한 것들입니다. 과연 내가 있어서 윤회하는가, 아니면 자아가 없고 조건에 의해 윤회하는가, 이것을 알기 위해서 마음공부를 한 것입니다. 그래서 영원한 자아나 불멸의 영혼 대신에 존재의 유동성과 영속성을 알아 무아의 지혜를 얻어야 하겠습니다.

우리가 거울을 볼 때 거울에 비친 자신의 모습을 봅니다. 이때 여기에 실재하는 모습이 거울에 투영되어 나타나듯이, 여기에 있는 모습과 거울에 비친 모습은 다른 것입니다. 같다고 본 것은 관념이며, 실제는 다른 것입니다. 단지 거울에 비친 것일 뿐입니다. 이것이 전혀 다르지만 그대로 비춰졌기 때문에 전혀 다른 것이라고 할 수 없는 것이 바로 윤회입니다.

산에서 소리를 지를 때 메아리가 울립니다. 이때 처음에 일어난 소리는 사라지고 없지만 같은 소리가 반복해서 울립니다. 종이에 도장을 찍을 때에도 마찬가지입니다. 도장을 찍을 때도 도장은 종이에 옮겨가지 않지만 종이에는 똑같은 형태의 글자가 남아서 날인됩니다. 그래서 다른 여러 곳에서 사용할 수 있는 것입니다. 이렇듯이 윤회는 자아가 있거나 실체가 있어서 상속되는 것이 아니고, 원인이 있어서 결과로 옮겨가는 것들입니다.

윤회에 관하여 밀린다 왕과 나가세나 존자의 대담을 들어보겠습니다.

밀린다 왕이 나가세나 존자에게 물었습니다.
"존자시여, 다시 태어날 때 아무것도 옮겨가는 것이 없이 일어납니까?"
"왕이시여, 그렇습니다. 다시 태어날 때 아무것도 옮겨가는 것이 없이 일어납니다."
"존자시여, 그러면 저에게 예를 들어서 설명해 주십시오."
"오, 왕이시여. 만약에 어떤 사람이 한 등잔에서 다른 등잔으로 불을 옮겨갔다면, 하나의 등잔이 다른 등잔으로 옮겨 간 것입니까?"
"아닙니다. 그렇지 않습니다. 존자시여."
"오, 왕이시여. 바로 이와 같은 방법으로 다시 태어나는 것은 어떠한 것도 옮겨가는 것 없이 일어납니다."

"존자시여, 예를 하나만 더 들어 주십시오."

"오, 왕이시여. 왕께서 어렸을 때 시를 가르친 선생님으로부터 어떤 구절이나 다른 것을 배운 것을 기억하고 있습니까?"

"예. 존자시여, 기억하고 있습니다."

"그 구절이 왕의 스승으로부터 왕에게로 넘어왔습니까?"

"아닙니다. 그렇지 않습니다. 존자시여."

"왕이시여. 이와 똑같은 방법으로 다시 태어나는 것은 어떤 것도 옮겨가지 않고 일어납니다."

"존자시여. 다음 존재로 태어나는 것은 무엇입니까?"

"오, 왕이시여. 다음 존재로 태어나는 것은 정신과 물질입니다."

"그렇다면 다음 존재로 태어난 것이 바로 이와 같은 정신과 물질입니까?"

"오, 왕이시여. 다음 존재로 태어나는 것이 바로 이와 같은 몸과 마음이 아니지만 이 몸과 마음을 갖고 태어납니다. 왕이시여, 인간은 행위를 합니다. 그것은 선할 수도 있고 선하지 못할 수도 있습니다. 그리고 이러한 행위로 인하여 또 다른 몸과 마음이 다음 존재로 태어납니다."

"존자시여, 만약에 다음 존재로 다시 태어나는 것이 이 몸과 마음이 아니라면, 인간은 자신이 한 악한 행위로부터 자유롭지 않겠습니까?"

"만약 인간이 또 다른 존재로 태어나지 않는다면 인간이 한 행위로부터 자유로울 수 있습니다. 그러나 왕이시여, 인간이 또 다른 존재로 태어나기 때문에 인간은 자신이 한 악한 행위로부터 자유롭지 못합니다."

"예를 들어서 설명을 해주십시오."

"오, 왕이시여. 어떤 사람이 다른 사람의 망고 열매를 훔쳤는데, 그 망고 주인이 그를 붙잡고 왕에게 데려와서 '왕이시여, 이 사람이 나의 망고 열매를 훔쳤습니다' 하고 말했습니다. 그러나 그 망고를 훔친 사람이 '나는 망고를 훔치지 않았습니다. 이 사람이 심은 망고는 내가 가진 것과 다른 것입니다. 나는 벌을 받을 수 없습니다'라고 말한다면 왕이시여, 그러면 이 사람은 벌을 받아야 합니까?"

"존자시여, 그는 벌을 받아야 합니다."

"왕이시여, 무슨 이유 때문입니까?"

"존자시여, 왜냐하면 그가 그렇게 말을 해도 그는 망고를 훔쳐갔기 때문에 벌을 받아야 합니다.”

“왕이시여, 이와 마찬가지로 이 몸과 마음으로 인간은 좋을 수도 있고 나쁠 수도 있는 행위를 합니다. 그리고 이러한 행위로 인하여 다른 몸과 마음을 가진 다른 존재로 태어납니다. 그래서 인간은 자신의 악한 행위로부터 자유롭지 못합니다.”

왕이 다시 물었습니다.

“존자시여, 정신과 물질에 의하여 선행이나 악행을 짓게 되는 업은 어디에 머뭅니까?”

“왕이시여, 그림자가 형체를 떠나지 않는 것처럼 업은 인격적 개체에 수반됩니다.”

“업은 여기에 있다 또는 저기에 있다고 지적할 수 있습니까?”

“그럴 수 없습니다.”

“존자시여, 예를 들어 주십시오.”

“왕이시여, 아직 열리지도 않은 과일을 여기 있다 또는 저기 있다고 지적할 수 있습니까?”

“존자시여, 그럴 수 없습니다.”

“오, 왕이시여. 마찬가지로 생명체의 연속이 끊어지지 않는 한 그 업이 여기 있다 또는 저기 있다고 지적할 수 없습니다.”

그리고 왕이 다시 물었습니다.

“존자시여, 부처님이라는 분이 실제로 계십니까?”

“그렇습니다. 계십니다.”

“존자시여, 그렇다면 여기 계신다든가 저기 계신다든가 지적할 수 있습니까?”

“왕이시여, 부처님은 번뇌를 소멸하고 남은 육체를 여읜, 완전한 열반의 경지에서 완전한 열반에 드셨습니다. 부처님은 실제로 여기 계신다든가 저기 계신다든가 지적할 수 없습니다.”

“존자시여, 예를 들어 주십시오.”

“왕이시여, 큰 불이 타고 있을 때 그 불꽃이 사라졌는데도 불꽃이 여기 있다, 저기 있다고 지적할 수 있겠습니까?”

“아닙니다, 존자시여. 불꽃이 없어지면 불꽃을 지적할 수 없습니다.”

“오, 왕이시여. 마찬가지로 부처님은 번뇌의 불을 끔과 동시에 남은 육체를 떠난 완전한 열반에 드셨습니다. 이미 가버린 부처님을 여기 계신다든가 저기 계신다든가 지적할 수 없습니다. 그러나 진리를 몸으로 삼고 있는 것에 의하여 부처님을 지적할 수 있습니다. 왜냐하면 진리는 부처님에 의해 가르쳐졌기 때문입니다."

"존자시여, 잘 알겠습니다."

이렇게 밀린다 왕과 나가세나 존자의 대화에서 우리는 윤회의 실상을 알 수 있었습니다.

우리가 수행을 한다는 사실은 원인과 결과를 알아서 그리고 느낌에서 갈애로 넘어가지 않는다는 사실입니다. 이때 모든 것들이 원인과 결과로 일어나고 사라지는 것만 있다면 거기에서 의심으로부터 해방됩니다.

이러한 의심에서 해방되는 것을 통해서 우리가 자아가 없다는 사실을 알아서 모두 순간적인 마음들의 연속만이 있다는 사실을 알아서 집착을 끊는 것이 수행자의 최고의 사명입니다.

심념처 수행
—붓다의 심념처

심념처 수행
—붓다의 심념처

지식이나 지혜를 얻기 위해서는 더 넓은 세상으로 나가서 배워야 합니다. 우물 안 개구리처럼 내가 최고이고, 내 것이 최고라고만 생각하면 결코 발전할 수가 없으며, 오히려 퇴보하게 됩니다.

모르면 알아야 되며, 배우기 위해서는 자신의 것만 주장해서는 안 됩니다. 내가 아니고, 내 것이 아니고, 나의 자아가 아니라는 말씀을 새겨듣게 된다면, 우리가 처해 있는 현실이 얼마나 편협하고 왜곡되어 있는지 알 수 있을 것입니다.

위대한 가르침은 어느 특정인의 것도 아니며, 어느 특정한 나라의 것도 아닙니다. 우리는 지금 그 가르침을 따르고 있는지 살펴보아야 하겠습니다.

◆◆◆◆◆

오늘부터 『대념처경』 교재를 가지고 공부하겠습니다. 『대념처경』에 있는 마음을 알아차리는 수행에 대해서 말씀드리겠습니다. 『대념처경』에 있는 부처님의 마음을 알아차리는 수행은 매우 양이 적습니다. 그러나 여기에 알아차려야 할 마음들이 모두 담겨져 있습니다. 부처님께서는 『대념처경』에서 마음을 알아차리는 수행을 열여섯 가지로 분류해서 말씀하셨습니다. 이 열여섯 가지는 여덟 가지를 쌍으로 밝히셔서 열여섯 가지가 되었습니다.

『대념처경』의 마음을 알아차리는 수행에서 말하는 마음은 의식의 순간들을 말합니다. 수행자들이 수행을 할 때 나타나는 여러 가지의 미세한 마음들이 있습니다. 이때 일어나는 순간순간의 마음을 여기에 밝히신 것입니다.

마음이란 고정되어 있는 실체가 아니고 조건에 의해 매 순간 일어나서 사라지는데, 이런 과정을 그냥 있는 그대로 지켜봐야 합니다. 마음의 종류는 모두 89가지 또는 121가지로 나누는 분류방법이 있습니다. 그러나 이 마음을 모두 알아차릴 수는 없습니다. 그래서 부처님께서는 여러 가지 상황에 따라서 알아차려야 할 필요가 있는 마음을 16가지로 구분하셨습니다.

마음은 하나이지만 과보에 따라서 각기 다른 마음이 일어나며, 잠재적 성향에 따라서 일어나기도 하고, 정신적 상태에 따라서 다르게 일어나기도 합니다. 또 수행방법에 따라서 알아차리는 것이 다르고, 수행자의 상태에 따라서 다르기도 합니다. 여기서 밝힌 열여섯 가지는 다양한 상황에서 이러한 마음이 흐르고 있다는 것을 밝힌 것입니다.

마음의 종류가 아무리 많아도 수행자는 알아차릴 마음이 하나입니다. 왜냐하면 한순간에 마음은 하나밖에 없기 때문입니다. 그래서 언제나 현재에 있는 마음을 알아차리면 됩니다. 부처님께서 밝히신 마음을 알아차리는 수행은 마음의 종류만 설명하셨지, 구체적으로 마음을 알아차리는 방법은 자세하게 설명하고 있지는 않습니다. 그래서 초심자들을 위해서 부처님께서 설하신 마음을 알아차리는 수행이 끝난 뒤에 다시 여러 가지 방법을 자세하게 설명해 드리는 시간을 갖겠습니다.

위빠사나 수행은 신수심법이라는 사념처 수행이라서 마음이 없으면 수행을 할 수가 없습니다. 그러나 여기서 마음을 알아차리는 수행이라는 것은 기본적으로 사용되는 마음만을 말하는 것이 아니고, 다양한 형태로 일어나는 그 마음을 대상으로 새로 알아차리는 것을 말합니다.

마음이 일을 하지만, 일하는 그 마음을 새로 알아차리기 위해서는 약간의 집중력과 방편이 필요합니다. 그리고 마음을 알아차리는 방법에 대한 설명을 들어야 알기가 쉽습니다. 마음은 보이지 않는 것이라서 아무리 들어도 알 수 없는 경우가 있습니다. 그래서 집중력이 필요합니다. 그러므로 마음을 알아차리기 어려우면 알려고 하지 말아야 합니다. 마음을 자연스럽게 알아차릴 수 있을 때가 오므로 그때 알아차리는 것이 좋습니다. 왜냐하면 알 수 없는 것을 알려고 하는 것도 또 다른 탐욕이기 때문입니다.

일부의 수행자들이 처음에 마음을 알아차리지 못해 안타까워합니다. 그러나 되지 않는 것이 안타까워한다고 알 수는 없습니다. 이때 바로 탐욕이 있는 마음을 알아차려야 합니다. '지금 내 마음이 마음을 알아차리지 못해 욕심을 부리고 있네' 하고 그 상태의 마음을 알아차리는 것이 바로 마음을 알아차리는 것입니다.

그러므로 마음은 다른 곳에서 찾지 말고, 지금 여기 지켜보는 것에서 찾아야 합니다. 보고 있는 것이 마음인데 그 마음을 볼 수 없는 것은 경험이 없기 때문입니다. 사실 마음을 알아차리는 데 특별한 방편이 필요한 것은 아닙니다. 그러나 마음이 비물질이라서 보이지 않기 때문에 초보자의 경우에는 약간의 혼란을 겪습니다. 그래서 약간의 방법을 아는 것이 필요할 수도 있습니다.

그리고 그간에 해보지 않던 것이라서 마음을 알아차리려고 해도 알아차리기가 어렵습니다. 그래서 마음을 알아차리기 위해서는 계속해서 마음을 알아차리라는 가르침을 받아야 합니다. 그러면 어느 순간에 자기도 모르게 마음을 알아차릴 수 있게 됩니다.

마음을 알아차리는 이유는 마음이 모든 일을 하기 때문에, 일의 뿌리에 접근할 수 있기 때문입니다. 그러면 매우 빠르게 알아차린 결과가 나타납니다. 그래서 제어하기 힘든 일에 직면했을 때 마음을 알아차리면 탁월한 효과가 있습니다. 부처님께서는 알아차릴 마음을 열여섯 가지로 분류하시고, 그냥 단순하게 있는 마음을 알아차리라고만 하셨습니다. 그래서 싱겁게 느껴지기도 할 것입니다.

그러나 이 말은 매우 단순하게 대상을 있는 그대로 보라는 의미가 담겨 있습니다. 대상이 있는 것을 있는 그대로 보라는 것 외에 다른 말이 더 필요가 없다는 사실을 알아야 합니다. 위빠사나 수행에서는 어떤 대상이건, 설령 그것이 좋거나 나쁘거나에 상관없이 모두 알아차릴 대상이라는 사실이 중요합니다.

가령 탐욕이 있는 마음은 당연히 알아차려야 하겠지만, 이 마음과 함께 탐욕이 없는 마음도 똑같이 알아차릴 대상입니다. 그렇지 않으면 탐욕이 없다는 자만에 빠집니다. 그래서 탐욕이 있을 때는 탐욕이 있는 마음을 알아차리고, 이렇게 해서 탐욕이 사라지면 다시 탐욕이 없는 마음을 알아차려야 합니다.

어리석음이 있는 마음도 무지이기 때문에 당연히 알아차려야 하지만, 똑같이 어리석음이 없는 마음도 알아차려야 합니다. 마음은 매 순간 흐르고 있기 때문에 하나의 마음만 있지 않습니다. 그래서 마음을 알아차리면 다양하게 나타나는 모든 마음을 알 수 있습니다. 그러면 『대념처경』에서 부처님께서 말씀하신 본문을 들어보겠습니다.

"비구들이여, 어떻게 비구가 마음에서 마음을 알아차리는 수행을 하면서 지내는가?
비구들이여, 여기 비구는 탐욕이 있는 마음을 탐욕이 있는 마음이라고 안다. 탐욕이 없는 마음을 탐욕이 없는 마음이라고 안다. 성냄이 있는 마음을 성냄이 있는 마음이라고 안다. 성냄이 없는 마음을 성냄이 없는 마음이라고 안다. 어리석음이 있는 마음을 어리석음이 있는 마음이라고 안다. 어리석음이 없는 마음을 어리석음이 없는 마음이라고 안다.
위축된 마음을 위축된 마음이라고 안다. 산만한 마음을 산만한 마음이라고 안다. 커진 마음을 커진 마음이라고 안다. 커지지 않은 마음을 커지지 않은 마음이라고 안다. 향상된 마음을 향상된 마음이라고 안다. 향상되지 않은 마음을 향상되지 않은 마음이라고 안다.
집중된 마음을 집중된 마음이라고 안다. 집중되지 않은 마음을 집중되지 않은 마음이라고 안다. 자유로워진 마음을 자유로워진 마음이라고 안다. 자유로워지지 않은 마음을 자유로워지지 않은 마음이라고 안다.
이와 같이 그는 마음에서 마음을 안으로 알아차리는 수행을 하면서 지낸다. 혹은 마음에서 마음을 밖으로 알아차리는 수행을 하면서 지낸다. 혹은 마음에서 마음을 안팎으로 알아차리는 수행을 하면서 지낸다.
그는 마음이 일어나는 현상을 알아차리는 수행을 하면서 지낸다. 혹은 마음이 사라지는 현상을 알아차리는 수행을 하면서 지낸다. 혹은 마음이 일어나고 사라지는 현상을 알아차리는 수행을 하면서 지낸다.

그는 단지 마음이 있다는 알아차림을 확립할 때까지 마음의 현상들에 대한 분명한 앎과 알아차림을 확립하고, 유지한다. 그는 갈애와 잘못된 견해에 의지하지 않고 지낸다. 그는 세상에서 아무것도 집착하지 않는다. 비구들이여, 이와 같이 비구는 마음에서 마음을 알아차리는 수행을 하면서 지낸다.”

부처님께는 본문 처음에 ‘비구들이여, 어떻게 비구가 마음에서 마음을 알아차리는 수행을 하면서 지내는가?’라고 말씀하셨습니다. 여기서 ‘어떻게’라고 하는 것은 있는 그대로 보는 마음을 알아차리는 것을 말씀하신 것입니다.

나타난 대상을 단순하게 지켜보는 것입니다. 그리고 열여섯 가지의 마음을 알아차릴 때 있는 마음 그대로의 마음을 알아차려서 무상, 고, 무아를 아는 것입니다. 그러므로 여기서 출세간의 법이 적용되지 않습니다. 가령 탐욕이 있는 마음을 알아차린 뒤에 탐욕이 없는 마음은 선한 마음일 뿐이지 이 상태가 출세간의 경지에 있는 마음은 아닌 것입니다. 단지 탐욕이 있는 마음이 없어진 뒤에 탐욕이 없는 마음이지 열반을 성취한 그런 마음을 밝힌 것은 아닙니다.

여기서 ‘어떻게’라고 말한 것은 수행에서 중요한 의미가 있습니다. 교학에서는 항상 ‘무엇’이라는 것을 밝히지만, 수행에서는 항상 ‘어떻게’라는 것을 밝힙니다. 이것은 수행을 하기 위한 구체적인 실천방법을 말합니다. 그러므로 교학과 수행이 접목되면 이제 무엇을 어떻게 알아차리는가를 완전하게 실천할 수 있을 것입니다.

그리고 ‘마음에서 마음을 알아차리는 수행을 하면서 지낸다’라는 말은 마음을 알아차릴 때 오직 알아차릴 대상을 마음에 두고, 알아차리는 그것에만 집중하면서 지낸다는 것을 말합니다. 여기서 ‘지낸다’는 것은 알아차리는 수행을 해서 일상의 일로 삼고, 수행을 할 것을 권하는 것입니다.

열여섯 가지 마음 중에서 첫 번째는 ‘비구들이여, 여기 비구는 탐욕이 있는 마음을 탐욕이 있는 마음이라고 안다. 탐욕이 없는 마음을 탐욕이 없는 마음이라고 안다’라고 했습니다. 탐욕이 있는 마음은 여덟 가지가 있습니다.

첫째, 탐욕이 있고, 기쁨이 있고, 사견이 있고, 자극이 없는 마음입니다.
둘째, 탐욕이 있고, 기쁨이 있고, 사견이 있고, 자극이 있는 마음입니다.
셋째, 탐욕이 있고, 기쁨이 있고, 사견이 없고 자극이 없는 마음입니다.
넷째, 탐욕이 있고, 기쁨이 있고, 사견이 없고, 자극이 있는 마음입니다.
다섯째, 탐욕이 있고, 평온이 있고, 사견이 있고, 자극이 없는 마음입니다.
여섯째, 탐욕이 있고, 평온이 있고, 사견이 있고, 자극이 있는 마음입니다.
일곱째, 탐욕이 있고, 평온이 있고, 사견이 없고, 자극이 없는 마음입니다.
여덟째, 탐욕이 있고, 평온이 있고, 사견이 없고, 자극이 있는 마음입니다.

이상이 탐욕이 있는 마음 여덟 가지입니다.

이들 마음이 있을 때는 이들 마음이 있는 것을 그냥 알아차리면 됩니다. 이 마음을 없애려고 하거나 다른 마음을 바라서도 안 되고, 오직 있는 대상을 있는 그대로 알아차려야 합니다.

다음에 '탐욕이 없는 마음을 탐욕이 없는 마음이라고 안다'라는 구절이 있습니다. 탐욕이 있을 때도 있는 것을 알아차려야 하지만 없을 때도 없는 것을 알아차려야 합니다. 만약 탐욕이 없을 때 탐욕이 없는 마음을 알아차리지 못하면 다시 탐욕이 있는 마음으로 돌아갈 수 있습니다. 위빠사나 수행은 좋은 것이나 좋지 않은 것이나 모두 똑같이 대상으로 알아차려야 합니다. 그래야 마음이 중도의 길을 갑니다.

여기서 탐욕이 없는 마음이란 세간에서의 유익하고 선한 마음이며, 확정할 수 없는 무기無記의 마음입니다. 그러나 이것은 마음의 상태에 대한 이해이지, 이 상태를 수집하는 것은 아닙니다. 그러므로 여기서 탐욕이 있는 마음과 없는 마음은 모두 출세간의 마음과는 상관이 없습니다. 탐욕이 없다고 해서 열반을 성취한 상태의 완전한 마음이 아닙니다.

여기서 이렇게 분류한 것은 수행을 할 때의 마음의 상태를 이해하기 위한 것이지, 여러 가지 종류의 마음이 있는 것을 말하기 위한 것은 아닙니다. 그러므로 마음을 분류할 때 포함시키는 출세간의 마음은 여기에 해당되지 않습니다.

그래서 우리가 수행할 때 제일 먼저 나타나는 탐욕이 있는 마음을 볼 때는 탐욕이 있는 마음을 알아차리면 됩니다. 그런 뒤에 탐욕이 있는 마음을 알아차리면 바로 그 탐욕은 사라집니다. 그러면 다시 한 번 탐욕이 없는 마음을 알아차리면 됩니다. 그래서 탐욕이 없는 마음을 알아차려서 다시 탐욕이 있는 마음이 되지 않도록 해야 하겠습니다.

수행자 여러분! 마음을 알아차린다는 것은 일하고 있는 그 마음을 새로 한번 마음을 내서 본다는 것입니다. 그러므로 어렵게 생각하여서는 안 됩니다.

어떤 사소한 괴로움이라도 피하려고 하지 마십시오. 괴로움은 반드시 원인이 있어서 생긴 결과입니다. 그 원인은 자신의 무지와 욕망으로부터 시작된 것입니다. 괴로움이 있다고 알아차려서 그대로 받아들인다면 이미 괴로움이 아니고 지혜가 됩니다.

괴로움이 있다고 알아차릴 때만이 괴로움에서 벗어나기 위한 선한 행위를 하는 것입니다. 괴로움을 자각하지 않으면 결코 향상된 삶을 살기 위해 노력하지 않습니다. 괴로움은 단지 지혜를 얻기 위한 과정에 불과한 것이지, 또 일어나고 사라지는 한순간의 느낌일 뿐이지 결코 다른 것이 아닙니다.

지난 시간에 이어서 부처님께서 설하신 마음을 알아차리는 수행에 대해서 계속해서 공부하겠습니다.

두 번째는 '성냄이 있는 마음을 성냄이 있는 마음이라고 안다. 성냄이 없는 마음을 성냄이 없는 마음이라고 안다'입니다. 이들 마음이 있을 때는 있는 마음을 알아차립니다. 이 마음을 없애려고 하거나 다른 마음을 바라서는 안 되고, 오직 있는 대상을 있는 그대로 알아차려야 합니다.

성냄이 있는 마음은 두 가지가 있습니다. 첫째, 성냄이 있고 불만족이 있고 반감이 있고 자극이 없는 마음입니다. 둘째, 성냄이 있고 불만족이 있고 반감이 있고 자극이 있는 마음입니다. 이상 두 가지의 성냄이 있는 마음이 있을 때는 있는 그대로 알아차려야 합니다. 성냄이 있는 마음에는 성냄과 함께 항상 불만족과 반감이 있습니다. 그리고 자극이 있는가, 없는가가 다릅니다.

여기서 자극은 외부로부터 유발된 것인가, 아니면 자발적으로 일어난 것인가를 구별하는 것입니다. 다음에는 '성냄이 없는 마음을 성냄이 없는 마음이라고 안다'입니다. 성냄이 있을 때도 있는 것을 알아차려야 하지만, 역시 없을 때도 없는 것을 알아차려야 합니다. 만약 성냄이 없을 때 성냄이 없는 마음을 알아차리지 못하면 다시 성냄이 있는 마음으로 돌아갈 수도 있습니다.

여기서 성냄이 없는 마음이란 세간의 유익하고 선한 마음을 뜻하며, 확정이 안 된 무기의 마음을 말합니다. 그러므로 성냄이 없다고 해서 출세간의 마음을 말하지는 않습니다. 이때는 단지 성냄이 있다가 성냄이 없는 마음인 것입니다. 이때 성냄이란 한문으로는 진심瞋心이라고 말합니다. 이때의 진심은 참 진眞이 아니고, 눈 부릅뜰 진瞋이라고 해서 화를 내는 마음을 말합니다.

세 번째는 '어리석음이 있는 마음을 어리석음이 있는 마음이라고 안다. 어리석음이 없는 마음을 어리석음이 없는 마음이라고 안다'입니다. 이들 마음이 있을 때는 있는 마음을 알아차립니다. 이 마음을 없애려고 하거나 다른 마음을 바라서는 안 되고, 오직 있는 대상을 있는 그대로 알아차려야 합니다.

어리석음이 있는 마음은 두 가지가 있습니다. 첫째, 어리석음이 있고 평온이 있고 의심이 있는 마음입니다. 둘째, 어리석음이 있고 평온이 있고 들뜸이 있는 마음입니다. 이상 두 가지의 어리석음이 있는 마음을 알아차려야 합니다.

어리석음이 있는 마음을 알아차리면 그 순간에 어리석지 않은 마음이 됩니다. 그래서 어리석은 마음을 알아차려야 합니다. 어리석은 마음에는 항상 평온이 있습니다. 그래서 이 평온은 지혜가 있는 평온이 아닙니다. 그리고 의심이 있거나 들뜸이 있습니다. 어리석은 마음은 겉으로 잘 드러나지 않기 때문에 의심과 들뜸이 있을 때 어리석은 마음이라고 알아차려야 합니다. 어리석음은 모두 선하지 못한 마음과 해로운 마음에서 일어나기 때문에 나머지 온전하지 않은 모든 마음도 여기에 포함됩니다.

다음에는 '어리석음이 없는 마음을 어리석음이 없는 마음이라고 안다'입니다. 역시 어리석음이 있을 때도 있는 것을 알아차려야 하지만, 없을 때도 없는 것을 알아차려야 합니다. 만약 어리석음이 없을 때 어리석음이 없는 마음을 알아차리지 못하면 다시 어리석은 마음으로 돌아갈 수 있습니다. 여기서 어리석음이 없는 마음이란 세간의 유익하고 선한 마음을 뜻하며, 확정이 안 된 무기의 마음을 뜻합니다. 그러므로 어리석음이 없다고 해서 출세간의 마음을 말하지는 않습니다. 단지 어리석음이 있다가 어리석음이 없는 마음일 뿐입니다.

네 번째는 '위축된 마음을 위축된 마음이라고 안다. 산만한 마음을 산만한 마음이라고 안다'입니다. 이들 마음이 있을 때는 있는 마음을 알아차립니다. 이 마음을 없애려고 하거나 다른 마음을 바라서는 안 되고, 오직 있는 대상을 있는 그대로 알아차려야 합니다.

위축된 마음은 다섯 가지 장애 중에서 세 번째인 해태와 혼침에 빠진 마음입니다. 마음이 일을 하는데 일하는 마음이 위축되면 아무것도 할 수가 없습니다. 그래서 게으름과 졸음이 올 때는 이 마음을 조용히 알아차려야 합니다.

산만한 마음은 다섯 가지 장애 중에서 네 번째인 들뜸과 후회를 말합니다. 들뜬 상태에서는 대상을 겨냥하기가 어렵습니다. 그래서 이때는 들떠 있는 마음을 조용히 알아차려야 합니다.

다섯 번째는 '커진 마음을 커진 마음이라고 안다. 커지지 않은 마음을 커지지 않은 마음이라고 안다'입니다. 이들 마음이 있을 때는 있는 마음을 알아차립니다. 이 마음을 없애려고 하거나 다른 마음을 바라서는 안 되고, 오직 있는 대상을 있는 그대로 알아차려야 합니다.

커진 마음은 선정수행을 해서 높은 두 개의 정신세계를 가진 마음입니다. 색계와 무색계의 선정수행을 해서 이른 마음이 바로 커진 마음입니다. 커진 마음이라는 것이 높은 세계의 마음을 뜻하지만, 실제로 선정수행을 하면 대상과 하나가 되어 확장되는 느낌이 일어납니다. 그래서 대상과 아는 마음밖에 없는 집중을 합니다. 이 상태가 바로 커진 마음입니다. 이것을 한문으로는 대심大心이라고도 합니다. 커지지 않은 마음은 욕계의 마음입니다. 욕계의 마음은 감각적 욕망이 지배하기 때문에 선정수행을 하지 않아서 커진 마음이 생기지 않습니다.

여섯 번째는 '더 향상될 수 있는 마음을 더 향상될 수 있는 마음이라고 안다. 더 향상될 수 없는 마음을 더 향상될 수 없는 마음이라고 안다'입니다. 이들 마음이 있을 때는 있는 마음을 알아차립니다. 이 마음을 없애려고 하거나 다른 마음을 바라서는 안 되고, 오직 있는 대상을 있는 그대로 알아차려야 합니다. 더 향상될 수 있는 마음은 욕계의 마음입니다. 더 향상될 수 없는 마음은 색계와 무색계의 마음입니다. 하지만 색계의 마음은 더 향상될 수 있는 마음입니다. 위에 무색계가 있기 때문입니다. 그러나 무색계는 위가 없기 때문에 더 이상 향상될 수 없는 마음입니다.

윤회를 하는 세계에서는 무색계의 비상비비상처가 가장 높은 정신적 수준의 세계입니다. 그래서 더 이상 올라갈 곳이 없습니다. 그러나 이 세계의 수명이 끝나면 다음에 다시 태어나서 어디에 떨어질지 알 수가 없습니다. 그러므로 아직도 어둠 속에서 기약 없이 괴로움을 겪어야만 합니다. 무색계의 생명이라고 해도 존재하는 세계에서 벗어나는 길을 모르기 때문에 겪는 고통은 다른 생명과 똑같습니다. 그러나 위빠사나 수행을 해서 도과를 성취하면 존재의 세계를 벗어날 수 있습니다.

일곱 번째는 '집중된 마음을 집중된 마음이라고 안다. 집중되지 않은 마음을 집중되지 않은 마음이라고 안다'입니다. 이들 마음이 있을 때는 있는 마음을 알아차립니다. 이 마음을 없애려고 하거나 다른 마음을 바라서는 안 되고, 오직 있는 대상을 있는 그대로 알아차려야 합니다.

집중된 마음은 근본집중과 근접집중, 두 가지입니다. 집중이 되지 않은 마음은 근본집중과 근접집중이 되지 않은 마음입니다. 집중은 고요한 마음이 생긴 뒤에 오는 집중을 말합니다. 고요한 마음을 갖기 위해서는 먼저 알아차려야 합니다. 알아차리는 것은 계율을 지키는 것이라서 계戒가 수반됩니다. 이 상태에서 대상을 지속적으로 알아차리면 정定이 생기고, 그리고 이러한 정의 상태에서 지혜가 생깁니다.

그래서 집중된 마음이란 계정혜 삼학에서 정定을 의미합니다. 이때의 집중은 선정수행의 집중입니다. 그래서 대상과 하나가 되기 위해서 관념을 대상으로 합니다. 처음에 대상을 겨냥하는 근접집중을 합니다. 이 상태에서는 아직 대상과 하나가 되지 않은 상태입니다. 그런 뒤에 집중을 지속하면 대상과 하나가 되는 근본집중을 하게 됩니다. 대상과 하나가 되는 선정수행의 근본집중은 번뇌를 강력하게 억누릅니다. 그러나 이것은 통찰지혜가 없기 때문에 억누를 때만 집중의 효과가 있고, 번뇌를 완전하게 불태우지는 못합니다. 그래서 계속해서 윤회를 해야 합니다.

집중이 되지 않은 마음일 때는 집중이 되지 않은 마음을 알아차려야 합니다. 집중이 되지 않은 마음을 알아차려야 다음에 집중을 할 수 있습니다. 집중이 되지 않은 마음을 모르고서는 집중하는 마음이 생기지 않습니다.

마지막으로 여덟 번째는 '자유로워진 마음을 자유로워진 마음이라고 안다. 자유로워지지 않은 마음을 자유로워지지 않은 마음이라고 안다'입니다. 이들 마음이 있을 때는 있는 마음을 알아차립니다. 이 마음을 없애려고 하거나 다른 마음을 바라서는 안 되고, 오직 있는 대상을 있는 그대로 알아차려야 합니다.

자유로워진 마음은 해탈의 마음입니다. 자유로워진 마음은 두 가지가 있습니다. 반대되는 것으로 대치함으로써 생긴 자유로워진 마음이 있습니다. 그리고 대상을 억압함으로써 생긴 자유로워진 마음이 있습니다. 이때의 자유로움은 순간적이거나 일시적인 자유입니다. 그러므로 열반을 성취한 자유는 아닙니다. 자유로워지지 않은 마음은 이들 두 가지가 없는 마음입니다. 그래서 이때의 자유는 출세간의 해탈을 말하지는 않습니다. 그러므로 근절의 해탈과 편안하게 가라앉음의 해탈과 벗어남의 해탈은 여기에 해당되지 않습니다.

지금까지 말씀드린 마음은 모두 여덟 가지를 두 개씩으로 분류한 열여섯 가지의 마음입니다. 이 중에 어느 상태에서 어떤 마음이 일어나더라도 일어난 마음을 일어난 그대로 알아차려야 합니다. 먼저 자신의 마음을 알아차려서 고요함을 얻어야 합니다. 그리고 상대의 마음도 알아차려서 상대를 헤아려 주어야 합니다. 그리고 나의 마음과 상대의 마음을 알아차려서 서로 헤아려 주어야 합니다.

이때 일어난 현상은 마음입니다. 마음을 알아차리는 수행이기 때문에 나타난 대상은 마음입니다. 그래서 일어난 마음을 알아차려야 합니다. 마음을 알아차리면 있는 마음은 사라지고 새로운 마음이 일어납니다. 마음이 사라졌으면 다시 사라진 마음을 알아차려야 합니다. 이렇게 알아차림을 지속하면 언젠가 '마음이 일어나고 사라지는 것'이라는 것을 알게 됩니다. 이것이 무상을 아는 지혜입니다.

수행의 과정이 처음부터 완전하게 되지는 않습니다. 그러므로 하나씩 단계적으로 수행을 해야 합니다. 경전의 가르침은 전체를 밝히는 것이기 때문에 수행자는 자기에게 맞는 단계적 과정을 거쳐야 합니다. 수행자들의 근기가 저마다 모두 다릅니다. 사람마다 수행을 하고자 하는 의지나 수행하는 방법이나 수행을 해서 얻는 결과가 모두 다릅니다. 그러므로 남을 의식해서는 안 됩니다.

특히 마음을 알아차리는 수행은 마음을 알아차리기에 적합한 근기가 있어야 합니다. 그리고 집중력이 있어야 합니다. 몸을 대상으로 알아차리기도 어려운데, 보이지 않는 마음을 대상으로 하기는 힘들 수 있습니다. 이럴 때는 먼저 몸을 알아차리는 수행을 충실히 해야 합니다. 그런 뒤에 반드시 마음을 알아차리는 수행을 지도 받아야 합니다.

마음을 알아차리는 수행이 어려운 것은 사실 가장 쉽기 때문입니다. 모든 것은 마음이 하는데 그 마음을 본 적이 없어서 하기가 어려운 것입니다. 일하고 있는 그 마음을 알아차리기 위해서는 눈으로 보려고 하지 말고 느껴야 하며, 그 느끼는 마음을 알아차려야 합니다.

이상이 부처님께서 설하신 '알아차림을 확립하는 경' 중에서 심념처에 대한 부분입니다.

심념처 수행
―모곡 사야도의 심념처

말을 할 때는 말하려는 의도와 말하는 행위와 말에 대한 결과가 있습니다. 먼저 말하려는 의도를 알아차리지 못하면 습관적으로 말하게 되고, 그 결과로 인해 고통을 겪게 됩니다.

말하려는 의도는 마음이 말을 하고 싶어서 하는 것을 말합니다. 이때 좋아하거나 미워하는 마음으로 말을 하려고 한다면 그 마음을 알아차려야 합니다. 뿐더러 말의 끝이 참담한 결과를 가져왔다면 단지 그 결과를 알아차리면 됩니다.

말에는 반드시 결과가 따르지만 이미 지난 일을 붙잡고 있을 필요는 없습니다. 말하려는 의도가 좋은 마음이면 좋은 마음으로 말하게 되고, 말하고 나서도 좋은 마음이 됩니다. 이렇게 되었을 때만이 자신도 좋고 남도 좋습니다.

◆◆◆◆◆

지금까지는 부처님께서 설하신 마음을 알아차리는 수행[心念處]에 대한 말씀을 드렸습니다. 오늘부터는 미얀마의 모곡 사야도께서 설하신 마음에 대한 것을 정리해 보겠습니다.

마음을 알아차리는 수행을 왜 해야 되는지 모곡 사야도께서 말씀하신 것을 요약해 보겠습니다. 먼저 심념처의 중요성입니다. 『앙굿따라니까야Anguttara-Nikāya』에서 강조하여 반복해서 나타나는 구절이 있습니다. 『앙굿따라니까야』는 부처님께서 하신 말씀을 숫자별로 모은 경전입니다.

"붓다께서 말씀하셨다. '나는 이미 잘 닦여지고 계발된 마음만큼 융통성 있고 유연한 다른 어떤 법도 알지 못한다.' 붓다께서 말씀하셨다. '나는 이미 잘 닦여지고 계발된 마음만큼 쉽게 적응할 수 있는 다른 어떤 법도 알지 못한다.' 붓다께서 말씀하셨다. '나는 이미 잘 닦여지고 계발된 마음만큼 커다란 소득과 이익을 주는 다른 어떤 법도 알지 못한다.' 붓다께서 말씀하셨다. '나는 이미 잘 닦여지고 계발된 마음만큼 이로운 다른 어떤 법도 알지 못한다.' 붓다께서 말씀하셨다. '나는 이미 잘 닦여지고 계발된 마음만큼 더한 행복과 즐거움을 주는 다른 어떤 법도 알지 못한다.'"

이상이 부처님의 말씀이십니다.

다시 한 번 말씀드리면, 위빠사나 수행을 할 때 마음을 알아차리는 수행을 해서 얻는 이익을 요약하면 다음과 같습니다. 융통성이 있고 유연해집니다. 쉽게 적응할 수 있습니다. 커다란 소득과 이익을 줍니다. 이롭습니다. 행복과 즐거움을 줍니다. 이렇듯 마음을 알아차리면 이상과 같은 이익이 있지만, 가장 중요한 이익은 번뇌를 뿌리 뽑는 것입니다.

모든 것은 마음이 하고 마음이 그것을 받아들입니다. 그래서 마음은 괴로움의 온상입니다. 그런데 이렇게 일하는 마음과 일하는 것을 받아들이는 마음으로 인해 괴로움이 일어났다면 바로 그 마음을 알아차리는 것이 본질에 접근하는 것입니다. 일하는 그 마음을 받아들이는 그 마음을 알아차리면 알아차리는 순간에 번뇌가 소멸합니다.

물론 지혜가 나기 전까지는 순간적인 소멸이지만 일단 소멸이 된다는 사실이 중요합니다. 왜냐하면 알아차리는 마음이 일어나면 있는 마음은 순간적으로 소멸하기 때문입니다. 잘 닦여지고 계발된 마음은 수행을 하는 마음입니다. 잘 닦여지지 않고 계발되지 않은 마음은 수행을 하지 않는 마음입니다.

잘 닦여지지 않고 계발되지 않은 마음의 결과는 이와 반대로 유추해 볼 수 있습니다. 수행을 하지 않는 마음은 고요함과 지혜가 계발되지 않기 때문에 다음과 같습니다.

융통성이 없고 유연하지 못합니다. 쉽게 적응할 수 없습니다. 소득과 이익이 없습니다. 이로움이 없습니다. 고통과 괴로움이 있습니다. 그래서 닦여지지 않은 마음과 닦여진 마음의 차이가 서로 반대되는 것을 알 수 있습니다.

『법구경』에서 부처님께서 말씀하셨습니다.

"마음이 모든 법들에 앞서가고, 마음이 그들의 주인이며, 마음에 의해서 모든 행위가 지어진다. 만일 어떤 사람이 나쁜 마음으로 말하거나 행동한다면 그에게는 반드시 고통이 뒤따른다. 마치 수레가 황소를 뒤따르듯이."

이상은 『법구경』의 게송이었습니다. 이때의 마음은 여섯 가지 감각기관인 안, 이, 비, 설, 신, 의 중에서 의意에 해당되는 마음입니다.

또 다른 구절이 있습니다.

"세상은 마음에 의해서 인도되고, 마음에 의해서 이끌려간다. 모든 것들은 오직 마음이라는 하나의 법의 힘을 좇아간다."

이때 여기서 말하는 마음은 수, 상, 행이라는 마음의 작용을 말하는 것입니다. 그렇습니다. 마음은 모든 행위에 앞서가는 것이며, 모든 현상에 앞서 일어납니다. 모든 육체적·정신적 행위는 마음이 협력하거나 협조하지 않으면 이루어질 수 없습니다. 선한 행위를 하든지 악한 행위를 하든지 마음은 중요한 역할을 합니다. 어떠한 행위도 먼저 의도하지 않고 일어나는 경우는 없습니다.

의도는 오직 마음 안에서만 일어납니다. 우리의 마음이 제어될 때 우리의 몸 또한 제어됩니다. 마음이 자유롭고 통제되어 있지 않으면 육체적인 행위 또한 아무런 제약 없이 생각과 감정을 마음대로 표현할 것입니다. 따라서 마음은 우리의 모든 행위를 제어하는 핵심요소입니다. 우리가 생각하고 말하고 행동하는 것은 모두 하려고 하는 의도에 의해서 일어납니다. 이 의도가 바로 마음입니다. 이러한 마음은 워낙 빠르게 일어나고 사라져서 그 실체를 알기가 어렵습니다. 사실 우리들의 눈꺼풀 하나를 깜박거리는 것도 마음의 의도에 의해서 일어납니다. 그러나 워낙 빠르기 때문에 이러한 의도를 알기가 어렵습니다.

몸은 저 스스로 하게 하는 능력이 없습니다. 그래서 몸은 장님이고, 마음은 앉은뱅이라고 합니다. 마음은 저 스스로가 움직일 수 없지만 앞에서 이끌기 때문에 몸의 주인이라고 하는 것입니다. 이러한 마음은 자아의식, 나 또는 개체로서의 정체성이라는 사견이 머무르는 곳이며, 또한 유신견이 자라나는 곳이기도 합니다.

나, 즉 자아라는 망상은 우리의 마음 뒤에서 강력한 힘으로 작용해서 어떤 정신적·육체적·언어적 행위를 일으키는데 그것은 이런 마음의 직접적인 결과입니다. 이러한 마음을 흐리게 만드는 것이 바로 개아, 자아의식입니다. 바로 이것이 유신견이라는 것을 아는 것이 매우 중요합니다. 몸은 병이 자라는 곳이며, 마음은 유신견이 자라는 곳입니다. 몸과 마음은 고통의 온상이 될 수도 있고, 지혜와 기쁨이 선택에 따라서 결정됩니다.

『논장』의 분별론 주석서인 『삼모하위노다니』에는 알아차림의 관점에 대해 "잘못된 견해를 가지고 행동하는 어리석은 자에게는 지나치게 분별하지 않는 심념처 수행의 알아차림을 확립하는 것이 청정의 길이다"라고 설명하고 있습니다. 유신견이 강한 사람, 내가 무엇이라고 하는 자존심이 강한 사람은 심념처 수행을 해야 한다는 말입니다.

유신견이 강하면 결코 윤회계를 벗어날 수 없습니다. 그래서 이 유신견을 제거하는 것이 바로 마음을 알아차리는 위빠사나 수행입니다. 이것은 사견의 성향을 가진 지성적이지 못한 수행자가 도를 얻기 위해서 간결하고 꾸미지 않은 심념처 수행이 적합하다는 의미입니다.

실제로 위빠사나 수행을 지도해 보면 자존심이 강한 사람은 몸을 알아차리는 수행이 별로 효과가 없는 경우를 봅니다. 우선 몸의 호흡을 알아차리는 것을 대수롭지 않게 여기는 마음이 있습니다. 그래서 경우에 따라서는 호흡을 세 번 이상 알아차리기가 어렵다고 호소하기도 합니다. 이런 경우에는 심념처 수행을 해서 호흡을 몸에서 알아차리지 않고 전면의 마음자리에서 알아차리도록 하면 쉽게 호흡을 볼 수 있다고 말하기도 합니다. 같은 호흡도 몸에 일어난 호흡을 알아차리면 신념처이고, 호흡을 느낌으로 알아차리면 수념처이고, 마음으로 알아차리면 심념처이고, 호흡을 무상의 법으로 알아차리면 법념처입니다.

삼장에 정통하신 대장로 모곡 사야도께서는 빨리어 경전에 비추어 보고, 삼장과 주석서에 입각해서 오늘날의 수행자들에게 가장 적합하고 복잡하지 않고 간단명료한 방식의 심념처를 만들어 내셨습니다.

여기에서 비록 심념처를 강조하기는 하지만 다른 세 가지 염처의 알아차림 또한 간과해서는 안 됩니다. 이것은 마치 신선한 라임 원액과 설탕과 소금, 물이 들어 있는 라임 주스와 같습니다. 이처럼 대상으로 하는 염처만큼 두드러지거나 명백하지는 않을지라도 나머지 세 가지 염처 또한 포함되어야 합니다. 나머지 세 가지 염처라는 것은 마음을 알아차리는 수행 외에 몸을 알아차리는 수행과 느낌을 알아차리는 수행 그리고 마음의 대상인 법을 알아차리는 수행이 함께 포함되어야 한다는 것을 말합니다.

이들은 상응하는 법으로 함께 존재하며, 함께 일어나고, 함께 사라진다는 말입니다. 심념처 수행을 한다고 해서 나머지 신념처, 수념처, 법념처 수행이 포함되지 않는 것이 아닙니다. 이 네 가지가 모두 적절하게 조화를 이루어야 합니다. 상응하는 법은 오온이 따로 떨어져서 작용하는 것이 아니고, 함께 작용하면서 서로 되먹임 하는 것을 말합니다. 오온의 색, 수, 상, 행, 식이 서로 다르지만 함께 모여서 작용을 합니다. 몸의 요소인 지, 수, 화, 풍도 각각의 느낌이지만 함께 작용하는 것도 상응하는 법입니다. 불교는 하나로 보는 시각과 전체로 보는 시각 두 가지가 모두 작용을 해야 합니다.

자신의 마음을 아는 방법에 대해서 대장로 사리뿟따께서는 "다른 사람의 마음을 읽는 것은 맞을 수도 있고, 틀릴 수도 있어 쉽지 않다. 그러나 자신의 마음을 읽는 것은 틀릴 수가 없다. 왜냐하면 자신의 마음속에 무엇이 일어나는지 아는 것이 쉽기 때문이다"라고 말씀하셨습니다. 이처럼 위빠사나 수행의 심념처는 자신의 마음을 알아

262

차리는 수행입니다.

흔히 위빠사나 수행자를 경원하는 경우가 있는데 자신의 마음이 읽힐까 봐서 두려워하기 때문입니다. 이것은 잘못된 생각입니다. 위빠사나 수행자는 자신의 마음을 알아차리며, 설령 상대의 마음을 알아차린다고 해도 관용으로 받아들이기 위해서 알아차리지, 배척하거나 경멸하거나 비판하기 위해서 알아차리는 것이 아닙니다. 알아차림이란 선한 행위이기 때문에 적어도 알아차리는 순간에는 상대를 비난하거나 경멸하지 않습니다. 그러므로 위빠사나 수행자가 마음을 알아차린다고 해서 경계할 필요는 없습니다.

오히려 마음을 알아차리는 위빠사나 수행자는 나의 잘못된 부분을 더 따뜻하게 더 관용으로 받아들일 수가 있을 것입니다. 여기서 수행자는 자기 자신의 마음을 지켜보는 것은 매우 쉽다는 사실을 아는 것이 중요합니다. 자신의 마음속에 탐심이 일어난다고 가정해 봅시다. 그때 우리는 탐심이 마음 안에서 일어나고 있다는 것을 쉽게 알 수 있습니다. 성냄과 어리석은 마음이 일어날 때도 일어나고 있다는 것을 즉시 알 수 있으며, 사라질 때에도 또한 그것이 사라지는 것을 알 수 있습니다.

누가 보지 않는다고 해서 보지 않는 것이 아닙니다. 누가 보지 않을 때는 자신의 마음이 봅니다. 그래서 항상 자신의 마음이 증인인 것입니다. 그러니 자신의 마음을 알아차린다는 것은 항상 자신이 새로운 증인이 된다는 사실입니다. 우리가 마음을 알아차려야 하는 이유가 바로 여기에 있습니다. 마음이 모든 일을 하기 때문에 일하는 그 마음을 알아차리면 뿌리에 접근하는 것일 뿐만 아니라 일하고 있는 마음을 새로운 증인이 지켜보기 때문에 우리가 우리를 스스로 제어할 수 있게 됩니다.

그러나 이러한 마음을 알아차리는 것은 처음부터 쉽지는 않습니다. 왜냐하면 마음이 모든 일을 하기 때문에 일하는 그 마음을 본 적이 많지 않기 때문입니다. 그래서 마음을 알아차리는 수행은 특별한 수행이라고 생각할 것이 아니고, 항상 자기 자신을 되돌아보는 그런 수행방법이라고 알아야 하겠습니다. 하지만 지금까지 마음을 알아차려 본 적이 없기 때문에 마음을 알아차리는 방법은 스승에 의해서 특별한 지도를 받으면 쉽게 마음을 알아차릴 수가 있게 됩니다.

지식이 있는 곳에는 다툼이 있지만, 지혜가 있는 곳에는 다툼이 없습니다. 지식은 남이 한 말을 기억하거나 철학적 사유를 하는 것입니다. 그러나 지혜는 몸과 마음을 대상으로 실천적 수행을 하여 깨달음을 얻은 것입니다. 모름지기 지식의 과정을 거쳐 지혜로 나아가는 것이 가장 고귀한 삶을 사는 것입니다.

지식이 지나치면 맹목적이고 아만심이 강해집니다. 뿐더러 지혜가 지나쳐도 간교해지기는 마찬가지입니다. 그러므로 지식에서 지혜로 나아가되 지혜에 머물러서도 안 됩니다. 지혜가 최고라고 해도 그것은 나의 것이 아니며, 한순간의 정신적 현상에 불과한 것입니다. 지식에서도 알아차려야 하지만 지혜가 났을 때도 똑같이 알아차려야겠습니다.

◆◆◆◆◆

많은 불교도들은 마음이 한 존재에서 다른 존재로 옮겨 간다거나 환생을 한다고 하는 그릇된 견해에서 벗어나지 못하고 있습니다. 또한 많은 사람들이 영혼이 존재한다고 그릇되게 믿고 있습니다. 불교에서 말하는 재생은 환생이 아닙니다. 재생에 관한 불교의 가르침은 영혼 재래나 환생과는 완전히 다르다는 것을 이해하여야 합니다. 왜냐하면 불교는 신에 의해서 창조되었거나 대범천으로부터 나와 다음 존재로 옮겨가는 불변하는 영혼의 존재를 부정하기 때문입니다.

불교의 재생은 전에 있던 마음이 뒤의 마음으로 옮겨 간 것이 아니고, 전에 있던 마음은 사라지고 그 마음에 담긴 과보가 다음 마음에 전해져서 상속되는 것만을 말합니다. 그러므로 죽을 때의 마음은 끝나서 다시 일어나지 않고 사라지며, 죽을 때 마음에 담긴 과보가 다음에 전해져서 새로운 마음이 일어나므로 이것을 재생이라고 합니다.

그러나 환생은 같은 마음이 지속되는 것을 의미합니다. 그래서 영원하다고 말하는 것입니다. 어떤 이들은 한 존재가 죽을 때 몸을 떠나는 것은 영혼이라고 말하기도 합니다. 어떤 사람들은 모기 유충이 번데기가 되어도 계속해서 성충에 매달려 있는 것과 같이, 거주할 빈자리가 없으면 영혼이 몸에 매달려서 떠나지 않는다고 믿습니다.

이러한 잘못된 견해는 조상 대대로 깊이 뿌리박혀 전해져 내려왔기 때문입니다. 그러나 한 존재가 다른 존재로 영혼이 옮겨가서 환생을 한다고 하는 믿음은 사견일 뿐입니다. 위에서 말하는 것과 같은 그릇된 견해는 마음이 영원히 지속되는 것으로 알고, 죽을 때 오직 몸만 사라질 뿐이라고 하는 그릇된 믿음 때문에 유지되어 내려온 것입니다.

모기의 유충이 번데기가 되고, 번데기가 성충이 되면, 성충은 유충도 아니고 번데기도 아닙니다. 새로운 형태의 존재로 거듭난 것입니다. 유충은 유충이고, 번데기는 번데기고, 성충은 성충입니다. 이것들이 성장과정을 거쳐서 새롭게 태어난 것이지 같은 것이 아닙니다. 그러므로 성충에 번데기가 붙어 있지 않습니다. 알이 일정한 조건이 성숙되어 새가 됩니다. 새가 알을 깨고 나오면 알과 새는 다른 것입니다. 같은 것이 아닙니다. 이렇듯이 재생과 환생을 이러한 시각으로 이해하여야 되겠습니다.

이들은 아직 바른 연기법의 지식을 얻지 못한 까닭에 마음이 무상하고 끊임없이 일어났다가 사라지는 과정을 겪고 있다는 것을 바르게 이해하지 못합니다. 마음은 동일한 시간과 공간에서 일어나고 일어난 곳에서 1센티미터도 움직이지 못하고 즉시 사라집니다. 또 한순간에 하나밖에 일어날 수 없기 때문에 연속적인 두 순간이 동일하게 지속될 수 없습니다.

그래서 하나의 마음이 일어나면 그 마음은 사라지고, 그 마음이 가지고 있는 가속도에 의해서 그리고 그 과보에 의해서 다음 마음이 새로 일어나는 것입니다. 우리는 일생 동안을 매 순간 이렇게 살고 있으며, 한 생이 끝나면 다음 생으로 옮겨가는 과정도 지금 이 순간에 옮겨가고 있는 그런 방식을 그대로 적용받습니다. 그래서 마음은 매 순간 찰나생 찰나멸 하며, 다음 생에서도 새롭게 일어나는 것이지 같은 마음이 아닙니다. 그러므로 마음은 매 순간 일어나고 사라지는 마음이기 때문에 마음을 이해하는 데 이것이 나의 마음이 아니라고 아는 것이 바른 견해입니다.

다음에는 우리 마음속에 들어가 있는 사견을 어떻게 제거하는가에 대해 말씀드리겠습니다. 사견邪見이란 잘못된 견해를 말합니다. 사견은 나라고 할 수 있는 자아가 없는데 내 몸과 마음이라고 아는 유신견과, 모든 것은 변하고 항상 하지 않은데 변하지 않고 항상 하고 영원하다고 하는 상견이 있습니다. 그리고 죽으면 모든 것이 끝난다고 하는 단견이 있습니다.

이러한 잘못된 견해를 없애기 위해서 반드시 위빠사나 수행을 해야 합니다. 몸과 마음을 알아차려 집중력을 키운 뒤에 지혜가 나야 비로소 이러한 사견이 제거됩니다. 그렇지 않고서는 전통적으로 전해 내려오는 고정관념에 의해서 대상을 보기 때문에 결코 우리는 사견으로부터 자유로워질 수가 없습니다.

인류 역사는 이러한 사견으로 점철되어 왔습니다. 그래서 인류 역사상 가장 위대한 스승이 나와서 그렇지 않다는 것을 밝힌, 부처님의 가르침을 우리는 자기 자신의 몸과 마음을 통찰해서 지혜를 얻어 알아차려야 하겠습니다.

없는 것을 있다고 하는 한 사물을 바르게 볼 수가 없습니다. 사물을 바르게 보지 않고서는 세상사의 번뇌로부터 영원히 자유로울 수는 없습니다. 사견으로 대표되는 유신견은 사실 무아의 반대입니다. 무아는 윤회를 끝내기 위한 진리이지만, 유신견은 윤회를 계속시키는 법입니다. 그런데 이 유신견은 단순히 이 윤회만 돌게 하는 것이 아니고, 고통뿐인 비참한 세계에 떨어져 살게 하는 것이 문제입니다.

우리가 유신견을 가지고 윤회하는 동안 천상에서만 태어날 수 없습니다. 지옥, 축생, 아귀, 아수라의 사악도도 경험을 해야 되기 때문에 윤회가 고통스러운 것입니다. 부처님께서는 비참한 존재계인 지옥으로 떨어지게 하는 근본원인을 제거하고 뿌리 뽑아야 한다고 말씀하십니다. 이러한 근본원인이 바로 사견인 것입니다.

사견을 가지고 있는 사람들은 살아 있는 것들의 생명을 빼앗고, 훔치고, 삿된 음행을 하고, 부모를 살해하거나 심지어 부처님의 몸에 상처를 내서 피를 흘리게 하는 큰 죄를 저지르고도 아무런 양심의 가책을 느끼지 못합니다. 이렇듯 모든 잘못된 행위와 악행은 사견으로부터 나오는 것입니다. 심지어 도둑질을 하고도 이것은 나의 견해라고 말합니다. 이것은 잘못된 견해입니다. 도둑질을 하고도 이것은 나의 가치관을 추구하는 것이라고 말하는 것이 바로 사견입니다.

여러분! 지금도 괴로운데 미래에도 괴롭고 싶습니까? 이것은 우리에게 가장 중요한 문제입니다. 그러므로 부처님께서는 지옥으로 떨어지게 하는 근본원인을 제거하고 뿌리 뽑아야 한다고 말씀하셨습니다. 바로 그것이 사견입니다. 우리들 마음속에 가장 굳고 깊게 자리 잡고 있는 유신견, 상견, 단견이 바로 그것입니다.

대부분의 사람들은 비참한 지옥으로 떨어지는 원인을 불선업이라고 생각하지만, 사실은 자세히 살펴보면 실제로 범인은 사견이라는 것을 알 수 있습니다. 바로 그 사견에 의해서 불선 행위가 저질러지기 때문입니다. 사형수를 처형하는 것은 집행관이지만 결국 죽음의 형을 선고하는 진정한 힘은 판사에게 있다는 것은 의심의 여지가 없습니다. 존재하는 근본원인은 무명과 갈애이고, 이 무명과 갈애는 사견에 의해서 생깁니다. 사견은 잘못된 견해이고, 잘못된 견해는 모르는 마음입니다.

사형수의 사형을 집행하는 것은 무명과 갈애이지만, 결국 사형을 선고하는 것이 유신견입니다. 그래서 겉으로 드러난 범인은 무명과 갈애이지만, 진짜 범인은 유신견이라는 잘못된 견해입니다. 같은 방식으로 지각이 있는 존재를 지옥으로 보내는 것이 바로 사견입니다. 밖으로 나타난 업은 실제 범인이 아닙니다. 이렇듯 사견은 위험하고도 해로운 것입니다. 사견이 왜 근본원인이 되는지에 관해서 설명해 보겠습니다.

눈에 보이는 행동은 범인이 아닙니다. 눈에 보이지 않는 잘못된 마음이 바로 범인인 것입니다. 우리가 먹고 싶고, 자고 싶고, 말하고 싶다는 온갖 종류의 생각이 일어날 때마다 우리는 내가 먹고 싶다, 내가 자고 싶다, 내가 말하고 싶다, 등등 내가 하는 것으로 잘못 알고 있습니다. 이런 잘못된 인식은 각각의 정신적 현상이 일어날 때마다 개아로서의 나, 자아, 나의 것 등으로 발전합니다.

생각 혹은 의식은 인식의 대상과 감각기관의 문이 접촉하여 일어납니다. 그러니까 우리들의 마음이라고 하는 것은 눈이 물질에 부딪혀서 일어나는 것입니다. 이런 방식으로 개아, 나, 자아, 나의 것이라는 것은 생각에서 비롯된 것입니다. 그러므로 우리는 보는 것을 내가 본다고, 듣는 것을 내가 듣는 것이라고 잘못 알지 않도록 조심해야 합니다.

내가 보는 것이 아니고 눈이라는 감각기관이 형상이라는 감각대상에 부딪혀서 아는 마음이 일어나는 것이지 내가 보는 것이 아닙니다. 그러므로 내가 보는 것이 아니고, 단지 감각기관에 의해서 보는 것이고, 그리고 이것을 감각기관인 의意라는 생각, 그 마음이 아는 것입니다. 여기에 나는 없습니다. 이렇게 아는 것은 조건에 의한 원인과 결과에 의해서 아는 것이지, 여기에 나라고 하는 자아는 없습니다.

보는 자, 듣는 자, 행위 하는 자는 없습니다. 이것은 단지 원인으로 인한 결과일 뿐입니다. 성내는 마음과 탐욕의 마음이 일어날 때 이것들은 단지 성내는 마음과 탐욕의 마음일 뿐이라고 알아야 합니다. 또한 이런 마음들이 그 자체의 기능과 역할에 의해서 일어난다는 것을 이해해야 합니다.

수행이 일정 단계에 이르면 수행자는 오직 의식만 있는 것이라고 알게 됩니다. 이 단계에서 정신적 상태의 일어남이 단지 현상일 뿐이고, 그 순간의 의식만 있을 뿐이지 거기에 나, 자아, 나의 것이라고 할 만한 것이 없다는 사실이 중요합니다. 바로 이런 상태에 이르기 위해서 수행을 해야 하며, 위빠사나 수행을 통해서만이 이러한 결과를 알 수가 있습니다.

우리가 몸과 마음을 알아차리는 것은 귀라는 감각기관이 소리라는 감각대상이 일어남으로 인해서 그것을 아는 마음이 있는 것이지, 그 소리를 그 마음을 내가 스스로 일으킨 것이 아니라는 사실을 아는 것이 필요합니다. 코가 냄새를 맡고 그것을 아는 마음이 일어나는 것이지 여기에 자아는 없습니다. 코와 냄새라는 감각기관의 원인으로 인해서 그것을 아는 마음이 일어날 뿐입니다. 그래서 우리가 몸과 마음을 통찰한다는 것은 이러한 원인과 결과를 통해서 결코 이 속에 자아가 없다는 것을 알기 위한 것입니다.

한편 질투심이나 보시에 대한 생각 등등 어떤 생각이나 의식이 떠오를 때, 그것은 단지 정신적 상태일 뿐이라고 이해해야 합니다. 담배를 피우고 싶은 생각이 일어날 때에도 이는 단지 생각이나 의식일 뿐이지 담배를 피우고 싶은 사람이 내가 아니라는 점을 이해해야 합니다. 이 생각들은 그 자체의 기능과 역할에 의해서 일어나는 것일 뿐이지, 여기에 나 또는 자아라고 할 만한 것이 없습니다. 모든 의식은 두 현상들, 그러니까 감각기관과 감각대상이 부딪히는 것들의 결과로써 연속적으로 무리지어 일어나는 것이라는 사실을 알아야 하겠습니다.

우리가 안다는 것은 모두 감각기관과 감각대상의 부딪힘을 통해서 일어나는 것일 뿐입니다. 그 외에 어떠한 것도 개입될 수가 없습니다. 어떤 초월적 힘도 여기에 개입될 수가 없습니다. 그러면 무엇이 이것들을 움직이게 하는 것일까요? 무엇이 이것들을 일어나게 하는 것일까요? 그것은 자아가 아니고, 단지 원인과 결과라는 사실입니다. 원인과 결과가 과보가 되어서 상속되는 그 흐름의 과정에서 일어나고 사라지는 현상만 있을 뿐이지, 결코 여기에 자아가 있거나 초월적 존재가 있어서 이것들을 진행시키는 것은 결코 아니라고 알아야겠습니다.

누가 여러분의 마음을 괴롭힙니까? 누가 여러분의 마음을 속박합니까? 자기가 자기 마음을 괴롭힙니다. 자기가 자기 마음을 속박합니다. 그래서 별것도 아닌 일을 크게 생각하지 마십시오. 자신의 괴로움은 자신의 마음이 만듭니다. 마음이 괴로우면 몸도 괴롭습니다. 그러니 항상 봉사만 하는 몸을 괴롭히지 마십시오.

당신은 자신의 마음을 괴롭히는 것을 좋아하고 있습니다. 좋아하지 않는다면 계속해서 마음을 괴롭힐 이유가 없습니다. 이런 사실을 부정하지 마십시오. 이런 사실을 있는 그대로 받아들이십시오. 자신의 마음을 괴롭히는 것을 좋아하고 있다는 것을 알아야 비로소 우리는 자기 자신을 스스로 보호할 수 있습니다.

◆◆◆◆◆◆

수행자 여러분! 숨을 들이쉬려는 의식이 일어날 때마다 이렇게 알아차리고, 숨을 내쉬려는 의식이 있을 때마다 이렇게 알아차려야 합니다. 나 또는 자아가 숨을 들이마시고 내쉬는 것이 아니라는 것을 말입니다. 이것은 수행자들에게 있어 매우 중요한 사실입니다. 왜냐하면 대부분의 수행자가 숨을 들이쉬고 내쉬는 것은 나라는 잘못된 인식을 가지고 수식관을 하기 때문입니다. 개아라든가, 나라든가, 주관성 혹은 자아의식 등 어느 정도 이것들이 없어지면 유신견이 어느 정도 사라진다고 말할 수 있습니다. 이것은 오로지 정견의 주도하에서 철저히 수행을 한 후에라야 가능합니다.

호흡은 생명과 생명을 이어주는 기능입니다. 호흡은 살아 있는 조건에 의해서 저 스스로 일어나고 사라지는 것이지 이것이 나의 호흡은 아닙니다. 만약 이 호흡이 나의 호흡이라고 한다면 마지막에 죽는 순간에 숨을 거둘 때 나는 나의 호흡을 마음대로 조종할 수 있어야 합니다. 마지막 호흡이 사라질 때 사라지지 말라고 지시하면 사라지지 않을 수 있어야 합니다. 그러나 우리는 죽을 때가 되면 그 마음도 떠나고 호흡도 끝나야 합니다. 그렇다면 이것이 어떻게 나의 호흡입니까? 단지 조건에 의해서 일어나고 사라지는 현상의 연속적 과정에만 있을 뿐이지 이것은 결코 내가 소유하거나 나의 호흡은 아닙니다.

집중은 마음을 하나로 모아서 사견을 제거하고 정견을 돕는 역할을 합니다. 이것이 알아차림이란 계戒와 집중이라는 정定과 정견이라고 하는 혜慧입니다. 그래서 계, 정, 혜입니다. 그러나 수행을 정정만으로는 이끌어 갈 수 없습니다. 반드시 정견과 정사유가 주도하여 정정진, 정념 그리고 정정이 뒤따라야 하는 것입니다. 결국에는 지혜가 있어야 알아차릴 수 있고, 알아차림을 지속시켜 집중력을 얻을 수 있습니다. 유신견은 나, 자아, 나의 것이라는 생각이 있을 때 두드러지게 나타납니다. 그래서 수행자는 느낌, 지각, 행위가 일어날 때 일어난 것은 단지 느낌, 지각, 행위일 뿐이지 그것이 나 또는 자아가 아님을 이해해야 합니다.

바꾸어 말하면 수, 상, 행이 일어날 때 이것은 단지 수, 상, 행이지 이것이 나의 수, 상, 행이 아니라고 알아야 하는 것입니다. 느낌이 일어날 때도 그것은 단지 느낌일 뿐이지 나 또는 자아가 아니며, 행위의 경우에도 행위일 뿐이지 나 또는 자아가 아닌 것입니다. 수행자가 이러한 단계에 이르면 유신견이 일시적으로 제거되었다고 말할 수 있습니다.

그러나 수행을 한다는 것이 이 글을 읽는 것처럼, 이 말을 듣는 것처럼 쉽게 되는 것이 아닙니다. 수행자가 최선을 다해 노력을 해도 알아차림을 놓치는 경우가 많을 것입니다. 알아차림을 놓치는 경우가 많을수록 사견을 근절시키는 데 시간이 길어집니다. 알아차림이 끊어지지 않고 지속된다면 대상을 알아차리는 힘이 더 강해지고 그럼으로써 수행자가 목표를 달성하는 데 걸리는 시간은 더욱 짧아집니다. 그러므로 수행자는 느낌, 지각, 행이 하나하나 연속적으로 일어나는 것을 잘 지켜보아 자신의 오온에 대한 통찰지혜를 발전시켜야 합니다.

수행자 여러분! 잘못된 견해를 없애려고 하지 마십시오. 그것은 없어지지 않습니다. 그렇다면 알아차리는 힘을 키워야 합니다. 알아차리는 힘을 키워 지혜가 나면 저절로 유신견은 사라집니다. 왜냐하면 어둠에서 밝음으로 와서 그것들이 실재하지 않는다는 것을 아는 지혜가 생겼기 때문입니다. 그래서 잘못된 견해를 없애려고 하지 말고 수행을 해야 합니다. 이것만이 가장 완전한 방법에 이를 수 있는 길입니다. 이것이 사견을 제거하는 수행입니다.

그러나 무상, 고, 무아, 즉 오온의 일어남과 사라짐을 숙고하지 않는다면 아직 통찰을 하는 위빠사나 수행을 제대로 하는 것이 아닙니다. 같은 수행이라도 사견을 제거하기 위해서는 위빠사나 수행을 해서 무상, 고, 무아를 알아야 합니다.

그러나 오히려 사견을 강화하는 수행도 있습니다. 자아를 강화하거나 자기 자신의 아이덴티티를 강화하는 수행이 의외로 많다는 사실도 유념해야 합니다. 우리가 수행을 한다는 사실은 정신과 물질을 구별하는 지혜에 이르러서 몸과 마음이 분리되어서 서로 각각의 기능을 한다는 사실을 아는 것으로부터 출발해야 합니다. 이러한 지혜를 통해서 원인과 결과를 아는 지혜가 성숙되고, 다음에 현상을 바로 보는 지혜가 생겨서 무상, 고, 무아를 알아차릴 때 우리는 비로소 유신견으로부터 자유로워질 수가 있습니다.

다음에는 상견과 단견을 제거하는 방법에 대해서 말씀을 드리겠습니다. 모든 것들은 무명으로부터 시작되었습니다. 이 무명은 12연기의 시작입니다. 이 시작은 시작을 말하는 시작이 아니고, 근본원인이 되는 시작을 의미합니다. 그래서 무명 이전으로 더 거슬러 올라갈 것이 없습니다.

그러나 무명을 강화해 주는 것이 있습니다. 이것이 바로 내가 있다고 하는 유신견입니다. 유신견으로 인하여 탐욕과 성냄이 일어나 무명을 가속화시킵니다. 수행자가 유신견, 상견, 단견을 제거하기 위해서는 먼저 대상을 알아차려야 합니다. 그리고 반드시 알아차린 뒤에 알아차림을 지속해야 합니다. 단순히 알아차리는 것으로 그쳐서는 지혜가 성숙되지 않습니다. 그래서 알아차림과 함께 알아차림을 지속하는 것이 유지되어야 합니다. 이렇게 알아차리고 알아차림을 지속시켰을 때만이 대상의 고유한 특성을 알게 되고, 다음 단계로 원인과 결과를 알게 되는 지혜가 생깁니다. 원인과 결과를 알게 되면 사견이 제거됩니다. 생각으로 아는 것은 지혜가 아니라서 바르게 아는 것이 아닙니다.

수행자 여러분! 식탁에 맛있는 음식이 차려진 것을 보면 먹고 싶은 갈애가 일어납니다. 이어서 그것에 대한 강한 욕구가 일어나고, 업의 생성이라고 하는 육체적 행위가 따릅니다. 달리 말하면 갈애가 일어나자마자 이어 집착이 따라오고, 다시 업의 생성이 따라오는 것입니다. 이렇게 먹는 것 하나를 보는 것에서도 갈애, 집착, 업의 생성이라는 세 가지 요소가 갖추어지게 됩니다.

부처님께서 말씀하셨습니다. '갈애를 원인으로 하여 집착이 일어난다.' 이것은 갈애와 집착 사이에 원인이 있다는 뜻입니다. 만일 원인이 없다면 결과도 없습니다. 그러므로 갈애나 집착 어느 것도 있을 수 없습니다. 이때의 원인은 조건, 동기, 연緣 등의 뜻을 가지고 있습니다. 조건 지어진 것이라고 할 때는 원인과 결과에 의한 것이라는 말입니다. 이때 갈애를 원인으로 집착이 일어난다고 했을 때 갈애는 원인이고, 집착은 결과입니다. 이 결과인 집착이 다시 원인이 되어서 집착을 원인으로 업의 생성을 하게 됩니다. 이처럼 일어난 것은 사라지면서 다음 것을 일어나게 하고 사라지는 것이 바로 원인과 결과입니다.

다시 그다음의 고리는 '집착을 원인으로 하여 업의 생성이 일어난다'인데, 이때 업의 생성은 원인이 되는 집착 없이 존재할 수가 없습니다. 집착은 일어날 뿐만 아니라 다음 현상이 일어나기 위한 원인을 남기며 사라집니다. 그러므로 이때의 원인은 인과관계의 연속을 의미합니다. 이것을 과보의 상속이라고 합니다. 이 과보의 상속을 윤회라고 합니다.

그래서 윤회는 매 순간 흐르고 있는 것입니다. 매 순간 흐르는 윤회가 죽음을 끝으로 다음에 이어지는 것도 한 일생을 흐르는 윤회로 봅니다. 모든 존재는 갈애와 집착 그리고 업의 생성이 끊임없이 연속하여 일어나는 소용돌이 속에서 회전하고 있습니다. 우리는 우리 자신의 내부에서 실제로 일어나는 것들이 무엇인지 살펴보고, 이것이 과연 연기법에서 말한 바와 같이 일치하는지 탐구해 보아야 하겠습니다.

갈애를 원인으로 집착이 일어난다고 할 때 여기서 갈애와 집착 사이에 원인을 독립적 요소로 여겨서는 안 됩니다. 이것은 단순히 원인과 결과를 연속적으로 이어주는 역할을 하고 있는 것으로 이해해야 하겠습니다. 분명한 것은 집착은 원인이 되는 갈애로 인해서 일어나며, 갈애는 집착이 일어나게 되는 원인을 남기며 사라진다는 것입니다. 그러므로 갈애를 원인으로 집착이 일어난다고 말하는 것입니다.

집착은 왜 일어납니까? 저절로 일어나는가, 아니면 갈애로 인해서 일어나는가요? 그렇습니다. 집착은 갈애를 원인으로 일어납니다. 갈애와 집착과 업의 생성이 원인과 결과에 의해 이루어져 있기 때문에 상견과 단견은 잘못된 것입니다. 유신견, 상견, 단견 은 원인과 결과가 배제된 견해입니다. 모든 일은 원인과 결과이므로 상호의존적입니다. 그러므로 일방적이지 않습니다.

이제 수행자는 집착이 갈애로 인하여 일어난다는 사실을 분명하게 알게 되었습니다. 수행자들이 연기의 법칙을 이해하고 익숙해질 수 있도록 하기 위해서 집착이 갈애로 인하여 일어난다는 사실을 재삼 강조하였습니다.

수행자는 이를 통해서 이 세계의 현상들이 저 스스로 원인 없이 또는 우발적으로 일어난다는 생각과 관념을 없앨 수 있습니다. 선행하는 현상인 갈애는 집착이라는 결과 가 일어나도록 길을 열어줍니다. 이처럼 집착이 일어나기 위한 길을 만드는 것이 바로 갈애입니다. 그러므로 집착은 갈애를 원인으로 해서 일어납니다. 수행자는 이와 같은 사실에 대해서 숙고를 해야 합니다.

바꾸어 얘기하면 갈애를 원인으로 집착이 일어난다고 하지만 집착은 또다시 갈애를 원인으로 일어난다는 사실을 역으로 생각해 봐야 하겠습니다. 수행자가 이러한 연결고 리를 분명하게 알면 연기법을 이해할 수가 있습니다.

만일 수행자가 과거와 현재 사이에 아무런 연결고리도 없다는 말을 고집한다면 이는 단견을 가졌다고 말할 수 있습니다. 과거와 현재를 이어주는 연결고리는 무엇일까요? 그것이 바로 과거를 원인으로 현재가 있다는 원인입니다. 이것은 조건입니다. 그러므로 내가 연결한 것이 아니고 원인이 연결한 것입니다. 그러므로 누군가가 만든 것이 아니고 원인이 만든 것입니다.

그렇다면 나는 어디서 왔을까요, 그리고 어디로 갈까요? 바로 과거의 원인으로부터 현재의 결과로 왔을 뿐만 아니라 현재의 결과가 원인이 되어서 다시 미래의 결과로 간다는 사실입니다. 여기에서 드러나는 것은 오직 원인밖에 없습니다. 어떤 누구의 힘도 개입될 수가 없습니다. 이 원인이 바로 조건입니다.

먹고자 하는 욕망이 일어나면 먹는 것에 대한 강한 집착이 따라오고, 다시 신업인 행위와 구업인 말이 따라옵니다. 어떤 사람은 지금 너무 배가 고파서 밖에 나가서 음식을 먹어야겠다고 말합니다. 연기는 이렇게 계속 이어집니다. 먼저 먹고 싶은 갈애가 일어나서 집착이 일어나는 원인을 남기며 사라집니다. 이때 집착은 갈애와 집착 사이에 연결고리로 작용하는 원인이 있기 때문에 일어날 수 있다는 것을 이해해야만 합니다.

또한 집착은 업의 생성이 일어나는 원인을 제공하고 사라집니다. 그럼으로써 이것은 의식이 작용하여 연결되는 것으로 볼 수 있습니다. 이로써 현상은 단지 일어날 뿐만 아니라 새로운 현상에 자리를 내어주면서 사라진다는 사실이 분명해졌습니다. 그렇다면 이제 수행자는 상견의 속박에서 자유로워졌다고 말할 수 있습니다.

어리석어서 감각적 쾌락을 추구하여 생긴 괴로움이 있다면 이를 외면하지 마십시오. 그냥 '잘못 했네!'라고 알아차리십시오. 자기 잘못을 시인하지 않는다면 다시 같은 잘못을 저지르겠다는 의도가 있는 것입니다. 잘못에 대한 고통을 겪을수록 냉철한 자기비판을 하는 것입니다. 이런 과정이 없으면 잘못이 되풀이됩니다.

만약 고통을 외면하려고 했다면 이는 아직 미혹한 것이며, 정직하지 못한 것입니다. 잘못한 것으로 인해 손실을 보지 않고 이익을 얻었다면, 가치 판단이 흐려져 심각한 지경에 이르게 될 것입니다. 그러니 잘못한 것에 대한 고통을 기꺼이 감수하십시오. 잘못을 피하려고 하는 것이 바로 유신견이기 때문에 그 마음을 알아차려야 하겠습니다.

◆◆◆◆◆

다음 단계로 수행자가 알아야 할 것은 어떤 의식이 일어나든 그것은 나, 자아라고 하는 실체가 있는 것이 아닌 단순한 의식일 뿐이라는 사실을 알아야 합니다. 탐욕과 성냄과 어리석음 그리고 온갖 종류의 의식이 일어나는 것은 자연스러운 일로써 수행자는 그것들이 단순한 의식일 뿐 그 이상이 아님을 잘 인지하고 있어야 합니다.

왜 탐욕이 일어났어! 왜 화를 냈어! 왜 이렇게 어리석지! 라고 말해서는 안 됩니다. 그럴 수밖에 없습니다. 우리는 그렇게 살아왔습니다. 그러니 어쩌란 말입니까? 그러나 그것을 배척하거나 없애려고 하지 말고, 단지 있는 그대로 받아들이는 것이 그것들로부터 벗어나는 유일한 길입니다. 그것들은 나의 마음이 아니기 때문에, 그것들은 있어 왔던 고정관념이기 때문에 새로 아는 마음이 일어나면 된 것입니다.

　어떤 의식이 일어나든 수행자는 거기에 집중하여 각각의 의식이 일어날 때마다 그 일어남과 사라짐을 알아차려야 합니다. 또한 이러한 의식은 나, 자아, 나 자신, 내 것 등으로 인격화시킬 만한 것이 없이 단순한 정신적 현상일 뿐이라고 알아야 합니다. 우리들 마음 안에 일어나는 모든 것들은 단순한 정신적 현상일 뿐이지, 그것이 나의 소유이거나 내 마음이 일으킨 것들이 아닙니다. 단지 조건에 의해 일어나고 사라지는 단순한 정신적 현상이라고 이해해야 합니다.

　탐욕, 성냄, 어리석음이 일어났을 때 이것을 알아차리지 못하면 유신견을 가진 상태가 되지만 탐욕, 성냄, 어리석음이 일어났을 때 알아차리면 단지 대상에 불과한 것으로 바뀌기 때문에 유신견이 사라집니다.

　알아차릴 때는 오직 대상과 아는 마음밖에 없으므로 사견이 붙지 못합니다. 그래서 우리들에게 수행이 필요한 것입니다. 수행을 하지 않는 상태에서는 온갖 사견이 우리를 지배하지만 수행을 할 때는 알아차림이라는 선한 행위가 있어서 단지 대상과 아는 마음만 있기 때문에 이 순간만큼은 사견으로부터 벗어날 수 있는 것입니다.

　안식眼識이 일어날 때 보는 자가 없으므로 보는 것은 내가 아니며, 이식耳識이 일어날 때 듣는 자가 없으므로 듣는 것은 내가 아닙니다. 그것은 단순한 들음일 뿐이지, 거기에 나, 자아, 나 자신, 내 것 등으로 인격화할 만한 것이 아무것도 없습니다.

　그러나 우리는 만듭니다. 내가 듣고 내가 본다고. 그래서 우리는 고통을 겪습니다. 없는 것을 만들어서 보기 때문에 우리는 고통을 겪지 않을 수가 없는 것입니다. 바로 이것이 어리석음이라고 하는 것입니다. 수행자가 대상을 볼 때 보는 자가 자신이라고 생각하는 어떠한 믿음이나 견해를 유신견이라고 합니다. 만일 수행자가 자신이 보고 있는 것을 아는 것이 단지 안식일 뿐이고 의식의 무더기일 뿐이라고 지각한다면, 거기에 는 단지 몸이 있다는 유신有身만 있을 뿐이지 여기에 사견은 없습니다.

유신견은 나의 몸이라고 하는 잘못된 견해입니다. 그렇다고 본다면 몸은 있습니까, 없습니까? 몸은 있습니다. 이것을 유신이라고 합니다. 유신은 단지 몸이 있다는 견해로 정견이지만 유신견은 몸이 나의 몸이라고 하는 잘못된 견해를 말합니다. 그래서 유신, 몸은 있습니다. 그런데 유신에 견見이 붙으면 이것은 나의 몸이라고 하는 잘못된 견해를 말하는 것입니다.

지금 여기서 몸이 없다고 말하는 것이 아닙니다. 몸은 있습니다. 그런데 이 몸이 나의 몸이라고 하는 소유를 말하기 때문에 문제가 됩니다. 마음은 있습니다. 그러나 이 마음이 나의 마음이라고 하기 때문에 잘못된 견해라고 말하는 것입니다.

유신은 다섯 가지 무더기라고 하는 오온을 뜻합니다. 오온 중에 하나를 나, 자아 혹은 인격체로 보는 잘못된 견해가 바로 사견邪見입니다. 예를 들면 안식이 일어날 때 내가 보는 것이라고 여긴다면 이것이 바로 유신견입니다. 이와 같이 소리를 들을 때나 이식이 일어날 때 내가 듣는다고 여긴다면 이것 또한 유신견입니다. 비식이 일어날 때 내가 냄새를 맡는다고 여기면 이것 또한 유신견입니다. 의식이 일어날 때 내가 생각한다고 여긴다면 이 또한 유신견입니다.

여러분이 생각할 때 내가 생각하는 것이 아니고 '안이비설신의'라는 감각기관의 의意가 대상을 생각하고, 마음이 단지 그것을 아는 것일 뿐입니다. 이것들이 조건에 의해서 일어난 현상이지 여기에 자아가 없다는 것입니다. 그렇게 의식을 자아 또는 나 등으로 인격화하여 잘못 받아들이는 것이 유신견입니다.

수행자가 보고, 듣고, 냄새 맡고, 맛보고, 접촉하는 것은 단지 오온의 작용으로 알고 거기에 아무런 자아나 내가 없다고 아는 지혜를 얻을 때 유신견이 뿌리 뽑히고 제거되었다고 말할 수 있습니다. 이 무시무시한 힘을 가진 유신견은 쉽게 제거되지 않습니다. 반드시 몸과 마음을 통찰하여 도과를 얻어야 유신견이 비로소 조금씩 약해집니다.

범부들은 항상 몸이 있다고 하는 유신과 개체가 영원히 존재한다는 사견을 뒤섞어 버리곤 합니다. 그래서 유신견을 갖게 되는 것입니다. 반면에 수행자는 몸이 있다는 유신이 있을 뿐이라고 알고, 이 몸이 내가 아니라고 하는 정견을 가져야 합니다. 유신견이라는 잘못된 견해가 생기는 것은 바로 유신과 사견이 뒤섞이기 때문입니다. 이 말은 유신과 견이 붙어서 잘못된 견해가 된다는 것입니다. 윤회의 전 과정을 살펴보면 반드시 유신에 사견이 뒤섞이면서 진행되어 온 것을 볼 수가 있습니다.

과연 그렇지 않던가요? 오온은 항상 함께 일어나지만 그중 어느 것 하나가 두드러지게 일어납니다. 어떤 오온이 일어나던 이를 단순한 오온의 일어남으로 알 뿐 그것을 나, 자아 등과 섞이지 말아야 합니다. 그래서 오온은 있지만 오온을 나의 것이라고 생각하여 집착하는 것이 혼합된 견해입니다.

이제 수행자는 유신이 무엇인가 분명히 알게 되었으므로 유신을 바른 견해와 결합시킬 수가 있어야 합니다. 유신에 정견이 섞이면 다시 유신이고, 유신에 사견이 섞이면 유신견이 됩니다. 우리는 바른 견해를 가질 때만이 내가 있다고 하는 유신견으로부터 자유로워질 수가 있습니다. 내가 있다고 하는 유신견으로부터 벗어날 수 없을 때 영원히 윤회계에 머물러 고통을 겪어야 합니다.

그러므로 수행자는 바람직하지 못한 법을 버리고 바람직한 법인 정견을 가져야 합니다. 수행자가 있는 그대로, 즉 유신을 유신으로만 보아 사견과 혼동하지 않으면 사견의 족쇄를 깨부수고 더 이상 혼란스럽게 되지 않아 비로소 다음 생에 지옥으로 떨어질 위험에서 벗어난다고 말할 수 있을 것입니다.

유신견은 무아와 반대되는 견해입니다. 우리가 어리석음도 어리석음으로 그치지 않고 어리석음을 조정하는 것이 유신견이라는 사실을 알아야 하겠습니다. 여러분들이 모든 고통, 모든 불행, 모든 괴로움을 지켜보십시오. 반드시 그 뒤에는 유신견이 도사리고 있습니다. 내가 아니고, 나의 소유가 아니라면 괴로울 일이 없습니다. 그런데 사실은 나의 소유가 아닌 것을, 나의 것이 아닌 것을 나의 것이고 나의 소유라고 한다면 이것이 바로 어리석은 일인 것입니다.

내가 나의 소유가 아니듯이, 여러분의 자식도 여러분의 소유가 아닙니다. 그런데 하물며 나조차도 나의 소유가 아닌데 우리들은 다른 것들을 함께 소유하려고 합니다. 아내를, 남편을, 자식을, 부모를, 형제를 나의 소유로 두는 한 여러분들은 괴로움에서 벗어날 길이 없습니다. 그렇다고 한다면 여러분은 유신견을 가진 이상 사악도에 떨어지는 비참한 운명을 계속 맞이해야 합니다.

바로 우리가 수행을 한다는 사실은 이런 유신견으로부터 자유로워져서 족쇄를 푸는 것입니다. 그 유신견은 자신의 마음속에 있습니다. 바로 유신견을 없애기 위해서 우리가 마음을 알아차리는 수행을 해야 합니다. 유신견은 마음을 알아차리는 수행으로밖에 벗어날 수가 없습니다. 왜냐하면 내 마음이라고 알고 있기 때문에 바로 그 마음을 보는 수행만이 유신견으로부터 벗어날 수 있는 유일한 길이라고 알아야 하겠습니다. 그래서 마음을 알아차리는 수행의 필요성을 오늘 다시 한 번 강조하는 바입니다.

다음은 모곡 사야도의 마음을 알아차리는 수행에 대해서 말씀드리겠습니다. 궁극의 깨달음을 성취하고자 열망하는 사람들은 수다원의 도, 사다함의 도, 아나함의 도 그리고 아라한의 도를 거쳐야 합니다.

첫째 단계인 수다원의 도를 얻기 위해서는 사견과 의심을 제거해야 합니다. 바로 이 사견이 지금 말씀드린 유신견, 상견, 단견 그리고 원인과 결과가 없다는 무인견입니다. 또 여기서 말씀드린 의심이란 불법승 삼보에 대한 의심입니다. 이 사견을 제거하기 위해서는 위빠사나 수행을 해야 하는데, 부처님께서 실천하신 위빠사나 수행을 하지 않는다면, 그것에 대해서 의심을 한다면, 사견은 제거될 수 없습니다.

상좌불교의 칠론 중의 하나인 분별론의 주석서 『삼모하위노다니』에서는 다음과 같이 말합니다. "잘못된 견해를 가지고 행동하는 어리석은 자에게는 분별하지 않고, 마음을 지속적으로 알아차리는, 심념처가 청정에 이르는 길이다"라고 말하고 있습니다. 바꾸어 이야기하면, 사견을 가진 사람은 마음을 알아차리는 수행을 하는 길이 청정의 길이라는 것입니다.

여기서 청정이란 맑고 깨끗하다는 말이지만, 사실은 여섯 가지 감각기관이 여섯 가지 감각대상을 있는 그대로 보는 것을 말합니다. 감각대상을 감각기관이 있는 그대로 보아서 탐욕, 성냄, 어리석음이 없이 깨끗하고 계행이 조촐한 것을 청정이라고 말합니다.

이 말의 의미는 사견의 성향을 가지고 있는 지적으로 무딘 자가 도를 성취하는 데는 단순하고 복잡하지 않은 심념처가 적합하다는 것입니다. 여기서 단순하고 복잡하지 않다는 것은 화가 났을 때는 화난 마음이 있네! 하고, 욕심을 부렸을 때는 지금 마음이 욕심을 부리고 있네! 하고, 미워할 때는 지금 내 마음이 미워하고 있네! 하고 있는 마음을 있는 그대로 보기 때문에 단순하다는 것입니다. 그리고 이것은 하등의 복잡할 것이 없다는 것을 말합니다.

마음을 알아차리는 수행이 단순하고 복잡하지 않다고 하지만 이것이 사실 쉬운 방법은 아닙니다. 마음은 비물질이라서 보이지 않고 실체가 없기 때문에 사실 알아차리기는 어렵습니다. 그래서 몸을 알아차리는 수행을 해서 집중력을 키운 뒤에 마음을 알아차리는 수행이 필요합니다. 또 스승의 지도를 받아야 합니다. 그렇지 않고서는 마음을 알아차리는 수행을 바르게 하기는 어렵습니다.

모곡 사야도께서는 실질적인 수행법을 원하는 요즘 사람들이 보다 쉽게 접근하고 적용할 수 있기 위해서 단순하고 복잡하지 않은 마음을 알아차리는 수행방법을 만들어 내셨습니다. 다음에 나오는 열세 가지 종류의 마음은 모두 마음으로, 이것들이 모두 알아차려야 할 대상입니다. 그러나 이들 열세 가지 마음 모두를 동시에 알아차려야 하는 것은 아닙니다.

한순간에 하나의 마음만 일어나는데 어떤 마음이거나 마음이 일어날 때마다 알아차려야 합니다. 마음은 반드시 한순간에 하나의 마음만 일어난다는 것을 기억하여야겠습니다. 이 마음이 소멸하고 저 마음이 일어난다, 이것은 하나의 마음이 사라지자 또 하나의 마음이 일어난다는 의미입니다. 마음은 매 순간 빠르게 흐르고, 그것을 찰나생 찰나멸이라고 합니다.

우리가 해야 할 일이라면 그것이 좋아하는 일이든 좋아하지 않는 일이든 알아차려서 받아들여야 합니다. 하고 있는 일이 가시적으로 성과가 있어 보이든 보이지 않든 간에 알아차려서 받아들여야 합니다. 좋은 것만 받아들이고 싫어하는 것은 받아들이지 않는다면 진정한 관용이 아닙니다.

무엇이나 알아차려서 받아들이는 것만이 수행자의 참다운 모습입니다. 받아들이면 불선심이 선심이 되고, 불선업이 선업이 됩니다. 좋아하는 것만 하려고 한다면 어린아이의 정신 수준을 가진 것입니다. 그러므로 우리는 좋든 싫든, 무엇이나 있는 그대로 받아들이는 수행자가 되어야겠습니다.

◆◆◆◆◆

오늘도 모곡 사야도의 마음을 알아차리는 수행에 대해서 계속 말씀드리겠습니다.

마음은 한순간에 하나만 있습니다. 마음이 한순간에 하나만 있다고 알아야 무상, 고, 무아를 알 수가 있습니다. 일반적으로 우리에게 일어나는 마음의 종류는 매우 많습니다. 아마도 천 가지, 만 가지의 많은 마음들이 있을 것입니다.

주석서에서는 마음의 종류를 89가지 또는 121가지로 구분하고 있습니다. 그러나 모곡 사야도께서는 마음을 13가지로 분류하셨습니다. 앞서 말씀드린 부처님의 마음을 알아차리는 수행에서는 알아차릴 마음을 16가지로 분류한 것과는 약간 다릅니다.

그러면 모곡 사야도께서 분류하신 열세 가지의 마음을 한번 살펴보겠습니다. 첫째, 외부에서 방문한 의식들이 있습니다. 이것들은 눈의 의식, 귀의 의식, 코의 의식, 혀의 의식, 몸의 의식입니다. 이것들을 외부에서 방문한 의식이라고 합니다. 이 말은 눈이 대상을 볼 때 아는 마음이 일어나는 것, 귀가 소리를 들을 때 아는 마음이 일어나는 것, 코가 냄새를 맡을 때 아는 마음이 일어나는 것, 혀가 맛을 볼 때 아는 마음이 일어나는 것, 몸이 부딪혀서 의식이 일어날 때 아는 마음이 일어나는 것, 이것들을 모두 외부에서 방문한 의식이라고 합니다.

두 번째, 내부에서 방문한 의식입니다. 탐욕이 있는 마음, 성냄이 있는 마음, 어리석음이 있는 마음, 탐욕이 없는 마음, 성냄이 없는 마음, 의意 혹은 의식意識입니다. 여기서 탐욕이 있는 마음이라는 것은 외부에서 방문한 의식이 아니고 내부에서 일어난 마음이라는 사실입니다. 그리고 성냄이 있는 마음이라는 것은 외부에서 일어나지 않고 내부에서 일어난 마음이라는 것입니다.

그래서 앞서 말씀드린 다섯 가지 마음이 일어날 때는 외부에서 방문한 의식이라고 알아차리고, 지금 말씀드린 여섯 가지 마음이 일어날 때는 내부에서 방문한 마음이라고 알아차려야 한다는 것입니다.

그리고 마지막으로 세 번째는 주인의식을 알아차리는 것을 말합니다. 이 주인의식이라는 것은 들숨의 의식과 날숨의 의식입니다. 이때 주인의식이라는 것은 수행자가 알아차려야 할 주 대상을 말합니다. 이때 들숨의 의식은 호흡의 들숨과 날숨을 말합니다. 이렇게 해서 모두 열세 가지의 마음을 모곡 사야도께서는 정하셨습니다.

마음의 종류가 아무리 많다고 해도 혼란을 겪을 것은 없습니다. 마음은 한순간에 하나만 일어나기 때문에 현재의 마음을 알아차리면 됩니다. 마음의 종류가 많은 것 때문에 복잡하게 생각할 이유가 없습니다. 다만 여기서 우리가 마음을 알아차릴 때는 눈으로 볼 때 아는 마음이 감각기관이나 감각대상에 붙지 않고 그것을 아는 마음을 대상으로 한다는 사실입니다.

다시 한 번 설명하겠습니다. 우리가 본다는 사실은 눈이라는 감각기관과 보이는 감각대상과 그것을 아는 마음, 세 가지가 있습니다. 이 세 가지 조건이 성숙되어서 보는 마음이 성립됩니다. 그렇다고 하면 여기서 말하는 마음을 알아차리는 수행은 감각기관에 마음을 보내지 않고, 감각대상에 마음을 보내지 않고, 감각기관이 감각대상에 부딪혀서 일어나는 그 마음을 대상으로 알아차린다는 것을 말합니다.

그러므로 눈이 대상을 볼 때 아는 마음이 일어난다는 1차적 현상에 2차적으로 그것을 아는 마음을 대상으로 알아차린다는 그런 의미를 마음을 알아차리는 수행이라고 합니다.

이상 열세 가지의 마음의 범주 안에 보통 사람들이 가진 모든 마음들이 다 포함됩니다. 어떠한 마음이 일어나든 간에 그것은 감각대상과 감각기관이 부딪혀서 일어나기 때문입니다. 이들 육문을 통해서만 의식이 일어날 수 있으며, 마음은 육문을 벗어나서는 결코 일어날 수 없다는 것을 알아야 합니다.

마음은 저 홀로 일어날 수 없고, 물질적인 조건에 의해서 일어나는 정신적 현상입니다. 그러므로 원인이 있어서 생긴 결과입니다. 그래서 내 마음이 아니고 조건에 의해서 일어난 마음입니다. 유체이탈이라는 표현은 잘못된 것입니다. 마음은 죽기 전에 몸을 떠나지 않습니다. 아울러 감각기관인 육문에 여섯 가지 대상이 부딪혀서 여섯 가지의 마음이 일어나는 것을 18계라고 합니다. 이것이 불교의 세계관입니다.

그래서 몸과 마음이 아닌 것은 불교에서는 다루지 않습니다. 다시 말하면 불교는 한 인간의 번뇌를 해결하는 것에 초점이 맞춰져 있기 때문에 오직 몸과 마음을 대상으로 봅니다. 또한 마음과 느낌과 지각과 마음의 의도 등 동시에 일어나는 구생법俱生法이 있습니다. 이 구생법은 함께 일어나서 함께 소멸한다는 것입니다.

여기서 느낌과 지각과 마음의 의도는 마음의 작용으로 분류합니다. 바꿔 말하면 식識은 아는 마음이고 수, 상, 행은 마음의 작용이라는 사실입니다. 이상 네 가지의 정신적 현상인 수, 상, 행, 식이 일어날 때 물질은 제외되지 않습니다. 오온은 함께 일어나고 함께 존재하며 함께 사라지는 법이므로 오온 중에 하나를 알아차리는 것은 나머지 오온들을 모두 포함하고 있는 것이라고 할 수 있습니다.

하지만 여기서는 마음이 가장 뚜렷하고 두드러지게 나타나는 현상이므로 마음을 알아차리는 수행인 '심념처心念處'라고 부르는 것입니다. 이 말은 무엇을 의미하는가 하면 오온 중에 호흡을 볼 때는 신념처 수행을 하지만 호흡을 보는 그 마음을 볼 때는 심념처 수행을 한다는 것입니다. 호흡은 몸에 있기 때문에 몸을 알아차리는 신념처 수행이고, 그것을 아는 마음을 대상으로 알아차릴 때는 마음을 알아차리는 심념처 수행으로 바뀝니다.

심념처라고 해서 마음만 알아차리는 것이 아니고, 오온이 함께 작용하여 알아차리는 것인데, 그중에서 마음에 대한 것을 두드러지게 알아차려서 바로 심념처라고 하는 것입니다. 사실 한 존재를 이루는 오온은 상호 연관되어 있는데, 앞서 말씀드린 것들은 마치 라임 주스에 설탕, 과일, 주스, 소금, 물이 원료로 들어 있는 것과 마찬가지입니다. 그러므로 마음을 알아차리는 수행을 할 때 몸을 알아차리는 수행도 포함됩니다.

왜냐하면 들숨의 의식과 날숨의 의식이 심념처를 닦는 중에 주인의식으로 섞여 있기 때문입니다. 그러므로 심념처에서나 신념처에서나 수념처가 배제된다고 말할 수 없습니다. 결국 이들 세 가지의 알아차림이 합쳐져 최종적으로 사성제의 진리를 알아차리는 법념처로 종결되어야 합니다. 오온이 함께 작용하듯이 사념처도 모두 함께 작용합니다. 그래서 오온이나 사념처는 모두 한 무리를 이루고 있습니다.

이것들이 최종적으로 법념처로 종결된다는 것인데, 이 법념처는 처음에는 다섯 가지 장애인 오개五蓋로부터 시작해서 다섯 가지 무더기인 오온, 여섯 가지 감각기관인 육입, 일곱 가지 깨달음의 요인인 칠각지, 고집멸도 사성제로서 이것들을 통틀어서 법념처라고 말합니다. 이때의 법은 알아차릴 대상으로서의 법과 진리로서의 법, 두 가지가 있습니다.

모곡 사야도께서 말씀하신 열세 가지의 마음의 종류를 다시 한 번 살펴보겠습니다. 먹고 싶고, 냄새 맡고 싶어 하는 마음은 탐심에 속하고, 질투나 인색은 성냄에 속합니다. 보시를 하려는 마음은 탐욕이 없는 마음에 속합니다. 들뜨고 산만한 마음은 어리석은 마음에 속합니다.

그러나 어리석지 않은 마음인 지혜는 위의 열세 가지 마음 안에 포함되지 않습니다. 그렇다면 어리석지 않은 마음은 왜 열세 가지 마음 안에 포함되지 않는 것일까요? 그 이유는 어리석지 않은 마음이 정견이라는 도지, 즉 지혜인데 이것이 바로 알아차림의 주체가 되기 때문입니다. 반면 열세 가지의 마음은 알아차릴 대상입니다.

앞서 말한 바와 같이 이들 마음은 한순간에 오직 하나씩만 일어납니다. 그래서 아무리 마음이 많아도 하나만 알아차리면 됩니다. 보통 수행의 대상이 되는 마음이 너무 많아서 알아차리기 힘들다고 생각합니다. 수행자는 이때 마음이 매 순간 오직 하나씩만 일어난다는 점을 반드시 상기해야만 합니다.

사실 우리가 자신의 마음을 알아차리는 것은 그다지 힘든 일이 아닙니다. 왜냐하면 사람들은 자신의 마음속에 어떤 생각이 스쳐 지나갔는지 다른 사람에게 쉽게 얘기할 수 있기 때문입니다. 만일 탐심이 일어나면 탐심이 일어났다고 정확하게 얘기할 수 있습니다. 그러므로 우리는 자신의 마음이 일어나고 사라지는 것을 알아차리는 수행은 큰 어려움 없이 누구라도 쉽게 할 수 있다고 알아야 합니다.

우리는 늘 말합니다. '나 기분 나빠', '나 기분 좋아' 이것들이 모두 느낌을 느끼는 마음들입니다. 바로 자기가 기분 좋은 것은 누구보다 먼저 자기 자신이 알 수가 있습니다. 그리고 자기가 기분이 나쁜 것은 누구보다도 먼저 자기가 알 수 있습니다. 이때 기분이 좋을 때 기분이 좋은 마음을 보는 것입니다. 기분이 나쁠 때 기분이 나쁜 마음을 보는 것입니다. 기분이 좋을 때 기분이 좋은 마음을 보지 못하면 더 많은 것을 집착합니다. 그래서 오히려 기분이 좋기 때문에 더 고통에 빠지기도 합니다. 그리고 기분이 나쁠 때 기분이 나쁜 마음을 알아차리면 더 이상 기분이 나빠지지 않습니다. 왜냐하면 기분이 나쁜 마음을 알아차리는 새로운 마음이 일어났기 때문입니다. 그래서 그 뿌리인 마음을 알아차려야 하는 것입니다.

만일 수행자가 마음이 일어나고 사라지는 것을 바로 알아차리고 있다면 의심할 여지

없이 그는 열반의 입구로 가는 바른 길로 접어들었다고 말할 수 있습니다. 해탈은 무상, 고, 무아를 아는 것이기 때문입니다. 열반에 이르기 전에 이런 과정을 거쳐서 먼저 몸의 느낌과 호흡이 사라지고, 그 뒤 마음을 대상으로 알아차려서 마음이 사라진 상태가 바로 열반이기 때문입니다.

우리는 눈을 뜨고 있을 때 눈앞에 있는 모든 것을 봅니다. 이것이 바로 눈의 의식이 일어난 것으로, 수행자는 이때 눈의 의식이 일어났다고 알아차려야 합니다. 소리를 들을 때는 귀의 의식이 일어나고, 이때 귀의 의식이 일어났다고 알아차려야 합니다. 냄새를 맡을 때는 코의 의식이 일어났다고 알아차려야 합니다. 맛을 볼 때도 혀의 의식 이 일어났다고 알아차려야 합니다. 몸의 가려움이나 즐겁고 불쾌한 감각이 느껴질 때는 몸의 의식이 일어났다고 알아차려야 합니다.

여섯 가지 감각기관 중에서 의意는 빼고 '안이비설신'이라는 감각기관이 감각대상과 부딪혔을 때 그것을 아는 마음을 지켜보는 것이 위빠사나 수행입니다. 그러니까 어떤 대상이 무엇이라고 아는 1차적 알아차림이 있고, 2차적으로 알아차린 그 마음을 대상으로 보는 것이 마음을 알아차리는 수행입니다.

실제로 우리가 알아차림 하나로써는 대상을 제어하기가 어렵습니다. 그 대상의 힘이 워낙 크기 때문입니다. 그렇지만 알아차린 1차적 현상들에 알아차린 그 마음을 보는 심념처 수행을 한다면, 우리는 훨씬 더 빨리 대상으로부터 분리될 수 있는 힘을 키우게 될 것입니다. 이것이 마음을 알아차리는 수행의 이익입니다.

알아차림 하나만으로는 되지 않기 때문에 알아차리고 있는 그 마음을 다시 알아차려서 우리는 두 번, 세 번 대상과 아는 마음을 분리해서 청정하게 하는 것이 마음을 알아차리는 수행의 목표입니다. 바로 이러한 청정 때문에 우리는 마음을 알아차리는 수행을 계속해야 하겠습니다.

노력하지 않고서는 아무것도 이루어지지 않습니다. 얻는 것도 노력을 해야만 되고, 포기하는 것도 노력을 해야만 됩니다. 노력은 먼저 마음의 노력이 있어야 하고, 다음으로 몸의 노력이 따라야 합니다.

마음의 노력만 있으면 생각에 그치므로 몸의 노력이 함께해야 완전한 노력이 됩니다. 마음의 노력과 몸의 노력을 함께 실천하는 것을 수행이라고 합니다. 마음의 노력을 하려면 하고자 하는 의도가 있어야 합니다. 이러한 의도는 믿음에서 나옵니다.

믿음이 없으면 게으름에서 벗어날 수가 없습니다. 게으름은 어리석음으로부터 옵니다. 결국 어리석으면 노력도 할 수가 없습니다. 그래서 윤회하는 모든 행위의 근본원인을 무명이라고 합니다.

오늘도 모곡 사야도의 마음을 알아차리는 수행에 대하여 계속 말씀드리겠습니다.

의식은 매 순간 하나씩 일어나기 때문에 어떤 의식이 일어나든 그 일어남과 사라짐을 알아차려야만 합니다. 의식이 두 가지 내지 세 가지가 동시에 일어나는 것은 부자연스럽고 불가능합니다. 수행의 과정에서 통찰력이 점점 명확해질수록 알아차림은 일어남과 사라짐에만 집중됩니다. 또한 일어남과 사라짐의 의식을 알아차리지 못하는 빈도가 줄어들고 알아차리는 시간도 점차 길어집니다.

일반적으로 이 시점에서 수행자는 통찰력을 가지고 탐욕, 성냄, 어리석음, 탐욕 없음, 성냄 없음 등의 어떤 마음이 일어났다가 스스로 사라진다는 것을 분명하게 알게 합니다. 수행자는 이제 어떤 의식도 연속하는 두 순간에 동일하게 남아 있을 수 없다는 것을 분명하게 알 수 있습니다.

의식의 수명은 하나 내지는 두 순간입니다. 의식의 수명이 하나 내지는 두 순간이라고 말하는 것은 이런 의미가 있습니다. 의식은 한순간에 하나밖에 없지만 두 순간을 포함해서 하나의 순간이 되는 경우도 있습니다. 의식의 수명이 하나 내지는 두 순간이라는 것은 한순간에 일어나서 사라지는 두 가지 조건이 있다는 것을 말합니다. 의식은 한순간에 하나만 존재합니다. 이 한순간은 우리가 감지할 수 없는 매우 빠른 순간입니다. 그래서 정확히 알기가 어렵습니다. 그러나 경전과 수행을 통하여 마음이 한순간에 하나만 존재한다는 사실을 알 수가 있습니다.

그러나 의식의 수명이 하나 내지 두 순간이라고 하는 것은 모든 것은 태어남이라는 시작이 있고, 태어났으면 소멸하는 사라짐이 있는 것입니다. 그래서 일어남이라는 한순간의 마음과 사라짐이라는 또 한순간의 마음이 있어 기본적으로 하나의 마음이 완성되고 사라지는 것입니다.

초기 부파불교에서는 한순간의 마음을 하나 내지 둘이라고 하지 않고 발생, 지속, 소멸로 분류하기도 합니다. '설일체유부'라는 것을 부파불교에서는 발생, 유지, 쇠퇴, 소멸의 네 순간으로 나누기도 했습니다. 그런 의미에서 의식은 하나이고, 한순간에 하나밖에 없지만 일어났다 사라지는 두 가지 순간의 과정을 거치기 때문에 의식의 수명이 하나 내지는 두 순간이라고 말하는 것입니다.

이 마음이 소멸하고 저 마음이 일어납니다. 이는 이미 사라진 하나의 마음 뒤에 또 새로운 마음이 일어난다는 것을 의미합니다. 그러므로 수행자는 마음을 알아차렸을 때 자신이 주시하는 마음이 이미 사라져버렸다는 것을 발견해야 합니다. 마음이 소멸하는 것은 사실 알기가 어렵습니다. 사라져서 아무것도 없는 것을 확인하는 것이 사실은 소멸을 보는 것입니다. 우리가 마음을 보려고 할 때 아무것도 없으면 이미 있던 마음은 소멸한 것입니다. 그렇게 소멸을 볼 수 있습니다. 마음은 워낙 빠르기 때문에 소멸하는 그 끝을 보기가 어렵습니다. 그래서 마음을 알아차렸을 때 아무것도 없는 그 상태를 아는 것이 있는 마음이 소멸한 것으로 이해하여야 되겠습니다.

사라진 후 존재하지 않으므로 무상이라고 합니다. 마음은 일어나자마자 즉시 사라져 버렸기 때문에 무상합니다. 수행자가 어떤 마음을 알아차리든 오직 무상, 즉 마음의 사라짐을 발견할 것입니다. 하지만 그가 여전히 마음의 사라지는 것을 보지 못한다면 무상을 알아차리는 수행을 한다고 말할 수가 없습니다. 이러한 수행자는 아직 마음이 항상 하는 것이라는 생각에서 벗어나지 못한 것입니다. 따라서 그는 계속하여 오온의 본성인 일어남과 사라짐을 알아차리려고 노력해야 합니다. 이 말은 무상을 알기 위해서 변화하는 과정을 보라는 뜻이 있습니다.

일어나고 사라지는 것은 워낙 빠르게 일어나고 사라지기 때문에 그 일어나고 사라지는 것을 보기 위해서는 대상이 변화하는 것을 보면 됩니다. 느낌도 매 순간 일어나고 사라집니다. 바로 그 느낌을 통해서 그것을 보는 마음도 함께 일어나고 사라진다는 것을 유추해서 이해할 수 있습니다. 그런 의미에서 마음을 알아차린다는 것은 추론적 위빠사나 수행이라고 합니다.

깨달음의 과정에서 우선 모든 것이 변한다는 무상을 압니다. 그리고 무상함으로써 괴로움이 온다는 것을 압니다. 이 괴로움을 해결할 길이 없어서 무아를 알게 됩니다. 위빠사나 수행자가 통찰력을 가지고 무상을 보고 깨달으면 이제 고품라고 하는 깨달음을 얻게 됩니다. 이어 위빠사나 통찰로 고를 보고 깨달으면 이제 무아라고 하는 깨달음을 얻게 됩니다. 이렇게 해서 점진적으로 지혜가 성숙되어서 최종적으로 무아를 알았을 때 모든 집착으로부터 자유로워져서 열반에 이르는 과정이 있습니다. 이것들이 모두 마음을 보아서 생긴 지혜입니다.

여러분들이 무상, 무상 하고 아무리 읊어보았자 무상을 깨달을 수는 없습니다. 무상은 언어로서 오는 것이 아닙니다. 실천적 수행을 통해서 오는 통찰지혜로 알 수 있는 것입니다. 매 순간 수행자는 자신의 오온이 항상 보여주고 드러내고 있는 무상을 알아차려야 합니다. 무상은 어디에 있지 않습니다. 몸과 마음의 느낌들이 매 순간 변하는 것들이 바로 무상입니다. 이러한 무상을 소리 내어 암송하거나 기도문처럼 읽어서 스스로 만들어 내는 것이 아닙니다.

우리 안에는 일어나고 사라지는 현상의 법인 무상이 항상 존재하고 있습니다. 오온은 일어날 뿐만 아니라 항상 사라집니다. 수행자는 이것을 오로지 위빠사나 통찰을 통해서만 알 수가 있습니다. 무상을 관념으로 보지 말고, 무상을 다른 데서 찾지 말고, 몸과 마음에서 일어나고 사라지는 실재하는 느낌을 알아차려야 합니다. 오른발 왼발을 봐야, 호흡의 일어남 꺼짐을 보아야 무상인지 모릅니다. 먼저 대상에 집중한 뒤에 고요함이 온 뒤에 지혜가 나서 그때서야 비로소 무상을 볼 수가 있습니다. 고요함이란 조건이 성숙되지 않으면 무상을 볼 수가 없습니다. 그래서 위빠사나 수행이 몸과 마음을 알아차려서 그것들의 느낌을 보기 시작해야 합니다.

다시 강조하자면 마음의 일어남과 사라짐은 마음의 길이라고 불리는데, 이 길은 영원히 계속됩니다. 이렇듯 일어남과 사라짐이라는 특성을 가진 오온을 바르게 아는 지혜를 있는 그대로 아는 지혜라고 합니다. 이 지혜는 우리의 존재 안에서 실재하는 것은 오온의 일어나고 사라짐 외에 아무것도 없다는 것을 아는 것을 말합니다.

실제 대상을 있는 그대로 보는 것을 여실지견如實知見이라고 하는데, 이것은 어떤 선입관 없이, 고정관념 없이, 그냥 있는 그대로의 것을 본다는 것을 의미합니다. 그러나 여실지견, 대상을 있는 그대로 본다는 것의 진정한 진리는 그 대상이 오직 일어나고 사라지는 현상밖에 없다는 것을 아는 것입니다. 이것이 바로 무상입니다. 존재하는 모든 것들이 가지고 있는 특성은 변한다는 것, 바로 무상입니다. 그리고 변하기 때문에 괴롭다는 것, 고입니다. 그리고 그 괴로움을 해결할 수가 없어서 바로 무아를 아는 것입니다. 그 시작은 몸과 마음에 일어나는 느낌들이 모두 일어나고 사라진다는 무상을 아는 것으로부터 시작합니다.

오온의 무상, 고, 무아는 오온의 실재에 관한 지혜입니다. 일어나고 사라지는 순간들은 너무도 빠르게 한순간에 흘러가기 때문에 명확히 표현할 수가 없고, 이해의 범위를 벗어나 있습니다. 그러므로 수행자는 그것이 얼마나 빠르게 일어나고 사라지는지 혹은 어떤 길을 따라가야 하는지, 자세하게 알 필요는 없습니다. 이 단계에서 중요한 것은 오로지 오온의 일어남과 사라짐을 알아차리는 것입니다.

마음이 한순간에 머무는 속도는 빛이 머무는 속도의 백만 분의 일보다 더 빠르다고 합니다. 그래서 우리는 마음의 빠르기를 알 수가 없습니다. 단지 부처님께서 혜안으로 밝히신 이런 말씀을 신뢰하는 길밖에 없습니다. 그리고 우리들의 마음이 매 순간 빠르게 변한다는 사실을 통해서 마음의 무상을 알 수가 있습니다. 물질이 한 번 변할 때 마음은 그 한순간에 열일곱 번 일어났다 사라집니다. 이처럼 빠르게 일어나고 사라지는 마음을 우리가 헤아리기는 어렵습니다. 다만 몸에서 일어나는 느낌을 통해서 그 마음의 빠르기를 가늠할 수밖에 없는 것입니다.

수행자 여러분! 다시 주인의식으로 돌아가 봅시다. 수행자는 반드시 들숨과 날숨의 의식을 주의해서 알아차리고 있어야 합니다. 여기서 수행자는 반드시 들숨과 날숨의 의식이 일어날 뿐만 아니라 일어나고 사라진다는 것을 주의해서 알아차려야만 합니다. 이는 단순히 호흡을 보는 것만이 아니고 호흡의 생멸을 보아야 하는 것입니다. 여기서 주인의식이라고 하는 것은 들숨과 날숨인데 이것은 일반적으로 수행자들이 몸과 마음 을 대상으로 알아차릴 때 호흡을 주 대상으로 삼는다는 것입니다.

누구에게나 호흡은 주 대상입니다. 왜냐하면 그것은 항상 거기에 있기 때문입니다. 그리고 살아 있는 동안은 호흡을 하기 때문입니다. 그리고 몸과 마음에서 가장 두드러져 서 보기가 쉬운 것이라서 누구나 주 대상으로 삼습니다. 그래서 주인의식이라고 말합니다. 부처님께서도 아라한들도 역대 모든 성자들도 벽지불들도 모두 처음에는 몸과 마음 에서 일어나는 호흡을 주 대상으로 삼아서 수행을 하셨습니다. 그래서 호흡을 주 대상으로 하고, 이 주 대상인 호흡에서도 호흡을 아는 그 마음을 알아차리는 것, 호흡을 아는 그 마음이 일어나고 사라진다는 사실을 알 수 있다는 것입니다.

이렇듯 우리가 마음을 보아야 되는 이유, 그 뿌리를 보아야 되는 이유는 바로 그 자체가 무상의 진리를 알 수 있기 때문입니다. 들숨의 의식을 알아차리면 그것 역시도 이미 사라졌다는 것을 발견하게 됩니다. 이와 마찬가지로 날숨의 의식을 알아차려도 그것은 이미 사라졌다는 것을 발견할 뿐입니다. 이미 사라져버린 의식을 무상이라고 부릅니다. 그다음에 뒤따르는 의식, 즉 먼저 있던 의식이 이미 사라졌다는 것을 아는 의식을 바로 위빠사나의 도라고 부릅니다.

이렇게 모든 것들은 일어나고 사라집니다. 그 일어나고 사라진 현상 그 자체가 무상이라는 것입니다. 그런데 우리는 무상을 모릅니다. 그것들은 실재하는 성품인 일어나고 사라지는 현상을 가지고 있지만 지혜가 없기 때문에 일어나고 사라진 현상이 무상이라는 것을 우리는 알 수 없습니다. 이때 일어나고 사라진 현상이 바로 무상이라고 아는 것을 위빠사나의 도라고 합니다.

그렇습니다. 수행을 하는 시간 내내 수행자는 들숨과 날숨을 알아차리고 또한 그것들의 무상함을 지각하는 알아차림이 있어야만 합니다. 이와 같이 수행자의 마음속에는 오직 무상과 도, 이 두 가지만 가지고 있도록 노력해야 합니다.

관념적 대상의 고요함이 있고, 그것을 아는 마음은 사마타 수행의 도입니다. 실재하는 대상의 무상이 있고, 그것을 아는 마음이 바로 위빠사나의 도입니다. 위빠사나 수행을 시작해서 집중력이 생기면 오직 대상과 아는 마음만 있게 되고, 이렇게 알아차리면 다음 단계로 무상, 고, 무아를 아는 마음과 위빠사나의 도 두 가지만 있습니다. 이제 우리는 알았습니다. 몸과 마음을 통해서 그것들이 늘 끊임없이 일어나고 사라지는 무상이 있다는 것을.

그러나 이렇게 알기까지는 무상한지를 몰랐습니다. 그래서 항상 하다, 영원하다, 변하지 않는다고 알았습니다. 이제 위빠사나 수행의 통찰지로서 그것들이 무상하다고 알았다면 원래 모르는 무상이 발견된 것이고, 무상을 안 위빠사나의 도가 드러나기 시작한 것입니다. 그래서 수행을 한다는 사실은 무상과 위빠사나의 도, 무상과 위빠사나의 도 이 두 가지만 있다는 것입니다. 원래 있는 무상을 알아차린 것이 바로 위빠사나의 도입니다. 그래서 이것이 우리가 수행을 하는 목적입니다.

누군가가 자신에게 '당신이 최고요'라고 말한다면 이때의 반응은 자신이 최고라는 우월감을 가질 수도 있고, 그냥 의례적인 소리로 들을 수도 있습니다. 진정으로 최고라면 자신이 최고라는 자만에 빠지지 않습니다.

진정한 의미에서 최고라고 한다면, 최상의 정신적 상태가 있어도 최고가 된 자가 없다는 것입니다. 우리는 내가 최고라고 할 때 유신견을 가진 것입니다. 그때 만약 최고의 상태였다면 단지 그것은 자아를 가진 상태가 아니고, 그 순간의 정신적 상태가 최고일 뿐이지 최고를 가진 자는 없습니다.

◆◆◆◆◆

지난 시간에 이어서 모곡 사야도께서 말씀하신 마음을 알아차리는 수행을 계속 말씀 드리겠습니다.

외부와 내부에서 방문하는 의식은 이들이 때때로 나타나기 때문에 붙여진 이름입니다. 빨리어 경전에 따르면, '비구들이여! 이처럼 빛과 같이 빠른 마음은 번뇌라고 하는 손님에 의해서 더렵혀진다'라고 했습니다. 즉, 때때로 일어나는 생각들은 손님입니다. 손님은 주인이 아니라서 항상 머무는 것이 아닙니다. 그래서 이따금씩 일어나기 때문에 손님입니다. 우리가 수행을 할 때 번뇌가 찾아온 것을 손님이라고 보는 인식이 필요합니다. 손님을 손님으로 맞이하는 순간 대상을 객관적으로 분리해서 볼 수 있습니다.

여기서 나타난 모든 대상을 손님이라고 보는 부처님의 견해가 매우 소중합니다. 왜냐하면 우리가 수행을 할 때 제일 먼저 나타나는 것이 다섯 가지 장애입니다. 감각적 욕망, 악한 의도, 이런 것들이 나타날 때마다 그것이 손님이 온 것으로 봐야 합니다. 왜냐하면 그것들은 이미 우리가 가지고 있는 것들이기 때문입니다. 또 손님이라는 의식은 그것이 맞이해야 될 대상이라는 사실입니다. 손님을 우리가 내칠 수는 없습니다. 그렇기 때문에 어떤 것이 나타나던지 그것을 알아차릴 대상으로 삼는 것을 일러 손님이라고 표현한 것입니다.

그러므로 수행을 하면서 나타난 모든 대상은 손님입니다. 통증, 졸음, 망상, 여러 가지 형태의 고통스러운 것들도 단지 와서 보라고 손님으로 나타난 것입니다. 그것들은 와서 보아 달라고 나타난 것이지 없애 달라고, 다른 것으로 바꾸어 달라고 말하고 있지는 않습니다. 그러나 우리는 와서 보라고 나타난 대상을, 와서 보라고 나타난 손님을 손님으로 맞이하지 못합니다. 그래서 대상으로 맞이하지 못하는 것입니다. 그것은 있는 그대로 보지 못하고 있기 때문입니다.

심념처는 언제 그리고 어디서 수행을 해야 하는가요? 명상원에서만 수행을 해야 하는가요? 답은 마음이 일어나는 곳, 어디서나 수행을 한다는 것입니다. 만일 걷는 중에 마음이 일어난다면 걷는 동안 수행이 이루어져야만 합니다. 걷는 동안 각각의 발걸음마다 제각기 다른 의식이 일어날 뿐만 아니라 사라진다는 사실 또한 알아차려야 합니다.

수행은 특별한 장소에서만 하는 것이 아닙니다. 우리가 눈을 떠서 저녁에 잠자리에 들 때까지 모든 행위를 하는 동안 그 행위를 대상으로 알아차리는 수행이 있고, 알아차리고 있는 그 마음을 대상으로 하는 마음을 알아차리는 수행이 있습니다. 자신이 먹고 마시는 중에 이것을 아는 마음이 일어나면 바로 그 순간에 그 자리에서 그것에 대한 알아차림이 이루어져야 합니다. 사무실에 앉아 있는 동안 현재를 아는 마음이 일어나면 또한 그 순간에 그 자리에서 그 마음을 알아차려야 합니다.

위빠사나 수행의 특징은 현재 있는 실재하는 것을 현재 그 순간에 그 장소에서 분리해서 알아차리는 것입니다. 또한 이러한 알아차림을 지속하는 것입니다. 이것이 대상을 있는 그대로 알아차리는 것이고, 이렇게 알아차림을 지속해야 찰나집중이 되어서 지혜가 납니다. 알아차림을 강화하기 위해서는 알아차림과 함께 분명한 앎을 해야 합니다. 네 가지 분명한 앎은 바른 행동과 바른 마음을 갖는 것으로 몸과 마음을 알아차리는 수행입니다. 분명한 앎은 이익이 있는지, 시기나 상황이 적절한지, 바른 대상인지, 어리석지 않은지를 능동적으로 용의주도하게 살피는 것입니다.

그래서 마음을 알아차리면 이렇게 대상을 관통하는 지혜를 얻게 됩니다. 이때 수행자에게 반드시 필요한 것은 주의 깊은 알아차림과 이해를 가지고 자신의 마음을 주시해야 하는 것입니다. 그래서 대상을 알아차리는 것과 함께 알아차린 그 마음을 보아야 하는 것을 말합니다. 일어남과 사라짐을 보다 밀착하여 주의 깊게 알아차릴수록 수행자에게 돌아가는 이익은 더욱 큽니다. 산만함과 불안 그리고 혼란함이 많으면 탐욕, 성냄, 어리석음의 번뇌가 머물러서 자리를 잡습니다. 이러한 경우에도 수행자가 나타나는 것이 무엇이 되었든 간에 일어남과 사라짐에 대해서 지켜보는 것이 좋습니다.

수행자의 이익을 위해 분명하게 설명하자면, 이미 사라져 버린 먼저 있던 마음은 무상이고, 다음에 따라오는 마음은 알아차리는 마음으로 도道라고 부릅니다. 그러므로 무상에 이어 도가 따라오는 것입니다. 달리 말하면 사라지는 마음은 변화하며 연속하는 두 순간에 동일하지 않기 때문에 무상이라고 합니다. 그리고 이 사라진 마음 뒤에 따라오는 도의 마음으로 알아차려야 합니다. 뒤에 따라오는 마음은 위빠사나의 정견, 즉 위빠사나의 도입니다. 따라서 무상과 도, 무상과 도, 이렇게 반복되는 연속하는 현상들이 있을 뿐입니다.

모든 현상은 하나같이 일어나고 사라집니다. 그중에 마음이 일어나서 사라진 것은 무상이고, 다시 이것을 아는 마음이 바로 도입니다. 그러므로 일어나서 사라진 현상을 알아차리는 것이 무상과 도입니다. 위빠사나 수행에서 궁극적으로 이것밖에 없습니다. 이러한 도道에 의해 열반이라는 과果를 얻습니다.

중요한 점은 위빠사나 수행 중에 먼저 있는 무상과 다음에 따라오는 도가 동시에 연속적으로 계속되어 무상과 도 사이에 번뇌가 스며들 여지가 없도록 해야 합니다. 달리 말하면 사라진 마음을 놓치지 않고 즉시 알아차려서 먼저 있던 마음이 이미 사라져 버렸기 때문에 그것이 무상이라는 것을 이해해야만 합니다. 또한 다음에 즉시 따라오는 마음을 도라고 하는 이유는, 먼저 있던 마음이 이미 사라져 버렸다는 것을 아는 마음이 기 때문입니다. 마음은 매우 빠르게 일어나고 사라지기 때문에 사라지는 것을 보기가 어렵습니다. 그러나 사라지고 없는 것을 아는 것이 사라지는 것을 아는 것입니다.

우리가 지혜가 난다는 사실은 장작을 비벼서 불이 나는 것과 같습니다. 이 순간은 매우 빠르게 분명하고 정확하게 일어납니다. 이때는 알아차림의 느슨한 틈이 없어야 합니다. 가령 대상이 일어나고 사라지는 것을 뒤따라가서 본다면, 일어나고 사라진 현상을 그 즉시 알아차리지 않고 조금 차이를 두어서 본다면, 그 순간 마음에 번뇌가 들어옵니다. 그러면 지혜가 성숙되지 않습니다.

그래서 위빠사나 수행의 알아차림은 현장성, 일치성, 즉시성이 있어야 합니다. 그래서 따라가면서 보아서는 안 되고, 일어난 즉시, 일어난 순간에, 일어남과 함께 그것을 알아 차려야 그때 지혜가 열려서 위빠사나의 도가 성숙되는 것입니다. 그래서 우리는 대상과 아는 마음에 한 치의 오차도 없이 그 틈을 두어서는 안 됩니다. 만약 틈을 두면 번뇌가 들어옵니다. 그리고 그 번뇌로 인해서 지혜가 성숙되지 않습니다. 이것이 위빠사나 수행을 해서 얻는 도의 현상입니다.

위빠사나 수행을 하는 동안 수행자에게 적절하거나 부적절한, 혹은 바람직하거나 바람직하지 못한 온갖 종류의 마음이 나타날 것입니다. 이들 또한 수행의 대상으로 알아차려야 합니다. 수행자는 어쨌거나 이러한 마음의 흐트러짐에 대해서 실망하거나 좌절하지 말고 이들을 단지 수행의 대상으로 여겨야만 합니다. 오늘 법문을 듣는 여러분 들은 이 법문을 정확하게 이해하지 못했다 하더라도 그냥 아는 마음으로 들어야 합니다. 마음에 대한 이러한 법문을 들을 기회는 많지가 않습니다.

우리는 마음을 봅니다. 일어난 대상과 그것을 아는 마음을 볼 때 어느 경우에는 추악 하게 느껴집니다. 그래서 자기 자신을 혐오하게 됩니다. 이때 그 추악한 것이 나의 마음이 아닙니다. 우리는 유신견을 가지고 있기 때문에 추악한 것을 본 그 마음을 보지 않고 '추악한 것을 보았다'라고 나의 마음으로 생각하면 이미 일어난 지혜가 소멸되고 과거로 회귀해 버립니다.

추악한 마음이 있는 것은 사실입니다. 그러나 그것을 본 마음이 새로 일어난 것은 매우 청정한 마음입니다. 그럼에도 불구하고 추악한 마음을 본 청정한 마음은 보지 않고 과거에 있었던, 조금 전에 있었던 추악한 마음 때문에 괴로워한다면 우리는 위빠사나의 도를 얻지 못한 것입니다. 그때 그 추악한 마음도 일어나고 사라진다는 현상을 본다는 것이 바로 위빠사나의 도입니다. 그리고 추악한 마음이 무상하다고 알고, 그 무상을 받아들이는 것이 바로 무상을 알고 도를 아는 것입니다.

우리는 나타난 대상을 대상으로 보지 못하기 때문에, 즉 유신견을 가지고 있기 때문에 나의 소유로 해서 즉시 괴로워합니다. 그러나 모든 현상은 일어난 순간에 사라집니다. 그래서 그것은 나의 마음이 아닙니다. 왜 그것들을 기억해서 나의 마음이라 여기고 고민해야 합니까? 이것이 어리석음입니다. 이미 지나간 것은 과거이고, 그것을 일으킨 마음이나 그것을 아는 마음이나 모두 아는 순간 사라져 버렸습니다. 어느 것도 현재에 남아 있지 않습니다. 이것이 바로 무상입니다. 이 무상을 아는 것이 위빠사나의 도입니다. 그래서 위빠사나 수행에서는 무상과 도밖에 없습니다.

법의 여섯 가지 덕목 중에서 '와서 보라'는 것이 있습니다. 이것을 빨리어로 '에히빠시꼬ehipassiko'라고 합니다. 법은 모든 이들이 와서 보기를 바라고 있습니다. 법은 일어남과 사라짐의 현상인 무상의 법이 쉴 새 없이 계속되는 것을 알아차려 주기를 바라고 있습니다.

여기서 말하는 법의 여섯 가지 덕목은 다음과 같습니다. 첫째, 잘 설해져 있습니다. 둘째, 지금 이곳에서 경험할 수 있습니다. 셋째, 시간을 지체하지 않습니다. 넷째, 와서 보라고 할 수 있습니다. 다섯째, 열반으로 이끌어 줍니다. 여섯째, 현명한 사람에 의해 직접적으로 체험됩니다. 이상이 여섯 가지 법의 덕목입니다.

여기서 나타난 모든 법들은 와서 보라고 나타났다는 사실을 우리는 유념해야 하겠습니다. 법은 왜 나타나는가요? 대상은 왜 생겼습니까? 법은 와서 보라고 나타났습니다. 대상은 와서 보라고 나타났습니다. 그러나 우리는 나타난 법을 보지 않고 그 법을 없애려거나 화를 내고 욕심을 부립니다. 그래서 있는 그대로 보지 못합니다.

이 이야기는 '법을 법답게 보아야 한다'는 것입니다. 우리가 어떤 현상이나 어떤 괴로운 현상, 어떤 즐거운 현상이나 그것들은 모두 나타난 대상이고, 와서 보라고 나타난 것들입니다. 그러나 우리는 어떤 고정관념, 선입관, 유신견을 가지고 있기 때문에 있는 그대로의, 그것들이 봐달라고 하는 그대로의 상태를 보는 마음이 없습니다. 그래서 우리가 마음을 본다는 사실은 바르게 보지 못하고 있다는 그 마음을 알아차리는 것입니다.

위빠사나 수행을 하는 동안 알아차림을 놓치는 순간이 거의 없으면 이제 수행자가 어느 정도의 수준으로 발전했다고 말할 수가 있습니다. 그렇게 되면 일어남과 사라짐 사이에 어떤 불결한 번뇌도 들어오지 않는 단계가 따라오게 됩니다. 이제 수행자는 번뇌의 족쇄가 산산이 부서진 단계에 이르게 되어 첫 번째 도인 수다원의 도를 성취할 때가 멀지 않았습니다.

부처님께서는 『앙굿따라니까야』에서 이렇게 말씀하셨습니다.

"비구들이여! 여기 이 교단의 성스러운 제자는 마음이 무상한 것을 알아차리면서 지낸다. 그는 무상을 인식하고 무상을 경험하면서 항상 마음으로 해탈하고 통찰지로 직관한다. 그는 번뇌가 다하여 더 이상 번뇌가 없고, 마음을 통한 해탈과 통찰지를 통한 해탈을 지금 여기에서 스스로 최상의 지혜로 알고 실현하고 얻으며 지낸다."

오늘 우리는 다시 한 번 알아야 하겠습니다. 우리들이 수행을 한다는 사실은 대상을 맞이한다는 것입니다. 그 맞이한 대상의 실재 성품은 모두 변한다는 것이고, 괴롭다는 것이고, 자아가 없다는 것입니다. 그것들의 실재하는 성품을, 와서 보라고 나타난 현상을, 우리는 항상 있는 그대로의 법으로 보아야 하겠습니다. 이것을 법을 법답게 보는 것이라고 말할 수 있습니다.

　누구나 허물이 없는 사람이 없습니다. 허물 중에서 내가 있다고 아는 견해가 가장 큰 허물입니다. 자아가 있다고 생각하면 자존심이 눈을 멀게 하여 잘못을 저지르고도 용서를 빌 줄 모릅니다. 자아가 강하면 진실을 외면하고, 남에 대해서도 가혹한 결정을 내립니다. 가장 큰 허물인데도 허물인 줄을 모르는 것이 무지입니다.

◆◆◆◆◆

　성스러운 자의 제자들은 단 한순간도 놓치지 않고 항상 마음에 대한 알아차림을 지속하여 마음은 변하고 일시적이며 연속하는 두 순간에 동일하게 남아 있지 않다는 것을 통찰합니다. 그리고 성스러운 자의 제자들은 어떠한 번뇌도 없이 모든 불결한 번뇌의 흐름에서 해방되어 오로지 무상의 지혜로 가득 차 바로 이번 생에서 열반을 실현합니다.

　먼저 있던 무상과 따라오는 도 사이에 어떤 불결한 번뇌도 없으면 7일 이내에 궁극의 깨달음인 아라한의 도를 얻을 수 있다고 경전에서는 설명하고 있습니다. 부처님께서는 7일이면 아라한의 도를 얻을 수 있다고 말씀하셨습니다. 즉, 대상과 아는 마음을 밀착시켜서 7일 동안만 계속한다면 바로 아라한의 도과를 성취할 것이라고 말씀하셨습니다.

　수행자는 위빠사나 수행을 하는 동안 어떠한 번뇌도 스며들지 못하도록 해야 합니다. 그리고 어떠한 마음이 일어날지라도 항상 법이 보여주는 그대로, 일어남과 사라짐에 대한 지혜로 통찰해서 집중을 하도록 노력해야 하겠습니다. 일어남과 사라짐에 대한 통찰을 얻은 것은 곧 생멸을 아는 것으로, 이는 있는 그대로 아는 지혜를 얻는 것과 같습니다. 이것이 바로 여실지견입니다.

그냥 대상을 단순하게 보는 것이 여실지견이 아니고, 바로 대상이 가지고 있는 일어남과 사라짐이라는 무상을 보는 것이 여실지견입니다. 이를 통해 우리는 오온을 있는 그대로 실상을 보게 되며 오온의 일어남과 사라짐이 곧 괴로움의 진리라는 것을 알게 됩니다. 무상을 알면 괴로움의 진리를 아는 것입니다.

이제 우리는 알았습니다. 있는 그대로 아는 지혜란 단순하게 대상을 지켜보는 것에 그치지 않고, 대상이 가지고 있는 성품인 일어나고 사라지는 무상을 볼 때라야 비로소 있는 그대로 보는 것이라는 것을 알았습니다.

다음과 같은 질문을 할 수가 있습니다. 오온의 일어남과 사라짐에 관한 지혜를 얻은 수행자들에게 과연 어떤 이익이 있을까요? 예를 들어 만일 탐심이 일어났을 때 위빠사나 수행자가 탐심을 알아차리면 더 이상 그 탐심은 자라지 못하고, 탐심이 단순한 일어남과 사라짐의 현상일 뿐이라고 알게 됩니다. 따라서 이때 연기의 과정이 중간에서 멈추게 됩니다. 이것을 달리 표현하자면 탐심이 소멸된 것으로 볼 수가 있습니다.

반면에 탐심에 대한 아무런 알아차림이 없다면 그 뒤를 따라 집착이, 그 뒤에 업의 생성이 피할 수 없이 따라옵니다. 또한 업의 생성이 일어나면 반드시 태어남이 따라오게 되어 있습니다. 태어남을 얻은 것은 괴로움을 얻는 것이고, 결국 이로써 연기의 바퀴에 갇히고 마는 것입니다. 이로써 윤회의 순환은 계속되어 재생의 굴레를 끝없이 돌리도록 만듭니다.

일어남과 사라짐, 즉 무상을 보는 수행을 하는 것은 재생의 굴레를 멈추게 하는 것과 같습니다. 이것이 바로 윤회의 바퀴살을 부서뜨리는 일입니다. 이것은 또한 연기의 연결고리들을 잘라 부수는 일입니다. 또한 이처럼 생멸을 보는 수행은 무명을 종식시키고 통찰지혜를 얻으려 노력하는 것입니다.

결국 오온의 일어남과 사라짐은 괴로움의 진리일 뿐이라는 사실을 위빠사나의 통찰 지혜를 통해서 이해할 수 있습니다. 이렇게 꿰뚫는 통찰을 하게 되면 지혜가 나타나고 무명이 사라집니다.

『초전법륜경』에는 다음과 같은 구절이 있습니다. 이것은 부처님의 말씀입니다. "전에 들어보지 못한 법들에 대한 눈이 일어났다. 지혜가 일어났다. 통찰지가 일어났다. 영지가 일어났다. 광명이 일어났다." 이 말씀은 부처님께서 깨달음을 얻은 것에 대한 선언입니다. 부처님께서는 이러한 선언이 있은 뒤에 전법을 시작하셨습니다. 부처님께서는 본인이 깨달은 것을 이 세상에 드러내시고, 나는 깨달음을 얻었다라고 이렇게 선언하고 포교를 하셨다는 사실이 중요합니다.

괴로움의 진리에 대해서 꿰뚫는 통찰을 얻게 되면 무명은 지혜가 됩니다. 따라서 무명은 사라지고 지혜가 그 자리를 대신한다고 말할 수 있습니다. 지금 말씀드린 눈이 일어났다, 지혜가 일어났다, 통찰지가 일어났다, 영지가 일어났다, 광명이 일어났다는 것은 모두 지혜입니다. 그 지혜를 다양하게 표현한 것들입니다.

연기법에 따르면 무명이 지혜가 될 때 행은 더 이상 식으로 연결되는 힘을 갖지 못합니다. 부처님께서는 죽은 이들 수십만 가운데서 고귀한 존재들의 길을 획득한 단 한 사람도 찾기가 힘들다고 하셨습니다. 많은 사람들은 태어났으면 죽고, 다시 태어남을 되풀이합니다. 그래서 이 말씀은 선한 인간으로 태어나기가 어렵고, 윤회를 끊는 일이란 더욱 희귀한 것임을 말씀하신 것입니다. 달리 말하자면 연기가 시작에서부터 끊어지는 것입니다. 연기가 연결된다는 것은 이후 존재인 새로운 오온을 만들어 내는 것을 의미합니다.

위빠사나 수행을 함으로써 태어남의 토대가 되는 기능들이 더 이상 작용하지 않습니다. 이들은 무명이 지혜가 되는 순간부터 멈추게 됩니다. 따라서 연기의 고리가 시작에서부터 끊어지기 때문에 더 이상 괴로움뿐인 오온을 만드는 일이 없을 것입니다.

사견이 제거되면 그 결과로써 나타나는 모든 오온이 멈추게 될 것입니다. 이와 마찬가지로 의심이 제거될 수 있고, 그렇게 되면 의심으로 인해 일어난 모든 오온이 멈추게 될 것입니다. 같은 방식으로 한 단계, 한 단계 다른 번뇌나 잠재적 성향으로 인한 결과로 나타나는 모든 오온이 멈추게 될 것입니다.

이것이 바로 대장로 모곡 사야도께서 자비심으로 여러분들에게 오온의 일어남과 사라짐을 알아차리라고 권유하신 이유입니다. 우리는 일어나고 사라지는 무상을 모르면 결코 도과를 성취할 수가 없습니다. 그래서 그 마음을 알아차려서 그 마음이 변하는 무상을 봐야 합니다. 수행자가 오온은 단지 일어나고 사라지는 것에 불과하다는 지혜를 얻게 되면 이것을 있는 그대로 아는 지혜라고 말씀드렸습니다.

쉼 없이 일어났다 사라지는 오온의 본성에 대해 혐오감을 느낄 때 이러한 지혜를 혐오의 지혜라고 합니다. 수행자가 이러한 지혜를 얻은 이후에 꾸준히 오온의 일어남과 사라짐에 대해서 알아차리면 결국 그의 수행은 오온의 일어남과 사라짐의 끝을 보는 데까지 이르게 됩니다. 이것이 도의 지혜입니다. 이들 세 단계의 지혜를 얻음으로써 그는 큰 수다원이 됩니다. 그래서 이런 도의 지혜로 인해서 열반에 들어서 과의 지혜를 성취하게 됩니다.

우리는 혐오의 지혜에 대해서 잠시 살펴봐야겠습니다. 위빠사나 수행에서 도과에 이르는 지혜의 단계를 빨리어 경전에서는 열 단계로 나눕니다. 그러나 조금 더 상세하게 나눌 때는 열여섯 단계의 지혜로 분류합니다. 이때 혐오의 지혜는 8단계에 속합니다.

열여섯 단계 지혜 중에서 5단계 소멸의 지혜가 성숙되면 6단계 두려움의 지혜와 7단계 고난의 지혜와 8단계 혐오의 지혜로 성숙됩니다. 혐오의 지혜는 싫어하게 되는 지혜로 정신적·물질적 현상은 실체가 없고 기댈 것도 없고 진저리가 나는 것일 뿐이라고 보게 됩니다. 그래서 수행자는 행복하지 않고 수행에 대한 열의가 식어지고 알아차림이 약해집니다. 그러므로 인간이나 천상이나 그 어느 세계도 좋게 보이지 않고 혐오감만 갖게 됩니다. 이러한 지혜의 단계는 위빠사나 수행 과정에서 오는 자연스러운 현상입니다. 그래서 이러한 단계에 이르러 혐오감이 일어나면 있는 그대로 알아차려서 다음 단계의 지혜로 성숙되어야 합니다.

수다원의 도과를 성취한 성자는 우주의 제왕이나 천계의 전륜성왕보다도 더 높은 지혜를 얻습니다. 왜냐하면 부처님의 말씀에 따르면 성자란 사악도로부터 벗어난 자라고 하셨습니다. 즉, 수다원은 지옥, 축생, 아귀, 아수라의 사악도에 떨어지지 않기 때문입니다. 또한 경전에서는 부처님께서 성자란 여섯 가지 극악한 죄를 행하지 않는 자라고 하셨습니다. 수다원은 나병환자, 귀머거리, 벙어리, 장님 혹은 불구자로 태어나는 일이 없을 것입니다. 이제 그는 길어도 일곱 생 안에 아라한이 되어 궁극의 열반의 상태에 이르게 됩니다.

연기법에 의하면 수행자가 오온의 일어남과 사라짐을 보고 그 일어남과 사라짐이 괴로운 것이라고 알면 그러한 지혜가 바로 지혜의 도에 이르는 것으로, 이것은 연기가 시작에서부터 끊어지는 것입니다. 그래서 이런 위빠사나의 도로서 12연기가 중간에서, 끝에서, 시작에서부터 끊어지는 것입니다. 그리고 그 결과로써 갈애와 교만, 사견이 제거됩니다. 따라서 연기는 중간에서 끊어지는 것입니다. 이제 괴로움과 근심, 고뇌가 일어날 때마다 기회는 사라집니다. 이렇게 되면 12연기가 끝에서 끊어집니다. 그러므로 연기는 시작에서 끊어질 수 있고, 중간에서 끊어질 수 있고, 끝에서 끊어질 수 있는 것입니다.

사성제에 의하면 일어남과 사라짐은 괴로움의 진리이며, 이로 인해서 일어난 지혜가 괴로움의 소멸에 이르게 하는 길에 대한 진리입니다. 갈애와 교만, 사견이 소멸되는 것은 괴로움의 원인이 되는 진리가 멈추는 것으로 생과 노사가 더 이상 나타나지 않게 되는 것입니다. 이것이 바로 괴로움의 소멸에 대한 진리에 해당됩니다.

마음을 알아차려서 그 마음이 무상이라는 것을 알고 무상 뒤에 오는 괴로움을 통해서 무아를 알면 갈애가 일어나지 않아서 집착을 일으키지 않고 업의 생성이 일어나지 않기 때문에 느낌이 소멸하게 됩니다. 이 느낌이 소멸하면 연기가 회전하지 않아서 비로소 그 위대한 해탈의 깨달음을 얻는 것입니다.

바로 그 해탈의 깨달음에 이르는 길이 알아차림이고, 2차로 알아차림을 하는 그 마음을 보는 심념처 수행을 하는 것이 깨달음으로 가는 바른 길임을 알았습니다. 그러므로 깨달음이란 바로 느낌에서 갈애로 넘어가지 않아 집착을 일으키지 않는 것이고, 그 집착을 일으키지 않음으로써 받을 것이 없어서 윤회를 끊는 것이 바로 깨달음입니다. 그러기 위해서 우리는 대상을 알아차려야 하고, 알아차린 그 마음을 다시 알아차려야 하겠습니다.

오온의 일어남과 사라짐에 대한 알아차림은 사성제를 모두 포함한 수행을 하는 것입니다. 그러므로 한시라도 빨리 위빠사나 수행을 해야 합니다. 만일 수행자가 단 하루라도 수행을 늦춘다면 그는 하루만큼의 기회를 잃는 것으로 언제 어떤 곤란이 일어나서 죽음에 닥칠지 모르는 것입니다. 더욱이 과중한 압박을 받는 시대인 요즘 어떤 위험과 질병이 도사리고 있을지 알 수가 없는 일입니다.

위빠사나 수행은 다음 생에 사악도로 떨어질 잠재적 위험을 막는 유일한 길입니다. 그리고 우리는 위빠사나 수행을 통해서 얻는 이익이 있습니다. 위빠사나 수행을 통해서 도과를 성취하면 지옥, 축생, 아귀, 아수라의 사악도에 떨어지지 않는다는 사실입니다. 그리고 반드시 일곱 생 이내에 아라한이 되어서 그 오랜 괴로움의 여정을 끝낼 수가 있는 것입니다.

우리가 오늘 수행을 해야 되는 이유는 다시 한 번 자명해졌습니다. 그것은 자신의 행복을 위한 것입니다. 그리고 그 행복은 자신만의 행복이 아니고 스스로 얻은 행복을 남에게 줄 수도 있습니다. 그래서 나의 행복과 더불어 남의 행복까지 배려하는 그러한 아름다운 마음을 갖는 것이 수행입니다.

오늘 마음을 알아차리는 수행을 통해서 우리는 우리들의 마음을 더욱 고양시키고 그리고 탐욕, 성냄, 어리석음으로부터 벗어날 수 있도록 해야겠습니다. 탐욕이 있을 때는 단지 탐욕이 있는 마음을 지켜봐야 합니다. 그러면 된 것입니다.

성냄이 있을 때는 화를 내고 있는 마음을 지켜보면 됩니다. 그것밖에 없습니다. 어리석은 마음이 있을 때는 지금 단지 어리석은 마음이 있네, 라고 알아차리는 것 외에 또 다른 무엇도 필요하지 않습니다.

이것을 있는 그대로 보는 것이라고 합니다. 이렇게 있는 그대로 보는 것은 바로 일어난 모든 것은 사라진다는 것을 알아서 집착을 일으키지 않는 것으로 발전하는 것입니다. 이제 우리 모두 늦기 전에 위빠사나 수행을 하여 무상을 알고, 고를 알고, 무아를 알아서 고통뿐인 이 윤회의 세계에서 벗어나게 되기를 간절히 기원합니다.

　누구나 무엇이 선한 것인지 알며, 모두 선하게 살고 싶어 합니다. 그러나 정작 실행에 옮기지 못하며, 하고 싶어도 어떻게 하는 것인지를 모릅니다. 선한 것을 아는 것은 생각이고, 선하게 사는 것은 수행을 하는 것입니다.

　그중에 위빠사나 수행은 선과 불선을 초월한 해탈의 지혜를 얻는 것입니다. 하고 싶어도 못하는 것은 변명이며, 아직 행복해질 수 있는 조건이 성숙되지 않은 것입니다. 복을 빌거나 삿된 것에 매달려서는 근본적인 해결이 어렵습니다. 자신의 통찰지혜를 얻는 것에 매달리는 것이 가장 완전한 선택입니다.

　수행자가 반드시 마음을 알아차리는 수행을 해야만 하는 것은 아닙니다. 위빠사나 수행은 몸, 느낌, 마음, 법이라는 네 가지 대상을 알아차리는 수행입니다. 그러므로 여기서 말씀드리는 내용은 네 가지 대상 중의 하나인 마음을 알아차리는 수행에 대한 것입니다.

　위빠사나는 네 가지 대상을 알아차리는 사념처四念處수행이라서 네 가지를 고루 알아차려야 합니다. 그러나 스승에 따라서 어느 하나의 염처를 집중적으로 알아차릴 수도 있습니다. 하지만 현재 몸을 알아차리는 수행을 하더라도 반드시 마음을 알아차리는 수행을 해야 합니다. 그렇지 않으면 수행 중에 나타나는 장애를 극복하기가 어렵습니다. 그리고 마음을 알아차리는 수행을 해야 비로소 수행이 향상될 수 있습니다. 모든 것은 마음이 하고 있기 때문에 일하는 그 마음을 알아차린다는 것은 뿌리를 대상으로 하는 것입니다.

　지금까지 밝혀진 수행에 대한 기록 중에 마음을 알아차리는 수행에 대한 기록은 그렇게 많지 않습니다. 마음에 대한 분석은 『논장』에서 자세하게 밝혀져 있지만, 마음을 알아차리는 수행방법은 찾아보기가 어렵습니다. 이따금 마음에 대한 글이 있다고 해도 대체로 관념적인 내용들이 많으며, 모두 마음을 분석하는 수준입니다. 그래서 마음을 알아차리는 실천적 수행방법은 찾아보기가 어렵습니다. 이러한 현상은 마음을 알아차리는 수행자가 많지 않기 때문입니다.

　현재 위빠사나 수행은 몸을 알아차리는 수행이 큰 주류를 이루고 있습니다. 그래서 마음을 알아차리는 수행을 하는 스승이 많지 않아서 수행에 대한 기록 역시도 거의 없는 실정입니다. 물론 마음을 알아차리는 데 특별한 방법이 필요한 것은 아닙니다. 그냥 마음을 알아차리면 됩니다.

　그러나 어떤 수행을 하거나 수행을 처음 시작할 때는 수행을 이해하기가 어렵기 때문에 입문서가 필요하기도 합니다. 과거의 도제식으로 할 때는 입문서가 필요 없을지도 모르겠지만 요즘 현대인들에게는 다양한 선택을 할 수 있게 해야 수행이 발전할 수 있습니다. 특히 마음은 몸을 알아차리는 수행과 달리 보이지 않는 것을 대상으로 하기 때문에 더욱 이해하기 어렵습니다. 그래서 마음을 알아차리는 수행을 '추론적 위빠사나'라고 합니다.

　일반적으로 위빠사나 수행은 사마타 수행과 달리 단순하게 알아차리는 것 하나면 됩니다. 하지만 초보자에게는 단순하게 알아차리는 것이 오히려 더 어렵습니다. 왜냐하면 지금까지 살아온 수행자들의 마음이 단순하지 않기 때문입니다. 단순하게 알아차리는 것이란 있는 그대로 알아차리는 것인데, 이 말은 매우 심오한 뜻을 가지고 있습니다. 있는 그대로 알아차린다는 것은 대상을 알아차릴 때 고정관념 없이 알아차리는 것을 말하며, 바라는 것 없이, 없애려는 마음 없이 알아차리는 것입니다. 그리고 모든 대상은 반드시 일어나고 사라지는 것이라는 무상을 아는 것까지 포함해야 비로소 있는 그대로 아는 것입니다.

이처럼 지금까지 마음을 알아차리는 수행에 대한 기록도 없지만 마음을 알아차리는 스승을 찾기도 어렵습니다. 하지만 제2차 세계대전이 지난 뒤에 열반하신 미얀마의 모곡 사야도께서 마음을 알아차리는 수행을 하셨고, 또 훌륭한 기록을 남기셨습니다. 모곡 사야도께서는 레디 사야도의 뒤를 이어 연기법을 펴시면서, 특히 마음을 알아차리는 수행을 지도하셨습니다. 그리고 현재 모곡 사야도의 제자들에 의해 마음을 알아차리는 수행이 계승되고 있습니다.

다른 또 한 분의 스승이 계신데, 마하시 사야도의 제자이신 쉐우민의 우 꼬살라 사야도께서는 마음을 알아차리는 수행을 지도하셨습니다. 우 꼬살라 사야도께서는 마음을 알아차리는 수행에 대한 기록이 없이 단지 가르침만 폈습니다. 일반적으로 수행자들이 글을 쓰기 위해서 수행을 하지 않는다는 사실을 감안하면 이것에 대하여 이렇다 저렇다 평가할 사안은 아닙니다.

모곡 사야도께서는 『논장』의 대가이시고, 특히 12연기에 대한 탁월한 법문으로 미얀마에서 훌륭한 스승으로 추앙받고 있습니다. 모곡 사야도께서는 교학자이시면서 위빠사나 수행을 하신 보기 드문 스승이십니다. 일반적으로 교학을 하면서 수행을 하기가 어려운데 사야도께서는 교학과 수행을 모두 하셨기 때문에 뛰어난 가르침을 펼치셨습니다.

그런데 중요한 사실은 모곡 사야도께서 12연기와 함께 마음을 알아차리는 수행을 지도하신 것입니다. 이것은 연기와 마음이 중요한 관계가 있기 때문입니다. 12연기에서 벗어나기 위해서는 유신견이 없어야 합니다. 유신견이란 내가 있다는 견해입니다. 정신과 물질이 원인과 결과로 진행되기 때문에 무아라는 사실을 알아야 연기의 고리가 끊어지고 해탈을 합니다. 그래서 깨달음을 얻는 가장 결정적인 요소가 무아를 아는 것이고, 무아를 알기 위해서 마음을 알아차리는 수행이 필수적인 것입니다. 자신의 마음이 자신의 마음을 대상으로 알아차려야 비로소 마음이 무엇인지를 알아 유신견이 제거될 수 있는 것입니다.

저는 1996년에 쉐우민 사야도를 친견한 뒤에 그로부터 4년을 기다리다가 2000년에 쉐우민 명상원에 가서 마음을 알아차리는 수행을 배웠습니다. 마음을 알아차리는 수행을 한 뒤에 비로소 수행이 무엇인지를 새롭게 인식할 수 있었습니다. 아울러 마음을 알아차리는 수행이 번뇌로부터 벗어나는 데 매우 신속하고 뛰어난 방법이라는 것도 알았습니다. 그러나 심념처 수행에 대한 기록이 없고, 단지 가르침만으로 지도를 받으면서 수행을 했습니다. 그래서 답답하게 수행을 했고, 제 자신이 겪은 오류도 많았습니다. 마음이란 스승으로부터 아무리 가르침을 받아도 손에 잡히지 않는 그런 것입니다. 그래서 틈틈이 제 자신이 마음을 알아차리는 수행에 대한 기록을 하면서 체계적으로 공부를 했습니다.

그러다 2003년, 모곡 사야도의 제자이신 미얀마의 쉐민모 선원의 우 소바노 사야도에게서 12연기를 배웠습니다. 그런데 12연기만 배운 것이 아니고 마음을 알아차리는 수행도 함께 배울 수가 있었습니다. 이때 그간 제가 해오던 마음을 알아차리는 수행에 대한 이론적인 기록을 처음으로 접할 수 있었습니다. 이때 모곡 사야도의 기록을 처음 접하고 보니 그간 제가 쉐우민 우 꼬살라 사야도와 우 떼자니야 사야도로부터 배운 마음을 알아차리는 수행이 바른 것이었다는 것을 알았습니다. 그래서 모곡 사야도의 자세한 수행방법에 대한 기록을 통해서 더 확신을 가지고 마음을 알아차리는 수행을 정진할 수 있었습니다.

마음은 보이지 않는 것이라서 알면서도 드러내놓고 말할 수 없는 그런 미세한 부분이 있습니다. 이런 상태에서 제가 하는 수행에 대한 이론적 근거를 확립할 수 있게 되니, 비로소 마음이 무엇인지를 확연히 알게 되었습니다. 모곡 사야도와의 만남을 통해서 수행이 무엇인지에 대한 확신도 얻었지만, 마음이 무엇인지를 알 수 있게 된 것이 더 큰 소득이었습니다.

현재 모곡 사야도의 가르침은 쉐민모의 우 소바노 사야도에 의해서 계승되고 있습니다. 쉐우민 사야도의 가르침은 제자이신 우 떼자니야 사야도에 의해서 계승되고 있습니다. 이미 두 분의 큰 스승께서 모두 열반하셨지만 제자들에 의해서 마음을 알아차리는 수행이 계승된다는 것은 매우 소중한 자산이 아닐 수 없습니다. 이처럼 마음을 알아차리는 수행이 한정된 수행자에 의해서 계승된다는 것은 교학보다는 수행이 어렵고, 다른 수행보다는 마음을 알아차리는 수행을 하기가 더 어렵다는 것을 시사하고 있습니다.

쉐우민 사야도께서는 미얀마의 수행자들에게 이렇게 말씀하시곤 했습니다. "지금 이 수행법을 이제 한국에서 다 가져가고 있다. 그러니 여러분들도 수행을 열심히 해야 한다" 라고 미얀마 제자들에게 독려하셨습니다. 저는 이 말씀을 듣고 자긍심을 가지기도 했지만 마음을 알아차리는 수행법의 소중함을 다시 한 번 되새기곤 했습니다. 모곡 사야도의 수행방법과 쉐우민 사야도의 수행방법은 차이가 있습니다. 그러나 표현방법과 접근방법이 다를 뿐이지 마음을 알아차리는 실천적 방법에 있어서는 다르지 않습니다.

부처님의 방법이나 모곡 사야도의 방법이나 쉐우민 사야도의 방법이나, 지금 여기서 제가 밝히는 한국 명상원의 수행방법도 큰 틀에서는 마음을 알아차리는 방법은 같고, 난지 접근하는 방식이 조금 다를 뿐입니다. 그래서 다른 것이라고 말할 수가 없습니다.

저는 쉐우민에서 몇 년간 마음을 알아차리는 수행을 배우면서 틈틈이 이론을 정리하면서 수행을 했습니다. 수행을 하면서 스승의 말씀을 듣고, 기록하고 그리고 수행을 하면서 또 하나하나 질문을 하면서 체계적으로 정리해 왔습니다. 스승의 가르침을 충실히 따르면서 정리한 내용으로 지금 한국 명상원에서 마음을 알아차리는 수행방법을 지도하고 있습니다.

수행자 여러분! 수행을 말할 때는 일반적으로 계보를 밝힙니다. 정신세계에서는 스승을 밝히지 않으면 믿음을 갖기가 어렵습니다. 깨달음의 세계에서는 자신이 만든 수행은 그만큼 위험과 독소적인 면이 있습니다. 그래서 역사적으로 검증된 수행, 수행에 대한 기록이 있는 수행, 그리고 직접 배우는 스승이 누구인가를 아는 것이 필요합니다. 부처님께서 말씀하시기를, 어떤 종교가 진리인지 비밀이고, 수행자가 어떤 지혜를 가지고 있는지도 비밀이라고 하셨습니다. 그래서 우리는 혹세무민하는 종교와 지도자에게 잘못된 가르침을 받기 마련입니다. 역사가 있는 종교라고 해서 모두 진리를 말하는 것은 아닙니다. 그래서 스승이 누구인지를 알아야 하며, 그 스승이 말씀하신 기록을 함께 살펴보아야 합니다.

우리들에게 기회는 많지 않습니다. 짧은 이 인생을 살면서 바른 스승과 바른 수행법을 만나는 것은 매우 소중한 인연입니다. 역사를 통해서 검증된 스승의 가르침을 받는다는 것은 수행자에게 매우 중요한 일입니다. 어떤 시대나 스승의 가르침 없이 홀로 깨달음을 얻은 사람은 없습니다. 오직 부처님만이 스스로 깨달음을 얻으셨습니다.

그러므로 '나는 스승이 없다'는 말은 '내가 하는 수행은 불완전하다'는 것입니다. 이런 경우는 독선과 위험이 도사리고 있습니다. 그래서 자신이 하는 말의 의미도 모르고 말하거나 더구나 장애가 생겼을 때 알맞게 대처할 수도 없습니다. 책은 관념이라서 통찰지혜를 얻기가 어렵습니다. 특히 마음에 대한 것은 더욱 그렇습니다. 정신세계에서는 모르면서도 자기 생각을 말하는 것이 큰 허물이 될 수도 있습니다.

저의 쉐우민 사야도께서는 잘못된 질문에는 침묵으로 답변하시곤 했습니다. 잘못된 질문을 하는 사람에게는 바르게 말을 해주어도 왜곡하기 때문입니다. 여기서 밝히는 마음을 알아차리는 수행방법을 쉐우민 방식이라고 하지 않고, 한국 명상원 방식이라고 하는 것은 저의 스승이신 쉐우민 사야도께 누가 되지 않을까 하는 염려 때문입니다.

하지만 지금부터 제가 밝히는 마음을 알아차리는 수행은 모두 쉐우민에서 배운 것을 제 나름대로 정리한 것입니다. 아무쪼록 모든 수행자가 마음을 알아차리는 수행을 하는 데 유익한 길잡이가 되도록 노력해 주기 바랍니다. 부처님께서나 모곡 사야도께서나 쉐우민 사야도께서 모두 열반하셨지만 그분들의 훌륭한 가르침은 지금 여기에 남아서 우리들의 마음에 새롭게 다가오고 있습니다. 아무쪼록 접하기 어려운 마음에 대한 것을 받아들여 수행의 밑거름이 되도록 하기 바랍니다.

심념처 수행
— 한국 명상원의 심념처

　사람들은 일반적으로 자기 속마음이 드러나는 것을 싫어합니다. 자기만의 것을 가지고 싶어 하기 때문입니다. 이것이 바로 유신견입니다. 그래서 자기의 현재 마음의 상태를 정확히 알려고 하지도 않습니다. 또한 자신의 마음에 대하여 지적을 받아도 아니라고 부정하기 마련입니다. 몰라서 아니라고 말하는 경우도 있지만 알아도 남에게 밝혀지는 것이 싫어서 아니라고 합니다.

　내가 있다고 하는 이러한 잘못된 견해를 가지고 있는 한 우리는 영원히 번뇌에서 벗어나지 못합니다. 그냥 있는 마음을 있는 그대로 알아차리는 것만이 우리가 번뇌로부터 자유로워질 수 있고, 유신견으로부터 벗어날 수 있는 유일한 길입니다.

◆◆◆◆◆

　지금까지 마음을 알아차리는 수행에 대하여 『대념처경』에 있는 부처님의 말씀을 전해 드렸습니다. 그리고 12연기의 대가이셨던 모곡 사야도의 마음을 알아차리는 수행을 말씀드렸습니다. 그리고 지금부터는 한국 명상원에서 수행을 하는 마음을 알아차리는 방법에 대해서 말씀드리겠습니다. 마음을 알아차리는 수행을 이렇게 세 부분으로 나누어서 공부하면 현재까지 마음에 대해서 밝혀진 수행 자료를 상당 부분 공유하는 셈입니다. 부처님께서는 열여섯 가지의 마음을 대상으로 말씀하셨습니다. 그리고 모곡 사야도께서는 마음을 알아차릴 때 외부에서 방문하는 의식, 내부에서 방문하는 의식, 그리고 주인의식으로 나누어서 알기 쉽게 열세 가지로 설명하셨습니다.

그리고 지금부터 말씀드리는 한국 명상원의 마음을 알아차리는 수행방법은 네 가지
가 있는데, 첫째, 있는 마음 알아차리기, 둘째, 일어난 마음 알아차리기, 셋째, 하려는
마음 알아차리기, 넷째, 아는 마음 알아차리기입니다.

한국 명상원에서 마음을 알아차리는 수행방법은 수행자들이 어떤 경우에 어떻게
마음을 알아차리는가에 대한 실천방법입니다. 그래서 막연하게 마음을 알아차릴 것이
아니고 상황에 따라 알맞은 방법으로 마음을 알아차리는 방법을 제시하고 있습니다.

부처님께서 밝히신 알아차림을 확립하는 사념처는 총론적인 뜻이 강합니다. 그리고
각 염처별로 마음을 알아차리는 구체적인 방법은 자세하게 말씀하지 않으셨습니다.
그래서 수행자들이 근기에 따라서 세세한 수행방법을 선택해야 합니다. 그러므로 구체
적인 수행방법은 직접 수행을 지도받는 스승으로부터 배워야 합니다.

네 가지 알아차림을 확립하는 수행에서 보면 부처님께서도 마음을 알아차리는 방법
을 구체적으로 말씀하지 않으셨습니다. 다만 열여섯 가지의 마음을 말씀하시고, 이
마음이 일어날 때마다 알아차려야 한다고 말씀하셨습니다. 단지 열여섯 가지의 마음을
알아차리는 구체적인 실천방법은 직접 지도를 받는 스승에게서 배워야 합니다.

모곡 사야도의 가르침에서 세 가지로 나눈 것은 매우 명료한 가르침입니다. 부처님께
서는 항상 안과 밖과 안팎을 말씀하셨습니다. 이런 가르침을 바탕으로 밖에서 들어오는
마음과 안에서 들어오는 마음과 주인의 마음으로 나눈 것은 명쾌한 가르침입니다. 모곡
사야도의 가르침을 보면 교학을 하셨기 때문에 경전에 매우 충실한 것을 알 수 있습니다.

다음으로 한국 명상원의 마음을 알아차리는 수행방법은 위빠사나 수행자들이 여러
가지 상황에서 그때마다 마음을 알아차리는 수행을 할 수 있는 실천방법들입니다. 마음
을 알아차리기 위해서 이런 통로가 있다는 것을 밝혀 쉽게 마음을 알아차리도록 하였습
니다.

그러므로 한국 명상원 방법은 지금까지 마음을 알아차리는 수행을 하면서 이런 때,

이런 방법으로 마음을 알아차리면 된다는 것을 밝힌 것입니다. 그래서 여기서 밝히는 네 가지 방법 외에 수행자가 더 많은 방법을 계발하여 사용할 수도 있습니다. 그러므로 지금까지 정리한 네 가지 방법이라는 것에 숫자는 의미가 없습니다. 여러분들 스스로 더욱 계발하여 다양한 방법으로 마음을 알아차릴 수가 있습니다.

마음을 알아차리는 수행방법을 배우기에 앞서 몇 가지 기본적인 이해가 필요합니다. 지금부터 마음을 알아차리기 위해서 필요한 기본적인 사항을 말씀드리고 나서 다음에 마음을 알아차리는 네 가지 방법을 알려드리겠습니다. 먼저 마음을 알아차린다는 것이 무엇인지를 알아야 합니다.

위빠사나 수행은 신, 수, 심, 법이라는 네 가지 대상이 모여서 함께 작용하는 수행입니다. 첫째는 몸이 있어야 합니다. 둘째는 느낌이 있어야 합니다. 셋째는 마음이 있어야 합니다. 넷째는 법이 있어야 합니다. 법이란 마음이 알아차릴 대상을 말합니다.

그러므로 이상 네 가지 대상이 모였다는 것은 이미 수행이 성립된 것입니다. 이 네 가지 대상을 요약하면 우선 수행을 하기 위해서 필요한 기본구도인 정신과 물질이 있어야 합니다. 그리고 정신과 물질을 느낌으로 알기 때문에 반드시 느낌이 있어야 합니다. 그리고 정신과 물질과 느낌을 대상으로 알아차리는 법이 있어야 합니다.

법의 의미는 매우 광범위합니다. 법은 수행의 기본이 되는 알아차릴 대상을 의미하고 있으며, 또 이것들이 가지고 있는 실재하는 요소들인 진리라는 의미도 가지고 있습니다. 그러므로 대상으로서의 법과 진리로서의 법이 있습니다. 수행을 하기 위해서는 반드시 대상이 있어야 합니다. 이때 정신과 물질과 느낌을 대상으로 알아차리는 것이 법이고, 그리고 정신과 물질과 느낌이 가지고 있는 실재하는 모든 대상을 통틀어서 말할 때도 법이라고 합니다.

네 가지 대상인 신, 수, 심, 법을 네 가지 알아차릴 대상이라는 뜻으로 사념처라고 합니다. 또는 네 가지 대상에 대한 알아차림의 확립이라고도 합니다. 이때 네 가지 작용 중에서 아는 일을 하는 것이 바로 마음입니다. 그래서 마음이 모든 것을 이끈다고 합니다.

　마음이 몸을 대상으로 알아차리는 수행을 신념처라고 합니다. 마음이 느낌을 대상으로 알아차리는 수행을 수념처라고 합니다. 마음이 마음을 대상으로 알아차리는 수행을 심념처라고 합니다. 그리고 마지막으로 마음이 이런 마음의 대상을 알아차리는 수행을 법념처라고 합니다.

　이와 같은 사념처 수행이란 두 가지 측면이 있습니다. 하나는 몸, 느낌, 마음, 법이 모여야 수행을 한다는 것입니다. 그리고 다른 하나는 이 중에서 일하는 것은 마음인데 네 가지 대상 중에서 하나의 대상을 좀 더 집중적으로 알아차리는 것이 각각의 염처별 수행입니다. 그래서 이런 두 가지 사항 때문에 사념처라고도 하고, 또는 염처를 분리해서 신념처, 수념처, 심념처, 법념처라고도 합니다.

　마음을 알아차리는 수행이란 마음이 일하는 마음을 대상으로 알아차리는 것입니다. 누구나 수행을 할 때 일차적으로 일하는 마음이 있어서 수행이 성립된다면, 마음을 알아차리는 수행은 다시 일하는 그 마음을 대상으로 알아차리는 것을 말합니다. 이것이 바로 마음을 알아차리는 수행입니다.

　일반적으로 수행자들이 일하는 마음을 대상으로 알아차린 적이 없어서 이것이 무슨 말인지 이해하기 어려울 수도 있습니다. 그러나 마음을 알아차린다는 것은 마음이 몸을 알아차리거나 마음이 느낌을 알아차리는 것이나 마음이 법을 알아차리는 것과 하등의 다를 것이 없습니다. 그러므로 마음을 알아차린다는 것을 색다르게 생각해서는 안 됩니다.

　일반적으로 마음을 알아차리기가 어려운 것이 바로 이런 기본전제를 이해하지 못하기 때문에 오는 혼란일 수도 있습니다. 그러므로 마음을 알아차린다는 것은 1차적으로 대상을 알아차리고 있는 마음을 다시 한 번 알아차리는 2차적 현상인 것입니다.

　예를 들어서 화가 났을 때 화가 난 것을 알아차리는 것은 느낌을 알아차리는 것입니다. 화가 났을 때 화로 인해 생긴 거친 호흡을 알아차리는 것은 몸을 알아차리는 것입니다. 그리고 화가 난 마음을 대상으로 알아차리는 것이 바로 마음을 알아차리는 수행입니다. 화가 났을 때 일어나고 사라지는 것을 알아차리는 것이 법을 알아차리는 수행입니다. 이렇듯 나타난 대상을 어느 법에 초점을 맞추느냐에 따라서 각각의 염처가 구별됩니다.

그러므로 마음을 알아차린다는 것은 화가 난 것을 알고 있는 그 마음을 다시 알아차리는 것입니다. 여기서 화가 난 것을 알아차리는 것은 1차적 알아차림이고, 화가 난 것을 아는 마음을 알아차리는 것은 2차적인 것입니다.

모르는 수행자는 마음이 다 하는데 구태여 마음을 알아차리는 수행을 할 필요가 있느냐고 말합니다. 이런 수행자는 마음을 알아차리는 수행이 있는지 모르기 때문에 하는 소리입니다. 그래서 지금까지 말씀드린 이런 내용을 이해해야 합니다. 마음을 알아차리는 것은 일하는 그 마음을 새로 마음을 내서 알아차리는 것입니다. 부처님께서 분명하게 알아차려야 할 마음 열여섯 가지를 밝히신 것으로 마음을 알아차리는 수행이 있다는 것을 이해하길 바랍니다.

다음으로 마음을 알아차리기 위해서 물질과 더불어 있는 마음을 이해해야 합니다. 마음이 무엇이냐고 물으면 마음은 물질과 함께 있으면서 모든 것을 이끄는 것이라고 말할 수 있습니다. 다시 말하면 마음이 무엇이냐고 물으면 마음은 물질이 아니라고 말할 수 있습니다. 바꾸어서 물질이 무엇이냐고 물으면 마음이 아니라고 말할 수 있습니다.

여기서 중요한 사실은 마음은 물질과 함께 있다는 것입니다. 그래서 물질이 있어서 마음이 있는지 알지, 물질이 없으면 마음이 있는지 알 수가 없습니다. 그렇다면 마음은 물질을 통해서 드러나는 것입니다. 무색계에 있는 생명을 제외하면 마음을 가진 모든 생명은 몸이 있습니다. 생명계에서는 마음이 있는 생명을 유정이라고 하며, 마음이 없고 파장만 있는 생명을 무정이라고 합니다. 그래서 마음이 있는 유정이 바로 윤회하는 생명들입니다.

마음은 앉은뱅이고 물질은 장님입니다. 마음은 물질이 아니기 때문에 저 스스로 움직일 수가 없습니다. 그래서 몸을 움직이게 하는 의도를 통하여 움직입니다. 물질은 아는 기능이 없기 때문에 볼 수가 없습니다. 그래서 마음이 보는 대로 할 수밖에 없는 장님입니다. 이 두 가지가 함께 동거하는데 마음이 앞서서 이것들을 이끕니다. 이렇듯 물질과 함께 있는 마음은 볼 수가 없습니다. 이것이 마음을 이해하는 데 가장 중요한 요소입니다.

마음이 보이지 않기 때문에 마음에 대한 상상을 얼마든지 할 수 있습니다. 보이지 않기 때문에 증명할 수가 없는 부분이라서 얼마든지 오해와 왜곡이 가능한 일입니다. 마음이 변하지 않고 항상 하다는 것은 마음을 지혜의 눈으로 보지 못해서 생각해 낸 가장 대표적인 견해입니다. 바로 여기서 초월적인 존재가 생기고 그리고 자아가 생깁니다. 이것은 부처님께서 출현하시기 전에 일반적인 사상으로 기조에 있는 인류의 역사이기도 합니다.

마음이 변하지 않고 항상 하다고 여기기 때문에 초월적 존재가 생겨났고, 마음이 항상 변하므로 실체가 없어 무아라고 알아서 해탈에 이릅니다. 이것이 모두 변하지 않는 마음 때문에 생긴 오해와 진실입니다. 이 두 가지 중에서 무엇을 믿건 개인의 자유이지만 수행을 해서 마음을 알아차리면 매 순간 변하는 마음만 있지 자아가 없다는 것을 압니다. 이것은 지혜를 얻고자 노력해서 도달한 수행자들의 결과입니다.

마음은 볼 수가 없지만 느낌과 지각과 의도를 통해서 알 수 있습니다. 다시 말하면 마음의 작용인 수, 상, 행을 통해서 마음을 알 수 있습니다. 마음은 보이지 않지만 갖가지로 일어나는 느낌을 통해서 드러납니다. 그리고 갖가지 인식들과 상상력 등을 통해서 드러납니다. 그리고 갖가지 종류의 의도를 통해서 드러납니다. 그래서 아는 마음인 식은 왕이고 수, 상, 행이라는 마음의 작용은 신하라고 합니다. 신하를 통해서 왕의 존재를 알 수 있는 것입니다. 그러므로 마음을 알아차리기 위해서는 느낌과 지각과 의도를 통해서 알아야 합니다. 다시 말하면 마음의 작용인 수, 상, 행을 통해서 그 뒤에 숨겨진 마음을 알아야 합니다.

이렇게 마음을 알아차려야 하는 이유는 마음이 모든 것을 이끌기 때문입니다. 그래서 마음을 알면 전부를 아는 것입니다. 마음은 태어남을 기원으로 하여 생긴 뒤에 죽음을 강어귀로 하여 끝이 납니다. 여섯 가지 감각기관들로부터 흘러나온 강물들이 계속해서 흐르는 것처럼 마음은 수많은 지류를 계속해서 흐릅니다. 그러다 바다를 만나면 그 생명이 다합니다. 그리고 다른 형태로 바뀝니다.

수행자는 오직 대상을 알아차리는 것 외에 다른 것을 해서는 안 됩니다. 수행을 할 때 원인을 알려고 하거나 좋거나 싫다고 판단하는 것은 잘못된 것입니다. 수행에서 가장 위험한 것 중 하나가 자기가 판단을 해서 결론을 내리는 것입니다. 판단은 자기 몫이 아니고 스승의 몫입니다. 정신세계의 판단은 경험자의 지혜가 필요합니다. 수행자의 지혜는 알아차린 결과로 자연스럽게 나타납니다.

생각으로 판단한 것과 지혜로 아는 것은 전혀 다릅니다. 수행은 알아차림의 지속이 필요한데 중간에 결론을 내리면 알아차림이 지속되지 않고 생각으로 빠지게 됩니다. 그래서 수행자의 의무는 알아차리는 것이고, 알아차린 결과로 나타나는 지혜는 내가 만든 것이 아니고 조건이 성숙되어서 나타난 것이라고 알아야 하겠습니다.

계속해서 마음에 대해서 말씀을 드리겠습니다. 수많은 지류를 흐르는 마음은 잠시도 자기를 돌아볼 겨를이 없습니다. 그저 조건에 의해서 흐르기만 합니다. 흐르는 물이 자기를 돌아보기 어렵듯이 사람도 흐르는 마음을 알아차리면서 살기가 어렵습니다. 그래서 모든 것을 이끄는 마음이 이제 이끌기만 하는 역할만 할 것이 아니고, 이끌고 있는 그 자체를 돌보는 것이 바로 마음을 알아차리는 수행입니다.

흐르는 마음은 감각적 욕망의 거친 물살이 되어 알 수 없는 수많은 세월 동안을 흘러갑니다. 부처님께서는 '나는 감각적 욕망의 거친 물살을 거슬러 올라갔다'고 말씀하셨습니다. 우리는 모두 욕망의 지배를 받고 사는데 부처님께서는 여섯 가지 감각기관의 문에 알아차림을 두고 욕망의 물이 흐르지 않도록 하신 것입니다.

이러한 알아차림을 하기 위해서 먼저 대상을 알아차리고, 다시 알아차리는 그 마음을 대상으로 알아차려야 하겠습니다. 마음은 보이지 않기 때문에 추론입니다. 그래서 추론을 통찰지혜로 뚫어본 사람들의 견해와 그렇지 못한 사람들의 견해 차이에서 스스로 알아차려서 지혜를 얻어야 합니다.

그렇게 하기 위해서는 가장 분명한 근거인 느낌과 지각과 의도를 통해서 마음을 확인해야 합니다. 수행자가 보이지 않는 마음을 보기 위해서는 물질을 보는 시각으로 보아서는 안 됩니다. 추론적인 마음을 사실적인 물질을 보듯이 해서는 볼 수가 없습니다. 그래서 마음은 어떤 형상으로 보려고 해서는 안 됩니다. 마음은 느낌으로 느끼거나 그냥 알아야 합니다.

초기의 수행자들은 대상을 눈으로 보려고 하는 경향이 있습니다. 눈으로 보면 모양을 만듭니다. 위빠사나 수행은 몸과 마음의 실재하는 느낌을 대상으로 합니다. 그래서 마음을 알아차릴 때도 모양으로 보려 해서는 결코 마음을 알아차릴 수가 없습니다. 그래서 수행자들은 차츰 모양보다는 느낌을 알아차려야 하며, 나중에는 그냥 아는 마음만 가지고 있어야 합니다. 이것이 마음을 알아차리는 관문 중의 하나입니다.

마음을 알아차릴 때 보이지 않는 마음을 모양으로 찾으려 하면 찾을 수가 없습니다. 그래도 계속해서 눈으로 보려고 하면 나중에는 머리가 아픕니다. 볼 수 없는 마음을 보기 위해 노력을 해도 볼 수도 없고 병까지 얻습니다. 그래서 마음을 알아차릴 때는 눈을 사용해서는 안 됩니다. 눈을 사용하면 형상을 만들기 때문에 물질적 형상이 아닌 그 마음을 알 수가 없습니다.

위빠사나 수행을 하면서 좌선을 할 때 눈을 감는 것은 모양을 보지 말고 느낌과 아는 마음을 느끼게 하기 위한 것입니다. 모양을 대상으로 하는 형상의 세계에서는 느낌과 마음을 알아차리기가 어렵습니다. 이렇게 눈으로 보지 않고 느끼거나 마음으로 알아야 관념이 아닌 실제의 세계를 볼 수 있습니다.

다음으로 마음을 알아차리기 위해서 명칭을 붙여서는 안 됩니다. 명칭은 관념입니다. 그러나 사마타 수행을 할 때는 명칭이 효과가 있습니다. 왜냐하면 명칭은 마음을 대상에 보내는 힘을 가지고 있습니다. 그래서 대상을 명확하게 드러나게 합니다. 처음에 수행을 할 때 명칭을 붙여서 대상을 붙잡는 수행을 할 필요도 있습니다. 명칭을 붙이는 것은 사마타 수행방법이지만 위빠사나 수행을 하면서도 필요에 따라 명칭을 붙일 수도 있습니다.

그러나 마음과 느낌을 알아차리는 수행을 할 때는 명칭을 붙이지 않는 것이 좋습니다. 명칭은 거친 대상입니다. 그리고 마음과 느낌은 미세한 대상입니다. 거친 대상이 가로막으면 미세한 대상들이 드러나기가 어렵습니다. 그러므로 초기에 몸을 알아차리는 수행에서는 명칭을 붙여서 대상을 겨냥하는 것은 상관없으나 마음이나 느낌을 알아차리는 수행을 할 때는 명칭을 붙이지 않는 것이 좋습니다.

수행자가 대상을 알아차릴 때 먼저 대상이 있어야 하고, 다음에 마음을 대상에 보내는 알아차림이 있어야 하고, 그리고 아는 마음이 있어야 합니다. 이렇게 대상을 알아차릴 때는 반드시 세 가지 조건이 형성되어야 합니다. 그러나 여기서 명칭을 붙이면 하나가 더 포함됩니다. 먼저 대상이 있어야 하고, 명칭을 붙이고, 이것을 알아차려야 하고, 다음에 마음이 대상을 압니다. 이 과정에서 명칭이 하나가 더 붙기 때문에 네 가지 조건이 하나가 되어 형성되어야 합니다.

명칭이 대상을 겨냥하는 데는 좋은 효과가 있으나 미세한 대상을 알아차리는 데 장애가 됩니다. 뿐만 아니라 명칭을 붙이면 알아차림이 대상을 겨냥하는 것이 아니고 명칭을 겨냥하기 때문에 실재하는 대상의 성품을 알기가 어렵습니다. 가령 오른발, 왼발이라고 명칭을 붙이거나 일어남, 꺼짐이라고 호흡에 명칭을 붙일 때를 가정해 보겠습니다.

우리가 수행을 하면서 명칭을 붙이다 보면 오른발, 왼발을 알아차리거나, 일어나고 꺼지는 호흡의 실제를 알아차리지 않고 명칭을 알아차릴 수 있습니다. 그래서 오른발을 알아차릴 때 왼발이라고 입으로 외울 수도 있으며, 왼발을 움직이는데 마음은 오른발이라고 외울 수도 있습니다. 호흡도 마찬가지입니다. 호흡이 일어나고 있는데 꺼짐이라고 할 수 있으며, 호흡이 꺼지는 순간에 일어남이라고 할 수 있습니다.

그래서 명칭과 알아차림이 정확하게 대상을 겨냥해야 하는데, 알아차림이 명칭을 보게 되면 보아야 할 대상을 겨냥하지 않고 그냥 입으로만 외우는 것입니다. 어떤 문장을 소리를 내서 독송하는 수행을 할 때는 상관이 없으나 몸과 마음의 변화를 대상으로 알아차릴 때는 이렇게 일치하지 않는 문제가 발생합니다. 그래서 대상 따로, 명칭 따로, 아는 마음 따로 제각각일 수 있습니다. 이렇게 하면 관념적인 수행을 하는 것이라서 위빠사나 수행을 하는 것이 아닙니다.

명칭을 붙이면 마음과 느낌을 알아차리기 어려울 뿐만 아니라 분주해서 고요함이 깨집니다. 고요함이 없으면 보이지 않는 대상인 마음과 느낌이 드러나기 어려울 뿐만 아니라 무상, 고, 무아의 성품이 드러나기도 어렵습니다. 그래서 명칭을 붙이는 수행을 하고 있다고 하더라고 일정 기간이 지나면 명칭을 떼고 대상을 알아차리는 것이 효과적입니다.

오랜 동안 습관적으로 명칭을 붙여온 수행자의 경우에는 명칭을 붙이지 않기가 어렵습니다. 누구나 자기가 하고 있는 수행방법을 바꾸기란 쉬운 일이 아닙니다. 누구나 자기가 하고 있는 것을 사수하려는 일반적인 심리적 현상이 있습니다. 그리고 변화를 싫어하는 마음도 있습니다. 또한 명칭을 붙이지 않았을 때의 고요함을 모르기 때문에 붙이지 않으려고 노력을 하지도 않습니다.

이때 수행자는 의식의 발상 전환을 해야 합니다. 그래서 새로운 방법을 시도해 보려는 의도를 내야 합니다. 수행이란 새로운 것에 대한 도전입니다. 이런 시도가 없으면 수행이 발전할 수 없습니다. 그래서 습관적으로 명칭을 붙이려 할 때는 명칭을 붙이려고 하는 그 마음을 알아차려야 합니다. 그러면 명칭을 집착하기 때문에 붙이고 있다는 사실을 알게 될 것입니다. 습관은 무서운 것이라서 바꾸기 어렵습니다. 하지만 한번 바뀌면 새로운 세계를 볼 것입니다. 모든 것은 마음이 일을 하기 때문에 이처럼 일하는 그 마음을 알아차리는 것이 가장 효과가 좋습니다. 그러면 명칭이 쉽게 떨어집니다. 또 이렇게 해야 마음을 알아차리는 수행을 할 수 있으며, 수행의 이익도 함께 얻을 수 있습니다.

제가 미얀마에서 수행을 할 때 명칭을 붙이는 스승 밑에서 4년 동안 수행을 했습니다. 그래서 일상에서나 좌선을 할 때나 경행을 할 때도 항상 명칭을 붙였습니다. 그러다 보니 볼 때도 봄, 봄이라고 했으며, 먹을 때도 먹음, 먹음을 하고 먹었습니다. 좌선 중에 일어남, 꺼짐이라고 명칭을 붙였으며, 경행을 할 때도 오른발, 왼발이라고 명칭을 붙였습니다. 이런 수행밖에 몰랐기 때문에 계속해서 명칭을 붙이는 수행을 했으며, 나름대로의 수행을 해나갈 수 있었습니다.

그러다 4년이 되었을 때 장애가 생겨 견딜 수 없는 고통을 겪어야만 했습니다. 수행이란 여러 가지의 장애가 나타나기 마련입니다. 자신의 내면에 대한 장애도 있고, 수행자끼리의 장애도 있고, 또 여러 가지의 다른 장애도 많습니다. 새로운 정신세계를 간다는 것은 온통 장애를 딛고 넘어가야 하는 과정뿐입니다. 고귀한 진리가 그냥 길을 내주지 않습니다. 그러나 이 길을 가로막는 것은 바로 자신의 축적된 성향입니다. 그러므로 습관과의 싸움이지만 자신의 마음을 오직 자신의 내면으로 돌리기도 어렵습니다. 그래서 고통을 주는 남을 미워하기도 합니다. 이처럼 이런저런 장애가 있기 마련입니다. 스승님은 이런 고통을 호소해도 그냥 알아차리라는 말뿐입니다. 지나고 보면 이 말이 옳지만 당하고 있는 입장에서 답답하기만 한 일입니다.

이런 장애 속에서 알아차리는 힘은 약하고 괴로움은 더 커져서 급기야는 소화를 하지 못해 얼굴이 검어지기 시작했습니다. 체력도 고갈되고 무엇보다 정신적으로 견딜 수 없어서 수행을 지속하기 어려운 상태까지 되었습니다. 이때 다른 명상원에서 온 한 수행자가 저에게 마음을 알아차려 볼 것을 권했습니다. 딱히 마음을 알아차리는 방법도 모르고 그냥 막연하게 마음을 알아차려 보았습니다. 그랬더니 당장 정신적 안정을 얻게 되고 소화가 되기 시작했습니다.

　그러나 제가 있는 명상원에서는 몸을 위주로 알아차리는 수행을 하는 곳이라서 마음을 집중적으로 지도하지 않았습니다. 효과를 본 저는 마음을 알아차리는 수행을 더 잘하고 싶어서 스승님께 마음을 알아차리는 수행에 대해 질문을 했습니다. 그러나 거듭된 질문에도 대답이 없으셨습니다. 스승께서는 알고도 답변을 하지 않았거나, 아니면 그 명상원의 수행방법이 아니라서 답변을 하지 않았을 수도 있습니다. 어쨌거나 저는 이 일을 계기로 오랫동안 수행을 했던 명상원을 떠났습니다.

　그리고 마음을 알아차리는 수행처로 갔습니다. 마음을 알아차리는 수행처에서는 마음을 알아차리기 위해서 명칭을 붙이지 말라고 했습니다. 그러나 자동적으로 붙는 명칭을 떼기가 여간 어려운 것이 아니었습니다. 그래서 어쩔 수 없이 그냥 명칭을 붙이면서 수행을 계속했습니다.

　그러나 사야도께서는 계속해서 명칭을 붙이지 말라고 하고, 저는 떨어지지 않는다는 답변만 되풀이하면서 수행을 했습니다. 그러자 사야도께서는 명칭을 붙일 때 명칭을 붙이는 마음을 알아차리라고 말씀하셨습니다. 그러던 어느 날, 좌선을 시작하고 일어남, 꺼짐의 호흡을 알아차리려고 할 때 문득 명칭을 붙이지 말라는 사야도의 말씀이 생각나서 명칭을 붙이려는 마음을 알아차렸습니다. 그랬더니 순간적으로 명칭을 집착하고 있는 마음을 보았습니다. 지금까지 명칭이 전자동으로 붙어서 떨어지지 않는다는 것은 거짓말이었습니다. 알고 보니 오히려 제가 좋아서 습관적으로 붙이고 있었던 것입니다.

　제가 좋아서 붙이고 있다는 것을 안 뒤 당장 그 시간부터 명칭이 붙여지지 않았습니다. 이제는 오히려 명칭을 붙이려고 해도 붙여지지 않는다는 것을 알고 더욱 놀랐습니다. 그렇게 오랫동안 붙여온 명칭이 단 한순간의 마음을 알아차리는 것으로 다시 붙여지지 않는다는 사실을 알고 마음을 알아차리는 수행의 놀라운 효력을 체험했습니다. 그간 제가 집착을 해서 명칭을 붙였다는 사실을 안 것은 일종의 지혜입니다. 이런 지혜가 나면 더 이상 집착을 하지 않습니다. 사실 습관이라는 것도 자신이 좋아서 지속하는 것입니다. 이런 습관도 지속하려는 마음을 알아차리면 쉽게 제어될 수가 있습니다.

부처님의 경전을 평생 읽어도 부처님께서 말씀하신 참뜻을 알 수가 없습니다. 그러나 수행을 하면 언젠가 그 참뜻을 알 수가 있습니다. 스승의 말씀을 십 년을 들어도 말한 참뜻을 알 수가 없습니다. 그러나 수행을 하면 차츰 그 뜻을 헤아릴 수가 있습니다. 대개는 수행을 하지 않고 편하게 얻으려고 합니다. 아울러 수행을 하면서 조금도 참지 못할뿐더러 가르침대로 따르지도 않습니다. 그래서 발전하지 못합니다.

이미 모든 진리는 밝혀져 있습니다. 그러나 누구나 자기 수준만큼밖에 알지 못합니다. 진리를 알기 위해서는 반드시 수행을 해야 합니다. 수행이란 점진적으로 지혜를 계발하는 과정입니다. 위빠사나 수행을 하면 관념을 보지 않고 실재를 보기 때문에 그 대상이 가지고 있는 진실을 알 수 있습니다.

◆◆◆◆◆

계속해서 마음에 대해서 말씀드리겠습니다. 마음을 알아차린다는 것은 뿌리를 알아차리는 것입니다. 모든 일의 뿌리는 일하는 마음입니다. 그래서 뿌리를 보아서 얻는 지혜는 대상의 실체를 알기 때문에 대상을 끊는 효과가 있습니다. 무지는 모르기 때문에 무엇이나 계속하지만 지혜는 분명하게 알아서 무엇이나 더 이상 지속하지 않고 끊습니다. 결국 내가 집착을 하고 있었다는 것은 자신이 가지고 있는 것을 바꾸려 하지 않으려 했던 것입니다.

여기에 도사리고 있는 것이 내가 있다고 하는 유신견입니다. 모르면 당하고 알면 당하지 않습니다. 그래서 집착을 안 뒤부터 명칭을 붙이고 싶어도 이제 붙일 수 없었던 것입니다. 또 한 가지는 수행을 할 때 스승의 말씀을 쉽게 실천하기 어렵다는 것입니다. 물론 생각도 나지 않습니다. 그리고 강력하게 하려는 의지를 내기도 어렵습니다. 그래서 수행자의 결연한 의지가 필요하고 확신에 찬 믿음이 필요합니다. 수행은 단순한 호기심 으로 하고 싶다고 해서 되는 것이 아닙니다. 일과적인 수행도 있지만 근본적으로 번뇌를 해결하기 위해서는 위빠사나 수행은 모든 것을 포기할 수 있는 마음가짐이 필요합니다.

우리가 부처님의 말씀을 생각으로 듣고 모두 실천할 수 없는 것처럼, 수행을 할 때에 도 스승의 말씀을 모두 실천하는 것은 아닙니다. 그래서 수행이 어렵다는 것이고, 자신 과의 문제라고 하는 것입니다. 진리가 있어도 누구나 쉽게 선택하지 못하는 것 또한 이처럼 불가피한 현실입니다. 그래서 마음을 알아차리기 위해서는 마음을 알아차리라 는 말을 귀에 못이 박히도록 들어야 합니다.

스승이나 책에 있는 말은 모두 관념입니다. 자기가 생각으로 받아들인 것은 자기 것이 아닙니다. 또 들은 말을 실천하고 싶어도 잊어버리고 생각이 나지 않아서 못하는 경우도 많습니다. 제가 스승으로부터 누차 마음을 알아차리라고 말을 들었어도 실제 수행을 할 때는 마음을 알아차리는 방법을 모르기 때문에 잊어버리고 맙니다. 그러나 한 번 듣고, 두 번 듣고 거듭 들었을 때 어느 날 문득 저도 모르게 스승이 하신 말씀을 실천할 수 있었던 것입니다. 그래서 마음을 알아차리지 못하는 것은 귀에 못이 박히지 않았다는 것을 의미하기도 합니다.

우리는 자기가 가지고 있는 습관을 실천할 뿐이지 새로운 습관을 길들이려고 하지는 않습니다. 그래서 새로운 습관을 길들이기 위해서는 계속해서 듣고 또 듣고 또 들어야 합니다. 그러면 어느 날 자기도 모르게 그것을 실천하는 계기가 옵니다.

눈을 감고 좌선을 시작하면 전혀 다른 새로운 세계를 경험합니다. 그래서 자기 의지대 로 되지 않습니다. 여기서 얼마나 알아차리는 힘을 키울 수 있느냐 하는 것은 믿음과 노력과 선업의 과보까지 있어야 합니다. 그래서 수행은 경험하지 않은 미지의 정신세계 를 탐험하는 것입니다. 그러므로 수행은 한 가지의 힘으로 되지 않고 복합적인 힘의 작용이 따라야 합니다.

제가 마음을 알아차리라는 말을 무수히 듣고도 하지 않았다는 것은 자신의 수행방법
이라서 바꾸려 하지 않고 집착한 때문이며, 변화를 싫어하는 오만함과 나태함이 있었던
것입니다. 저는 그러한 제 마음을 보았습니다.

그리고 마음을 알아차리는 새로운 습관이 길들여지지 않아서 잊어버리고 있었던
것입니다. 이런 사실로 미루어 보아 우리가 산다는 것은 자신의 의지로 살기보다 과보의
힘으로 굴러간다는 것을 알 수 있습니다. 이 과보가 바로 원인과 결과이며, 자신의
성격이며, 자신의 습관인 것입니다. 우리는 이 힘으로 살아가고 있다는 것을 알아야
하겠습니다.

그러므로 수행을 하면서 마음을 알아차리지 못하는 것은 해보지 않은 것이라서 낯설
기 때문이며, 아직 마음을 알아차리라는 말을 귀에 못이 박히도록 듣지 않았기 때문입니
다. 그래서 수행을 하기 위해서는 새로운 의지를 내야 하고, 수행에 대한 말을 많이
들어야 합니다. 똑같은 말을 반복적으로 들어야 합니다. 그러나 똑같은 말도 같은 말이
아닙니다. 시간이 다르고 마음이 다릅니다. 그래서 수행을 한다는 것은 이러한 방법밖에
다른 방법이 없습니다. 그래서 좋은 도반과 훌륭한 스승이 없으면 수행을 계속하지
못한다고 하는 것입니다.

다음에는 마음을 알아차리기 위해서 필요한 집중에 대해 말씀드리겠습니다. 마음을
알아차리기 위해서는 집중력이 필요합니다. 그래서 수행자는 먼저 몸을 알아차리는
수행을 하는 것이 좋습니다. 처음부터 보이지 않는 마음을 알아차리기는 어렵습니다.
있는 몸도 알아차리기가 어려운데 하물며 보이지 않는 마음을 알아차리기란 더욱 어렵
습니다.

수행자마다 근기가 있어서 마음을 알아차리는 특별한 능력이 있다고 하더라도 기본
적으로는 몸을 알아차리는 수행을 해서 집중력을 키워야 합니다. 집중이란 고요한 마음
의 집중을 뜻하는 말입니다. 그러기 위해서는 대상에 마음을 머물게 하여 고요함을

얻어야 합니다. 이러한 집중을 위해서는 먼저 몸을 겨냥하고 겨냥한 대상을 지속적으로 알아차려야 합니다. 이러한 방법이 가장 안정적으로 집중력을 얻을 수 있는 방법입니다. 이렇게 알아차리면 고요한 마음의 상태가 됩니다. 이렇게 집중이 되어야 마음이 고요한 상태에서 들뜨고 흔들리지 않기 때문에 미세한 대상인 마음을 알아차릴 수 있게 됩니다. 마음 자체가 보이지 않는 미세한 것이라서 이렇게 고요한 상태에서만이 마음을 알아차리기가 쉽습니다.

위빠사나 수행의 시작은 대상을 알아차리는 것이고, 다음으로 대상에 마음을 머물게 하여 고요한 마음의 집중을 하는 것입니다. 그런 뒤에라야 지혜가 납니다. 이런 지혜를 얻기 위해서 마음을 알아차리는 것이기 때문에 수행자가 처음에는 몸을 알아차려서 집중력을 키우는 것을 소홀히 해서는 안 됩니다.

위빠사나 수행의 주 대상은 호흡입니다. 호흡은 항상 있는 대상이라서 알아차리기가 좋습니다. 그리고 몸과 마음의 상태를 가장 잘 표현합니다. 화가 났을 때의 호흡은 거칠고, 고요할 때의 호흡은 미세합니다. 그래서 호흡을 통하여 현재의 마음의 상태도 알 수 있습니다. 수행자들이 몸을 알아차리는 것조차 해본 일이 없는 상태에서 처음부터 마음을 알아차리기란 쉽지 않습니다.

수행을 시작한 초기에는 몸으로 오기도 어렵고, 몸에 마음을 머물게 하는 것은 더욱 어렵습니다. 그래서 처음에는 누구나 집중력을 얻기가 어렵습니다. 이런 상태에서는 마음을 알아차리기가 어려운 것입니다. 그러므로 먼저 몸을 알아차려서 충분히 집중력을 키워야 한다고 말씀드리는 것입니다.

제가 마음을 알아차리는 수행처에 가서 수행을 할 때 몸을 알아차리는 곳에서 집중력을 키운 것이 상당히 도움이 되었습니다. 그래서 쉽게 마음을 알아차리는 다양한 방법에도 적응할 수가 있었습니다. 그러다 보니 자연스럽게 몸을 알아차리는 수행을 소홀히 하게 되었습니다. 그러자 어느 날인지 알 수 없지만 수행이 전에 없이 흐트러지기 시작했습니다. 저는 큰 스승님께 이 사실을 말씀드렸습니다. 요즈음은 몸을 알아차리는 수행보다 마음을 알아차리는 수행에 주력하고 있다고 말씀드리고, 그리고 수행이 잘 안 된다고 말씀드렸습니다.

그랬더니 큰 스승님께서는 제 수행방법에 문제가 있다고 지적하셨습니다. 스승님께서는 몸을 알아차리는 수행을 소홀히 해서는 결코 안 된다고 말씀하셨습니다. 마음을 알아차리는 것이 좋아서 그것에만 매달린 것이 수행에서 장애로 나타난 것입니다.

저는 마음을 알아차리는 수행의 지도자께서 몸을 알아차리는 수행의 중요성을 강조하실 때 비로소 수행에 균형이 필요한 것을 깨달았습니다. 그리고 다시 몸을 알아차리는 수행을 하면서 마음을 알아차리는 수행을 병행하여 비로소 정상적인 수행을 할 수 있게 되었습니다.

스승님께서는 이렇게 말씀하셨습니다. "사람들은 자기를 마음을 알아차리는 수행자로만 말하는데 사실 나는 사념처 수행을 하는 사람"이라고 말씀하셨습니다. 이 사실이 주는 교훈이 매우 중요합니다. 마음을 알아차리는 수행자가 전면에서 마음을 알아차리는 수행을 하다가 대상이 약해지면 얼른 몸으로 와서 알아차리는 힘을 키워야 합니다. 이렇게 몸을 알아차리다가 알아차리는 힘이 커지면 다시 자연스럽게 전면으로 가서 마음으로 대상을 알아차릴 수가 있게 됩니다. 이것이 몸과 마음에 대한 알아차림의 균형입니다. 몸을 알아차리는 수행자는 이렇게 할 필요가 없겠지만 마음을 알아차리는 수행자는 반드시 몸과 마음을 함께 알아차려야 합니다.

일부의 수행자들은 마음을 알아차리는 것은 상근기이고, 몸의 호흡을 알아차리는 것은 하근기라고 하기도 합니다. 그러나 위빠사나 수행에서는 맞지 않는 말입니다. 사마타 수행을 하면서 특정한 대상 하나를 알아차릴 경우라면 몰라도, 적어도 위빠사나 수행에서는 사념처가 고루 균형을 이루어야 합니다. 그래서 부처님께서 네 가지 대상 모두를 균형을 맞추어서 알아차리라고 사념처 수행을 설법하신 것입니다.

마음은 매 순간 변하기 때문에 상근기와 하근기가 따로 없습니다. 선정의 세계에서는 선정수행의 단계가 있고, 위빠사나 수행에서는 칠청정과 열여섯 단계의 지혜가 있습니다. 이때 높은 단계의 지혜가 상근기이고, 낮은 단계의 지혜가 하근기가 아닙니다. 수행방법에 따라서 상근기와 하근기가 있는 것이 아니고, 그 순간의 마음가짐의 차이에 따라서 지혜가 다른 것입니다.

한 시간 안에도 마음이 집중될 수도 있고 집중이 되지 않을 수도 있습니다. 그래서 지혜가 날 수도 있고 무지에 빠질 수도 있습니다. 그래서 정신세계는 매 순간 높고 낮은 정신세계를 왕래합니다. 제가 마음을 알아차린다고 해서 마음을 알아차리는 수행을 집착하고 있었던 것은 이것을 상근기라고 생각한 것과 무관하지 않습니다. 이러한 결과는 그렇게 잘되던 수행이 잘 안 되었다는 것입니다. 그러나 저의 스승으로부터 몸의 중요성을 듣고 다시 몸을 알아차려서 수행의 균형을 이룬 뒤에 상근기와 하근기가 따로 있는 것이 아니라는 사실을 비로소 알았습니다. 그래서 한순간의 마음에 낮고 높은 두 가지의 마음이 모두 포함되어 있는 것입니다.

지금까지 먼저 몸을 알아차려서 집중력을 키우는 것의 중요성을 말씀드렸습니다. 집중력은 고요한 마음이 전제된 것입니다. 그래서 고요한 마음이란 직관력을 키우는 힘입니다. 그러므로 우리는 마음을 알아차리기 위해서 반드시 먼저 몸을 알아차려서 집중력을 키운 뒤에 그 집중의 힘으로 빠르게 일어나고 사라지는 마음의 흐름을 알아차릴 수가 있는 것입니다.

처음부터 마음을 알아차리는 수행이 어렵다는 사실은 경우에 따라서는 매우 중요한 의미를 갖는 것입니다. 왜냐하면 수행은 단계가 있기 때문입니다. 그리고 아무리 능력이 있다고 하더라도 모든 사람의 마음은 같습니다. 반드시 기초의 과정을 거쳐서 다음 단계의 지혜가 나는 것만이 바른 수행자의 길이라는 사실을 우리는 오늘 다시 한 번 확인해야 하겠습니다.

마음은 하나이며 그리고 한순간에는 하나의 마음만 있습니다. 상좌불교도의 마음과 대승불교도의 마음이 다르지 않습니다. 기독교도의 마음과 회교도의 마음이 다르지 않습니다. 종교가 있는 사람의 마음과 종교가 없는 사람의 마음이 다르지 않습니다.

그러나 매 순간마다 일어나는 마음의 종류는 모두 다릅니다. 마음은 아는 것으로는 하나이지만 태어난 세계와 정신적 수준과 쓰임새에 따라서 여러 가지의 마음으로 구별합니다. 마음은 마음의 작용을 말할 때의 마음이 있고, 감각기관의 하나인 마음이 있고, 대상을 아는 마음이 있습니다. 이것을 한문으로는 심心, 의意, 식識이라고 합니다.

그러나 이런 마음은 모두 같은 마음이며, 필요에 따라서 다르게 부릅니다. 이런 마음을 이해하지 못하면 특별히 다른 마음이 있는 것으로 오해하기 때문에 마음을 찾게 됩니다. 마음을 찾으면 마음을 알 수가 없습니다. 지금 현재를 알고 있는 그 마음을 알아차리는 것이 바로 마음을 알아차리는 수행입니다.

마음을 알아차리려고 마음을 찾아서는 안 됩니다. 마음은 대상을 아는 것입니다. 그래서 대상이 없으면 일어나지 않습니다. 이런 마음을 어디서 찾아서는 안 됩니다. 마음은 항상 현재 여기에 있습니다. 항상 여기 마음자리에서 대상을 받아들이기 때문에 마음을 알아차리기 위해서 다른 곳으로 가서는 안 됩니다.

위빠사나 수행은 여섯 가지 감각기관인 육입에 감각대상인 육경이 와서 부딪혀서 마음이 아는 것입니다. 그래야 바르게 알아차릴 수가 있습니다. 이 말은 보이는 대상이 카메라 렌즈에 와서 부딪히는 것과 같습니다. 렌즈가 피사체에 가서 장면을 담아오는 것이 아닙니다. 밖에 있는 장면이 렌즈에 와서 닿아서 영상이 찍히는 것입니다.

수행자는 여섯 가지 감각기관에서 대상을 알아차려야 합니다. 눈이 물체가 있는 밖으로 나가면 마음이 밖으로 나간 것입니다. 그러면 마음이 대상을 따라다니게 됩니다. 그럴 때는 알아차리기가 어렵고 고요함이 생기지 않습니다. 왜냐하면 밖에 있는 대상에 마음이 팔리기 때문입니다. 이 상태가 바로 갈애가 일어나 집착을 하기 시작하는 순간입니다.

물론 밖에 있는 대상에 마음을 보내서 알아차리는 경우도 있지만, 처음에는 감각기관에서 대상을 알아차리는 것이 수행의 순서입니다. 이런 순서를 지켜야 알아차리는 힘이 생깁니다. 이처럼 감각기관에서 감각대상을 알아차리면 대상에 대한 선입관 없이, 대상에 대한 좋고 싫음 없이 알아차릴 수가 있습니다. 이것과 마찬가지로 마음을 알아차릴 때도 마음이라는 감각기관에 마음을 두고 알아차려야 합니다. 이것이 마음을 알아차리는 중요한 기본입니다.

자, 수행자 여러분! 잠시 제 말을 주목하고 따라서 해보십시오. 이제 수행자 여러분은 현재의 자세 그대로 잠시 눈을 감아 보십시오. 그리고 현재의 마음을 알아차려 보십시오. 무엇이 있습니까? 아무것도 없을 것입니다. 지금 이 순간에 여러분들은 마음을 보려고 마음을 찾았습니다. 그러니 마음이 없는 것입니다.

마음은 한순간에 하나밖에 없기 때문에 현재 무슨 마음이 있는가, 찾는 마음이 일어난 것입니다. 그래서 찾는 마음이 있기 전의 있던 마음은 사라지고 현재 마음을 보려고 하는 새로운 마음이 일어난 것입니다. 이때 마음을 보려고 한 것이 대상입니다. 그래서 '현재 내 마음이 마음을 보려고 하고 있네!'라고 알아차려야 합니다. 이것이 마음을 알아차리는 것입니다. 그러므로 마음을 알아차리기 위해서 다른 곳에서 찾거나 무엇인가 구체적인 형상을 찾아서는 안 됩니다. 마음을 알아차린다는 것은 일하는 그 마음을 알아차리는 것으로 등잔불이 등잔불을 보는 것입니다.

물론 현재의 마음을 알아차리면 때로는 있던 마음이 남긴 느낌의 잔재가 있을 수 있습니다. 그것도 대상의 하나입니다. 그러나 그것은 마음이 아니고 마음에 의해서 일어난 느낌입니다. 이것은 마음과 느낌을 연계해서 보는 다른 수행방법의 하나입니다. 마음이 있는 자리는 현재입니다. 마음을 몸에서 찾아서는 안 됩니다.

마음자리를 빨리어로 빠리무캄parimukham이라고 합니다. 이 말은 면전에서 또는 앞에 서라는 말입니다. 면전이란 얼굴을 마주 대한 앞이라는 의미로 눈앞을 말합니다. 그래서 이것을 편의상 전면이라고 합니다. 경전에는 부처님께서 자리에 앉아 전면에서 일어나고 꺼지는 호흡을 보셨다는 말씀이 있습니다.

이것은 호흡을 몸에서 알아차린 것이 아니고, 전면의 마음자리에서 알아차린 것을 말합니다. 이 방법이 바로 마음을 알아차리는 수행자들의 수행방법입니다. 전면이라고 해서 꼭 전면만을 의미하지는 않습니다. 때로는 위에서, 옆에서, 뒤에서 보는 느낌을 느낄 수도 있을 것입니다. 이런 것들을 요약하면 몸이 아닌, 몸 밖에서 알아차리는 것을 말합니다. 그래서 편의상 전면이지, 몸이 아닌 어느 위치에서 알아차리는 것이 전면이라는 말에 모두 포함됩니다.

마음이 전면에 있다는 것을 이해하기 위해서는 잠시 몸과 마음의 관계를 알아야 합니다. 부처님 당시에 마음이 뇌에 있다는 학파와 마음이 심장에 있다는 학파가 있었습니다. 이들이 부처님께 마음이 어디에 있느냐고 질문을 했습니다. 그러자 부처님께서는 마음은 몸과 함께 있다고 말씀하셨습니다. 그러므로 마음이 몸의 어느 특정 부위에 있다고 말씀하지 않으셨습니다.

마음이 몸 밖에 전면에 있다는 것은 마음이 몸을 벗어나서 밖에 있다는 것이 아닙니다. 누구나 태어날 때 재생연결식이 생긴 뒤에 몸이 만들어져서 몸과 마음이 결합되면 일생 동안 마음이 몸을 떠나지 않습니다. 만약 마음이 몸을 떠난다면 죽을 때입니다. 죽을 때 마지막 마음이 일어나서 사라지면 몸의 기능도 똑같이 소멸합니다. 그리고 마음도 끝납니다.

그러므로 엄격한 의미에서는 유체이탈이란 있을 수 없습니다. 단지 여기서처럼 전면에서 지켜보는 마음을 유체이탈이라고 느낄 뿐입니다. 이때도 마음은 몸 밖에 있는 것이 아니고 몸과 함께 있습니다. 이때 전면에서 알아차릴 수 있는 것은 마음이 매 순간 일어나고 사라지기 때문에 생긴 입체적 현상입니다. 일어난 마음은 빠르게 사라지고 새로운 마음이 일어나기 때문에 이 과정에서 전면이라는 공간이 생긴 것이지 실제로 마음이 밖으로 나간 것은 아닙니다.

자! 수행자 여러분께서는 잠시 눈을 감아 보십시오. 그리고 과거에 다니던 초등학교를 생각해 보십시오. 아니면 함께 놀던 친구를 생각해 보십시오. 아니면 옛날의 그 선생님을 생각해 보십시오. 좋습니다. 이제 눈을 뜨십시오. 지금 수행자 여러분들은 과거의 학교와 친구를 그리고 선생님을 생각했습니다. 이때 여러분들이 과거를 생각한 자리가 바로 마음자리입니다. 이것이 바로 전면입니다.

여러분들은 지금 몸이 아닌 공간에서 생각을 했습니다. 뇌에서 생각한 것도 아니고 심장에서 생각한 것도 아닙니다. 우리가 바로 이 마음자리에서 생각을 하고 대상을 압니다. 그래서 마음을 알아차릴 때도 이 마음자리에서 알아차려야 합니다. 그러나 이 자리는 어느 곳에 한정되어 있지 않습니다. 그래서 그냥 편의상 전면이라고 말합니다.

그러므로 마음은 몸의 어느 위치에도 있지 않기 때문에 물론 가슴에도 없습니다. 마음이 심장을 토대로 일어났다는 것은 정신과 물질이 일어난 토대를 말하는 것이지 그곳에 마음이 거주하며 머문다는 것은 아닙니다. 여기서 말하는 토대는 원인과 결과로써의 의미를 말합니다.

저희 쉐우민 스승님께서는 마음을 알아차리라고 말씀하시면서 항상 가슴을 가리키십니다. 그래서 저도 처음에는 마음을 알아차리기 위해서 항상 가슴을 주시했습니다. 그러나 그곳에 마음은 없고 무겁고 단단한 느낌만 있었습니다. 너무 힘을 주어서 지켜보았기 때문에. 그것은 없는 마음을 보기 위해서 안간힘을 쓴 결과였습니다. 그곳에서 마음을 알아차리려고 너무 힘을 주어서 집중을 했기 때문에 얼마 지나서 가슴이 답답하고 무겁고, 심지어는 숨을 쉴 수가 없었습니다. 이런 말을 스승께 말할 수도 없었습니다. 왜냐하면 근기가 없는 사람이라고 할까 봐 말도 못하고 그냥 마음을 알아차리는 수행을 포기하고 말았습니다.

이렇게 얼마간의 시간이 흐른 뒤에 우연히 마음을 알아차리기 시작한 뒤부터 마음이 가슴에 있지 않다는 것을 알았습니다. 스승께서 가슴을 가리키신 것은 마음을 알아차린 뒤에 마음이 남긴 느낌을 가슴에서 알아차리라는 의미라는 사실을 알았습니다. 마음은 빠르게 일어나고 사라지기 때문에 처음에는 마음을 붙잡고 있기가 어렵습니다. 그래서 마음을 알아차린 뒤에 마음이 남긴 느낌을 가슴에서 지켜보라는 매우 훌륭한 방법을 알려주신 것입니다. 마음과 가슴의 느낌을 연계해서 알아차리는 것은 뒤에 다시 말씀드리겠습니다.

다음에는 마음을 알아차리기 위해서 마음을 새로 내는 것에 대해서 말씀을 드리겠습니다. 마음을 새로 낸다는 것은 마음을 알아차리기 위해서 새로 의도를 일으킨다는 것입니다. 이런 의도는 노력의 일환으로 생기는 것입니다. 그러므로 마음은 저절로 알아차릴 수 있는 것이 아닙니다. 반드시 마음을 알아차리려는 의도가 선행되는 노력을 해야 비로소 마음을 알아차릴 수가 있습니다.

수행은 한 가지만 가지고 되지 않습니다. 수행은 믿음과 노력과 알아차림과 집중과 지혜가 하는 것입니다. 이상 다섯 가지를 오근이라고 합니다. 믿음이 앞에서 이끌어주면 노력을 하게 되고, 노력을 해야 비로소 알아차릴 수가 있습니다. 알아차릴 때 계속해서 노력을 하면 바로 집중이 됩니다. 이처럼 집중이란 알아차림을 지속하는 것입니다. 반드시 이러한 집중력에 의해서 지혜가 성숙됩니다.

그래서 수행의 시작은 알아차림이고, 다음 목표가 집중이며, 이러한 집중에 의해서만 지혜가 납니다. 이렇게 해서 생긴 지혜는 다시 앞에서 믿음과 함께 힘을 합쳐서 더 열심히 노력을 하도록 합니다. 그래서 지혜가 알아차림을 만든다고 말하는 것입니다. 그러면 오근이 오력이 되어 수행을 하는 힘이 생깁니다.

　만약 수행이 잘된다면 이상 다섯 가지의 기능이 정상적으로 작용한 것입니다. 그러나 수행이 잘 안 된다면 이상 다섯 가지의 기능이 정상적으로 작용하지 않은 것입니다. 그러나 다섯 가지 중에서 실제로 수행을 실천하는 것은 노력과 알아차림과 집중입니다. 수행을 한다는 것은 노력과 알아차림과 집중력의 힘을 키우는 것입니다. 이 세 가지의 힘이 오근을 조화롭게 하여 오력을 키웁니다. 이러한 힘이 있어야 수행을 잘할 수 있는 데, 이것이 바로 마음을 새로 내게 하는 힘입니다. 이 힘이 없으면 마음을 새로 낼 수가 없습니다. 마음을 새로 낸다는 것은 다음 대상을 알아차리기 위해서 한 번 더 노력을 하는 것입니다.

　마음을 새로 낸다는 것을 두 가지 측면에서 살펴보겠습니다. 첫째, 알아차림을 지속해서 집중이 되면 계속해서 마음을 새로 내고 있는 것입니다. 그러나 이 경우는 마음을 새로 낸다고 인식하기가 어렵습니다. 그러므로 마음을 새로 내는 것을 인식할 수 없더라도 계속해서 알아차려야 합니다.

　매 순간 마음을 새로 낸다고 알지 못하지만 새로 일어나고 있다는 것을 아는 것이 지혜입니다. 바퀴가 굴러갈 때 바닥에 닿는 점은 언제나 하나입니다. 아무리 빠르게 굴러가도 닿는 접점은 오직 하나뿐입니다. 이것이 매 순간 변하는 것은 현재입니다. 그래서 실재하는 것은 현재밖에 없습니다. 바퀴가 바닥에 닿는 순간에 생긴 접점은 이미 사라지고 계속해서 새로운 면과 부딪칩니다.

　대상을 알아차리는 것도 이와 똑같습니다. 이처럼 알아차림을 지속하는 것이 계속해서 새로운 대상과 만나는 것입니다. 이때 매 순간 새롭다는 것을 알기 위해서는 대상의 변화를 주목해야 합니다. 그래서 대상이 매 순간 새로운 것이라고 알면 그것을 아는 마음도 자연스럽게 새로 일어나는 것입니다. 알아차릴 대상이 같은 것이 아니고 새롭게 느낄 때 지루하지 않고 흥미를 느낍니다. 이런 과정에 의해서 집중력이 생기고 무상을 알 수가 있습니다.

떠난 것을 아쉬워하지 마십시오. 누구나 떠나게 되며, 다만 늦고 빠르고의 시간이 다를 뿐입니다. 떠난 것은 이미 과거입니다. 새로운 만남에 충실하십시오. 실재는 현재에만 있습니다. 떠난 것이 사람이 되었건, 시간이 되었건, 명예나 재산이나 건강이 되었건 모두 지나간 것입니다. 떠난 것들은 저마다 조건에 의해서 떠난 것입니다. 거기에는 떠난 것도 없고, 떠나보낸 것도 없고, 오직 무상만 있습니다.

누구도 이 흐름을 막을 수는 없습니다. 떠남을 아쉬워하거나 미워하면 불선업을 짓는 것이며, 떠남을 떠남으로 받아들이면 법을 보는 것입니다. 떠남으로 인해 괴로울 때는 오히려 너무 오래 함께했던 것에 감사해야 합니다.

오늘도 마음을 새로 내는 것에 대해 말씀드리겠습니다. 대상을 보고 화가 났을 때 화가 난 것을 알아차립니다. 이때는 화가 난 것을 알아차리는 1차적 현상이 생긴 것입니다. 그런 뒤에 화가 난 마음을 알아차립니다. 이때 화가 난 것을 알아차린 뒤에 화가 난 마음을 알아차리려면 마음을 새로 내야 합니다. 이것이 바로 2차적 현상입니다.

여기서 마음을 새로 낸다는 것이 마음을 이해하는 데 도움이 될 뿐만 아니라 마음을 알아차리는 데 필요한 사항입니다. 이때 새로 낸다는 인식이 분명해야 마음을 새로 낼 수 있습니다. 다시 말하자면 첫 번째 알아차림은 대상을 지속적으로 알아차리는 과정이라서 마음을 새로 내는 것이라고 인식하기가 어렵습니다. 그러나 화가 난 것을 알아차린 뒤에 화가 난 마음을 알아차리려면 마음을 새로 낸다는 것을 분명하게 인식해야 합니다.

이렇게 마음을 알아차리기 위해서 마음을 새로 낸다는 것을 알아야 비로소 보이지 않는 마음을 알 수 있게 됩니다. 마음을 알아차리는 것은 전에 해보지 않은 것이라서 마음을 알아차리려는 새로운 의지가 있어야 합니다. 그렇지 않으면 마음을 알아차릴 수가 없습니다. 무엇이나 저절로 되지 않습니다. 수행은 무엇을 하건 반드시 하려는 의도가 있어서 하는 것입니다. 그러므로 마음을 알아차리는 것이 노력을 하지 않는데도 저절로 되는 것이 아닙니다. 마음을 새로 내기 위해서 노력을 했기 때문에 마음을 알아차리는 것입니다. 경험하지 않은 정신세계를 가기 위해서는 새로운 마음가짐을 가지고 대처해야 합니다.

이 말의 이해를 돕기 위해서 예를 하나 들어 보겠습니다.

제가 어느 날 큰 스승님을 뵙고 면담을 할 때 이렇게 말씀드렸습니다.
"스승님, 몸의 호흡이 사라졌습니다. 몸의 느낌도 사라지고 호흡도 사라져서 느낌과 호흡을 모두 알아차릴 수가 없습니다."
그러자 큰 스승께서는 이렇게 말씀하셨습니다.
"호흡이 어떻게 사라지는가? 호흡이 사라지지 않으니 계속해서 알아차려라."
저는 다시 이렇게 답했습니다.
"사라졌습니다. 지금 몸도 없고 호흡도 없어서 아무것도 알아차릴 것이 없습니다."
그러자 스승께서는 저를 그윽이 보시더니 이렇게 말씀하셨습니다.
"그러면 아는 마음을 알아차려라."
"아는 마음을 어떻게 알아차립니까?"
"나중에 생긴 마음이 먼저 있는 마음을 알아차려라."
"스승님, 나중에 생긴 마음이 먼저 있는 마음을 어떻게 알아차립니까?"
"마음을 새로 내라."
이것이 3년 동안 있었던 스승님과 나눈 마지막 면담이었습니다. 그리고 그 이후에 스승님께서는 열반하셨습니다.

이때 마음을 알아차리는 수행을 하고 있을 때라서 스승님의 간결한 답변에 그간 마음에 품었던 의문이 일시에 사라졌습니다. 이상의 대화에서 마음이 무엇인지를 명쾌하게 알았을 뿐만 아니라 마음을 알아차리는 것에 대한 이론과 방법을 비로소 배울 수 있었습니다.

스승님의 말씀으로 인해 마음이란 매 순간 일어나고 사라지는 것이라서 같은 마음이 아니라는 것을 분명하게 확인할 수 있었습니다. 그리고 마음을 알아차리기 위해서는 반드시 마음을 새로 내야 한다는 것을 분명하게 알았습니다. 그래서 수행자가 마음을 알아차리지 못하는 것은 마음을 알아차리기 위해서 마음을 새로 내지 않았던 것입니다. 이처럼 마음을 새로 내는 것은 노력을 해야지 저절로 되는 것이 아닙니다.

스승님과의 면담에서 저는 호흡이 사라졌다고 말씀드렸는데 스승님께서는 호흡이 사라지지 않는다고 말씀하셨습니다. 이 두 가지는 모두 맞는 말입니다. 수행자가 수행을 하면 먼저 몸의 느낌이 사라지는 과정이 있습니다. 그런 뒤에 다시 호흡이 사라집니다. 이때 호흡이 완전하게 정지된 것이 아닙니다. 호흡이 완전하게 끊어지면 죽습니다. 그러나 집중에 의해 호흡이 미세해져서 의식할 수 없는 상태가 옵니다. 이때 호흡이 사라진 것과 함께 몸이 사라집니다. 스승들은 이러한 상태에서 다음 단계로 '앎'을 하라고 말합니다.

하지만 이러한 집중의 상태가 아닌 경우라도 호흡이 사라졌다고 말하는 경우가 있습니다. 수행자들이 들뜨고 알아차리는 힘이 약하면 호흡은 있지만 알아차리지 못하는 경우가 많습니다. 이때도 수행자들은 호흡이 사라졌다고 말하는 경우가 있습니다. 그래서 스승께서 말한 호흡이 사라지지 않는다는 것은 집중이 되지 않은, 이러한 일반적 상태를 말한 것입니다.

'앎'은 아는 마음을 말합니다. 몸이 소멸했으니 남는 것은 마음밖에 없으므로 당연히 마음을 알아차리는 것이 다음 순서입니다. 수행은 반드시 무엇인가 알아차릴 대상이 있어야 합니다. 이것을 '법'이라고 합니다. 그래서 이때는 몸이 사라졌으므로 불가피하게 깨어 있는 마음이 대상이라는 마음을 알아차려야 합니다. 일반적으로 집중에 의해 몸이 사라졌을 때 수행자들이 많은 혼란을 겪습니다.

아는 마음을 알아차리라는 지도를 받았어도 이 말을 정확하게 이해하기 어렵기 때문에 혼란을 겪습니다. 왜냐하면 이것이 마음을 알아차리는 것이기 때문입니다. 마음에 관한 것은 말을 듣는 것만으로는 하기가 어렵습니다. 그리고 이런 경우에는 아는 마음을 알아차리지 못해서 당연히 헤맬 수밖에 없습니다. 그렇게 되면 어떤 표상을 만들어서 보기 때문에 수행이 다른 방향으로 갑니다. 그러므로 아는 마음을 알아차리는 것을 알았다 해도 이해하기가 힘들고 모르기 때문에 힘들어서 누구나 방황하는 단계가 오기 마련입니다.

이 과정에서 바르게 수행을 해서 아는 마음도 사라지면 이것이 바로 열반에 이르는 것입니다. 그리고 이 상태는 아는 마음이 사라졌기 때문에 인식할 수 있는 의식이 끊어집니다. 이 순간의 마음은 의식하지 못하는 상태라서 열반을 대상으로 흐릅니다. 몸의 느낌과 호흡까지 사라졌다는 것은 이처럼 중요한 순간에 직면한 것입니다. 이때는 전적으로 스승의 가르침을 따라야 합니다. 물론 이러한 과정을 충분히 알 수 있는 스승이어야 하는 것은 당연합니다. 이러한 상황이 오면 스승은 여러 가지 수행에 대한 지침을 내려줍니다. 그래서 확신에 찬 믿음을 가지고 스승을 따라야 합니다.

수행자가 가지고 있는 것은 몸과 마음인데 만약 몸의 느낌과 호흡이 미세해져서 알아차릴 수가 없으면 사라진 것을 다시 찾아서는 결코 안 됩니다. 사라진 것을 다시 찾는 것은 수행을 퇴보시키는 것입니다. 몸의 느낌이 사라진 상태는 집중력이 생긴 상태입니다. 그런데 사라진 것을 다시 찾으면 더 이상 다음 단계의 지혜로 발전하지 못합니다. 수행자는 계속해서 앞으로 나아가야 할 단계가 많이 있는 것입니다. 이처럼 위빠사나 수행에서 또 하나 중요한 사실은 사라진 것을 찾지 말아야 하는 것입니다. 계속해서 알아차릴 대상이 많은데 사라진 것을 찾는다면 당연히 수행이 후퇴합니다.

특히 위빠사나 수행은 번뇌가 소멸하는 것을 목표로 하기 때문에 더욱 그렇습니다. 몸이 사라졌다는 것은 몸으로 인해서 생긴 번뇌가 사라졌다는 것을 의미합니다. 그러므로 이미 지나간 것이나 소멸한 것은 다시 찾지 않는 것이 위빠사나 수행의 불문율입니다.

사라진 것을 다시 찾는 것이 바로 어리석은 집착이라고 알아야 합니다. 만약 몸의 느낌이나 호흡이 사라져서 '앎'을 해야 할 때는 지금까지 해오던 수행방법으로는 더 이상바르게 할 수 없습니다. 그래서 이 단계에 맞는 새로운 수행을 해야 합니다. 이것이바로 마음을 알아차리는 수행입니다.

그래서 평소에 마음을 알아차리는 수행을 하면 가장 중요한 순간에 좋은 결과를얻을 수 있습니다. 그렇지 않으면 지나치게 힘을 써서 장애가 생길 수 있고, 답을 얻지못해 수행을 왜곡해서 다른 길로 갈 수도 있습니다. 그리고 수행을 포기할 수도 있습니다. 이는 매우 안타까운 일이 아닐 수 없습니다. 조금만 바르게 노력을 하면 더 좋은결과를 얻을 수 있음에도 불구하고 여기서 그치고 만다는 것은 실로 애석한 일입니다.어떤 의미에서 이것은 선업의 과보가 적기 때문일 수도 있습니다.

좋은 결과가 목전에 있다는 것은 그만큼 위험도 따릅니다. 그래서 이 상황에서는반드시 경험이 있는 스승의 가르침이 필요합니다. 그리고 자신의 마음가짐도 더욱 조심해야 하며, 불필요한 일에 연루되지 않도록 주의해야 합니다. 이는 마치 큰일을 앞둔사람이 각별한 주의를 하는 것과 같습니다. 이 상황이 그대로 지속되어 좋은 결과를얻는 것과 얻지 못하는 것의 차이는 매우 큽니다.

모든 것은 원인이 있어서 생긴 결과입니다. 중요한 것은 어떤 원인을 더 많이 만드느냐 하는 것입니다. 선한 원인을 많이 만들면 반드시 선한 과보를 받습니다. 그러나선하지 못한 원인을 많이 만들면 반드시 선하지 못한 과보를 받습니다. 여기서 원인은물줄기입니다. 선한 물줄기가 일어나면 선한 쪽으로 흘러가서 결국에는 지고의 행복을얻습니다. 그러나 이 길은 반드시 선하지 못한 과보의 방해를 받는다는 사실을 알아야합니다. 그래서 이 길은 홀로 가기가 어려운 길입니다. 물줄기는 한곳으로 흐르지만때에 따라서는 역류한다는 사실을 잊어서는 안 되겠습니다.

다음에는 알아차림과 분명한 앎과 마음을 알아차리는 수행이 함께해야 되는 것에대해서 말씀을 드리겠습니다. 수행을 하기 위해서는 먼저 알아차림이 있어야 합니다.다음에 '분명한 앎'을 해야 합니다. 그리고 이들 두 가지와 함께 마음을 알아차리는 수행을 하면 가장 이상적인 조건으로 수행을 할 수가 있습니다.

알아차림과 분명한 앎은 두 개의 바퀴와 같습니다. 그러나 마음을 알아차리는 것은 마차를 모는 마부와 같습니다. 결국 마차는 마부가 모는 것이므로 마음을 알아차리는 것이 매우 중요합니다. 수행은 마차를 모는 마부도 있어야 하고, 마차가 굴러갈 수 있는 두 개의 바퀴도 있어야 하는 것처럼 반드시 이들 세 가지의 조화가 필요합니다.

일반적인 수행지침에서는 알아차림과 분명한 앎의 중요성에 대해서 많이 강조하고 있습니다. 그러나 이들 두 가지 외에 마음을 알아차리는 수행을 하면 대상을 관통해 버립니다. 일하고 있는 그 마음을 알아차리면 지속되는 흐름이 일시에 끊기게 됩니다. 그러므로 마음을 알아차리는 수행을 통해서 두 가지로도 해결하지 못하는 고질적인 문제에 대처해야 하겠습니다. 수행자는 오랜 축적된 성향으로 인해서 처음에는 대상을 알아차리기가 어렵고, 대상에 마음을 머물게 하기도 어렵습니다.

그래서 알아차림을 보완하는 분명한 앎을 해야 합니다. 그러나 가장 신속하게 대상을 통찰할 수 있는 방법은 일하는 그 마음을 알아차리는 것입니다. 대상을 알아차리는 것은 매우 적극적인 행위입니다. 그러나 마음이 대상에 머물려고 하지 않고 달아날 뿐만 아니라, 마음이란 일어난 상황을 받아들이려 하지 않는 일반적 경향이 있습니다.

이때 대상을 받아들이기 위해서는 분명한 앎을 해야 합니다. 알아차림이 대상을 겨냥 하는 창의 역할이라고 한다면, 분명한 앎은 대상을 받아들이는 방패 역할을 합니다. 그렇다고 해서 모든 것이 해결되는 것은 아닙니다. 그래서 마지막으로 대상을 관통하는 마음을 알아차리는 수행을 병행해야 하겠습니다.

부처님께서는 항상 대상을 알아차릴 것을 말씀하시고, 알아차림과 함께 분명한 앎을 할 것을 강조하셨습니다. 마치 바늘에 실이 가듯이 말입니다. 그러나 알아차림은 아무리 많아도 부족한 것입니다. 알아차림은 항상 부족하기 마련이라서 알아차림과 함께 분명 한 앎을 할 것을 말씀하셨습니다.

그러나 알아차림과 분명한 앎으로도 완전한 해결을 하기 어렵기 때문에 마음을 알아
차리는 수행을 해서 법의 성품을 보는 것이 오늘 우리들의 사명입니다.

　　고통스러운 과거는 나의 과거가 아닙니다. 그 순간은 이미 지나가고 사라져 버렸으며, 다만 기억 속에 저장되어 있는 것뿐입니다. 고통은 그것이 나의 것이라고 생각하기 때문에 겪게 됩니다. 나의 과거가 아니고, 한 편의 영화를 보듯이 분리해서 볼 수 있어야 합니다.

　　기억은 실재가 아닌 관념입니다. 관념은 허상입니다. 번뇌를 부수는 깨달음은 관념이 아닌 실재하는 현상에 머물 때에만 성취될 수 있습니다. 과거의 고통을 경험했다면 이제 내가 해야 할 일은 그런 원인을 새로 만들지 않는 것입니다.

　　이것이 세상을 살아가는 사람의 지혜입니다. 그러나 어리석음은 같은 원인을 끊임없이 되풀이합니다. 이것이 현재를 살아가는 범부의 숙명입니다. 여러분, 현자와 범부의 선택 중에서 어떤 것을 선택하겠습니까?

　　수행은 다섯 가지 근기를 가지고 하는 것이라고 말씀을 드렸습니다. 믿음, 노력, 알아차림, 집중, 지혜가 있어야 한다고 말씀드렸습니다. 이 중에서 믿음은 많아서도 안 되고, 부족해서도 안 되며, 적절해야 합니다. 믿음이 많으면 맹목적 신앙이 되고, 부족하면 지혜가 계발되지 않습니다. 노력도 마찬가지입니다. 노력이 많으면 들뜨고, 부족하면 게을러집니다. 그러나 알아차림은 아무리 많아도 부족합니다. 그래서 알아차림은 많을수록 좋습니다. 집중도 적절해야 합니다. 집중이 부족하면 고요함이 없고, 넘치면 졸음에 빠집니다. 지혜도 적절해야 합니다. 지혜가 부족하면 어리석고, 많으면 간교해집니다.

오직 알아차림 하나만 제외하고는 아무리 좋은 것이라도 많거나 부족하면 안 됩니다. 모든 것이 균형을 이룰 때 바른 견해가 생깁니다. 이것이 중도입니다. 중도적 관점으로 어느 것에도 치우치지 않아야 대상의 성품을 알 수 있습니다. 그래야 비로소 바른 견해를 가질 수가 있습니다. 이러한 중도를 유지하는 것이 바로 알아차림입니다.

알아차림이 있으면 믿음과 지혜가 균형을 이루게 됩니다. 그리고 노력과 집중이 균형을 이룹니다. 이처럼 믿음과 지혜가 균형을 이루도록 돕는 것이 알아차림이며, 노력과 집중이 균형을 이루도록 돕는 것이 알아차림입니다. 그래서 알아차림은 오근의 중심축에 속합니다. 그러므로 위빠사나 수행을 한마디로 요약하면 알아차림 하나라고 말하는 것입니다.

위빠사나 수행은 대상을 알아차리는 것입니다. 그래서 알아차림을 수행의 시작이라고 할 수 있습니다. 이것을 더 정확히 말하면, 첫째, 몸과 마음이라는 대상이 있어야 하고, 둘째, 대상에 마음을 보내는 행위인 알아차림이 있어야 하고, 셋째, 이것을 아는 마음이 있어야 합니다. 이상 세 가지 조건이 갖춰져야 수행을 하는 것입니다.

이때의 알아차림이란 마음이 아니고, 마음의 작용인 행위입니다. 알아차림이 없으면 하고 있는 것을 깨어서 알지 못합니다. 누구나 보고, 듣고, 냄새 맡고, 맛보고, 몸에 부딪히고, 생각합니다. 하지만 알아차림이 없기 때문에 무엇을 할 때 하는 것을 정확하게 알지 못하고 합니다. 그래서 그냥 무심히 합니다. 이처럼 무심히 하는 것은 수행이라고 말할 수가 없습니다. 이렇게 알아차림이란 대상에 마음을 정확하게 보내는 행위이고, 다시 이것을 마음이 받아들여서 아는 것입니다.

일반적으로 알아차린다고 할 때는 대상과 아는 마음이 생략되어 있습니다. 알아차림과 같은 뜻으로 쓰이는 본다, 이해한다, 겨냥한다, 관찰한다, 주시한다, 라고 말할 때에도 똑같이 대상과 아는 마음이 생략되어 있다고 알아야 합니다. 그래서 보고 안다, 이해하고 안다, 겨냥하고 안다, 관찰해서 안다, 주시해서 안다, 라고 하는 '안다'라는 마음이 뒤에 있다는 사실을 유념해야 합니다.

알아차림은 깨어 있는 마음으로 대상에 마음을 보내는 행위이므로 선한 행위에 속합니다. 그래서 선업입니다. 그렇기 때문에 계율을 지키는 행위입니다. 그러므로 알아차림 안에 있을 때 가장 안전하며, 부적절한 것으로부터 보호를 받을 수가 있습니다.

이러한 알아차림을 돕는 것이 바로 분명한 앎입니다. 알아차림이 대상을 겨냥하는 것이라면 분명한 앎은 대상을 이해하는 것입니다. 모든 대상은 저마다 특성을 가지고 나타납니다. 그래서 이러한 대상을 받아들이기 위해서는 알아차리는 사람의 마음가짐이 필요합니다. 이것이 분명한 앎입니다.

위빠사나 수행은 좌선과 경행을 할 때만 하는 수행이 아닙니다. 일상의 모든 대상을 알아차리는 수행입니다. 그러나 사실 모든 경우에 모두 알아차리기는 어렵습니다. 그래서 알아차림을 일상의 생활로 끌어들이기 위해서는 분명한 앎을 해야 합니다. 분명한 앎이란 분명한 이해를 말하는 것입니다. 그래서 나타난 대상을 이해하고 지혜로 지켜보는 수행입니다.

수행자가 바른 알아차림으로 있는 그대로 대상을 지켜보면 올바른 통찰력이 생깁니다. 그러면 대상에 대한 목적과 대상의 적합성과 대상에 대한 영역과 대상의 실재에 대한 이해가 생기게 됩니다. 이것이 바로 분명한 앎입니다. 이러한 이해는 바른 알아차림의 결과로서 지혜에 속합니다. 그래서 위빠사나 수행은 반드시 이러한 분명한 앎의 지혜가 필요합니다. 알아차림과 함께하는 분명한 앎은 네 가지가 있습니다.

첫째, 유용성에 대한 분명한 앎입니다. 이것은 알아차릴 대상의 목적을 분명하게 이해하는 것입니다. 수행자는 현재 자신이 하고 있는 행위에 대하여 분명한 목적의식을 가지고 해야 합니다. 생각하거나 말하거나 행동할 때 이것이 이로운 것인지, 해로운 것인지를 알아차려서 이로운 것을 선택하도록 해야 합니다.

목적에 대한 분명한 앎은 부처님의 가르침을 이해하고 수행을 실천하는 것입니다.

그래서 고집멸도라는 사성제를 알아 가장 숭고한 길을 가는 것입니다. 수행을 할 때는 그만두고 싶은 유혹이 계속됩니다. 이때 수행을 계속하는 것이 이익인지, 그만두는 것이 이익인지 알아차려서 수행의 목적에서 벗어나지 않아야 합니다. 그렇지 않으면 습관적인 것을 선택하여 목적을 잃어버리고 맙니다. 이익이란 매우 중요한 것입니다. 목적 또한 매우 중요한 것입니다. 만약 이익을 선택하지 못하면 손실이 따른다는 것을 분명하게 알아야 합니다. 그래서 우리들에게 목적은 그 목적만큼의 중요한 이익을 주는 것입니다.

둘째, 적합성에 대한 분명한 앎입니다. 이것은 자신이 하는 행위가 유익하고 건전한가에 대해서 분명하게 아는 것입니다. 수행자는 여러 가지 제약 속에서 수행을 해야 합니다. 누구나 완벽한 조건이 성숙된 상태에서 수행을 하기란 어렵습니다. 이러한 적합성에 대한 분명한 이해가 생기면 수행자에게 주어진 시간과 장소와 개인적 성격 등을 고려할 수 있게 됩니다. 때와 장소와 자신의 성격을 이해하면 이에 따라서 여러 가지 알맞은 방편을 사용할 수 있습니다.

우리는 무턱대고 수행을 할 수 없는 것입니다. 여러 가지 상황과 그리고 자신의 성격이 있기 때문입니다. 생각과 말과 행동이 이롭고 유익하다고 할지라도 시기와 장소에 따라서 적절한가를 아는 것이 지혜입니다. 법을 나눌 때도 바쁜 사람을 붙잡고 말하는지, 원하지 않는 사람에게 나누는지도 알고 이로움이 없다면 삼가는 것이 좋습니다. 아무리 좋은 것이라고 해도 상대가 받아들이려고 하지 않는데 그것을 자꾸 주려 하면 그 또한 상호 괴로움이 계속되는 것입니다. 이상의 두 가지 유용성에 대한 분명한 앎과 적합성에 대한 분명한 앎은 일상생활을 하면서 필요한 것들입니다. 그리고 이들 두 가지는 종교적인 것 이상에 속합니다.

셋째, 감각대상에 대한 분명한 앎입니다. 감각대상에 대한 분명한 앎은 수행자가 수행은 감각기관이 감각대상에 부딪혀서 아는 마음을 갖는 것이라고 이해하는 것입니다. 선정수행을 할 때는 선정수행의 대상에서 벗어나지 말아야 합니다. 위빠사나 수행자는 사념처 수행의 대상인 몸과 마음에서 벗어나지 말아야 합니다.

그래서 수행자가 자신이 알아야 할 대상의 영역에서 벗어나서는 안 됩니다. 그러므로 각자 자기에게 알맞은 수행을 해야지 엉뚱한 것을 붙들고 그것을 상상하거나 생각해서는 안 됩니다. 몸에서 일어난 현상은 분명하게 물질적 현상이라고 알아야 합니다. 마음에서 일어난 현상은 분명하게 정신적 현상이라고 알아야 합니다.

만약 관념적인 생각에 빠져 있거나 몸과 마음의 대상이 아닌 것은 영역에서 벗어난 것이라고 알아차리고 수행의 대상인 고유한 영역으로 돌아와야 합니다. 특히 알 수 없는 것을 대상으로 한다거나 풀 수 없는 의문을 갖게 될 때 이것을 알아차리고 실재하는 몸과 마음으로 돌아와야 합니다.

넷째, 어리석지 않음에 대한 분명한 앎입니다. 이것이 현혹되지 않은 앎이며, 실존에 대한 분명한 앎을 말합니다. 대상을 알아차릴 때 어리석은 마음으로 알아차리는지 또는 어리석지 않은 마음으로 알아차리고 있는지 이것을 알고 수행을 해야 합니다.

어리석지 않은 마음으로 대상을 알아차리면 유신견, 상견, 단견을 갖지 않고 알아차리게 됩니다. 그래서 모든 대상이 가지고 있는 일반적 특성인 무상, 고, 무아를 알게 됩니다. 이러한 무상, 고, 무아는 생각으로 알아서는 그의 참 성품을 알 수 없고, 반드시 몸과 마음을 알아차리는 실천적 수행을 통해서만이 알 수 있는 것입니다. 이상의 두 가지 분명한 앎은 진실을 알기 위해서 필요한 일상생활에서의 알아차림에 속합니다. 그래서 이상을 실현하기 위해서 직접 체험하는 것입니다.

지금까지 말씀드린 알아차림과 분명한 앎은 수행에 기본이 되는 두 가지의 축입니다. 그러나 이것들은 알아차림이라는 하나의 틀 안에서 일어나는 두 가지의 요소입니다. 이것들은 모두 마음이 있어서 하는 행위에 속합니다. 그러므로 이 두 가지는 알아차림이지, 일하는 마음 그 자체를 알아차리는 수행은 아닙니다.

그래서 다음으로 대상을 알아차리고 분명한 앎을 하는 그 마음을 알아차리는 수행에 대해서 말씀드리겠습니다. 바로 이 수행이 마음을 알아차리는 수행입니다. 위빠사나 수행을 하면서 마음을 알아차린다는 것은 매우 상징적인 의미를 갖고 있습니다. 마음을 알아차리는 것은 살아 있는 생명력의 현장이며, 살아 있는 그 실체를 직접 대상으로 삼아서 알아차리는 것이기 때문입니다.

마음은 보이지 않는 것이라서 추측만 했을 뿐이지 실제로 그것이 무엇인지는 알 수가 없습니다. 하지만 생명력을 대상으로 한다는 것에서는 이것은 관념이 아닌 실재하는 것을 알아차리는 것입니다. 그래서 몸과 마음을 알아차리는 것이 갖는 의미는 매우 현실적이고 중요합니다. 불교와 달리 다른 종교에서는 초월적 존재나 창조주에 귀의하는 것이라서 대상을 알아차리는 출발부터 현격한 차이가 있습니다. 이것은 알 수 없는 것과 알 수 있는 것의 차이입니다.

이처럼 위빠사나 수행이 몸과 마음을 대상으로 한다면 다른 종교는 신을 대상으로 하기 때문에 출발이 다르다는 것을 이해해야 합니다. 이러한 관점의 차이가 있기 때문에 수행을 하면서 불필요한 일에 옳고 그름을 따져서는 안 됩니다. 무엇이나 서로 지향하는 것이 다르면 그대로 존중하는 것이 이익입니다. 특히 무엇이 옳고 그른가는 위빠사나 수행의 대상이 아니라는 사실을 유념해야 하겠습니다.

모든 현상계를 아는 것이 마음입니다. 여섯 가지 감각기관이 여섯 가지 감각대상에 부딪힐 때 여섯 가지 아는 마음이 없으면 아무것도 없습니다. 물론 여기에 똑같이 필요한 것이 감각기관과 감각대상과 여섯 가지 아는 마음입니다. 그래서 위빠사나 수행을 하면서 마음을 알아차린다는 것은 모든 것의 가장 핵심적 주제를 대상으로 한다는 사실을 알아야 합니다. 바로 여기에 깨달음이 있고, 윤회가 끝나고, 지고의 행복이 있습니다.

마음이 모든 것을 이끕니다. 이렇게 모든 것을 이끄는 마음을 알아차린다는 것은 사실 모든 것을 다 알 수 있다는 것입니다. 마음이 모든 행위에 앞서가기 때문에 선한 마음이 있으면 선한 행위를 하고, 선하지 못한 마음이 있으면 선하지 못한 행위를 합니다. 그렇기 때문에 일하는 그 마음을 알아차리면 항상 선한 마음이 되어서 선한 행위를 하고, 그 결과로 선한 과보를 받습니다. 그러니 이것보다 더 좋은 일이 어디에 있겠습니까?

마음은 내부에서 일어난 마음이 있습니다. 탐욕, 성냄, 어리석음이란 선하지 못한 마음이 끊임없이 일어납니다. 그리고 관용, 자애, 지혜라는 선한 마음도 끊임없이 일어납니다. 이것들이 모두 알아차려야 할 대상입니다.

자신이 한 일을 인정받으려고 하지 마십시오. 다만 할 일이라서 한 것뿐입니다. 그래야 남의 비난으로부터 자유로울 수 있습니다. 인정받으려고 일을 하면 계속해서 남의 시선을 의식하여 일을 꾸미게 됩니다. 그러면 진실하지 못한 것입니다. 남을 의식하여 더 열심히 행동하면 무리하게 되어 오히려 쉽게 포기하거나 좌절합니다. 남을 배려하는 것과 인정받으려고 하는 것은 다릅니다. 자기 할 일을 하는 사람은 수행자이며, 인정받으려는 사람은 어린아이와 같습니다.

계속해서 마음을 알아차리는 수행에 대해서 말씀을 드리겠습니다.

마음은 외부에서 찾아와 일어나는 마음도 있습니다. 눈과 귀와 코와 혀와 몸을 통해서 외부의 감각대상이 가지고 오는 마음이 있습니다. 이것도 역시 선심과 불선심으로 나눕니다. 이것들도 모두 알아차려야 할 대상들입니다.

수행도 집중을 위해서 관념을 대상으로 하는 선정수행이 있습니다. 그리고 지혜를 계발하기 위해서 하는 위빠사나 수행이 있습니다. 위빠사나 수행 중에서 몸과 느낌과 법을 알아차리는 수행이 있고, 마음을 알아차리는 수행이 있습니다. 그러나 마음을 알아차리는 수행은 구체적 실체가 드러나지 않아 일부의 수행자만 대상으로 선택합니다. 하지만 모든 위빠사나 수행자는 반드시 마음을 알아차리는 수행을 하지 않고서는 궁극의 열반을 성취하기가 어렵습니다.

하루는 알 수 없는 마음으로 시작해서 알 수 있는 마음으로 끝납니다. 그러나 한 일생은 알 수 없는 마음으로 시작해서 알 수 없는 마음으로 끝납니다. 하루는 아침에 눈을 뜰 때와 저녁에 잠자리에 들 때의 마음입니다. 한 일생은 태어날 때와 죽을 때의 마음입니다. 알 수 있는 마음은 자신이 선한 의도를 내서 선한 과보를 받을 수가 있습니다.

아침에 눈을 뜰 때와 저녁에 잠자리에 들 때의 마음은 알아차릴 수가 있는 마음입니다. 그래서 자신이 마음을 이끌어 갈 수 있습니다. 그러나 알 수 없는 마음은 자신이 선한 의도를 낼 수가 없습니다. 평소의 마음이 그대로 나타나 그 과보를 받습니다. 그래서 자신이 마음을 이끌어 갈 수가 없습니다. 그러므로 수행자는 평소의 알 수 없는 마음을 알 수 있는 마음으로 알아차려서 알 수 없는 죽음의 마음과 태어날 때의 마음에 대비해야 합니다. 이것이 마음을 알아차리는 수행의 이익입니다.

위빠사나 수행은 번뇌가 소멸하는 수행입니다. 모든 번뇌의 온상은 몸과 마음이고, 그것을 소멸시키기 위해서는 몸과 마음을 대상으로 알아차려야 합니다. 몸을 대상으로 알아차리면 몸이 사라집니다. 그리고 남아 있는 마음을 대상으로 알아차리면 그 마음도 사라집니다. 이것이 바로 열반입니다. 실제로 열반은 매우 특별한 것이 아닙니다. 그러므로 마지막 관문인 마음을 알아차리는 수행은 매우 중요한 의미를 갖습니다.

마음을 알아차리는 수행은 일하는 그 마음을 대상으로 하기 때문에 번뇌를 끊는 데도 탁월한 효과가 있습니다. 하지만 열반을 성취하는 데 마지막 과정에서 반드시 거쳐야 하는 관문이기 때문에 모든 수행자들이 마음을 알아차리는 수행을 해야 합니다.

수행자가 수행을 계속하면 칠청정과 열여섯 단계의 과정을 거칩니다. 이런 과정을 거치면서 조건이 성숙되면 몸이 사라집니다. 앞서 밝힌 것처럼 몸이 사라진다는 것은 몸의 느낌이 미세해져서 알 수 없는 단계를 말합니다. 이렇게 몸이 사라지면 다음 단계로 아는 마음을 대상으로 알아차려야 합니다. 이것이 바로 '앎'이라고 말씀드렸습니다. 이것이 바로 마음이 마음을 대상으로 알아차리는 것입니다.

마음이 마음을 대상으로 앎을 하는 경우는 두 가지가 있습니다.

첫째, 수행을 하고 있는 마음을 알아차리는 '앎'입니다. 수행이 잘 안 될 때도 '지금 수행이 잘 안 되네' 하고 안 되고 있는 마음을 아는 것입니다. 수행이 잘되어도 잘되는 것을 아는 마음을 알아차리는 것입니다. 졸릴 때도 졸리는 것을 아는 앎을 하며, 망상을 할 때에도 망상 하는 것을 아는 앎을 합니다. 통증이 있을 때도 통증 때문에 괴로워하는 마음을 알아차려야 합니다. 이것이 바로 일하고 있는 마음을 알아차리는 것입니다. 이때의 앎은 알아차림을 하는 모든 경우에 할 수 있는 앎입니다. 일반적으로 이것을 마음을 알아차리는 수행이라고 합니다.

둘째, 수행을 계속하면 몸이 사라지는 단계가 옵니다. 이 단계에서 몸과 느낌이 사라져서 더 이상 알아차릴 대상이 없어집니다. 이때 현재를 아는 마음만 남아 있습니다. 그래서 새로 일어난 마음이 현재 있는 마음을 대상으로 알아차려야 합니다. 이것도 앎이라고 합니다.

그러나 이것이 말처럼 쉬운 것이 아닙니다. 특히 마음을 알아차려 본 적이 없는 수행자는 이 단계에서 당황하게 되고 어떤 구체적 실체를 찾으려고 합니다. 심지어 사라진 호흡을 다시 일으키기도 합니다. 그러나 사라진 호흡을 다시 일으켜서도 안 되며, 어떤 구체적 실체를 찾으려고 해서도 안 됩니다. 이 순간에는 그냥 있는 그대로의 현재를 지켜봐야 합니다. 그래서 마음을 알아차리는 수행이 포함된 네 가지 염처별 수행이 필요한 것입니다. 왜냐하면 이때는 심념처 수행을 해야 되기 때문입니다. 이처럼 지금까지 몸을 알아차릴 때와는 달리, 알아차릴 대상인 마음이 눈에 보이지 않는 비물질이라서 혼란을 겪게 됩니다.

수행자가 지금까지 경험하지 못한 새로운 단계가 오면 수행이 위험에 빠질 수가 있습니다. 대상인 마음도 비물질이고, 이것을 아는 마음도 비물질이라서 구체적인 실재를 잡기 위해서 어떤 표상을 만들 수도 있는 것입니다. 그러면 다른 대상을 만들기 위해서 힘을 쓰는 수도 있습니다. 그래서 이 단계에서 상기의 위험에 빠지기도 합니다. 이때는 반드시 이러한 과정을 경험한 스승에게 모든 것을 상세하게 보고하여 적절한 지도를 받아야 합니다.

　그러므로 모든 수행자가 마지막으로 겪는 이러한 관문이 있기 때문에 마음을 알아차리는 수행을 해야 하는 것입니다. 평소에 마음을 알아차리는 수행을 하지 않으면 이런 경우에 어떻게 할지를 몰라 수행을 포기하거나 장애의 위험에 노출이 되는 것입니다. 하지만 마음을 알아차리는 수행자는 쉽게 이러한 마지막 관문을 통과할 수 있습니다. 이들 두 가지의 차이는 도과를 성취하는 것과 도과를 성취하지 못하는 것의 차이이므로 그 가치는 가늠할 수 없는 것입니다.

　자신의 본질적 괴로움에서 벗어나기 위해서는 자신이 가지고 있는 가장 깊숙한 내면으로 들어가야 합니다. 이것이 마음입니다. 이러한 마음에는 과보심이 잠재의식 속에 저장되어서 자신을 지배합니다. 자신이 하는 행위는 인식의 겉 표면입니다. 하지만 자신의 잠재의식은 의식의 가장 깊은 층에 자리 잡고 있습니다. 마음을 알아차린다는 것은 단순하게 마음을 알아차리는 것에 그치지 않고 이처럼 의식의 가장 깊은 층까지 바로 뚫고 들어가서 알아차리는 것입니다. 이렇게 깊은 내면을 알아차리면 자신의 마음가짐이 단번에 개선될 수도 있고, 때로는 상황에 따라서 점진적으로 개선될 수도 있습니다. 이러한 내적 변화를 통해서 차츰 외부로부터 오는 마음도 개선될 수 있습니다. 이러한 일련의 과정이 바로 청정과 지혜가 계발되는 것입니다.

　이 세상은 악이 지배하는 세계가 있고, 선이 지배하는 세계가 있습니다. 바로 이러한 현상이 자신의 마음 안에도 항상 동일하게 일어납니다. 그래서 알아차리지 못했을 때는 악이 자신을 지배하며 알아차렸을 때는 선이 자신을 지배합니다. 그러므로 선하거나 선하지 못한 것은 바로 알아차림이 있느냐 없느냐 하는 것으로 결정됩니다. 알아차림이란 자신의 행복과 남의 행복과 사회의 행복을 기약합니다.

　마음에 대한 부처님의 가르침은 크게 세 가지 단계로 분류할 수 있습니다. 이러한 단계로 의식이 고양되어서 해탈의 경지에 이르게 됩니다. 마음을 알아차린다고 해서 한순간에 모든 것이 해결되지는 않습니다. 만약 한순간에 모든 것이 해결되었다면 그것은 그만큼 준비된 사람이었기 때문입니다. 그러므로 지혜는 무수한 과정을 거쳐서 계발되다가 마지막 한순간에 해탈의 지혜가 생깁니다. 그러므로 지혜라는 것이 점진적으로 일어난다, 즉각 일어난다 하는 두 가지가 함께 포함되어야 바른 견해입니다.

부처님께서는 크게 마음을 세 단계로 분류하셨습니다.

첫째, 마음이 무엇인지를 아는 과정입니다. 누구도 마음이 무엇인지를 모르는 상태로 살기 때문에 온갖 잘못된 견해의 지배를 받고 삽니다. 위빠사나 수행을 하면 처음에 정신과 물질을 구별하는 지혜로 시작하여 차츰 마음이 가진 비밀의 베일을 벗기게 됩니다.

둘째, 마음을 조절하는 과정이 있습니다. 사념처 위빠사나 수행을 하면서 마음을 알아차리면 그때 마음이 길들여지는 과정이 있습니다. 이 과정은 오랜 축적된 성향과의 숨바꼭질입니다.

셋째, 마음이 자유를 얻는 과정이 있습니다. 느낌에서 갈애가 일어나지 않아 마음은 모든 족쇄로부터 자유로워집니다. 그래서 모든 번뇌가 불타버린 아라한의 도과를 성취합니다.

다시 세 가지를 자세하게 설명을 드리겠습니다. 첫 번째, 마음이 무엇인지를 아는 과정에 대해서 말씀드리겠습니다. 알 수 없는 마음이 무엇인지를 아는 것은 비밀의 동굴을 탐험하는 것과 같습니다. 이때 불을 밝히는 등불이 있어야 하고, 반드시 자신이 한 걸음 한 걸음씩 걸어가야 합니다. 이때 불이 부처님의 가르침이고, 한 걸음씩 걸어가는 것이 위빠사나 수행입니다.

마음에 대해서 무지한 상태에서는 아무리 무아를 들어도 이해가 가지 않습니다. 조금 안다고 해도 생각으로 아는 것이라서 무아라는 확신이 서지 않습니다. 그래서 마음이 무엇인지를 알기 위해서는 반드시 사념처 수행을 해야 합니다. 그리고 반드시 자신의 몸과 마음을 대상으로 알아차리는 수행을 해야 합니다. 그리고 반드시 마음이 무엇인가를 아는 수행을 해야 합니다.

사념처 수행이란 감각기관에 감각대상이 부딪힐 때 어떤 선입관 없이 오직 대상을 알아차리는 것이라고 말씀드렸습니다. 바로 이러한 상태를 청정한 것이라고 말합니다.

이때의 청정은 오직 대상과 아는 마음만 있기 때문에 몸과 마음이 깨끗한 상태가 되어서 청정한 것입니다. 이렇게 알아차리면 그간 대상에 대해서 가지고 있던 고정관념이 사라지고 차츰 대상이 가지고 있는 실재가 드러납니다. 이 과정에서 마음이 대상을 겨냥하고 있기 때문에 고요함에 의해서 마음이 순화됩니다.

지금까지 가지고 있던 고정관념으로부터 차츰 새로운 사실을 발견하기 위해서는 불굴의 의지가 필요합니다. 이렇게 수행을 해서 대상의 고유한 특성을 아는 과정을 거쳐야 합니다. 이러한 지혜는 그냥 오지 않습니다. 수행을 할 때 처음에는 호기심으로 시작할 수 있지만 지속하기 위해서는 많은 것들이 함께 수반되어야 합니다.

먼저 자신의 선업의 과보가 있어야 하며, 도반의 힘과 스승의 힘도 함께 필요합니다. 그러나 선업의 과보가 없으면 지금 새로운 수행을 시작해서 새로운 선업을 만들어야 합니다. 이렇게 알아차리면 모든 것은 원인에 의해서 일어나고 사라진다는 것을 알게 됩니다. 그래서 의심에서 해방되는 청정에 이르면 사물의 성품이 보이기 시작하여 마음의 의문이 가시기 시작합니다. 우리는 지금까지 자신의 정체성을 찾아 오랜 시간을 헤매며 살아왔습니다. 그러나 사념처 수행을 통하여 마음이 무엇인지를 알면 얼마나 잘못된 길을 걸어왔는지 알게 됩니다.

항상 하는 마음이 아니고 변하는 마음이며, 즐거운 마음이 아니고 괴로운 마음이라는 것과 그 마음이 나의 마음이 아니라고 아는 지혜의 눈이 생기면 이때부터 삶의 질이 달라집니다. 부처님의 마음에 대한 가르침은 단순하게 마음을 분석하는 차원에서 끝나지 않습니다. 그래서 있는 사실을 발견하는 것으로 그치지 않고, 이런 사실을 알아서 무지에서 벗어나게 하는 해결의 의미가 담겨져 있습니다.

부처님께서는 복잡한 마음을 의문을 풀어주기 위해서 법을 설하지 않으셨습니다. 그렇게 복잡한 마음이 여러 가지 조건에 의해서 형성되고 일어나고 사라진다 하더라도 그것은 그 순간의 조건에 의한 마음이지 그것이 결코 나의 마음이 아니라는 사실을 알게 하기 위해서 마음을 분석하신 것입니다.

위빠사나 수행을 할 때 몸과 마음 중에서 어느 것 하나를 대상으로 수행을 하더라도 깨달음에 이를 수 있습니다. 하나의 대상 안에 깨달음으로 가는 모든 법이 다 포함되어 있습니다. 그 대상은 일어난 곳에서 사라지며, 그 대상은 괴로움이며, 그 대상이 무아입니다. 대상을 알아차리는 힘이 있는 만큼 지혜가 계발됩니다. 아는 힘을 키우기 위해서는 반드시 노력과 알아차림이 있어야 하며, 인내가 따라야 합니다. 참고 견디는 인내가 있어야 집중력을 얻어 깨달음에 가는 지혜가 납니다.

◆◆◆◆◆

이어서 마음에 대한 부처님의 가르침 세 가지를 계속해서 말씀드리겠습니다.

두 번째는 마음을 조절하는 과정입니다. 위빠사나 수행을 지속하면 차츰 집중력이 생깁니다. 그래서 마음이 들뜨지 않고 하나의 대상에 머무는 시간이 길어집니다. 그리고 어떤 현상에 즉각적인 반응을 하지 않고 단지 대상만을 알아차릴 수 있게 됩니다. 그러므로 충동적인 마음으로부터 유연한 마음을 갖습니다.

우리는 오랜 기간 동안 고정관념의 지배를 받고 살면서 습관적으로 반응하고 살아왔습니다. 그래서 자신의 삶을 산 것이 아니고 습관이 산 것입니다. 이것을 과보심으로 산 것이라고 말합니다.

마음을 알아차리면 이런 상태에서 생각하거나 말하거나 행동할 때 심사숙고하게 됩니다. 이것이 마음을 조절하는 단계에 이른 것입니다. 이러한 조절은 위빠사나 수행을 통해서 생긴 지혜가 있기 때문입니다. 우리가 세상을 살면서 반드시 악한 마음 때문에 괴로움을 겪는 것만은 아닙니다. 시작은 매우 사소한 것으로부터 출발합니다. 사소한 일을 할 때 그 마음을 알아차리지 못하면 불선행을 하고, 그에 따라 불선과보를 받아서 자꾸 괴로움이 더 커집니다.

그러나 마음을 알아차리면 주변의 사소한 일들로부터 자유를 얻어 일상의 일에서 괴로움을 겪는 횟수가 적어집니다. 이런 과정이 연속되어서 차츰 더 많이 알아차리게 되고, 차츰 더 큰 번뇌를 해결할 수 있습니다.

누구나 대상을 맞이하면 느낌이 일어나고 이 느낌이 즉각적으로 갈애를 일으킵니다. 괴로운 느낌이 일어나면 괴로워하는 마음을 알아차려야 합니다. 이때는 괴로움이 대상이 아니고 괴로운 마음이 대상이 되면 괴로움이 비로소 제어됩니다. 즐거울 때도 마찬가지입니다. 즐거운 느낌이 일어나면 반드시 집착을 하기 마련입니다. 이때 즐거워하는 마음을 알아차리면 즐거운 느낌으로 인해 일어나는 집착이나 다음 행위가 조절됩니다.

마음은 일어나고 사라지지만 그 마음에 담긴 정보는 다음 마음으로 상속됩니다. 이때 마음을 대상으로 알아차리면 한순간에 대상이 지켜보는 마음으로 바뀝니다. 그래서 마음에 저장되어서 상속되는 마음이 대상을 알아차리는 마음으로 바뀌기 때문에 순간적인 조절이 가능한 것입니다.

이것은 짧은 한순간에 일어나는 일이지만 이 한순간에 대상이 바뀐다는 것은 기존의 흐름 속에서 살 수밖에 없었던 것에 비하면 엄청난 변화라고 할 수 있습니다. 한순간이라도 기존의 대상이 아닌 새로운 대상을 겨냥할 수 있다는 것은 완전하게 새로운 정신세계를 아는 것입니다.

마음을 알아차리는 것은 현재를 알아차리는 것입니다. 과거나 미래가 아닌 현재를 알아차린다는 것은 현재의 마음을 알아차리는 것입니다. 현재에 실재하는 것은 사실 대상과 아는 마음뿐입니다. 이때 대상을 알아차리느냐, 아니면 대상을 알아차리고 있는 마음을 알아차리느냐, 하는 것만 있습니다.

그래서 마음을 알아차린다는 것이 결코 특별한 것이 아닙니다. 보이지는 않지만 지금 여기에 있는 모든 것을 아는 것이 바로 마음입니다. 현재를 알고 있는 것은 마음이고, 현재를 알아차리고 있는 그 마음을 알아차리는 것은 완벽한 현재에 머무는 것입니다. 이때가 청정함 중에서 가장 완벽한 청정함에 속합니다. 왜냐하면 일하는 그 마음을 대상으로 알아차리기 때문에 번뇌의 오염이 쉽게 접근하기 어렵습니다.

과거는 지나간 것이라서 실재하지 않지만 우리는 끊임없이 과거의 일에 매달려서 많은 시간과 힘을 소모합니다. 때로는 이것이 잘못된 것이라는 것을 알고도 멈추지 못합니다. 미래는 아직 오지 않은 것이지만 우리는 계속해서 미래의 일을 걱정하거나 미래의 일로 인해 욕망을 키웁니다. 그리고 이것이 괴로움이라고 알아도 이렇게 살아왔기 때문에 걱정을 멈추지 못합니다.

그래서 현재의 마음을 알아차린다는 것은 과거나 미래의 생각을 차단하는 강력한 힘을 가지고 있습니다. 현재의 일이 아닌 과거나 미래를 생각하는 것이 바로 망상입니다. 망상은 깊은 무지입니다. 이때 망상하는 마음을 알아차리면 과거나 미래는 사라지고 현재의 마음으로 돌아오며, 망상이 얼마나 부질없는 집착인지를 알 수 있습니다.

누구나 많은 날들을 망상하면서 살아왔지만 정작 망상을 하는지도 모르고 삽니다. 그러나 망상하는 그 마음을 알아차리면 망상은 단지 알아차릴 대상에 불과한 것이며, 때가 되면 번뇌로부터 자유로워집니다. 이러한 망상을 잘못된 것이라고 부정적으로 생각해서도 안 됩니다. 망상은 과보의 힘으로 그렇게 살 수밖에 없어서 살아온 습관입니다. 그래서 망상을 잘못된 것이라고 생각하여 없애려고 하지 말고, 단지 망상하는 마음을 알아차리면 됩니다. 망상을 해결하려고 하면 또 다른 욕망에 빠집니다.

마음을 알아차리면 자신의 내면에 있는 여러 가지 진실을 알 수 있습니다. 특히 탐욕이 있는 마음, 성냄이 있는 마음, 어리석음이 있는 마음을 알아차릴 수 있습니다. 때로는 추악한 마음도 알 수 있을 것입니다. 이러한 마음을 알아차릴 수 있다는 것은 집중력이 생겼기 때문입니다. 그러므로 이러한 마음을 알아차린 뒤에 자신을 추악하게 생각해서는 결코 안 됩니다. 이때 추악한 것이 나의 마음이 아니고, 그 순간에 일어났다가 사라진 마음입니다. 이것을 나의 마음이라고 생각하면 이 순간 알아차림을 놓친 것입니다.

만약 마음을 알아차렸을 때 추악한 마음이 있는 것을 알았다면 이 순간에 있는 것은 추악한 마음이 있는 것을 아는 마음이 있는 것입니다. 그러나 이것이 나의 마음이라는 생각이 들면 추악한 마음이 있는 것을 안, 새로운 선한 마음이 일어난 것을 보지 못합니다. 그래서 수행을 잘하고도 퇴보합니다. 그러므로 어떤 경우에나 현재 있는 마음을 새로운 마음이 알아차렸을 뿐이지, 그것이 나의 마음은 아닌 것입니다.

마음의 실상을 알면 마음이란 매 순간 변하기 때문에 무상하다는 것을 압니다. 무상해서 괴롭고 그리고 매 순간 변하는 나의 마음이 아니고 원인과 결과에 의해 일어나고 사라지는 마음이라는 사실을 압니다. 이때 자아가 없다는 사실을 알아서 유신견이 사라지기 시작합니다. 그래서 마음이 겸허해지면서 있는 그대로 보는 힘이 생깁니다. 이러한 과정을 거쳐 차츰 자신의 마음을 조절할 수 있게 됩니다. 이것은 새로운 세계를 향해서 가는 매우 중요한 하나의 과정입니다.

세 번째는 마음을 자유롭게 하는 과정입니다. 위빠사나 수행을 하는 목표는 오직 하나입니다. 마음이 번뇌로부터 자유로워지기 위한 것입니다. 마음이 자유로워지면 모든 관념으로부터 벗어납니다. 그리고 지금까지 지녀왔던 고정관념은 사라지고 존재하는 것들의 성품인 무상, 고, 무아를 알아서 집착을 하지 않습니다. 그래서 감각적 욕망의 노예가 되지 않습니다. 바라는 것이 없어서 다시 태어나는 일이 없습니다. 바로 이것이 자유입니다.

위빠사나 수행이 부처님께서 깨달음을 얻은 수행이라고 해서 책으로만 받아들이거나 생각으로만 받아들이면 꽃을 피울 수 없습니다. 아무리 좋은 것이 있어도 직접 실천하지 않으면 자기 것이 될 수 없습니다. 위빠사나 수행은 누구에게나 지금까지 살아온 방법이 아닌 전혀 새로운 삶의 길을 제시합니다. 그것이 바라지 말고, 없애려고 하지 말고 있는 그대로 보는 것입니다.

지금까지 인류가 생긴 이래 역대 부처님은 모두 스물다섯 분이셨습니다. 고따마 부처님이 바로 스물다섯 번째 부처님이십니다. 이들 부처님들은 모두 하나같이 12연기를 통하여 오온을 발견하시고, 그것이 원인과 결과로 진행되는 것을 아셨습니다. 그리고 자신의 몸과 마음에서 일어난 현상이 모두 변하는 것이며, 이것이 괴로움이고, 여기에 자아가 없다는 것을 아셨습니다.

이처럼 인류가 생긴 이래 부처가 출현할 때가 되어서 나타난 보살들은 모두 동일한 대상, 동일한 법을 통찰해서 부처가 되십니다. 모두 궁극의 진리인 무아를 발견하시어 번뇌를 해결합니다. 그래서 무아는 부처님만이 아시는 진리이고 그리고 제자들은 무아의 진리를 통하여 똑같은 열반을 성취합니다. 그러므로 이 길은 어제 오늘의 길이 아니고, 시대를 초월하여 누구에게나 적용되는 진리입니다.

위빠사나 수행을 해서 무상과 고를 통찰한 뒤에 무아를 알면 나를 위해서 집착을 하지 않아 괴로움의 원인인 업을 생성하지 않습니다. 이것이 해탈의 자유입니다. 이런 상태는 낡은 갑옷을 벗어버리고 가볍고 부드러운 새 옷으로 갈아입는 것과 같습니다. 지금까지 두꺼운 껍질 안에 갇혀 껍질 밖을 모르고 살다가 마음이 자유로워지면 껍질은 있지만 껍질의 안과 밖을 자유롭게 소통할 수 있습니다.

이렇게 자신의 마음이 자유로워지면 내적 평화가 옵니다. 이러한 내적 평화로 인해 외적인 대상에 대해서도 점점 관대해집니다. 상대와의 관계가 좋아지면 다시 자신의 내적 평화가 더욱 증장됩니다. 그래서 자신의 이익은 항상 자신의 이익으로 그치지 않고 상대에게까지 전해지고, 그리고 상대와의 관계가 좋아지면 다시 자신에게 더 큰 이익으로 되돌아옵니다.

유신견이 있으면 모든 일을 자신이 해야만 하는 것으로 압니다. 그리고 세상이 자기를 중심으로 움직여야 한다고 생각합니다. 이것이 바로 어리석음입니다. 세상은 세상의 힘으로 돌아갑니다. 그런데 자기만 내세운다면 그만큼 자기 마음을 속박하는 것입니다. 이것이 고통이지만 자아가 강하면 이런 고통에 묻혀서 삽니다.

그러나 수행을 해서 지혜가 나면 마음을 속박하지 않고 있는 그대로 지켜보아 유신견이 사라지고, 나머지 족쇄들이 소멸되어 해탈의 자유를 얻습니다. 열 가지의 모든 족쇄가 풀리면 아라한이 됩니다. 아라한이 되면 모든 고통이 소멸하여 31개의 존재의 세계에서 여행을 마칩니다. 그래서 다시 태어나서 고통을 받는 일이 없습니다.

해탈을 얻은 아라한의 마음은 단지 작용만 하는 마음이라서 바라는 것이 없습니다. 그 마음은 완전한 자유라서 마치 공중을 나는 새처럼 흔적이 없습니다. 아라한은 마치 조련사에게 잘 훈련된 말처럼 오직 선한 일에 길들여져 있습니다. 모든 감각적 욕망이 사라졌기 때문에 어디에 있거나 행복합니다. 왜냐하면 이제는 세속적 즐거움을 바라지 않기 때문입니다. 여섯 가지 내적인 감각적 즐거움과 괴로움이 소멸되었기 때문에 여섯 가지 외적인 감각적 즐거움과 괴로움이 함께 소멸합니다.

누구나 가야 할 궁극의 길을 가기 위해서는 팔정도인 사념처 위빠사나 수행을 해야 합니다. 그리고 마음을 알아차리는 수행을 해서 일하는 그 마음을 자유롭게 해야 합니다. 마음을 속박하면 몸이 긴장합니다. 이 길이 팔정도의 길이고, 이 길이 계정혜 삼학의 길이고, 이 길이 바로 위빠사나 수행의 길이고, 이 길이 오직 알아차림 하나로 가는 길입니다. 이 길은 특별한 것이 아닙니다. 언제 어디서나 항상 나타나는 모든 대상을 있는 그대로 알아차리면 됩니다. 그래서 우리가 부처님이 가신 길을 특별한 길이라고 생각해서는 안 됩니다. 누구나 갈 수 있고, 아무나 쉽게 갈 수 있는 길입니다.

부처님께서는 결코 누구도 갈 수 없는 길을 말씀하지 않으셨습니다. 누구나 갈 수 있는 길을 말씀하셨습니다. 수행자는 언제나 일하는 그 마음을 알아차려야 하며, 몸이 긴장했을 때도 몸을 긴장하게 한 그 마음을 알아차려야 합니다. 그래서 누구나 도과를 성취해서 행복을 얻어야 하겠습니다.

아무리 위대한 진리가 있어도 수행을 하지 않으면 생각에 그쳐 진리가 주는 혜택을 받을 수가 없습니다. 이것은 지혜가 없기 때문입니다. 생각은 백 년을 해도 생각에 머뭅니다. 수행을 할 때만이 비로소 지혜가 계발됩니다. 아무리 좋은 약이 있어도 복용하지 않으면 약효를 볼 수 없는 것과 같습니다. 생각이란 약을 쳐다보는 것이고, 수행이란 약을 먹는 것입니다. 수행을 할 때도 이런저런 수행방법을 찾아 여기저기 기웃거리지 마십시오. 방법만 찾아 헤매는 것은 탐욕이며, 그러다 아까운 세월만 보냅니다.

지금부터 마음을 알아차리는 수행방법에 대하여 말씀드리겠습니다.

마음은 여러 가지가 있습니다. 매 순간 조건에 따라서 다양한 마음이 일어났다가 사라지고 다시 일어납니다. 이러한 마음을 어떻게 알아차릴 것인가에 대해서 살펴보겠습니다. 마음을 알아차리는 수행방법은 네 가지가 있습니다. 첫째, 있는 마음 알아차리기, 둘째, 일어난 마음 알아차리기, 셋째, 하려는 마음 알아차리기, 넷째, 아는 마음 알아차리기가 있습니다.

마음은 비물질이라서 보이지 않기 때문에 다른 대상에 비하여 알아차리려는 의도가 분명하지 않고서는 알기가 어렵습니다. 그래서 마음을 알아차리려는 의도를 분명하게 내야 합니다. 그렇지 않고서는 마음이 저절로 알아차려지지 않습니다. 그러나 마음은 빠르기 때문에 순식간에 흘러가 버려서 의도를 내기가 어렵습니다. 그러므로 이 과정에서 마음을 알아차리려고 마음을 새로 낸다는 분명한 자각이 있어야 합니다.

수행자가 눈꺼풀 하나를 움직일 때도 마음의 의도가 있다는 것을 알아야 합니다. 눈을 뜨고 잠시 눈꺼풀을 지켜보면 눈이 시리고 갑갑하여 눈꺼풀을 움직이고 싶은 의도가 일어나는 것을 알 수 있습니다. 그러나 오랫동안 알아차림 없이 눈꺼풀을 깜빡여 왔기 때문에 여기에 의도가 있는 것을 누구도 알지 못합니다. 이처럼 눈꺼풀 하나를 움직이는 것도 의도에 의해서 움직이는 것처럼 마음을 알아차리는 것도 알아차리려는 분명한 의도를 내야 합니다.

마음을 알아차리기 위해서는 이상과 같은 일정한 계기가 필요합니다. 그렇지 않으면 마음을 알아차리는 것이 막연하여 실천하기가 어렵습니다. 이러한 각각의 계기를 통하여 마음을 알아차리다 보면 자연스럽게 다른 여러 가지의 상황에서도 마음을 알아차리는 수행을 할 수 있습니다.

수행자가 마음을 알아차릴 때는 이상의 네 가지 경우 중의 하나를 선택하면 됩니다. 그래서 그때마다 상황에 알맞은 계기를 삼아서 마음을 알아차려야 합니다. 이상 네 가지 방법은 마음을 알아차리는 하나의 통로에 속합니다. 이상과 같은 각각의 통로를 통하여 마음을 알아차리면 보이지 않는 마음을 쉽게 알아차릴 수 있을 것입니다.

첫째, 있는 마음 알아차리기에 대해서 말씀드리겠습니다. 무슨 일을 하거나 마음이 일을 합니다. 그래서 무슨 일을 하거나 일을 시작할 때의 마음을 알아차려야 합니다. 이것이 있는 마음 알아차리기입니다. 우리가 일상을 살아가면서 여러 가지의 상황이 전개됩니다. 그때마다 현재 있는 마음을 알아차려야 합니다.

어떤 마음이나 일어났다가 순간적으로 사라지지만 마음에 저장된 종자가 다음 마음에 전달됩니다. 그래서 시작할 때의 마음을 알아차리기 못하면 가지고 있는 마음의 정보가 계속해서 다음 마음에 전해지기 때문에 현재 하는 일에 집중을 할 수가 없습니다. 그래서 계속 망상이 나타나는 것입니다.

괴로울 때는 괴로운 마음이 일어나서 사라지지만, 다음 마음에 종자를 남기고 사라집니다. 그러므로 괴로움이 상속됩니다. 그러나 현재 있는 마음을 알아차리면 이 마음에 있는 종자가 다음 마음에 전해지지 않습니다. 왜냐하면 있는 마음을 알아차리는 새로운 마음이 일어났기 때문입니다. 이렇게 마음을 알아차린 뒤에 다음 대상을 계속해서 알아차리면 사실상 마음을 계속해서 새로 내고 있는 것입니다.

마음은 일어났다가 사라지지만 마음에 담긴 종자가 다음 마음에 전해지는 것을 상속, 흐름, 지속이라고 하는데 바로 이것이 순간의 윤회입니다. 그래서 현재 있는 마음을 알아차리면 알아차리는 순간 윤회가 끊어집니다. 물론 순간적인 소멸입니다. 그러나 현재 있는 마음을 알아차리지 못하면 순간의 윤회가 흐릅니다. 이때는 마음에 담긴 과보가 다음 마음에 전해진 것입니다. 이러한 순간의 윤회가 거듭되어 한 일생의 윤회도 똑같은 방식으로 진행됩니다. 한순간 한순간이 모여 많은 세월이 되는 것입니다. 그래서 수행자는 지금 여기, 현재 여기에 있는 한순간의 알아차림이 필요합니다.

수행자가 잡담을 하다가 좌선을 했을 경우와 경행을 하다가 좌선을 했을 경우에 수행 중에 나타나는 장애가 다르게 나타납니다. 잡담을 했을 경우에는 잡담에 대한 정보가 입력된 상태에서 좌선을 하기 때문에 계속해서 좌선 중에 망상이 일어나 집중을 할 수가 없습니다. 그러나 좌선을 하기 전에 경행을 하다가 좌선을 하면 망상이 훨씬 적게 일어납니다. 왜냐하면 경행할 때의 집중력이 좌선을 할 때 그대로 상속되기 때문입니다.

마음은 한순간에 하나밖에 없기 때문에 새로운 마음이 일어나면 있는 마음은 사라집니다. 그러므로 현재 있는 마음을 알아차리면 새로운 마음으로 일을 시작할 수 있습니다. 만약 있는 마음을 알아차리지 못하면 가지고 있는 정보의 힘이 계속되어 망상을 하거나 들뜨거나 혼란한 상태의 마음으로 일을 할 수밖에 없습니다. 이처럼 무슨 일을 하거나 일을 시작할 때 현재 있는 마음을 알아차리지 못하면 알아차리지 못할 때 가지고 있던 마음의 종자를 가지고 일을 시작하는 것입니다. 그래서 습관적으로 살게 되며, 수행을 할 때도 집중이 되지 않습니다.

그러므로 아침에 잠자리에서 일어날 때부터 저녁에 잠자리에 들 때까지 무슨 일을 하거나 현재 있는 마음을 알아차리면서 하루를 보내야 합니다. 아침에 일어나서 저녁에 잠자리에 들 때까지 여러 가지의 상황이 생길 것입니다. 그때마다 어떻게 마음을 알아차릴 것인지 살펴보겠습니다.

하나, 아침에 잠자리에서 마음을 알아차리기입니다. 아침에 잠자리에서 깨어나면 먼저 현재 있는 마음부터 알아차립니다. '지금 마음의 상태는 어떤가?' 또는 '지금 마음가짐은 어떤가?' 또는 '지금 무슨 마음인가?' 또는 '지금 무슨 마음으로 일어났는가?' 하고 알아차립니다. 이 중에 적절한 문장을 하나 선택해서 아침에 일어난 마음을 알아차리려는 의도를 내야 합니다. 처음에는 이러한 문장을 사용하면 마음을 분명하게 알아차릴 수 있어서 좋습니다. 그렇지 않으면 처음에 마음을 알아차리기가 어렵습니다. 이것이 마음을 새로 내는 계기로 삼는 것입니다. 이렇게 수행을 계속하면 나중에는 이런 문장을 사용하지 않아도 자연스럽게 그 순간의 마음을 알아차릴 수 있습니다.

이렇게 알아차렸을 때 어떤 마음이 있거나 단지 있는 마음을 있는 그대로 알아차려야 합니다. 마음을 알아차렸을 때 어떤 느낌이 있는 것도 마음입니다. 그리고 어떤 생각을 하고 있는 것도 마음입니다. 그리고 어떤 의도를 가지고 있는 것도 마음입니다. 그래서 수, 상, 행이 모두 마음인 것입니다.

그러나 마음을 알아차렸을 때마다 반드시 어떤 특별한 마음이 있는 것은 아닙니다. 아무 마음도 알아차리지 못했을 때는 현재 있는 마음을 알아차리는 마음이 있습니다. 그래서 이런 때는 어떤 마음을 찾지 말고 그냥 느껴지는 마음을 알아차립니다. 고요한 마음도 좋습니다. 그리고 잠에서 깨어난 혼미한 마음도 좋습니다. 눈을 뜨자마자 괴로움이 일어났을 때는 그냥 괴로움이 있는 마음을 알아차려야 합니다.

그래서 어떤 마음이 있건 그냥 있는 마음을 알아차립니다. 만약 근심 걱정이 많은 사람은 잠자리가 편치 않았을 것이고, 그래서 아침에 일어난 마음도 편치 않을 것입니다. 이때 현재 있는 마음을 알아차리면 알아차리는 마음이 새로 일어납니다. 그러면 그 순간 알아차리는 새로운 마음가짐으로 하루를 시작합니다. 그래서 있는 마음의 종자가 단절되고 청정한 마음으로 하루를 시작할 수 있습니다.

아침에 일어난 마음이 하루를 지배하는 힘이 있습니다. 출발이 좋아야 행복한 하루를 시작할 수 있습니다. 이렇게 잠자리에서 일어난 마음을 알아차린 뒤에 어떤 마음이 있거나 있는 것을 아는 것으로 그쳐야 합니다.

괴로운 마음이 있는 것을 알아차렸을 때도 단지 '지금 괴로운 마음이 있네!' 하고 알아차리고 말아야 합니다. 괴롭기 때문에 이것을 없애려고 하거나 이 괴로움에 개입하면 더 괴로울 뿐입니다. 그래서 괴로울 때는 괴로운 마음이 알아차릴 대상입니다.

만약 괴로운 마음이 있다면 이 괴로움은 어제 오늘에 시작된 것이 아니므로 알아차린다고 해서 금방 없어지는 것이 아닙니다. 물론 알아차리는 순간에는 소멸하지만 그 힘이 크기 때문에 조금만 틈이 생겨도 괴로움이 다시 일어납니다. 그러면 괴로움은 있지만 그 힘은 약화됩니다. 이렇게 무수한 과정을 거쳐야 지혜가 나서 언젠가는 괴로움이 완전하게 소멸하는 단계가 올 것입니다.

잠자리에서 누운 상태로 잠에서 깬 마음을 알아차린 뒤에는 다음 단계로 아랫배의 일어나고 꺼지는 호흡을 주시해야 합니다. 누워 있을 때는 배의 움직임이 가장 크게 일어나기 때문에 배를 알아차리는 것이 좋습니다. 이렇게 하는 것이 와선을 하는 것입니다. 위빠사나 수행은 행주좌와의 상태를 모두 알아차리는데 이 중에 와선의 효과가 매우 뛰어납니다. 그러나 일반적으로 잠자리가 아닌 때 와선을 하면 긴장이 풀려 쉽게 잠에 빠집니다. 그래서 특별하게 와선을 하려고 하지 말고 잠자리에서 일어났을 때나 저녁에 잠자리에 들 때 와선을 하면서 알아차리면 수행의 발전이 있을 것입니다.

아침에 잠을 깬 마음을 알아차리는 것으로는 아직 완전한 와선이 아닙니다. 그래서 잠에서 깬 마음을 알아차린 뒤에 배로 가서 일어나고 꺼지는 풍대의 움직임을 지켜봐야 합니다. 얼마간 이렇게 지켜본 뒤에 천천히 잠자리에서 일어난 뒤에 잠시 자리에 앉아서 좌선을 해도 좋고, 아니면 다음 행동을 해도 좋습니다. 잠자리에 누운 채로 오래 있으면 다시 잠에 빠지므로 적절하게 알아차린 뒤에 좌선을 하는 것이 유익합니다.

일반적으로 수행이 제일 잘 될 때가 아침에 일어났을 때와 저녁에 잠자리에 들기 전입니다. 그리고 아팠을 때도 집중이 잘 됩니다. 아침에는 잠에서 깬 상태라서 아직 망상이 많지 않을 때라서 수행이 잘 되는 것입니다. 아침에 일어난 마음은 마음이 맑은 상태라서 집중을 하기가 좋습니다. 저녁에 잠자리에 들었을 때도 긴장이 이완되어서 짧은 순간이라도 알아차리기 좋습니다. 아팠을 때도 아픈 것이 강하기 때문에 다른 욕망이 일어나지 않습니다. 그래서 아팠을 때 오히려 집중이 더 잘 될 수가 있습니다.

마음을 알아차린 뒤에 다음 단계의 알아차릴 대상은 일반적으로 몸으로 오는 것이 좋습니다. 다만 몸에 있는 어떤 대상을 알아차리느냐 하는 것은 수행자가 스스로 선택해야 할 사항입니다. 일반적으로 누워 있을 때는 아랫배의 움직임이 크기 때문에 아랫배를 선택하지만, 수행자가 다른 분명한 대상을 선택해서 알아차림을 지속할 수도 있습니다. 마음을 알아차리는 수행에 숙달된 수행자는 그냥 마음자리에 마음을 두고 계속해서 마음을 지켜볼 수도 있습니다.

그러면 아침에 잠자리에서 마음을 알아차리는 수행을 요약해 보겠습니다. 잠자리에서 잠을 깼을 때는 먼저 잠에서 깬 마음을 알아차립니다. 그런 뒤에 아랫배에서 일어나고 꺼지는 움직임을 알아차립니다. 이렇게 얼마간을 알아차리다가 천천히 알아차리면서 잠자리에서 일어납니다. 이때 잠시 앉아서 좌선을 시작해도 좋습니다. 이렇게 알아차리면서 일어나면 매우 좋은 하루의 출발을 할 수 있습니다.

수행자 여러분! 아침에 잠자리에서 일어난 마음을 알아차리고 잠시 아랫배의 일어나고 꺼지는 호흡을 알아차리는 것은 매우 중요한 하루의 출발입니다. 이것을 잊지 말고 꼭 실천하기를 바랍니다.

세상에서 가장 불행한 사람은 자기가 행복한지 불행한지도 모르는 무명에 빠져 있는 사람입니다. 세상에서 다음으로 불행한 사람은 자기가 최고라는 헛된 명예에 사로잡혀 있는 사람입니다. 세상에서 그다음으로 불행한 사람은 자기가 가장 비참한 사람이라고 생각하는 사람입니다.

그러나 세상에서 가장 행복한 사람은 행복과 불행이 나의 것이 아니고 한순간의 느낌이며, 그것은 단지 알아차릴 대상에 불과한 것이라고 아는 사람입니다. 이렇듯 행복과 불행은 지혜가 있는가, 없는가 하는 차이로 구별됩니다.

오늘은 두 번째, 저녁에 잠자리에 들어서 마음 알아차리기입니다. 저녁에 잠자리에 들었을 때 먼저 있는 마음을 알아차려야 합니다. 하루의 일과가 끝나고 잠자리에 들면 이내 잠에 빠질 수도 있고, 아니면 근심 걱정을 하느라고 잠을 이루지 못할 수도 있습니다.

어떤 상태이거나 잠자리에 든 뒤에 먼저 현재의 마음부터 알아차려야 합니다. 그렇지 않으면 잠을 자더라도 하루 중에 있었던 일들에 대한 기억으로 인해 뇌가 계속 활동을 하기 때문에 숙면을 취할 수가 없습니다.

잠자리에서의 알아차림은 여러 가지 의미에서 매우 중요합니다. 잠을 잘 때 알아차리면 숙면을 취할 수 있습니다. 그리고 잠자리에서 알아차림은 죽음을 준비하는 연습을 하는 것이기도 합니다. 누구나 언젠가는 죽습니다. 누구나 죽을 때 잠자리에서 잠이 들듯이 죽습니다. 그러므로 아침에 일어날 때는 다음 생에 다시 태어난 것과 같습니다. 그러므로 우리는 매일 죽고 매일 새로 태어나는 것입니다.

죽을 때 죽음의 마음은 인식할 수 없는 마음입니다. 그러나 마지막 마음인 죽음의 마음은 일어났다가 사라지고, 이 마음에 있는 과보가 빛보다 빠르게 재생연결식으로 전해져서 새로운 생으로 태어납니다. 이것이 탄생이면서 이 탄생을 재생이라고 합니다. 그러므로 죽을 때의 마음의 상태가 다음 생을 결정합니다. 이때의 재생연결식도 인식할 수 없는 마음입니다. 그래서 온전하게 과보의 마음으로 진행됩니다. 이러한 일련의 과정은 알 수도 없고, 알았다고 하더라도 누구도 개입할 수 없습니다.

죽을 때 동물을 생각하는 마음이 일어나면 동물의 표상이 나타나서 재생연결식에서 그 동물의 표상이 전해지고 그 동물의 세계에서 그 동물로 태어납니다. 마찬가지로 색계 선정수행을 한 사람은 죽을 때 색계 선정수행의 마음을 갖고 이 마음이 재생연결식에 전해져서 천상의 색계천에 태어납니다.

이것은 누구의 힘으로 결정되는 것이 아니고 오직 원인과 결과의 힘으로 신속하게 결정됩니다. 이런 결정에 어떤 초월적 존재의 개입도 있을 수 없습니다. 오직 자신이 한 행위에 의한 결과만 있습니다. 이렇게 인식할 수 없는 마음은 평소에 인식하는 마음의 연장선상에서 나타납니다. 그래서 평소의 마음이 다음 마음에 전해지므로 언제나 인식할 수 있는 현재의 마음을 알아차려서 항상 마음을 청정하게 해야 합니다. 이것이 수행의 이익이며, 수행을 해야 하는 의무입니다.

죽을 때의 마음은 평소에 있던 마음이 나타난 것이므로 전혀 경험하지 못한 마음이 나타나지 않습니다. 그래서 수행을 한다는 것은 어느 의미에서는 죽는 연습을 하는 것입니다.

잠자리에서 있는 마음을 알아차리면 저녁에 잠드는 것이나 죽을 때 마음이나 하등의 다를 것이 없다는 것을 아는 지혜가 납니다. 그래서 잠자기 전에 마음을 알아차리면 죽음에 대한 두려움이 없어집니다. 만약 죽음에 대한 두려움이 일어나면 즉시 두려워하는 마음을 알아차리고 다시 호흡을 알아차려야 합니다.

수행자에게 나타나는 것은 모두 알아차릴 대상이라는 사실을 잊어서는 안 됩니다. 두려움이 생겼을 때 두려움을 알아차리면 지혜가 되지만 그 두려움을 알아차리지 못하면 괴롭게 살아야 합니다. 이런 모든 것들은 모두 자신이 선택하는 것입니다.

수행자가 잠자기 전에 마음을 알아차린 뒤에 호흡을 알아차리다가 잠이 들면 아침에 일어날 때 호흡부터 보이는 경우가 있습니다. 이것은 죽을 때의 마음이 다음 생에 재생연결식으로 전해지는 과정을 살아서도 경험하는 것입니다.

만약 잠자기 전에 영화를 보고 잤다면 잠을 자는 동안에도 뇌가 활동하여 잠자리가 편치 않을 것이며, 아침에 일어났을 때의 마음도 편치 않습니다. 이렇듯이 마음은 흐르면서 다음 마음에 정보를 전합니다. 그러나 마음을 알아차리면 다음 마음에 정보가 전해지지 않아서 언제나 평온을 유지할 수 있습니다. 이렇듯 알아차림은 언제나 모든 괴로움을 용해하고, 항상 새로운 선한 마음을 일으킵니다.

잠자리에 들면 이처럼 먼저 마음을 알아차린 뒤에 다음으로 아랫배로 가서 일어나고 꺼지는 움직임을 알아차려야 합니다. 이때에 단지 나타난 현상을 알아차리는 것이지, 잠이 오거나 또는 오지 않거나 간에 대상에 개입을 해서는 안 됩니다.

잘 때는 잠을 자기 위해서 누운 것이므로, 잠을 자지 않으려고 알아차리는 것이 아니므로 잠이 오는 것을 그대로 받아들여서 알아차려야 합니다. 만약 잠이 오지 않으면 오지 않는 것이 알아차릴 대상입니다. 그리고 잠이 오면 잠이 오는 것이 알아차릴 대상입니다.

마음을 알아차린다고 할 때 계속해서 마음을 알아차리는 경우가 있고, 처음에 마음을 알아차린 뒤에 다음 단계로 몸의 느낌이나 호흡을 알아차리는 것과 연계해서 수행을 할 수도 있습니다. 마음을 알아차리는 경험이 많은 수행자는 계속해서 마음자리에서 마음을 알아차릴 수도 있지만, 일반적인 수행자들은 마음과 함께 몸을 알아차리는 수행을 병행하는 것이 좋습니다.

잠자리에 든 마음을 알아차리고 난 뒤에 잠이 오거나 오지 않거나 개입해서는 안 됩니다. 그냥 무엇이나 나타나는 현상을 지켜봐야 합니다. 수행자의 입장은 어떤 것이나 나타난 것을 지켜보기 위해서 알아차리는 것이지, 어떻게 하려고 알아차리는 것이 아닙니다.

만약 잠이 오기 시작하면 그냥 잠이 오기 시작하는 상태를 지켜봐야 합니다. 이때 알아차림을 지속할 수 있는 한 계속해서 알아차려야 합니다. 잠이 온다고 해서 그냥 자버리자고 잠을 선택해서도 안 됩니다.

수행에서 가장 중요한 것은 대상을 있는 그대로 알아차리는 것이고, 이 알아차림을 지속하는 것입니다. 그래서 알아차림을 지속하기 위해서 점점 희미해지는 마음을 알아차리거나 몸으로 와서 무거워지는 몸의 느낌을 알아차리거나 또는 호흡을 알아차려도 좋습니다. 이렇게 알아차리다가 잠이 들면 매우 훌륭한 잠을 자는 것이며, 훌륭한 수행을 한 것입니다.

만약 잠자리에서의 알아차림으로 잠이 오지 않았을 때는 오히려 매우 소중한 기회가 온 것으로 생각해야 합니다. 수행은 장작을 계속 비벼서 불을 내는 것과 같습니다. 이 불이 지혜이고 열반입니다. 이 불은 번뇌를 불태웁니다. 그러므로 이 상태는 수행을 해서 불을 낼 수 있는 좋은 기회가 온 것입니다. 그러니 이 좋은 기회를 오히려 고통스러워하지 마십시오.

일반적으로 수행자들이 집중수행을 계속하면 깊은 잠에 들지 못합니다. 하루 종일 알아차림이 지속되면 마음이 각성된 상태가 되기 때문에 잠을 잘 때도 뇌가 왕성하게 활동을 합니다. 그래서 깊은 의식으로 떨어지지 못합니다.

그러므로 잠이 오지 않는 상태가 와도 걱정할 것 없습니다. 누구나 집중수행을 하면 이런 것을 경험합니다. 이때는 잠을 자지 않아도 피곤하지 않습니다. 이렇게 알아차리는 상태는 가수면의 상태와 같아서 쉽게 피로가 회복됩니다.

수행자가 잠자리에서 마음을 알아차리고 난 뒤 몸을 알아차리면 즉시 잠에 빠지는 경우도 있을 것이고, 얼마간 알아차림을 계속할 수도 있을 것입니다. 아니면 잠을 자지 못하는 경우도 있을 것입니다. 이것은 수행자마다 다르기 때문에 어떤 현상이나 개입하지 말고 그냥 지켜봐야 합니다.

수행자가 얼마 알아차리지 못하고 잠에 든다고 해서 잘못된 것이 아닙니다. 그리고 알아차려서 잠을 이루지 못하는 것도 잘못된 것이 아닙니다. 누구나 자기 상황이 있기 마련이므로 나타난 현상을 그냥 지켜봐야 합니다.

잠자리에서 마음을 알아차린 뒤에 몸을 알아차리는 과정에서 오히려 잠이 달아나는 경우가 있습니다. 이때는 잠이 오지 않는 것을 두려워하지 말고 계속해서 대상을 알아차려야 합니다. 잠을 자기 위해서 누웠지만 잠을 자지 않고 대상을 알아차릴 수 있다면 이것은 매우 좋은 현상입니다.

사실 수행자의 숙면은 네 시간이나 다섯 시간이면 충분합니다. 그러므로 잠이 오지 않을 때 오히려 수행을 할 수 있는 절호의 기회로 삼아야 합니다. 이런 상태로 알아차림을 지속할 수 있다면 다음날 피곤하지 않으니 절대 두려워하지 마십시오. 잠을 자기 전에 이렇게 알아차리면 불면증 환자의 경우에도 치유가 될 수 있을 것입니다.

위빠사나 수행의 목적은 병을 치유하기 위해서 하는 것이 아닙니다. 바르게 알아차려서 자연스럽게 병이 치유되어야지, 처음부터 병의 치유를 위해서 알아차리면 바른 수행이라고 할 수가 없습니다. 목적이 선행되면 마음과 몸이 긴장하여 바른 수행을 할 수 없습니다. 그렇기 때문에 병이 낫되 병을 나으려고 수행해서는 안 된다고 말씀을 드리는 것입니다.

만약 잠이 오지 않을 때는 잠이 오지 않는 것을 두려워하는 마음을 알아차려야 합니다. 그리고 인내하면서 계속해서 호흡을 알아차려야 합니다. 계속해서 호흡을 알아차린 다는 것은 그만큼 노력을 하는 것입니다. 이러한 노력 없이 그냥 원하는 잠을 자기는 어렵습니다.

일반적인 경우의 불면증은 마음이 들뜨고 불안한 상태에서 나타나는 현상입니다. 이런 경우에는 잠을 자지 못하는 것에 대한 두려움이 오히려 더 큰 장애로 작용합니다. 그러므로 잠을 자려고 애쓰면 마음이 더 불안해지므로 이때는 잠을 자려고 노력하지 말고 일단 호흡을 겨냥하여 집중을 해서 알아차려야 합니다. 그러면 쉽게 잠자리에 들 수 있을 것입니다.

그러면 저녁에 잠자리에서 마음을 알아차리는 수행을 요약해 보겠습니다. 잠자리에 누우면 먼저 현재의 마음을 알아차립니다. 무엇을 하거나 시작할 때 마음을 알아차리는 방법은 모두 동일합니다. 이것이 있는 마음 알아차리기입니다. 이렇게 알아차리는 방법 은 잠자리에서뿐만 아니라 와선을 할 때에도 그대로 적용해도 좋습니다.

잠자리에 누워 있는 마음을 알아차린 뒤에 다음 단계로 누워 있는 모습을 머리부터 차례로 알아차려 내려가기 시작합니다. 머리, 얼굴, 어깨, 가슴, 배, 다리, 발을 차례로 알아차립니다. 이때의 자세는 몸의 윗부분부터 천천히 아래로 내려가면서 차례대로 알아 차립니다. 발까지 내려간 뒤에 이번에는 다시 몸이 바닥에 닿아 있는 아랫부분을 머리부 터 차례로 알아차려 내려가기 시작합니다. 머리, 어깨, 등, 엉덩이, 종아리, 발을 차례로 알아차립니다.

이때 머리, 어깨, 등으로 내려오면서 긴장을 풀고, 몸이 바닥에 닿아 있는 느낌을 느끼 는 것이 중요합니다. 이 상태에서 이러한 알아차림이 있어야 몸이 긴장하지 않고 이완됩 니다. 몸이 바닥에 닿아 있는 것을 알아차릴 때는 몸의 무게를 느끼는 것이 좋습니다. 그런 뒤에 마지막으로 아랫배에서 일어나고 꺼지는 움직임을 알아차립니다.

만약 아랫배의 움직임이 크지 않다면 두 손을 모아서 배 위에 올려놓습니다. 그러면 배의 움직임이 더욱 분명해질 것입니다. 그리고 지속적으로 배의 움직임을 주시해야 합니다. 마음은 항상 한곳에 머물지 않고 달아나기 때문에 노력을 해야 마음을 배에 머물게 할 수 있습니다. 이때 노력과 인내가 필요합니다. 만약 아랫배의 움직임보다 더 강한 느낌이 있는 곳이 있으면 그곳에서 그 느낌을 알아차려도 좋습니다.

미얀마의 쉐우민 사야도께서는 '아침에 무슨 마음으로 일어났는가'를 알아차려라. 그리고 저녁에 '무슨 마음으로 자는가'를 알아차려라. 그리고 '무슨 마음으로 음식을 먹는가'를 알아차려라. 항상 이렇게 말씀하셨습니다.

아침에 일어날 때의 마음과 저녁에 잠잘 때의 마음을 알아차리는 것은 하루하루의 시작과 끝을 정리하는 중요한 의미가 있습니다. 이러한 하나의 매듭이 연결되어서 하루가 결산되고, 일생이 결산됩니다. 그래서 아침에 일어난 마음과 저녁에 잠자리에 든 마음을 알아차리는 것은 누구나 꼭 지켜야 할 사항입니다.

이것은 하루의 행복을 마무리하고 시작하는 의미도 있지만 한 인간의 죽음과 탄생을 알아차리는 것이기 때문에 더욱 중요한 의미를 갖습니다. 그래서 잠자리에서의 알아차림이 우리에게 더욱 새로운 의미로 다가오길 간절히 바랍니다.

　괴로움은 누가 없애주는 것이 아니고 스스로 노력해서 소멸시키는 것입니다. 행복은 누가 주는 것이 아니고 스스로 노력해서 얻는 것입니다. 번뇌를 소멸시키는 지혜는 누가 주는 것이 아니고 스스로 노력해서 얻는 것입니다. 스스로 노력해서 얻는 것이 수행입니다.

　수행은 없애려고 하거나 바라는 것이 있으면 안 됩니다. 단지 대상을 알아차리는 것으로 의무를 다한 것입니다. 결과는 내가 만드는 것이 아니고 조건이 만드는 것입니다. 여기에 외부의 초월적 대상이 개입할 여지가 없습니다. 수행은 선하고자 하는 사람과 부지런하게 노력하는 사람과 인내하는 사람만 할 수 있는 고난의 여행입니다.

◆◆◆◆◆

　오늘은 세 번째 음식을 먹을 때 마음 알아차리기입니다. 음식은 수행을 할 수 있는 영양을 공급해 주는 중요한 것입니다. 그러나 이러한 음식이 욕망을 일으키는 또 하나의 요소로 작용하기도 합니다. 그래서 음식을 먹을 때는 욕망을 가지고 먹지 말고 필요해서 먹어야 합니다. 수행자는 먹기 위해서 살지 않고, 살기 위해서 먹습니다. 이것은 욕망으로 음식을 먹지 않는 것을 말합니다.

　음식을 먹기 전에 독송하는 게송은 다음과 같습니다.

　"음식을 먹을 때 바르게 알아차려야 한다. 마음에 있는 온갖 욕심을 버리고, 맛을 즐기고, 배불리 먹고, 몸을 살찌게 하려고 먹지 않는다. 몸을 지탱하는 영양분을 얻고, 건강을 지키고, 몸을 유지하여 깨달음을 이루고자 이 음식을 받으리라.

땅과 물, 바람과 열이 합쳐져 이 음식을 만들었네. 우리가 이것을 먹을 수 있도록 수없이 많은 존재들이 수고하였으니, 이 음식을 먹고 반드시 수행을 하리라.

음식을 먹을 때 바르게 알아차려서 배고픈 느낌도 일어나지 않고, 배부른 느낌이 일어나지 않아야 한다. 이로써 몸과 마음이 모두 건강하여 허물이 없으며, 청정함으로 항상 평온해질 것이며, 나 역시 다른 생명에 보탬이 되리라."

그러므로 음식을 먹기 전에 지금 무슨 마음으로 음식을 먹는가를 알아차려야 합니다. 그렇지 않으면 욕망으로 먹기 마련입니다. 욕망으로 먹는 것을 입에 불이 붙은 채로 먹는다고 말합니다. 탐욕으로 음식을 먹으면 오래 씹지도 않고 그냥 삼키며, 항상 더 많은 양을 먹습니다. 때로는 남이 주지 않은 것을 먹을 수도 있습니다.

그래서 알아차리면서 음식을 먹는 것을 계율을 지키는 행위라고 합니다. 왜냐하면 알아차리지 못하면 탐욕으로 먹기 때문이며, 남이 주지 않은 것을 먹기 때문입니다. 비구 계율 중에 음식에 대한 계율이 많습니다. 비구는 아침에 해가 뜨기 전에 먹어서는 안 됩니다. 그러므로 365일 해 뜨는 시간이 다르기 때문에 아침 공양시간이 모두 다릅니다. 그리고 점심공양은 반드시 정오를 넘기지 않습니다. 그러므로 저녁공양을 하지 않습니다. 이러한 절제 속에서 먹고 싶은 감각적 욕망을 제어하는 것입니다.

비구는 탁발을 해서 먹어야 하며, 모든 음식을 받을 때는 반드시 주고받는 의식을 행한 뒤에 식사를 합니다. 왜냐하면 주지 않는 것을 사용할 경우에는 남의 물건을 훔치는 행위로 간주되기 때문입니다.

그리고 비구는 음식을 한 손에 들고 이로 물어뜯으면서 먹는 행위를 해서는 안 됩니다. 그래서 과자나 과일을 먹을 때도 한 입에 먹기 좋게 잘라서 입에 넣습니다. 이외에도 먹는 것에 관한 계율이 매우 많습니다.

제가 미얀마에서 수행을 할 때 저희 스승으로부터 먹는 것에 관해서 지적을 받곤

했습니다. 그래서 어느 날 왜 이렇게 먹는 것을 가지고 그러느냐고 물었습니다. 그랬더니 스승께서는 먹을 때 욕망이 가장 많이 일어나기 때문에 알아차리면서 먹어야 한다고 말씀하셨습니다. 그래서 비구들에게 먹는 것에 관한 계율이 많은 것을 알았습니다. 주석서에서도 먹는 것에 관한 기록이 많이 있습니다.

실제로 스승의 가르침에 따라 알아차리면서 먹다가 도과를 성취한 경우도 있습니다. 음식을 먹을 때 알아차리면서 음식을 먹으면 음식을 먹는 것이 아니고 맛을 먹는 것입니다. 그러면 맛이 있건 없건 음식이 가진 고유한 맛을 음미하면서 먹게 됩니다. 그러면 음식에 대한 차별이 일어나지 않습니다.

음식은 저마다의 고유한 맛이 있으므로 그 맛을 알아차리면서 먹으면 수행을 하면서 먹는 것입니다. 이렇게 음식 맛을 알아차리면서 씹다가 음식을 목구멍으로 넘기면 그 순간 무상을 느끼기도 합니다. 입 안에 있던 음식도 목구멍으로 넘기는 순간 끝나고 맙니다. 그러나 욕망으로 먹으면 이런 무상을 알 수가 없습니다.

이렇게 알아차리면서 먹으면 음식을 보시한 사람들에게 공덕을 돌리는 행위가 됩니다. 음식을 먹으면서 수행을 하고, 음식을 먹고 나서 수행을 하면 음식을 보시한 자에게 공덕이 크게 되돌아갑니다. 그래서 아라한을 공양을 받을 자격이 있는 자라는 뜻으로 응공應供이라고 합니다. 아라한에게 음식을 올리면 아라한은 보시한 음식을 먹고 온전하게 남을 위해서 봉사하면서 살기 때문에 아라한에게 음식 공양을 올리는 것을 우리는 최고의 공덕으로 치는 것입니다.

음식을 먹을 때 마음을 알아차리는 수행을 요약해 보겠습니다. 먼저 밥상을 앞에 두고 음식을 먹는 마음을 알아차립니다. '지금 무슨 마음으로 음식을 먹는가?' 하고 알아차립니다. 만약 탐욕이 있는 마음을 알게 되면 탐욕이 있는 마음을 알아차리고 나서 잠시 멈춘 뒤에 다시 '지금 무슨 마음으로 먹는가?'를 살펴봅니다. 그러면 욕망이 사라진 청정한 마음이 있는 것을 알게 될 것입니다. 그러면 이때 식사를 시작해야 합니다.

그런 뒤에 알아차리면서 천천히 숟가락이나 젓가락을 집습니다. 그리고 원하는 음식을 적당량을 집어서 입에 넣습니다. 만약 알아차림이 없을 때는 너무 많이 집어서 가져올 때 흘릴 수도 있습니다. 그러나 알아차리면서 집으면 적당량을 집게 됩니다. 그런 뒤에 알맞게 씹습니다. 씹을 때 음식의 맛을 알아차립니다. 계속해서 음식을 씹은 뒤에 목구멍으로 넘기는 것을 알아차립니다. 음식을 먹을 때 많이 씹으면 적게 먹고도 포만감이 생겨서 과식을 하지 않습니다. 이렇게 먹으면 맛있는 것 한 가지만 먹지 않고 고루 음식을 섭취하게 됩니다.

이렇게 알아차리면서 먹으면 먹는 것조차도 고통이라는 사실을 알아 음식에 집착하지 않습니다. 감각적 욕망은 짧은 한순간의 느낌입니다. 아무리 맛있는 음식도 몇 번 씹지도 않고 맛보다가 목구멍으로 넘기면 끝입니다. 사람들은 이러한 한순간의 느낌을 위해 목숨을 걸고 삽니다.

수행자들은 상대에게 음식을 많이 드시라고 하지 않습니다. 왜냐하면 많이 드는 것은 탐욕으로 먹는 것이기 때문입니다. 탐욕으로 먹으면 배탈이 나거나 병이 납니다. 그리고 남의 것을 빼앗아서 많이 먹게 됩니다. 그런데 모르기 때문에 좋지 않은 것을 우리는 권하고 있습니다. 이것이 욕망으로 사는 세속의 모습입니다.

그러므로 우리 수행자들은 음식에 관해서 인사를 할 때 이제 '알맞게 드십시오'라고 하거나 '알아차리면서 드십시오'라고 말하는 것이 좋습니다. 그러니 지금부터는 '많이 드십시오'라는 말 대신 '알맞게 드십시오'라고 인사를 하는 것이 수행자의 인사입니다.

네 번째, 좌선을 할 때 마음 알아차리기입니다. 좌선을 할 때는 있는 마음 알아차리기, 일어난 마음 알아차리기, 하려는 마음 알아차리기, 아는 마음 알아차리기, 네 가지 방법을 모두 사용해야 합니다. 각각의 상황에 따라서 마음을 알아차리는 여러 가지의 방법을 모두 사용할 수 있습니다. 좌선은 몸과 마음을 고루 알아차리는 수행입니다. 그래서 마음만 알아차려서도 안 되고, 그렇다고 몸만 알아차려서도 안 됩니다. 그러므로 마음과 함께 반드시 몸을 알아차려야 합니다.

좌선이 수행의 전부가 아닙니다. 좌선은 행주좌와 중에서 坐座에 속하는 수행의 하나입니다. 그러므로 좌선을 하는 것으로 수행이 끝났다고 생각해서는 안 됩니다. 아침에 눈을 뜨면서부터 저녁에 잠자리에 들 때까지 모든 행위가 모두 알아차려야 할 대상입니다. 행주좌와가 균형을 이루어야 수행이 발전하고 지혜가 생깁니다. 그래서 위빠사나 수행은 좌선과 경행과 일상의 알아차림으로 구분합니다. 그러므로 생활 따로, 수행 따로 분리되지 않고, 생활하는 것이 모두 수행입니다.

좌선은 움직이지 않은 채로 몸과 마음에 나타나는 현상을 지켜보기 위해서 하는 것입니다. 이때 나타난 대상은 모두 손님입니다. 움직이지 않는 것은 움직이는 것에 비해 오히려 더 적극적인 행위에 속하므로 좌선을 할 때는 더욱 각별한 노력을 해야 합니다. 그래서 좌선을 수동적인 것이라고 생각해서는 안 됩니다. 그러므로 좌선 중에 나타나는 현상은 당연히 일어나도록 되어 있는 대상이라고 알고 수행을 시작해야 합니다.

좌선을 시작하면 움직이지 않기 때문에 가렵고, 저리고, 통증이 생기기 마련입니다. 움직이지 않기 때문에 고요해서 졸음이 오기 마련입니다. 움직이지 않기 때문에 망상이 나타나기 마련입니다. 그래서 이것들은 나타날 만해서 나타난 것들입니다. 위빠사나 수행은 나타날 만한 것이 나타났을 때 어떻게 반응하는가를 알아차리는 수행입니다. 이것들은 와서 보라고 나타난 것들입니다. 그래서 수행자는 보는 의무만 하면 됩니다. 와서 보라고 요청하는 뜻으로 나타난 것을 있는 그대로 보는 것이 위빠사나 수행입니다.

만약 좌선 중에 몸과 마음에 나타난 현상에 개입하여 바라는 것이 있거나 없애려고 했다면 이 순간 알아차림을 놓친 것입니다. 좌선은 좋은 것을 보기 위해서 하는 것이 아닙니다. 일차적으로는 움직이지 않아서 나타난 것을 손님으로 알아차리는 수행입니다. 이렇게 대상을 분리해서 지켜보는 수행이라는 뜻으로 바로 위빠사나라고 합니다.

위빠사나 수행은 바라거나 없애려고 하는 수행이 아닙니다. 무엇이나 나타난 대상을 개입하지 않고, 있는 그대로 지켜보는 수행입니다. 그래서 나타난 대상을 좋아하거나 싫어하지 말고 어떤 것이나 그냥 지켜봐야 합니다. 만약 좋아하거나 싫어했다면 좋아한 마음을 알아차리거나 싫어한 마음을 알아차리고, 다음 대상으로 가야 합니다. 나타난 대상을 좋아한 것도 하나의 알아차릴 대상입니다. 그리고 나타난 대상을 싫어한 것도 하나의 알아차릴 대상입니다. 그래서 위빠사나 수행의 대상은 좋고 싫은 것이 없이 그것 자체가 모두 새로운 대상입니다.

위빠사나 수행이 이런 과정을 거치기 때문에 종전에 가지고 있던 사고방식과 전혀 다른 새로운 삶의 방식인 것입니다. 지금까지 우리는 바라거나 없애려고 하는 것만 하면서 살아왔습니다. 그러나 이제 지켜보는 자가 되어야 합니다. 그것들은 원인이 있어서 생긴 결과일 뿐입니다. 그것들은 나의 의지대로 되지 않는 것들입니다. 이렇게 해서 얻는 이익이 지혜입니다. 이 지혜는 온전하게 자신을 이롭게 합니다.

그러나 우리는 지금까지 될 수 없는 것을 되게 하려고 하면서 살아왔습니다. 바로 이것이 괴로움의 원인입니다. 그러므로 어떤 것도 바라지 말아야 합니다. 물론 목표는 있어야 합니다. 그러나 행함에 있어서는 아무것도 바라지 말아야 합니다. 그래야만 비로소 몸과 마음의 진실을 알 수 있습니다.

그러므로 위빠사나 수행을 한다는 것은 지금까지 해보지 않은 전혀 새로운 방법을 실천하는 것입니다. 그래서 혼자의 힘으로 갈 수 없습니다. 왜냐하면 우리는 고정관념과 습관으로 살고 있기 때문에 스스로 이 벽을 뚫을 수가 없습니다. 그래서 수행 경험이 있는 스승의 가르침이 필요합니다.

위빠사나 수행은 책을 읽는 것으로는 할 수 없습니다. 정신세계는 문자를 뛰어넘는 직관이 필요하기 때문에 반드시 직접 수행을 해야 하고, 그리고 적절한 가르침을 받아야 합니다. 이것은 수행에 대한 불문율입니다.

누구를 막론하고 수행을 하다가 죽지 않습니다. 이런 믿음을 가지고 수행을 해야 합니다. 수행을 하다가 나타난 현상에 놀라거나 두려워하지 마십시오. 수행은 경험하지 않은 몸과 마음이란 동굴을 탐험하는 것과 같습니다. 그러므로 모두 새로운 것들입니다. 그래서 두렵고 불안한 마음이 일어납니다. 이럴 때는 놀라거나 두려워하는 마음을 알아 차려야 합니다. 이것이 일어난 마음 알아차리기입니다.

수행은 잘 안 되는 것입니다. 수행을 잘하려고 하지 마십시오. 이것이 탐욕입니다. 단지 나타난 현상을 지켜보는 것이 수행자가 해야 할 유일한 일입니다. 수행자는 결과를 만들기 위해서 수행을 하지 않습니다. 해야 할 일을 해서 자연스럽게 와야 할 결과가 나타나야 합니다.

위빠사나 수행은 자신의 몸과 마음을 알아차리는 것으로 시작합니다. 몸을 알아차릴 때는 몸과 마음을 분리해서 알아차리고 마음을 알아차릴 때도 마음과 마음을 분리해서 알아차립니다. 일하는 마음이 몸이 되었거나 마음이 되었거나 하나가 되어서 보지 말고 분리해서 객관성을 가지고 주시해야 합니다.

몸이 아플 때 마음이 아프지 말아야 하며, 마음이 아플 때도 지켜보는 마음이 아프지 않은 상태에서 알아차려야 합니다. 또한 세상의 일과 그것을 주시하는 마음도 역시 분리해서 보아야 합니다. 세상은 그렇게 흘러가는 것이고, 자신은 단지 그것을 지켜보는 역할을 하면 됩니다. 세상의 일과 자신이 지켜보는 것을 혼돈해서는 안 됩니다.

◆◆◆◆◆

다음은 좌선을 하는 수행방법입니다. 좌선을 시작할 때와 좌선을 계속할 때와 좌선이 끝났을 때, 이렇게 세 가지로 나누어서 말씀드리겠습니다.

먼저 좌선을 시작할 때 다음과 같은 방법으로 수행을 합니다. 몸에 긴장을 풀고 바른 자세로 앉으십시오. 두 눈을 지그시 감으십시오. 두 눈을 감는 것은 눈으로 모양을 보지 않고 마음으로 느끼기 위해서입니다. 눈을 감으면 현상계가 아닌 전혀 새로운 정신세계가 열립니다. 그래서 지금까지 알고 있는 세계와 다른 세계를 경험하는 것입니다.

이 순간부터 모든 일은 마음이 합니다. 그래서 아는 마음만 문을 열어놓고 나머지 다섯 가지의 감각기관의 문을 닫아야 합니다. 단지 감각기관을 통해서 들어오는 정보를 마음이 지켜보기만 하면 됩니다. 이렇게 알아차려야 그간에 가지고 있던 고정관념으로 보지 않게 되며, 그래서 대상의 진실한 실재를 알 수가 있습니다.

턱은 약간 안쪽으로 당기십시오. 장시간 턱을 들면 머리나 어깨가 아픕니다. 허리는 편안하고 자연스럽게 펴십시오. 허리를 너무 곧게 세우면 긴장이 되어서 집중이 되지 않습니다. 손은 힘을 빼고 무릎 위에 편안하게 놓으십시오. 이때 주먹을 쥐거나 손가락에 힘을 주지 마십시오. 어떤 자세나 힘이 들어가지 않은 자연스러운 자세가 좋습니다.

다리는 반가부좌, 결가부좌, 평좌 등 어떤 자세나 좋습니다. 처음에 수행을 하는 수행자는 오른발, 왼발을 포개지 않고 안과 밖으로 가지런히 놓고 당겨서 앉습니다. 이것을 평좌라고 합니다. 만약 오른쪽이나 왼쪽의 무릎이 너무 많이 들려 있으면 수건이나 방석으로 무릎을 받쳐주십시오. 무릎이 오래 들려 있으면 통증이 생겨서 수행을 계속하기가 어렵습니다. 허리가 아프거나 무릎이 좋지 않으면 의자에 앉거나 벽에 허리를 기대고 앉아도 됩니다.

누구나 수행은 자신의 신체적·정신적 상황에 맞게 해야 합니다. 그렇지 않으면 오히려 병을 얻을 수 있습니다. 좋아지기 위해서 하는 수행으로 인해 병을 얻는다면 수행은 어떻게 해야 한다는 잘못된 고정관념을 가졌기 때문인 것입니다.

이렇게 자세를 가다듬은 다음에 제일 먼저 현재의 마음을 알아차립니다. 무엇을 시작할 때는 반드시 시작할 때 있는 마음을 알아차립니다. 좌선을 시작하고 마음이 즉시 몸으로 가서 대상을 알아차리는 것보다 일하는 그 마음을 알아차리는 것으로 시작해야 합니다. 일은 마음이 하므로 처음에 일하는 마음을 알아차리는 것은 매우 중요한 의미를 갖습니다. 일하는 일꾼의 마음의 상태가 바르지 못하면 바르게 일을 할 수가 없습니다.

만약 마음을 알아차렸을 때 어떤 마음이 있다면 있는 그대로 알아차리십시오. 아무런 마음도 느낄 수 없으면 현재를 지켜보고 있는 마음이 있는 것을 알아차리십시오. 마음을 알아차리면 수행을 잘하려고 하는 바라는 마음이 있을 수도 있으며, 화를 내는 마음,

미워하는 마음, 괴로워하는 마음, 들뜬 마음, 의심하는 마음, 게으른 마음, 하기 싫어하는 마음 등등 여러 가지의 마음이 있습니다. 이런 마음이 있을 때는 단지 이런 마음이 있는 것을 알면 됩니다.

이때 이 마음을 어떻게 하려고 하지 마십시오. 그리고 자책하지도 마십시오. 이것은 나의 마음이 아니고, 단지 이 순간에 있는 마음입니다. 어떤 마음이 있거나 나중에는 이것을 지켜보는 마음만 있습니다. 이렇게 알아차려야 나중에 무아를 알 수가 있습니다. 일하는 그 마음을 알아차리지 않고서는 가장 중요한 법인 무아를 알기가 어렵습니다. 이처럼 새로 일어난 마음이 현재 있는 마음을 알아차린 다음에 마음이 몸으로 가서 일을 시작합니다.

먼저 눈꺼풀이 닿아 있는 것을 잠시 알아차리십시오. 눈꺼풀로 마음을 보낼 때는 마음을 공손하게 모아서 눈꺼풀을 겨냥하도록 해야 합니다. 이때 마음을 눈꺼풀에 잠시 머물게 하여 마음을 순화시켜야 합니다. 처음부터 호흡을 선택하여 붙잡으려 하면 마음 이 달아나 버립니다. 그래서 마음을 가볍게 눈꺼풀에 머물게 해야 합니다. 마음을 눈꺼 풀에 잠시 머물게 하는 것은 마음의 특성을 배려하기 때문인 것입니다. 마음은 잠시도 한곳에 머물지 않고 바람처럼 일어나서 바람처럼 사라집니다. 이것이 바로 마음의 특성 입니다. 이런 마음의 특성을 헤아려서 잠시 눈에 머물게 하여 마음을 순화시켜야 합니다.

마음을 몸에 머물게 하는 것은 말뚝에 소를 묶어놓고 멀리 달아나지 못하게 하는 것과 같습니다. 이렇게 마음을 몸에 묶어두지 않으면 마음이 잠시도 가만있지 못하고 이곳저곳으로 가서 이것저것을 참견합니다. 때로는 과거나 미래로 가서 실재가 아닌 것을 붙들고 씨름을 합니다. 그리고 온갖 번뇌를 스스로 일으킵니다. 그래서 바람 같은 마음을 현재에 붙들어두기 위해서 몸을 알아차리는 것입니다. 사실 실재하는 진실은 오직 현재의 몸과 마음에만 있습니다. 그런 의미에서도 현재의 몸과 마음을 알아차려야 합니다.

마음이 몸을 알아차리면 몸이 가지고 있는 성품을 알 수 있습니다. 그러나 몸을 알아 차려서 얻는 지혜는 이차적인 것입니다. 처음에는 일하는 마음을 길들이는 것이 필요합니다. 야생마와 같은 마음이 제멋대로 뛰어다니는 것을 한곳에 묶어두기 위해서는 부단한 노력이 있어야 합니다. 그래서 수행은 새로운 습관을 길들이는 과정입니다.

눈꺼풀을 알아차릴 때 눈으로 보아서는 안 됩니다. 그러면 표상을 보는 것입니다. 표상은 대상과 하나가 되기 위해서 필요한 것입니다. 위빠사나 수행은 대상과 하나가 되지 않고 대상을 분리해서 알아차려야 하기 때문에 몸의 느낌을 알아차려야 합니다. 그러나 처음에 눈꺼풀의 느낌을 알아차리라고 하면 특별한 느낌을 찾는 경우가 많습니다. 이때의 느낌은 알고 있는 것이 느낌이므로 특별한 느낌을 찾아서는 안 됩니다.

그리고 눈꺼풀은 부르기 위한 명칭입니다. 그래서 실재하는 것이 아닙니다. 실재하는 것은 인식할 수 있는 대상인 바로 느낌입니다. 눈꺼풀이나 다음에 알아차릴 대상인 입술이나 손이나 엉덩이는 모두 부르기 위한 명칭에 불과한 것이지 실재하는 것은 아닙니다.

위빠사나 수행은 관념을 대상으로 하지 않고, 실재하는 느낌을 대상으로 하기 때문에 언제나 느낌을 알아차려야 합니다. 눈꺼풀의 느낌은 따뜻함, 진동, 가벼움, 무거움, 어두움, 빛 등등이 있습니다. 이때 어떤 느낌이 되었거나 하나를 선택하여 조용히 지켜봐야 합니다. 여기에 어떤 의미도 부여해서는 안 됩니다. 단지 단순하게 눈꺼풀이 있는 것을 알아차리면 됩니다. 차츰 조건이 성숙되면 지혜는 저절로 드러나기 마련입니다. 그래서 처음에는 그냥 지켜보기만 하는 것으로 매우 훌륭한 수행을 하는 것입니다. 무엇도 조급해 해서는 안 됩니다.

수행을 시작하여 잘 알아차리기 어려운 것도 당연한 것으로 받아들이십시오. 이렇게 있는 현상을 받아들여야 수행이 잘 됩니다. 수행은 특별한 것을 하는 것이 아니고, 잘 안 되는 것을 받아들이는 것이 수행을 제일 잘하는 것입니다.

이러한 모든 느낌은 무상과 괴로움과 무아의 성품을 가지고 있지만, 이것은 수행이 발전하면 생기는 지혜이므로 처음 단계에서는 나타나지 않습니다. 수행은 나타나지 않는 지혜를 얻으려고 하는 것이 아니고, 있는 대상을 알아차리려고 하는 것입니다.

수행은 자기 수준에 맞는 것을 알아차리는 것이 가장 잘하는 것입니다. 그래서 수행을 토끼와 거북이의 경주라고 말합니다. 모든 지혜는 나타날 때가 되면 스스로 나타나므로 지혜를 얻으려고 수행을 해서는 안 됩니다. 무상, 고, 무아를 입으로 아무리 외워도 법은 나타나지 않습니다. 이렇게 외우면 지혜보다 단지 집중의 효과가 있을 뿐입니다. 단지 알아차리면 된다는 말은 정신세계에서 가장 고귀한 뜻을 가진 말입니다. 여기에는 많은 의미가 내포되어 있습니다.

이렇게 잠시 눈꺼풀에 마음을 머물게 한 뒤에 다음 과정으로 마음을 입술로 보냅니다. 입술을 알아차릴 때도 눈꺼풀을 알아차리는 것과 동일한 방법으로 알아차립니다. 입술에도 여러 가지의 느낌이 많습니다. 처음에는 마음을 그냥 입술에 머물게 하는 것도 훌륭한 수행입니다. 그러다 차츰 알아차리는 힘이 생기면 입술의 느낌을 알 수 있습니다. 입술의 느낌은 특별한 것이 아닙니다. 입술이 닿아 있는 것을 아는 것이 바로 느낌입니다.

맨 느낌은 덤덤하기 때문에 느낌인지 알기가 어려울 수도 있습니다. 그래서 그냥 있는 것을 아는 것이 느낌을 아는 것입니다. 맨 느낌은 감각기관과 감각대상이 부딪혔을 때 좋거나 싫은 느낌으로 반응하지 않은 느낌을 말합니다. 그래서 맨 느낌은 아직 반응하지 않은 초기의 순수한 느낌입니다. 입술의 느낌은 덤덤한 것 외에 따뜻함, 진동, 가벼움, 무거움 등등이 있습니다. 그리고 확장되는 느낌도 있습니다.

이러한 느낌이 동시에 여러 가지로 느껴질 수가 있습니다. 이때 하나의 느낌에 마음을 기울여서 알아차려야 합니다. 여러 가지의 느낌을 동시에 알아차릴 때는 마음이 집중되지 않습니다. 그래서 하나의 대상에 마음을 기울여서 하나의 느낌을 지켜보는 것이 좋습니다.

잠시 입술을 알아차린 뒤에 다음 과정으로 손이 닿아 있는 느낌을 알아차립니다. 손이 닿아 있는 느낌이란 그냥 손이 있는 것을 아는 것입니다. 손을 알아차릴 때도 눈꺼풀과 입술을 알아차리는 것과 같이 동일한 방법으로 알아차립니다. 손에는 매우 미세한 느낌이 많습니다. 그래서 자세하게 살펴보면 끊임없이 진동이 일어납니다. 사실은 이것들이 모두 변하고 있는 무상이지만 처음에는 그냥 진동으로 알아차려야 합니다.

그리고 따뜻함, 무거움 등의 느낌이 있습니다. 이러한 느낌을 있는 그대로 알아차려야 합니다.

좌선 중에 손에 힘을 주거나 주먹을 쥐어서는 안 됩니다. 어떤 목적을 가지고 손에 특별한 모양을 만들지 말고, 그냥 편하게 무릎 위에 손을 두어야 합니다. 양쪽에 엄지손가락을 맞닿게 한다거나 손 모양을 둥그렇게 만들 필요가 없습니다. 위빠사나 수행은 어떤 바람도 없이 단지 있는 그대로의 대상을 알아차려야 합니다.

손의 느낌을 잠시 알아차린 뒤에 마음을 엉덩이로 보내서 엉덩이가 바닥에 닿아 있는 느낌을 대상으로 알아차립니다. 이때의 느낌은 무거움, 단단함, 딱딱함, 진동 등등의 느낌이 있습니다. 그리고 이 상태를 수행자들은 '앉음'이라고 말하기도 합니다. 엉덩이가 바닥에 닿은 것을 알아차릴 때도 다른 대상들과 동일한 방법으로 알아차립니다.

참고로 말씀드리면, 미얀마의 마하시 선원에서는 호흡의 일어남과 꺼짐을 알아차린 뒤에 '쉼'이 길어질 때는 '앉음'을 합니다. 이때의 '앉음'이 엉덩이가 바닥에 닿아 있는 것을 알아차리는 것입니다. 그리고도 쉼이 더 길어지면 '앉음'과 함께 '닿음'을 합니다. 이때의 닿음은 발이 바닥에 닿는 것을 알아차리는 것입니다. 그래서 호흡의 일어남, 꺼짐을 하다가 다음 단계로 일어남, 꺼짐, 앉음을 합니다. 그리고도 쉼의 틈이 생길 때는 일어남, 꺼짐, 앉음, 닿음을 알아차립니다.

그래서 호흡과 몸의 느낌을 동시에 알아차립니다. 이것은 마하시만의 독특한 수행방법이므로 모든 수행자들이 이 수행방법을 따라야 하는 것은 아닙니다. 수행자 여러분! 수행의 방법은 매우 많습니다. 어떤 수행을 하거나 모두 바른 스승 밑에서 배운 수행은 바른 것입니다.

　모든 인간관계가 지속되는 것에는 한계가 있습니다. 관계는 마음이 하는 것이기 때문에 늘 변화가 있기 마련입니다. 좋을 때는 좋지만 마음이 변하여 소원해지면 오히려 적대적인 감정이 생길 수도 있습니다. 서로 바라는 마음이 있어서 잘하게 되지만 자기의 기대에 충족되지 못할 때는 반대로 돌아서 버립니다. 바라는 마음이란 이렇게 무서운 것입니다. 가족관계도 예외는 아닙니다. 가족은 불가피한 공동체라서 관계가 쉽게 복원되지만 세상에서는 밥 먹듯이 만나고 헤어집니다.

　이런 만남과 헤어짐에 바라는 마음이 있으면 있는 만큼 상처가 깊습니다. 그래서 만남을 기대하지도 말고, 헤어짐을 슬퍼하지도 말아야 합니다. 모든 것들이 그저 일어나고 사라지고 스쳐 지나가는 일들뿐입니다.

◆◆◆◆◆

　지난 시간에 이어서 계속해서 말씀드리겠습니다. 몸을 알아차릴 때 호흡은 주 대상입니다. 그러나 몸에서 호흡을 알아차릴 수 없을 때는 무엇인가 다른 대상을 선택해야 하는데, 사실 대상이 마땅치 않은 경우가 많습니다.

　호흡은 누구에게나 주 대상이지만 수행을 할 때 의외로 호흡을 알아차릴 수 없는 경우도 있습니다. 여기에는 여러 가지 이유가 있습니다. 호흡을 너무 자세하게 알아차리려고 해도 몸이 긴장해서 일어나지 않으며, 또는 들떠서 집중이 되지 않아서 호흡을 알아차릴 수가 없습니다. 그러므로 수행자에게 있어서 호흡이 주 대상이지만 여러 가지

많은 대상 중에 하나일 뿐이라고 알아야 합니다. 그러므로 호흡을 알아차릴 수 없을 때는 다른 대상을 선택해야 합니다. 없는 호흡을 알아차리기 위해서 애쓴다면 이것은 호흡에 대한 집착입니다.

만약 호흡을 알아차릴 수 없을 때는 마음을 가만히 가슴에 두고 지켜보는 것도 하나의 방법입니다. 가슴은 여러 가지 형태의 느낌이 계속해서 일어나고 사라지는 곳입니다. 그래서 알아차릴 대상이 많습니다. 만약 가슴에서도 느낌이 없다면 이때 덤덤한 느낌을 알아차리면 됩니다. 그러면 차츰 미세한 느낌을 알아차릴 수 있게 될 것입니다. 그리고 아무런 느낌이 없다면 아무런 느낌이 없는 것을 대상으로 지켜봐도 좋습니다. 느낌은 꼭 무엇이 있어야 되는 것은 아닙니다.

어쨌거나 호흡은 움직임이 분명하여 알아차리기가 쉽고 항상 있는 것이라서 주 대상으로 선택하지만 호흡을 알아차릴 수 없을 때는 무엇을 대상으로 해야 할지 망설이게 됩니다. 이때 바로 앉음과 닿음을 선택하여 알아차릴 수도 있습니다. 마하시에서는 호흡의 일어남과 꺼짐이 있은 뒤에 다시 일어남이 늦어질 때 그 사이에 앉음이나 닿음을 넣어서 틈을 없애는 방법을 사용합니다.

호흡의 일어남과 꺼짐 사이에 쉼이 길어지면 이 짧은 순간에 망상이 들어오거나 졸음에 떨어지기 때문에 쉼의 관리가 중요합니다. 쉼은 움직임이 없는 상태라서 알아차리기가 어렵습니다. 그래서 이때의 쉼에서는 쉬고 있는 것을 아는 마음으로 채우면 됩니다. 다시 말하면 일어남, 꺼짐, 쉼을 할 때 그 쉼이 어려우므로 이제는 일어남, 꺼짐, 쉬고 있는 것을 아는 마음, 이렇게 하면 쉼을 적절하게 알아차릴 수가 있습니다. 그래서 이때의 쉼은 아무런 움직임이 없기 때문에 아는 마음으로 채운다는 생각을 하면 좋겠습니다.

사실 마하시 방법에는 앉음과 닿음만 있는 것이 아닙니다. 이외에도 오른손 닿음, 왼손 닿음을 하기도 합니다. 그리고 오른편 어깨와 왼편 어깨를 알아차리면서 다양한 선택을 하여 수행이 싫증나지 않도록 합니다. 그래서 수행의 방편은 수행자의 근기에 따라서 얼마든지 선택해서 사용할 수 있는 것입니다.

이처럼 여러 가지의 목적으로 호흡을 알아차리기 전에 몸에 있는 눈꺼풀, 입술, 손, 엉덩이를 선택하여 그 느낌을 알아차리는 것입니다. 마음을 편하게 길들이는 과정에서 몸의 느낌을 선택하였으며, 또 호흡을 알아차리기 어려울 때 대안으로서의 몸의 느낌을 선택한 것입니다. 좌선을 시작해서 마음을 알아차린 뒤에 이상 몸의 네 곳을 알아차리는 것은 이곳들이 느낌이 강한 곳이라서 집중을 하기 좋기 때문에 선택했습니다. 그러므로 이상의 네 가지 대상이 특별한 의미를 갖는 것은 아닙니다. 수행자에 따라서 또 다른 곳을 선택해서 알아차릴 수도 있습니다. 이때의 대상의 선택은 수행자의 각자의 몫입니다.

이렇게 엉덩이가 바닥에 닿아 있는 느낌을 알아차린 뒤에 이번에는 몸이 아닌 마음을 알아차립니다. 눈꺼풀, 입술, 손, 엉덩이를 알아차린 뒤에 다시 현재의 마음을 알아차립니다.

이번에 현재를 알아차릴 때는 주위에서 나는 소리나 현재의 고요함이나 자신이 알아차릴 수 있는 어떤 대상이나 알아차려도 좋습니다. 위빠사나 수행은 몸과 마음이 대상이지만 여섯 가지 감각기관에 와서 부딪히는 다른 모든 대상들도 알아차려야 합니다. 소리도 대상이고, 냄새도 대상이고, 고요함도 대상입니다. 그래서 외부에서 오는 손님에 대해서도 알아차림이 필요합니다.

이렇게 현재의 마음을 알아차린 뒤에 다시 여기에 앉아 있는 몸을 전체로 지켜봅니다. 지금까지 몸을 알아차릴 때는 몸의 특정한 부분을 알아차렸지만 이제는 몸을 전체로 지켜봐야 합니다. 수행자가 몸을 알아차릴 때는 몸의 어느 한 부분을 알아차릴 수도 있고, 때로는 몸 전체를 알아차릴 수도 있습니다. 그러므로 이러한 과정을 경험하는 것은 수행의 발전을 위해서 필요한 것입니다.

몸을 전체로 알아차리면 몸의 어디에선가 움직임이 있는 것을 발견할 수 있습니다. 코, 가슴, 배, 몸의 일부에서 일어나고 꺼지는 움직임이 있을 것입니다. 그중에 강한 대상 하나를 선택해서 그곳으로 마음을 기울이십시오. 이것이 알아차려야 할 주 대상인 호흡입니다.

호흡은 코에서 일어나는 들숨과 날숨이 있고, 가슴이나 배나 몸의 일부에서 일어나고 꺼지는 풍대가 있습니다. 만약 이러한 호흡을 알아차리기가 어려울 때는 심호흡을 세 번 크게 합니다. 이렇게 일어남, 꺼짐을 한 뒤에 이 중에서 강한 호흡이 있는 곳을 선택하여 알아차림을 지속합니다.

지금까지 말씀드린 것이 좌선을 시작한 뒤에 호흡을 알아차리기까지의 과정입니다. 이 과정까지 약 4분에서 5분이 걸립니다. 만약 좌선을 시작하고 이러한 과정까지 성실하게 이행할 수 있었다면 매우 훌륭한 수행을 한 것입니다. 수행을 시작하는 동안 5분여 동안이나 알아차림을 지속할 수 있었다면 빠르게 움직이는 마음이 상당한 수준에까지 집중된 것입니다.

초보수행자는 처음에 호흡을 알아차릴 때 몇 차례밖에 알아차리지 못하는 경우가 허다하여 대상에 마음을 머물게 하려는 노력이 필요합니다. 그래서 좌선을 시작할 때 이러한 프로그램을 운영하면 적어도 초기에는 강력한 집중력을 유지할 수 있습니다.

지금까지 말씀드린 좌선을 시작할 때의 수행방법을 다시 한 번 요약해 보겠습니다.

자, 자리에 앉아 몸의 긴장을 풉니다. 턱을 당기고, 허리는 편안하게 펴고, 손은 무릎 위에 놓습니다. 그런 뒤에 현재의 마음을 알아차립니다. 잠시 뒤에 이제 눈꺼풀로 가서 잠시 느낌을 알아차립니다. 그리고 잠시 뒤에 다시 입술로 가서 잠시 느낌을 알아차립니다. 그리고 잠시 뒤에 다시 손으로 가서 느낌을 알아차립니다. 그리고 마지막으로 엉덩이로 가서 잠시 느낌을 알아차립니다.

그런 뒤에 현재로 와서 소리나 고요함이나 현재 있는 것을 알아차립니다. 그리고 다시 몸을 전체로 지켜봅니다. 이때 몸의 코, 가슴, 배, 몸의 일부, 전면 중에서 강하게 움직이는 대상을 하나 선택합니다. 그리고 마음을 그 대상에 머물게 하여 일어나고 꺼지는 움직임을 지속적으로 알아차립니다.

이상이 좌선을 시작하여 주 대상인 호흡을 알아차릴 때까지의 방법입니다. 처음에는 복잡해 보이나, 사실 이 수행에 숙달하면 그렇게 복잡하지 않은 프로그램입니다. 그래서 좌선을 시작할 때 이러한 프로그램에 의해서 수행을 하면 초기에 얼마간 마음을 다잡을 수 있습니다. 그리고 이러한 과정은 몸과 마음과 가슴의 느낌을 적절하게 알아차리는 수행을 모두 포함하고 있기 때문에 수행을 할 때 다양한 선택이 가능하여 융통성 있는 수행을 할 수가 있습니다.

또한 이러한 과정을 기본으로 하여 자신이 얼마든지 변형시켜서 수행을 할 수가 있기 때문에 수행을 재미있게 할 수 있습니다. 수행은 재미있게 해야 합니다. 그래서 마음을 속박하지 말아야 합니다. 물론 인내는 필요합니다. 특히 위빠사나 수행은 억지를 부리면서 하는 것이 아닙니다. 그러므로 자신에 맞는 수행방법을 계발하여 흥미를 잃지 않고 할 수 있어야 합니다. 자신에 맞는 수행방법을 계발하는 것도 수행에 있어서 가장 중요한 요소 중에 하나입니다. 이것을 간과해서는 안 됩니다.

수행자가 수행을 시작할 때 처음에는 집중을 하기가 어렵습니다. 그리고 수행을 하다가 장애가 생길 때는 수습을 하기가 어렵습니다. 수행 중에 한번 마음이 달아나면 이내 흥미를 잃고 수행을 그만두기 마련입니다. 그래서 한번 엉킨 수행을 풀기가 용이하지 않습니다. 이때 새로 좌선을 시작하는 프로그램을 다시 시작하면 됩니다.

좌선 중에 수행이 수습할 수 없는 지경에 이르러 수행을 그만두려고 할 때 이 방법으로 새로 시작하면 이내 잘못된 것이 수습됩니다. 그러므로 이처럼 좌선을 시작할 때의 수행방법은 수행할 때뿐만이 아니라 수행을 시작하는 중에도 언제든지 새로 시작할 수 있는 수행방법입니다. 때로는 좌선 중에 몇 번이고 좌선을 새로 시작할 수 있습니다. 그러면 그때마다 새로운 기분으로 좌선을 할 것입니다. 그러므로 이 수행프로그램을 긴요하게 이용하기 바랍니다.

지금까지 좌선을 시작할 때의 방법을 말씀드렸습니다. 다음에는 좌선 초기의 과정이 지난 뒤에 좌선을 계속할 때의 수행방법을 말씀드리겠습니다. 먼저 주 대상인 호흡을 알아차리는 다양한 위치와 방법에 대해서 말씀드리겠습니다.

코, 가슴, 배, 몸의 일부, 전면에서 주 대상인 호흡을 알아차릴 때 처음에는 매우 부드럽게 접근해야 합니다. 호흡이 느껴진다고 해서 덥석 잡으려 들면 호흡이 사라질 수 있습니다. 처음에 호흡을 자세하게 알려고 하면 몸이 긴장하여 호흡이 숨어버립니다. 그리고 마음이 자꾸 달아나서 집중이 되지 않을 때는 있는 호흡을 잡기가 어렵습니다. 그래서 호흡을 부드럽고 편안하게 알아차려야 합니다.

코의 호흡에서는 들숨과 날숨을 알아차립니다. 콧구멍 입구에 마음을 두고 들어오는 바람과 나가는 바람을 알아차립니다. 어느 곳에서 호흡을 알아차리건 인위적으로 만들어서는 안 됩니다. 이렇게 알아차림을 지속하면 들어오는 바람은 차갑고 나오는 바람은 따뜻하게 느낄 때가 올 것입니다. 또는 들어올 때의 바람은 축축하지만 나올 때의 바람은 건조한 것을 느낄 수도 있습니다. 물론 처음부터 이렇게 알아차릴 수는 없습니다. 그러므로 이렇게 알아차릴 때까지 부단하게 노력을 해야 합니다.

이때 이런 호흡의 변화를 주목해야 합니다. 왜냐하면 매번의 호흡이 모두 같은 호흡이 아니라는 것을 알아야 합니다. 우리가 평생 동안 해온 호흡은 하나도 같은 것이 없습니다. 시간으로도 같은 것이 없습니다. 또 호흡은 길고, 짧고, 강하고, 약하고, 부드럽고, 단단한 것들이 매번 다르게 일어나고 사라집니다. 이런 변화를 통해서 호흡의 무상을 알면 호흡이 같은 호흡이 아니라는 사실을 자각하여 싫증이 나지 않습니다. 그렇지 않고 매번 같은 호흡이라고 느낄 때는 얼마 가지 않아서 싫증이 납니다. 그래서 집중을 하기가 어렵습니다.

처음에 호흡을 알아차릴 수 없을 때 인위적으로 세 번 크게 들이쉬고 내쉬는 것을 말씀드린 것은 하나의 방편입니다. 그렇지 않은 상태에서는 절대 호흡을 만들어서 하지 않아야 합니다. 호흡을 만들어서 하면 인위적으로 개입을 하는 것이라서 안 되기도 하지만, 매우 피곤해서 수행을 계속하기가 어렵습니다. 만약 여러분들이 무슨 이유인지 모르게 피곤하다면 장시간 호흡을 만들어서 했기 때문일 수도 있습니다. 그러므로 호흡을 개입해서 스스로 일으키지 말고, 일어나고 꺼지는 호흡을 그대로 두고 단지 그것을 지켜보기만 해야 하겠습니다.

부모의 은혜와 부모의 행위는 다른 것입니다. 스승의 은혜와 스승의 행위는 다른 것입니다. 부모는 날 낳아준 것으로 그 은혜를 갚을 길이 없습니다. 그러나 부모의 행위는 부모의 업이므로 내가 받은 은혜와는 다른 것입니다. 스승의 은혜는 큰 것입니다. 그러나 스승의 행위는 스승의 업이므로 내가 받은 은혜와 다른 것입니다. 은혜는 어떤 경우에도 내가 갚아야 할 것입니다.

그러므로 부모와 스승의 행위와 은혜를 혼돈해서는 안 됩니다. 설령 부모나 스승이 잘못된 행위를 했다고 해도 그것은 전적으로 행위를 한 사람의 문제이므로 은혜와 구별을 해야 합니다. 갚아야 할 은혜를 갚지 않고 비난을 한다면 그 불선의 과보는 매우 커서 나쁜 결과를 초래합니다.

지난 시간에 이어서 계속해서 호흡에 대해서 말씀을 드리겠습니다.

부처님께서는 『대념처경』에서 코의 들숨과 날숨을 알아차리라고 하셨습니다. 그러나 마하시 사야도께서는 배에서 일어나고 꺼지는 풍대를 대상으로 알아차리는 수행을 하셨습니다. 그리고 쉐우민 사야도께서는 가슴에서 일어나고 꺼지는 호흡과 다양한 느낌을 알아차리는 수행을 하셨습니다.

일반적으로 코의 호흡은 사마타 수행을 하는 수행자들의 대상입니다. 물론 위빠사나 수행자들도 코의 호흡을 대상으로 알아차립니다. 경전의 기록은 두 가지 수행을 할 때 모두 코의 들숨과 날숨을 알아차리라고 말씀하셨습니다. 코의 호흡을 모양으로 보면 사마타 수행이고, 느낌으로 보면 위빠사나 수행입니다.

그러나 마하시 사야도께서는 호흡을 '배'로 내리셨습니다. 이때 '배'로 내린 것은 몸에 있는 풍대의 작용을 알아차리는 것입니다. 현재 마하시 사야도가 '배'로 내린 수행방법을 매우 뛰어난 선택이라는 평가를 합니다.

마음을 알아차리는 수행을 하신 쉐우민 사야도께서는 마음이 일으킨 느낌을 가슴에서 알아차리면서 함께 호흡도 알아차리는 수행을 하셨습니다. 특히 쉐우민 사야도는 가슴의 호흡만 주장하지 않고 몸 전체 중에서 어디서고 강한 호흡을 알아차리도록 하셨습니다. 그런 뒤에 마음으로 인해서 생긴 느낌이 일어날 때는 가슴으로 가서 알아차리도록 하셨습니다.

사실 마음을 알아차리는 수행자들은 호흡을 알아차릴 때 몸의 특정한 위치를 정하지 않는 이유가 있습니다. 스승들마다 일관되게 알아차릴 호흡의 위치를 정하지만 마음을 알아차리는 수행자들은 몸의 위치를 중요하게 여기지 않습니다. 마음을 알아차리는 수행자들은 몸이 아닌 전면에서 호흡을 알아차리기 때문입니다. 물론 몸에서도 호흡을 알아차리지만, 집중이 되면 전면에서 모든 것을 알아차리기 때문에 호흡의 위치를 딱히 정할 이유가 없습니다.

가슴에서 호흡을 알아차리는 수행은 호흡도 알아차리지만 무수히 일어나는 느낌을 함께 알아차리기에 매우 좋은 장소입니다. 몸에는 지수화풍이라는 네 가지 요소가 있는데, 이 중에 풍대 안에 호흡이 포함됩니다. 그러므로 몸의 위치에 따라서 호흡이라거나 또는 아니라고 하는 것은 사실 큰 의미가 없습니다. 큰 틀에서 호흡이라고 해도 좋고 또는 풍대라고 해도 좋습니다. 이런 논란은 교학적인 측면에서 말하는 것이지 수행자에게는 그렇게 중요하지 않습니다. 수행에서는 대상보다 오직 알아차리는 마음이 중요합니다.

가슴에서 알아차린 호흡은 다른 많은 느낌과 함께 있습니다. 가슴에는 호흡도 있으면서 맥박도 함께 느낄 수 있으며, 여러 가지의 무수한 느낌이 있습니다. 그래서 가슴은 알아차릴 대상의 보고寶庫라고 해도 과언이 아닙니다. 특히 마음을 알아차린 뒤에 이미 그 마음은 사라졌지만, 그 마음이 남긴 느낌이 가슴에 남아 있어서 마음과 느낌을 연계해서 알아차리기에 좋은 장소입니다.

사실 가슴의 호흡도 느낌의 하나입니다. 가슴에는 마음의 상태에 따라서 거친 호흡이 있고, 단단한 호흡이 있고, 부드럽고 가벼운 호흡도 있습니다. 그래서 가슴의 호흡을 알아차리면 분명한 느낌도 함께 알아차릴 수가 있습니다.

이때 가슴에서 일어나는 거친 느낌을 없애려고 알아차리는 것이 아닙니다. 단지 강한 대상이 있기 때문에 알아차리는 것입니다. 일반적으로 가슴이 무겁거나 두근거릴 때 단지 알아차릴 느낌으로 보지 않고 괴로운 느낌으로 보기 때문에 일부의 수행자들은 가슴에 있는 느낌을 회피하는 경우가 있습니다. 이것은 분명 잘못입니다. 오히려 괴로움이 있는 그 현장을 더 분명하고 자세하게 지켜봐야 합니다.

괴로움을 피하려고 하지 마십시오. 그래야 괴로움의 실체가 무엇인지를 알 수 있습니다. 그래서 수행은 용기가 필요합니다. 때로는 목숨을 거는 승부를 할 수도 있어야 합니다. 이렇게 단단한 각오를 가지고 하면 문제라고 여기던 것들이 사실은 아무런 문제가 아닌 경우가 허다합니다. 단지 우리가 두려웠기 때문에 피했을 뿐입니다. 그런 상태에서는 영원히 수행이 발전할 수 없습니다.

괴로운 마음이 일어났을 때 가슴에서 일어난 거친 느낌을 알아차리면 그 괴로움의 원인을 분명하게 알 수 있는 기회가 생깁니다. 그리고 거듭 이러한 느낌을 느낄 때마다 동일한 사안 때문에 늘 괴로움이 생긴다는 것을 자각하게 됩니다. 이것이 바로 지혜입니다. 그러면 자신도 모르게 그런 사안을 극복하게 됩니다. 왜냐하면 그것 때문에 괴롭기 때문입니다. 우리는 괴롭지 않으려고 수행을 합니다. 그래서 지혜가 있다면 괴롭지 않은 방법을 선택하도록 되어 있습니다. 그래서 괴로움은 피할 대상이 아니고, 오히려 더 적극적으로 알아차려야 할 대상입니다.

사실 괴로움이란 집착 때문에 생긴 것입니다. 그러므로 가슴에서 어떤 강한 느낌이 있더라도 그것을 피하지 말고 인내하면서 알아차려야 합니다. 그러면 나중에 괴로움이란 하찮은 것이라고 알게 됩니다. 이것이 가슴에서 알아차리는 수행의 이익입니다.

수행을 하면 언젠가 호흡이 사라집니다. 이때 몸의 느낌도 함께 사라집니다. 이때 사라졌다는 것은 호흡이 멈춘 것이 아니고 알아차릴 수 없을 정도로 호흡이 미세해져서 대상으로 삼을 수 없다는 뜻입니다. 이러한 상태가 되면 배에서 일어나고 꺼지는 움직임이 자연스럽게 가슴으로 올라옵니다. 그런 뒤에 가슴에서도 호흡이 사라집니다. 이렇게 몸의 느낌도 사라지고 호흡도 사라지면 이제 남아 있는 것은 아는 마음뿐입니다.

그래서 이때는 아는 마음을 대상으로 수행을 해야 합니다. 이때 아는 마음을 지켜보는 것이 바로 마음을 알아차리는 것입니다. 이것이 바로 '아는 마음 알아차리기'입니다. 이것을 다른 말로는 '앎'이라고도 합니다. 그래서 가슴에서 호흡과 느낌을 알아차리는 것은 누구나 반드시 겪어야 할 하나의 중요한 과정입니다.

다음으로 배에서 일어나고 꺼지는 호흡을 알아차리는 것에 대해서 말씀드리겠습니다. 이미 말씀드린 것처럼 마하시 사야도께서 하신 수행방법이 배에서 일어나고 꺼지는 호흡을 지켜보는 것입니다. 이때의 호흡을 풍대라고 합니다. 이때 배의 움직임은 바람의 요소인 풍대인 것입니다. 마하시 사야도께서는 배에서 일어나고 꺼짐을 알아차리도록 하셨으며, 이때 일어남, 꺼짐이라고 명칭을 붙이도록 하셨습니다.

마하시 방식은 사마타 수행을 거치지 않고 처음부터 위빠사나로 시작하는 순수 위빠사나이기 때문에 명칭을 붙여서 대상을 붙잡는 데 도움이 되도록 하셨습니다. 사실 이것은 수행자들의 근기를 살펴 이로움을 주기 위한 방편입니다. 그래서 필요하다면 명칭을 붙이는 것도 매우 훌륭한 선택 중의 하나입니다.

일반적으로 집중이 되면 코나 가슴에 있는 호흡이 자연스럽게 배로 내려가기도 합니다. 배에서 일어나고 꺼지는 움직임은 비교적 안정적입니다. 이때 배의 움직임의 명칭을 일반적으로 일어남, 꺼짐이라고 합니다. 그러나 밀고 당김, 수축, 팽창 등등으로 사용할 수 있습니다. 이러한 명칭은 자신이 느껴지는 실재하는 느낌을 그대로 사용하는 것이 좋습니다.

그러나 마음을 알아차리는 수행자는 명칭을 붙이지 않습니다. 왜냐하면 마음과 느낌은 미세한 대상이라서 명칭이 가로막으면 알아차릴 수가 없기 때문입니다. 그래서 필요에 따라서 명칭을 선택할 수도 있고, 선택하지 않을 수도 있습니다.

수행을 할 때 만약 배의 움직임을 알아차리기가 어려우면 다른 곳에서 알아차려도 좋고, 좌선을 시작할 때 알아차림인 눈꺼풀, 입술, 손, 엉덩이를 차례로 알아차려도 좋습니다. 이렇게 다른 대상을 알아차리면 차츰 배의 움직임이 서서히 나타납니다. 그러면 그때 배의 일어남과 꺼짐을 알아차리면 됩니다. 그러므로 없는 대상을 억지로 찾으려고 하지 말고 어디에고 있는 대상을 알아차려야 합니다.

다음에는 몸의 일부에 있는 움직임에 대한 알아차림입니다. 코, 가슴, 배에 있는 호흡이 미세해져서 알아차리기가 어렵고 아직 몸의 느낌이 남아 있을 때는 어느 곳이나 몸의 일부에 있는 작은 움직임을 알아차려야 합니다. 위빠사나 수행은 반드시 알아차릴 대상이 있어야 하기 때문에 이때는 이런 미세한 대상을 알아차려야 합니다.

수행을 하면서 집중이 되면 미세한 맥박이 나타납니다. 이때의 맥박은 꼭 가슴에만 있는 것이 아닙니다. 그러므로 몸의 어느 곳에서나 작은 움직임이 있을 때는 이 움직임을 대상으로 알아차려야 합니다. 그것이 때로는 맥박일 수도 있습니다. 맥박과 함께 온몸에는 풍대가 있습니다. 풍대는 바람의 요소로, 진동으로 나타납니다. 그래서 이때는 작은 진동이라도 대상으로 삼아서 알아차려야 합니다.

미세한 대상을 알아차릴 때는 거친 대상을 알아차리는 것과 달리 더 노력을 해야 합니다. 이런 상태에 이르면 마음도 청정해지고 몸도 가벼워져서 대상을 알아차리는 힘이 생깁니다. 그렇더라도 더 조심스럽고 공손하게 대상을 겨냥하고 알아차림을 지속해야 합니다. 미세한 대상을 알아차릴수록 알아차리는 힘이 증장됩니다. 그래서 수행이 더욱 발전합니다.

이처럼 몸의 위치는 중요하지 않습니다. 이렇게 작고 미세한 움직임을 알아차리다가 몸의 느낌이 사라지고 호흡도 사라지면 다음 단계로 아는 마음을 대상으로 알아차려야 합니다.

다음에는 전면에서 호흡을 알아차리는 방법을 말씀드리겠습니다. 이미 말씀드린 것처럼 전면은 '마음자리'입니다. 마음을 알아차리는 수행자가 마음으로 지켜보는 자리가 바로 전면입니다. 수행을 하면서 마음을 알아차리는 수행을 하면 호흡이 전면에서 나타납니다. 그리고 꼭 마음을 알아차리는 수행을 하지 않더라도 집중력이 생기면 어느 시기에 자연스럽게 전면에서 호흡을 알아차릴 수도 있습니다. 이 상태가 되면 발의 움직임도 몸이 아닌 전면에서 알아차릴 수가 있으며, 몸의 통증도 전면에서 알아차릴 수가 있습니다.

그러므로 전면에서 알아차리기 위해서는 마음을 알아차리는 수행을 배우거나 몸을 알아차려서 집중력을 키워야 합니다. 그렇다고 해서 전면에서 알아차리는 수행이 특별한 것은 아닙니다. 이것도 여러 가지의 수행방법 중의 하나일 뿐입니다. 그러나 마음자리에서 알아차리는 것이기 때문에 마음을 알아차리는 수행을 해야 이 수행을 실천할 수 있다는 어려움이 있습니다.

전면에서 알아차리는 이익은 마음자리에서 알아차리는 것이기 때문에 망상이 적게 들어오고, 알아차림을 오래 지속할 수 있습니다. 그리고 마음자리에서 알아차리기 때문에 집중력이 배가됩니다. 그러나 몸에 있는 대상을 전면에서 알아차릴 때 몸에서처럼 분명하지는 않고 약간 미세한 느낌이 일어납니다. 그래서 이 느낌이 약해지면 다시 몸으로 와서 알아차립니다. 그러다가 약간의 집중이 되면 자연스럽게 다시 전면에서 알아차리게 됩니다. 전면이라고 할 때 전면은 '앞에서'라는 상징적인 의미가 있습니다. 그러나 마음이 몸 밖으로 나가는 것은 아닙니다. 단지 입체적인 느낌으로 그렇게 느껴질 뿐입니다.

이렇게 호흡을 알아차릴 때 위치를 바꾸는 것은 자유입니다. 그러나 코에서 한 번 알아차리고, 다음에는 가슴에서 한 번 알아차리는 방법은 안 됩니다. 얼마간 알아차리다가 다른 곳으로 가는 것은 상관이 없지만 매 순간마다 이곳저곳으로 호흡의 위치를 바꾸는 것은 바람직하지 않습니다.

위빠사나 수행의 대상으로 호흡을 자유롭게 선택할 수 있지만 매 순간 위치를 바꾸어서는 안 됩니다. 이렇게 알아차리면 집중력이 생기지 않고 궁극에는 무상의 지혜를 알기가 어렵습니다.

그래서 한곳에서 대상을 지켜보아야 대상의 변화를 통해서 무상을 알아차릴 수가 있습니다. 몸에서 일어난 모든 현상은 일어난 순간에 사라지며, 반드시 일어난 곳에서 사라집니다. 이것을 알아야 비로소 무상을 알 수가 있습니다.

미워하는 사람을 알아차렸다고 해서 한번에 해결되지 않습니다. 좋아하는 사람을 알아차렸다고 해서 한번에 해결되지 않습니다. 언제나 미워하고 좋아하는 마음은 강하고, 알아차리는 힘은 약하기 마련입니다. 그러므로 수행자는 먼저 이렇게 잘 안 되는 상황을 받아들여야 합니다. 이때 미워하는 것이 제어되지 않는 것을 아는 마음을 알아차려야 합니다. 그리고 좋아하는 마음이 제어되지 않는 것을 아는 마음을 알아차려야 합니다. 해결되지 않았다고 화를 내서는 안 됩니다. 이렇게 알아차리게 되면 언젠가는 좀 더 나은 상황을 맞이하게 될 것입니다.

◆◆◆◆◆

지난 시간에 이어 계속해서 호흡을 알아차리는 것에 대해서 말씀드리겠습니다.

호흡을 알아차릴 때 코에서 일어난 호흡이 배까지 내려가는 것을 알아차려서는 안 됩니다. 이것은 기를 돌리는 수행과 같습니다. 기를 돌리는 수행은 특별한 목적을 가지고 집중을 하는 수행이라서 위빠사나 수행의 목표와는 다릅니다. 위빠사나 수행은 다른 수행에서 없는 알아차림이란 독특한 행위로 지혜를 얻는 수행입니다. 그래서 어떤 신통한 능력을 얻기 위해서 하는 수행이 아니고 법을 알아차리는 수행이기 때문에 한곳에서 대상을 지켜봐야 합니다.

물론 한곳에서 대상을 알아차리다가 다른 강한 대상이 나타났을 때는 자연스럽게 옮겨가서 알아차리는 것이 바람직합니다. 그러나 매 순간 의도적으로 대상을 바꾸어

가면서 알아차리는 것은 바람직하지 않습니다. 그러므로 코로 들어간 호흡을 배까지 내려가면서 알아차려서는 안 됩니다.

어느 장소에서나 일어난 곳에서 꺼짐까지 알아차려야 하겠습니다. 한번에 이곳저곳을 알아차리면 몸과 마음이 가지고 있는 무상의 성품을 알 수가 없습니다. 왜냐하면 몸과 마음에서 일어난 것은 일어난 곳에서 일어난 즉시 사라지기 때문입니다. 몸에서 일어난 느낌은 1센티미터도 벗어나지 않고 일어난 자리에서 사라집니다. 그런데 한곳에서 지켜보지 않고 여기저기로 옮겨 다니면 일어나는 것도 모르고 사라지는 것도 볼 수가 없습니다. 그래서 무상을 볼 수가 없는 것입니다.

수행자가 몸의 어느 부위에서 일어난 통증이나 전율이 다른 곳으로 옮겨가는 것을 경험할 것입니다. 이때 일반적으로는 통증이나 전율이 옮겨갔다고 말합니다. 그러나 이것은 대상을 바르게 보지 못한 것입니다. 어깨에서 일어난 전율이 머리까지 옮겨갔다고 했을 때 사실 이것은 옮겨간 것이 아닙니다. 일어난 자리에서 일어난 즉시 사라지고 다시 다음에 일어난 자리에서 사라지는 현상이 거듭 연속적으로 일어난 것입니다. 그러므로 어깨에서 일어난 것이 머리로 가서 사라진 것이 아닙니다. 바로 이것이 무상입니다.

한순간에 몇 가지 대상을 알아차릴 때는 마음이 빠르게 이곳저곳을 옮겨가야 하기 때문에 집중력이 생기지 않습니다. 한순간에 두 가지 것을 알아차릴 때 마음은 분열현상을 겪습니다. 그래서 주의를 기울이기가 어려워 들뜨고 혼란한 상태가 됩니다. 그러므로 한순간에 한 장소에서 하나의 대상을 알아차려야 합니다.

일반적으로 수행자들이 수행을 할 때 여러 가지의 혼란을 겪습니다. 그중 두드러진 하나가 여러 가지 대상이 동시에 나타났을 때 어떤 대상을 알아차려야 하느냐 하는 것입니다. 경우에 따라서는 호흡을 알아차릴 때 통증이 함께 나타나기도 합니다. 그리고 망상이나 졸음이 함께 나타나기도 합니다.

그러나 사실은 여러 가지가 함께 일어나는 것이 아닙니다. 마음은 한순간에 하나밖에 알아차리지 못합니다. 그래서 이때 마음이 빠르게 이것저것을 알아차리는 것입니다.

마음이 워낙 빠르게 일어나고 사라지기 때문에 여러 가지의 대상이 함께 있는 것처럼 느껴질 뿐이지 어느 것도 함께 일어나지 않습니다. 아무리 여러 가지 대상이 복합적으로 일어나도 아는 마음이 한순간에 하나밖에 없기 때문에 한순간에 하나라고 말하는 것입니다.

지금까지 호흡을 어느 위치에서 알아차릴 것인가에 관해서 말씀드렸습니다. 다음에는 어느 위치가 되었거나 호흡을 어떻게 알아차릴 것인가에 대해서 말씀드리겠습니다.

일반적으로 호흡을 알아차릴 때 어느 위치이건 일어남, 꺼짐을 알아차립니다. 명칭을 붙여서 알아차리는 수행자는 어떤 것이나 자신에게 적합한 명칭을 붙여도 좋습니다. 호흡에 명칭을 붙이지 않는 수행자들도 편의상 호흡을 말할 때 일어남, 꺼짐이라고 말하겠습니다. 호흡의 명칭을 일어남, 사라짐이라고 할 수도 있으나 무상의 일어남과 사라짐과 호흡을 구별하기 위해서 호흡은 일어남, 꺼짐이라고 말씀드리겠습니다. 호흡의 일어남, 사라짐과 무상의 일어남, 사라짐을 혼동하면 면담 중에 서로 오해를 할 소지가 있습니다. 그래서 편의상 무상은 일어남, 사라짐으로 표현하고, 호흡은 일어남, 꺼짐으로 표현하겠습니다.

호흡을 알아차리는 방법은 다음과 같습니다. 첫째, 호흡의 일어남, 꺼짐을 알아차립니다. 이 방법은 일반적인 방법입니다. 이때 가슴이나 배에서는 일어남, 꺼짐이라고 하지만 코에서는 들숨, 날숨이라고 합니다. 가슴이나 배에서 일어남과 꺼짐을 알아차릴 때는 부풀고 꺼지는 바람의 요소를 알아차리는 것이 효과적입니다. 이것이 일어남과 꺼짐의 성품입니다. 그러나 코에서 들숨과 날숨을 알아차릴 때는 코의 입구에 들어가는 바람과 나오는 바람을 알아차립니다. 이렇게 들숨과 날숨을 알아차리면 차츰 들어갈 때는 차가운 바람과 나올 때는 따뜻한 바람을 알아차릴 수가 있습니다.

처음에 호흡의 일어남과 꺼짐을 알아차리기 위해서는 마음을 가다듬고 조용히 겨냥해야 합니다. 이런 경우는 처음부터 집중력을 필요로 합니다. 처음부터 자세하게 알아차리려고 힘을 주면 호흡을 몇 번밖에 알아차리지 못할 수도 있습니다. 너무 힘을 주면 몸이 긴장하여 호흡이 일어나지 않습니다. 알아차리는 힘이 약하면 대상이 빠르게 일어나고 사라지기 때문에 마음이 대상을 좇아가지 못합니다.

둘째, 일어남, 꺼짐, 앉음을 알아차립니다. 호흡을 알아차릴 때 오랫동안 명칭을 붙여서 하면 자연스럽게 쉼이 길어집니다. 이때 호흡의 일어남과 꺼짐을 알아차린 뒤에 엉덩이가 닿아 있는 앉음을 분명하게 알아차립니다. 그래서 일어남, 꺼짐, 앉음을 합니다. 일어남, 꺼짐은 움직임이 분명하지만 쉼에서는 움직임이 없기 때문에 엉덩이가 닿아 있는 앉음을 넣어서 쉬어 있는 공간을 대신합니다.

셋째, 일어남, 꺼짐, 앉음, 닿음을 알아차립니다. 일어남, 꺼짐, 앉음을 하고도 쉼이 더 길어지면 이때는 닿음을 합니다. 이때의 닿음은 발이 바닥에 닿는 것을 알아차립니다. 일어남, 꺼짐은 호흡의 움직임을 알아차리는 것이지만 앉음과 닿음은 호흡이 아닌 몸의 느낌을 알아차리는 것입니다. 앉음과 닿음은 일어남과 꺼짐을 한 뒤에 호흡이 정지된 상태가 되었을 때만 알아차립니다.

넷째, 호흡의 일어남, 꺼짐, 쉼을 알아차립니다. 호흡의 일어남, 꺼짐을 계속해서 알아차리면 호흡과 호흡 사이에 쉼이라고 하는 휴지가 생깁니다. 쉼은 호흡의 꺼짐 뒤에 움직임이 정지된 상태입니다. 그래서 일어남, 꺼짐, 쉼을 알아차립니다. 일어남과 꺼짐은 호흡의 움직임을 알아차리는 것이지만 쉼은 호흡이 정지된 상태를 알아차리는 것이라서 집중이 필요한 때입니다.

일어남과 꺼짐은 팽창하고 수축하는 바람의 요소라 움직임이 분명해서 알아차리기 쉽습니다. 그러나 쉼에서는 움직임이 없기 때문에 알아차림을 놓칠 수가 있습니다. 그래서 짧은 순간에 마음이 달아납니다. 쉼을 대상으로 알아차리지 못하면 마음이 순간적으로 대상을 놓쳐서 짧은 순간에 졸음과 망상이 들어옵니다. 그러므로 쉼의 상태에서는 호흡이 정지된 것을 아는 앎을 해야 합니다. 앞선 방법에서는 일어남과 꺼짐을 한 뒤에 쉼이 생길 때 앉음과 닿음을 하지만 이 방법에서는 앉음과 닿음을 하지 않고, 호흡이 정지된 상태를 있는 그대로 지켜보는 방법입니다.

다섯째, 처음에는 호흡의 일어남 하나만 알아차립니다. 이렇게 알아차려서 약간의 집중력이 생기면 다음에 호흡의 꺼짐을 하나만 알아차립니다. 역시 이렇게 알아차려서 집중력이 생기면 다음에 호흡의 일어남, 꺼짐을 모두 알아차립니다.

수행자들이 좌선을 하면서 일어남, 꺼짐을 알아차리기가 어려울 때는 처음에 일어남 하나만을 대상으로 알아차립니다. 수행을 시작할 때는 아직 알아차리는 힘이 생기지 않아서 집중이 되지 않을 때 마음을 편안하게 해줄 필요가 있습니다. 이때 많은 것을 알아차리기보다 여유 있게 알아차릴 필요가 있는 것입니다. 그래서 일어남, 꺼짐 중에서 일어남 하나만을 대상으로 알아차립니다. 그러면 일어남과 꺼짐 중에서 절반만 알아차리는 것이 됩니다. 얼마간 일어남 하나만을 알아차리다가 다시 꺼짐을 하나만 알아차립니다. 일어남을 오래 알아차리면 싫증이 날 우려가 있어서 같은 호흡에서 다시 일어남이 아닌 꺼짐을 하나만 알아차립니다. 그런 뒤에 집중력이 생기면 자연스럽게 일어남과 꺼짐을 모두 알아차립니다.

이렇게 변화를 주어서 알아차리면 알아차리기도 쉽고 마음에 여유가 생겨서 힘들이지 않고 수행을 할 수가 있습니다. 이런 방법으로 수행을 하면 무상을 알기가 쉽습니다. 처음에 일어남을 알아차려서 자연스럽게 모든 것은 시작이 있다는 것을 인식합니다. 그런 뒤에 다시 꺼짐을 알아차려서 모든 것은 끝이 있다는 것을 인식합니다. 그런 뒤에 일어남과 꺼짐을 알아차리면 모든 것은 일어나서 사라진다는 무상을 인식할 수 있습니다. 이 방법은 부처님께서 설하신 『대념처경』에서 지속적으로 반복되는 내용입니다.

『대념처경』에서는 모든 대상을 알아차릴 때 일어나는 것을 알아차리면서 지낸다, 사라지는 것을 알아차리면서 지낸다, 일어나고 사라지는 것을 알아차리면서 지낸다, 라는 구절이 있습니다. 이렇게 단계적으로 일어남과 사라짐을 알아차리면 자연스럽게 무상을 알 수 있도록 한 것입니다.

이상이 호흡을 알아차리는 다양한 방법입니다. 이 중에 어느 방법을 선택하거나 또는 다른 방법과 절충을 하거나 수행자의 자유입니다. 하지만 위빠사나 수행은 반드시 스승으로부터 직접 배워야 하기 때문에 스승이 사용하는 방법을 따르는 것이 좋습니다. 스승의 수행방법과 다르면 바른 지도를 받기가 어렵습니다.

호흡은 생명력이자 마음의 거울입니다. 마음의 상태에 따라서 호흡도 다릅니다. 그러므로 호흡을 알아차릴 때는 마음의 상태까지 함께 알아차릴 수가 있습니다. 마음이 괴로우면 호흡이 불규칙합니다. 마음이 분노에 쌓이면 호흡이 격렬해집니다. 마음이 평온하면 호흡도 부드럽고 미세합니다. 이러한 호흡은 살아 있는 동안 계속되는 분명한 대상입니다. 그래서 역대의 모든 부처님, 모든 벽지불, 모든 아라한, 모든 성자들이 호흡의 길을 따라 깨달음으로 갔습니다. 그러므로 수행자들도 매 순간 새롭게 일어나고 꺼지는 호흡에 마음을 기울여 거기에 있는 진실을 알아차려야 하겠습니다.

지금까지 말씀드린 호흡을 알아차리는 방법을 요약해 보겠습니다.

첫째, 일어남, 꺼짐을 알아차린다. 또는 들숨, 날숨을 알아차린다.
둘째, 일어남, 꺼짐, 앉음을 알아차린다.
셋째, 일어남, 꺼짐, 앉음, 닿음을 알아차린다.
넷째, 일어남, 꺼짐, 쉼을 알아차린다.
다섯째, 먼저 일어남을 알아차린다. 그리고 두 번째 꺼짐을 알아차린다. 그리고 세 번째 일어남, 꺼짐을 알아차린다.

이러한 다양한 방법으로 여러분들이 호흡을 알아차리는 수행을 할 때 여러분들의 수행은 더욱 향상될 것입니다.

<도표 1> 89가지 마음 / 121가지 마음

세간의 마음 (lokiya-cittāni) 81가지	욕계의 마음 (kāmācara-cittāni) 54가지	선하지 못한 마음(akusala-cittāni) 12가지	탐욕에 뿌리박은 마음(lobha-mūla-citta) 8
			성냄에 뿌리박은 마음(dosa-mūla-citta) 2
			어리석음에 뿌리박은 마음(moha-mūla-citta) 2
		원인 없는 마음(ahetuka-cittāni) 18가지	선한 과보의 마음(kusala-vipāka-citta) 8
			불선한 과보의 마음(akusala-vipāka-citta) 7
			원인 없이 작용만 하는 마음(ahetu-kiriyā-citta) 3
		욕계의 깨끗한 마음(kāmācara-sobhana-cittāni) 24가지	욕계의 선한 마음(kāmācara-kusala-citta) 8
			욕계의 과보의 마음(kāmācara-vipāka-citta) 8
			욕계의 작용만 하는 마음(kāmācara-kiriya-citta) 8
	색계의 마음 (rūpacara-cittāni) 15가지	색계의 선한 마음(rūpāvacara-kusala-citta) 5	
		색계의 과보의 마음(rūpāvacara-vipāka-citta) 5	
		색계의 작용만 하는 마음(rūpāvacara-kiriyā-citta) 5	
	무색계의 마음 (arūpācara-cittāni) 12가지	무색계의 선한 마음(arūpācara-kusala-citta) 4	
		무색계의 과보의 마음(arūpācara-vipāka-citta) 4	
		무색계의 작용만 하는 마음(arūpācara-kiriyā-citta) 4	

출세간의 마음 (lokuttara -cittāni) 8/40	출세간의 선한 마음 (lokuttara-kusala-cittāni) 4/20	수다원도의 마음(sotāpatti-magga-citta) 1/5
		사다함도의 마음(sakadāgāmi-magga-citta) 1/5
		아나함도의 마음(anāgāmi-magga-citta) 1/5
		아라한도의 마음(arahatta-magga-citta) 1/5
	출세간 과보의 마음 (lokuttara-vipāka-cittāni) 4/20	수다원과의 마음(sotāpatti-phala-citta) 1/5
		사다함과의 마음(sakadāgāmi-phala-citta) 1/5
		아나함과의 마음(anāgāmi-phala-citta) 1/5
		아라한과의 마음(arahatta-phala-citta) 1/5

<도표 2> 52가지 마음의 작용

다른 것과 연관된 마음의 작용 13가지 aññasamānacetasika	모든 마음과 연관된 마음의 작용 7가지 (sabba-citta-sādhāraṇa-cetasika)	1. 접촉[觸, phassa 팟사, contact]
		2. 느낌[受, vedanā 웨다나, feeling]
		3. 인식[. saññā 산냐, perception]
		4. 의도[思, cetanā 쩨따나, volition]
		5. 집중[, ekaggatā 에까가따, one-pointedness]
		6. 생명력[命根, jivitindriya 지위띤드리야, life faculty]
		7. 숙고[熟考, manasikāra 마나시까라, attention]

	다양하게 결합하는 마음의 작용 6가지 (pakiṇṇka-cetasika)	1. 겨냥[, vitakka 위따까, initial application]
		2. 고찰[, vicāra 위짜라, sustained application]
		3. 결심[勝解, adhimokkha 아디목카, resolution]
		4. 정진[, vīriya 위리야, effort]
		5. 희열[喜悅, pīti 삐띠, zest]
		6. 열의[欲, chanda 찬다, desire]
선하지 못한 마음의 작용 14가지 akusala cetasika	항상 함께 일어나는 선하지 못한 마음의 작용 4가지	1. 어리석음 2. 양심 없음 3. 수치심 없음 4. 들뜸
	다양하게 결합하는 선하지 못한 마음의 작용 10가지	5. 탐욕 6. 사견 7. 자만
		8. 성냄 9. 질투 10. 인색 11. 후회
		12. 해태 13. 혼침
		14. 의심
깨끗한 마음의 작용 25가지 sobhana cetasika	깨끗한 마음과 연관된 마음의 작용 19가지	1. 믿음 2. 알아차림 3. 양심 4. 수치심 5. 탐욕 없음 6. 성냄 없음 7. 중립 8. 감관의 평온 9. 마음의 평온 10. 감관의 경쾌함 11. 마음의 경쾌함 12. 감관의 부드러움 13. 마음의 부드러움 14. 감관의 일의 적당함 15. 마음의 일의 적당함 16. 감관의 능숙함 17. 마음의 능숙함

		18. 감관의 바름 19. 마음의 바름
	절제 **3가지**	20. 정어 21. 정업 22. 정명
	무량 **2가지**	22. 연민 24. 기뻐함
	어리석음 없음 **1가지**	25. 지혜의 능력

< 제3권에 계속 >

상좌불교 한국 명상원은 위빠사나 수행을 원하는 모든 분들을 위해
언제든지 문을 활짝 열어놓고 있습니다.

♣ ♣ ♣

주소| 서울 강남구 논현동 98-12번지 청호불교문화원 나동 306호
전화| 02-512-5258　http://cafe.daum.net/vipassanacenter

BBS 불교방송 불교강좌

대념처경 주석서❷

2011년 1월 15일 1판 1쇄 인쇄
2011년 1월 20일 1판 1쇄 발행

지은이   묘원

펴낸이   곽준

펴낸곳   (주)도서출판 행복한 숲
출판등록   2004년 2월 10일 제16-3243호
주소   서울시 강남구 논현동 98-12 청호불교문화원 나동 3층 306호
전화   (02)512-5255, 512-5258   팩스   (02)512-5856
E-mail   sukha5255@hanmail.net
http://cafe.daum.net/vipassanacenter

ISBN   978-89-93613-13-1 (04220) 2권
ISBN   978-89-93613-15-5 (전3권)

값 15,000원

* 잘못된 책은 바꾸어 드립니다.